L'AVENIR DE LA LAÏCITÉ AU QUÉBEC

PLURALISME RELIGIEUX ET ESPACE PUBLIC

© L'Harmattan, 2015
5-7, rue de l'École polytechnique, 75005 Paris

http://www.harmattan.fr
diffusion.harmattan@wanadoo.fr
harmattan1@wanadoo.fr

ISBN : 978-2-343-06247-1
EAN : 9782343062471

Pierre Hurteau

L'AVENIR DE LA LAÏCITÉ AU QUÉBEC
PLURALISME RELIGIEUX ET ESPACE PUBLIC

L'Harmattan

ABRÉVIATIONS

AQ	Arrêts du Québec
CA	Cour d'appel
CDPDJ	Commission des droits de la personne et des droits de la jeunesse
CE	Conseil d'État
CEDH	Cour européenne des droits de l'homme ; Convention …
CFA	Recueils des arrêts de la Cour fédérale du Canada (appel)
CFPI	Cour fédérale du Canada (première instance)
CLSC	Centre local de services communautaitres
CS	Cour supérieure
CSC	Cour suprême du Canada
DLR	Dominion Law Reports
DORS	Décrets, ordonnances et règlements statuaires – Gazette du Canada
JCP	Juris Classeur Périodique
JORF	Journal officiel de la République française
LRC	Lois refondues du Canada
LRQ	Lois refondues du Québec
PL	Patrologia Latina
QCTDP	Tribunal des droits de la personne — Québec
RCS	Recueils des arrêts de la Cour suprême du Canada
RJQ	Recueils de jurisprudence du Québec
RRQ	Règlements refondus du Québec
SSR	Série des Traités du Conseil de l'Europe
Trib.gr.inst.	Tribunal de grande instance

INTRODUCTION

La place que devrait occuper la religion dans l'espace public du Québec, après plusieurs années de discussion sur les accommodements raisonnables – avant, pendant et après la Commission Bouchard-Taylor[1] – demeure une question de plus en plus irrésolue. Le projet de loi 94 intitulé *Loi établissant les balises encadrant les demandes d'accommodement dans l'administration gouvernementale et dans certains établissements*, initié par le gouvernement Charest en 2010, puis le projet de loi 60 présenté par le gouvernement Marois en 2013, *Charte affirmant les valeurs de laïcité et de neutralité religieuse de l'État ainsi que d'égalité entre les femmes et les hommes et encadrant les demandes d'accommodement*, n'ont jamais franchi toutes les étapes nécessaires à leur adoption.

Ces dernières années, les massacres génocidaires au nord de l'Irak et les violences particulièrement atroces comme les décapitations d'otages étrangers par les jihadistes de l'État islamique (EI), de même que l'apparition du jihad au Sahel – Niger et Mali, mais surtout Boko Haram au Nigéria – alimentent dans le monde occidental un sentiment de crainte envers une possible radicalisation des factions intégristes au sein de l'islam.

Plusieurs événements ont révélé très clairement la guerre globale que l'islam radical veut livrer contre les démocraties occidentales sur leur propre terrain. Pensons ici aux attentats de Boston par les frères Tsarnaev en 2013, à la fusillade par Michael Zehaf-Bibeau au Parlement canadien en octobre 2014, précédée de l'attentat de Martin Rouleau à St-Jean-sur-Richelieu quelques jours auparavant, aux attentats de Paris en janvier 2015 contre *Charlie Hebdo* par les frères Kouachi et aux fusillades de Copenhague le mois suivant. Il faut reconnaitre que l'Europe et l'Amérique sont devant une menace terroriste réelle et non simplement appréhendée. Ces pays se mettent donc à la recherche de mesures de sécurité capables de mettre en échec sur leur territoire les desseins assassins de ces commandos jihadistes, souvent des jeunes convertis à l'islam et recrutés sur les réseaux sociaux par des groupuscules associés aux idéologies extrémistes d'al-Qaïda, des talibans ou de l'EI.

Un climat de peur ne sert pas toujours l'objectivité et conduit parfois à des rapprochements incorrects ou injustes. On confond alors laïcité, lutte à l'intégrisme et mesures de protection contre l'extrémisme violent. Il faut savoir distinguer entre ces aspects pour bien analyser une situation et appor-

---

[1] Commission de consultation sur les pratiques d'accommodement reliées aux différences culturelles. Créée par le premier ministre Charest en février 2007, sous la coprésidence du philosophe Charles Taylor et de l'historien Gérard Bouchard, elle a produit son rapport final en 2008, intitulé *Fonder l'avenir. Le temps de la conciliation*.

ter le remède approprié. En janvier 2015, le cafouillage autour de la demande de permis de l'imam Hamza Chaoui pour ouvrir un centre communautaire à Montréal démontre bien l'absence de clarté des concepts utilisés pour analyser une situation[2]. La lutte antiterroriste va-t-elle jusqu'à interdire les prêches d'un imam qui ne croit pas en la démocratie, l'égalité des sexes, et taxe les homosexuels de pervers ? Jusqu'où vont la liberté de religion et la liberté d'expression ? En l'absence de motifs fondés sur la sécurité et l'ordre public, les idées intégristes peuvent-elles de soi justifier le refus de construire une mosquée ou un centre communautaire ? L'espace public ne doit-il pas être un espace ouvert où la critique de toutes les idéologies est rendue possible ?

Retournons un moment aux origines de ce que plusieurs ont appelé « la crise des accommodements raisonnables ». Mario Dumont, le chef de l'action démocratique du Québec (ADQ), sonne l'alarme à l'automne 2006, notamment par la parution d'articles dans le *Journal de Montréal*. Il met en question la générosité des Québécois qui cèdent devant les minorités religieuses, mettant en péril notre identité nationale et nos valeurs communes. La stratégie dumontiste appelle au réveil de la majorité conçue comme victime : « On ne peut pas défendre notre identité avec un genou à terre[3]. » Au-delà de ses motivations ou calculs politiques, la réaction de Dumont faisait sans doute écho à un certain ras-le-bol de la population devant la médiatisation anecdotique de certains comportements d'exception liés à des pratiques religieuses alléguées.

Rappelons ici quelques événements qui ont contribué à créer un climat de crise à partir du printemps 2006. La décision de la Cour suprême du Canada en mars 2006 qui accorde au jeune sikh de Montréal, Gurbaj Singh Multani, le droit de porter le kirpan à l'école[4]. Aux yeux de la Commission Bouchard-Taylor, là se situe le point de départ d'une « période d'ébullition », caractérisée par la multiplication d'opinions médiatiques sur des événements révélant au plein jour des comportements au sein de certaines minorités religieuses qui sont perçus comme des privilèges abusifs, portant atteinte aux valeurs de la majorité[5].

Quelques exemples suffiront ici pour étayer notre propos. L'affaire des vitres givrées du YMCA de l'arrondissement municipal du Parc a fait couler

---

[2] Sur la confusion entretenue entre radicalisme, extrémisme, fondamentalisme et intégrisme, voir Robert Dutrisac – Marco Bélair-Cirino, « Un imam intégriste choque Weil. La ministre se défend de contredire le premier ministre Philippe Couillard », *Le Devoir*, 30 janvier 2015.
[3] *Journal de Montréal*, 19 novembre 2006, 5.
[4] *Multani* c. *Commission scolaire Marguerite-Bourgeoys* [2006] 1 R.C.S. 256.
[5] La Commission est tout à fait consciente que la question des accommodements raisonnables n'est pas nouvelle et que plusieurs débats de société eurent lieu avant 2006 sur la question du port des signes religieux en public, par exemple l'autorisation par la Cour fédérale (appel) à un membre de la GRC de porter le turban (*Grant* c. *Canada (Procureur général)* [1995] 3 C.F.A.)

beaucoup d'encre. Le YMCA avait consenti, de gré à gré, à givrer les vitres de ses salles d'entrainement à la demande de la communauté hassidim Yetev Lev dont la synagogue jouxtait les salles d'entrainement. Le geste avait pour but d'empêcher le regard des jeunes adolescents y étudiant la Torah de pouvoir se porter sur des femmes en tenue sportive[6].

Plusieurs autres controverses concernent des interdits alimentaires. Dans certaines situations les interdictions ont conduit à l'application généralisée de l'interdit par exemple le bannissement du porc dans certaines garderies ou encore l'application de règles alimentaires *cacher* pendant le *Pessah* (Pâque juive) au Centre de réhabilitation juif de Laval, ou encore l'interdiction faite aux employés de l'Hôpital juif Sir Mortimer Davis de consommer de la nourriture préparée à l'extérieur des cafétérias de l'hôpital afin de préserver l'observance de la cacherout, et ainsi éliminer tout contact avec des aliments considérés impurs ou qui ne peuvent être mélangés[7].

D'autres événements concernent des demandes individuelles pour que l'interdit alimentaire puisse être observé, telle la demande d'un père musulman de fournir une nourriture sans viande à ses deux fils en Centre de la petite enfance (CPE) afin de s'assurer qu'ils ne consomment pas de porc[8], ou encore l'installation à l'hôpital Ste-Justine d'un réfrigérateur pour permettre à la clientèle hassidique d'y garder des aliments *cacher*. D'autres événements ont heurté la conscience populaire parce qu'elle y a vu une forme de ségrégation sexuelle allant carrément à l'encontre du principe d'égalité. Une directive de la Société de l'assurance automobile du Québec tolère que des Juifs hassidim puissent faire la demande d'un examinateur de même sexe, un accommodement considéré raisonnable par la Commission de droits de la personne[9]. Dans la même lignée, le CLSC Parc-Extension servant une

---

[6] Ce cas, comme tous les autres qui suivront, est exposé dans le rapport de la Commission Bouchard-Taylor. Le lecteur qui veut plus de détails sur ces cas pourra consulter l'étude de Maryse Potvin (2008), *Crise des accommodements raisonnables. Une fiction médiatique ?*

[7] On peut facilement imaginer la crainte de voir un aliment impur comme le porc ou rendu impur par un mélange inapproprié par exemple le poulet dans une sauce à la crème, entrer en contact avec de la vaisselle ou des ustensiles.

[8] Cette question a été finalement tranchée par jugement en défaveur du requérant, *Commission des droits de la personne et des droits de la jeunesse* c. *Centre à la petite enfance Gros Bec*, 2008 QCTDP 14. La présidente du Tribunal des droits de la personne conclut : « Toutefois, la détermination des obligations du CPE en cette matière ne doit pas s'éloigner de son mandat qui est d'offrir des services éducatifs neutres et d'inculquer aux enfants des principes de tolérance et d'ouverture, indispensables au savoir vivre en société sans toutefois devoir fournir une prestation positive individualisée en matière de pratiques religieuses ou d'éducation religieuse ou sans devoir sacrifier les droits et le respect d'autrui. »

[9] « La demande, fondée sur un motif religieux, de ne pas se trouver seul avec un évaluateur ou une évaluatrice de sexe opposé lors de l'examen pratique d'évaluation de conduite, peut constituer une demande d'accommodement raisonnable si le demandeur a une croyance sincère et honnête dans le caractère religieux de sa pratique. L'accommodement proposé par la SAAQ, à savoir de décaler l'attribution de l'examen de conduite du demandeur d'accommodement jusqu'à ce qu'un évaluateur ou une évaluatrice soit disponible, ou en

clientèle fortement multiethnique refuse aux hommes l'accès dans les cours prénataux, afin d'accommoder des femmes musulmanes, sikhes ou hindoues qui ne veulent pas participer à ces séances en présence d'hommes. Plusieurs autres entorses à la mixité des sexes ont également été révélées par la presse, notamment la réservation de piscines ouvertes au public à une clientèle féminine musulmane, à l'exclusion des hommes, ou encore des policières qui auraient été invitées à céder le pas à leurs confrères masculins lors d'une intervention impliquant des juifs hassidim[10].

Le code vestimentaire fait aussi beaucoup jaser, particulièrement le port du *hijab* par les femmes musulmanes qui heurterait les valeurs d'égalité des sexes en ce qu'il symboliserait la soumission des femmes. Quelques jeunes filles se voient refuser l'accès à des joutes sportives, taekwondo et football, parce qu'elles insistent pour porter le *hijab* alors que les autorités sportives allèguent des mesures de sécurité pour justifier l'interdiction. Les passions dans l'opinion publique se sont aussi attisées lorsque le Directeur général d'*Élections Canada* signifiait que dans l'état du droit canadien une femme pouvait se présenter aux urnes et voter le visage caché par un voile (*niqab*) en suivant une procédure d'exception pour son identification. Des motifs de sécurité qui sont également invoqués par les Services correctionnels du Québec pour empêcher une jeune musulmane de faire un stage de formation dans la prison de Bordeaux en portant le hijab. Sa plainte est toujours devant la Commission des droits de la personne et des droits de la jeunesse (CDPJ) qui n'a pas encore rendu de décision. D'ailleurs, la Commission à ce moment n'a pas vraiment émis d'opinion nette sur le port du voile et se contente de constater sa polysémie[11]. Le port du *niqab* a continué de faire les manchettes et de manière significative en mars 2010 alors que la ministre de l'Immigration expulse du CÉGEP St-Laurent une immigrante musulmane d'origine égyptienne. Celle-ci, dans un cours de langue française pour adultes, refusait de se dévoiler en présence des étudiants masculins de sa classe.

La majorité des critiques dirigées à l'endroit d'un code vestimentaire imposé par la religion touche l'islam. Le *schtreimel* ou le *bekeshe* (pardessus en soie) des hassidim ou la perruque que portent en public leurs femmes, le chapeau noir à larges rebords des juifs sépharades, ne semblent pas tellement

---

donnant un nouveau rendez-vous où la même condition s'appliquera, est raisonnable et ne semble pas constituer une contrainte excessive pour la SAAQ. Cet accommodement, tel qu'appliqué, semble assurer le droit à l'égalité sans discrimination fondée sur la religion des demandeurs tout en ne portant pas atteinte au droit à l'égalité, fondé sur le sexe, des employés de la SAAQ. » Commentaires sur la politique d'accommodement appliquée par La Société d'assurance automobile du Québec lors de l'évaluation de conduite, janvier 2009. Me Daniel Carpentier, 9.

[10] Il s'agirait d'une initiative du service de police de Montréal et qui a été vertement critiquée par la Fraternité des policiers et policières de Montréal parce qu'une telle pratique va directement à l'encontre de la reconnaissance de l'égalité des sexes.

[11] CDPJ, Cat. 2.500.126, 7-8.

déranger les gens, en tout cas officiellement, tout comme le *dhotî* (pagne indien) porté par les hommes membres d'ISKCON (*International Society for Krishna Consciousness*) et le sari de leurs femmes. À part le voile, seul le turban des camionneurs sikhs travaillant au Port de Montréal a su retenir l'attention, car leur refus de porter un casque de sécurité au lieu du turban contrevient à l'application générale des règles de sécurité. L'Association des employeurs maritimes a accepté de revoir sa procédure de chargement de manière à accommoder les camionneurs sikhs, tout en respectant les règles de sécurité. Le camionneur n'a pas à sortir de son véhicule durant le chargement.

Finalement, une série de reproches concerne une forme d'empiètement par le religieux de l'espace laïc. Certains musulmans revendiquent un espace pour s'acquitter de leur devoir d'accomplir la prière rituelle (*salât*) cinq fois par jour, à des moments précis, alors que d'autres citoyens contestent la présence de la prière lors de séances de conseils de ville. En ce qui concerne la première situation, des étudiants musulmans de l'École de technologie supérieure (ÉTS), une composante de l'UQAM, contestent une décision de l'établissement leur refusant un lieu pour s'acquitter de leur prière quotidienne et obtiennent gain de cause[12]. Le Tribunal des droits de la personne et de la jeunesse s'est prononcé en 2006 sur la deuxième situation en ordonnant à la Ville de Laval de « cesser la pratique de la récitation de la prière lors d'une séance de l'assemblée publique du conseil municipal[13]. » Toutefois, la Cour d'appel n'a pas jugé que la récitation de la prière à l'ouverture des séances du Conseil de la ville de Saguenay compromettait la neutralité de ses décisions, ni la présence d'une statue du Sacré-Cœur et d'un crucifdix dans cette enceinte[14]. Une certaine perception d'envahissement de l'espace public par la religion s'observe depuis quelque temps à l'occasion d'accommodements consentis à la communauté hassidique d'Outremont. Par exemple, l'*érouv*[15], d'abord toléré par les autorités municipales est finalement interdit en 2000 à la suite de pressions de citoyens, puis est finalement réhabilité par un jugement de la Cour supérieure en 2001. La Cour suprême du Canada a

---

[12] CDPJ, Résolution COM-5-2.1, mars 2006. L'ÉTS a l'obligation d'accommodement raisonnable en assurant aux plaignants les conditions nécessaires à l'exercice de la prière quotidienne.

[13] *Commission des droits de la personne et des droits de la jeunesse* c. *Laval (Ville de)* [2006] R.J.Q. 2529. La Ville de Montréal et la Ville d'Outremont avaient mis fin déjà à cette pratique, mais la Ville de Saguenay a persisté et a fait l'objet en mai 2008 d'un avis de la part de la CDPJ rappelant à cette ville le droit établi par le Tribunal dans l'affaire mentionnée plus haut.

[14] *Saguenay (Ville de)* c. *Mouvement laïque québécois*, 2013 QCCA 936. En appel devant la Cour suprême.

[15] L'*érouv* est cette clôture de fil qui délimite symboliquement en hauteur la distance maximale que l'adepte peut franchir à l'extérieur de sa résidence le jour du *shabbat*, deux mille coudées (960 mètres). *Rosenberg* c. *Ville d'Outremont*, CS, n° 500-05-060659-008, 21 juin 2001.

également obligé le syndicat des copropriétaires d'un immeuble en copropriété (condos) à permettre à ses membres de confession juive orthodoxe la construction sur leur balcon d'abris temporaires ou *soukka* pour la célébration de la fête des Tabernacles (*Soukkot*)[16]. Des citoyens d'Outremont s'en prennent à la prolifération de synagogues hassidiques dans leur quartier – il y en aurait dix-sept dans un étroit périmètre formé par les rues Bernard au nord et Fairmount au sud, puis St-Urbain à l'est et Hutchison à l'ouest – prétextant que souvent le règlement de zonage municipal n'est pas respecté lorsque certaines résidences privées se transforment en synagogues[17]. D'autres événements, dont la présence d'autocars dans les petites rues du quartier pour prendre les passagers pour New York et les stationnements en zone interdite durant le *shabbat*, s'ajoutent à cela et démontrent que la cohabitation interculturelle s'avère problématique, au point où le bon voisinage n'est plus la règle et cède le pas au conflit ouvert[18]. La reconfiguration de l'espace habité amène un bon nombre de citoyens, nés dans la tradition catholique sans toujours être pratiquants, à défendre la présence de symboles chrétiens dans l'habitat. Plusieurs revendiquent haut et fort la légitimité du « sapin de Noël » sur la place publique, notamment à l'hôtel de ville de Montréal, qui en 2001 avait choisi de le rebaptiser « arbre de vie ». En mai 2008, l'Assemblée nationale du Québec se porte à la défense du crucifix pendu au mur du salon bleu et adopte la résolution suivante :

> Que l'Assemblée nationale réitère sa volonté de promouvoir la langue, l'histoire, la culture et les valeurs de la nation québécoise, favorise l'intégration de chacun à notre nation dans un esprit d'ouverture et de réciprocité et témoigne de son attachement à notre patrimoine religieux et historique représenté notamment par le crucifix de notre salon bleu et nos armoiries ornant nos institutions[19].

---

[16] *Syndicat Northcrest* c. *Amselem*, CSC [2004] 2 R.C.S. 551. La majorité, soit 5 juges contre 4, considère que le syndicat avait une obligation d'accommoder les appelants même s'ils avaient signé une déclaration de copropriété interdisant toute forme de construction ou d'ornementation sur les balcons. Sur le même sujet, la Cour de cassation de France n'a pas daigné accorder d'accommodement et maintenu l'interdiction de construction sur les balcons d'un immeuble en copropriété de Nice, Cour de cassation – Troisième chambre civile, 05-14.774, Arrêt n° 697 du 8 juin 2006.
[17] La demanderesse Céline Forget demande à la Cour supérieure de faire cesser l'usage non résidentiel d'une résidence privée de la rue Durocher par la congrégation *Amour pour Israël*. Requête accueillie, *Forget* c. *Ville d'Outremont* [2001] R.J.Q. 1565 *(C.S.)*.
[18] Voir *Malaise persistant à Outremont : le laisser-faire des autorités publiques*, mémoire présenté devant la Commission de consultation sur les pratiques d'accommodement reliées aux différences culturelles, mémoire présenté au nom de 158 citoyens de l'arrondissement d'Outremont, 2008.
[19] *Journal des débats*, 38e législature, 1re session, 22 mai 2008.

La majorité des Québécois croient que la diversité culturelle demeure un enrichissement auquel ont contribué les divers groupes religieux[20]. Il faudra qualifier cet esprit d'ouverture dans la mesure où plusieurs Québécois estiment que l'arrivée d'immigrants, particulièrement de non-chrétiens, menace notre identité culturelle, nos valeurs et nos traditions[21]. L'insécurité identitaire des Québécois d'origine canadienne-française a trouvé dans ce tourbillon de demandes d'ajustements pour des motifs religieux un terrain fertile pour l'expression de peurs traditionnelles liées à leur situation de minorité en Amérique du Nord. La Commission Bouchard-Taylor ose même employer des expressions assez fortes : « braquage identitaire » ou « crispation » devant ce qui pourrait remettre en cause certains acquis sociaux de la Révolution tranquille. On pensera ici facilement à la sécularisation de notre société et à l'égalité des sexes[22]. D'autres acquis, susceptibles d'une menace venant de cette immigration, sont plus attribuables à l'évolution des mentalités occidentales vis-à-vis la protection de certaines minorités, notamment les enfants et les personnes homosexuelles. Malgré une réelle tension suscitée par ce débat dans le groupe majoritaire, l'expression de propos racistes, mais plus souvent xénophobes lors de forums publics tenus par la Commission Bouchard-Taylor n'est pas significative[23]. Retenons toutefois que les vexations s'adressaient principalement à l'endroit des musulmans et des hassidim. Plus insidieux que les propos minoritaires d'individus qui souvent se font le relai des médias, ceux-ci jouent un rôle déterminant dans la construction de l'opinion négative des citoyens vis-à-vis les minorités ethniques en insistant davantage sur des stéréotypes qui les différencient de la majorité[24]. Qui n'a pas entendu parler des immigrants « fraudeurs », « fanatiques », « profiteurs, « dangereux criminels », « terroristes », « propagateurs de maladies », etc.. ?

L'immigrant devient rapidement l'Autre dont on se méfie, dont on a peur. Le vivre ensemble devient de plus en plus problématique lorsque le voisin cesse d'être autrui, mon prochain, mon *alter ego*. Il devient l'Autre à travers qui je ne perçois que dissemblance. L'insistance sur la différence entraîne inévitablement une polarisation ethnique ou culturelle : d'un côté le « Nous » de la majorité et de l'autre l'« Eux » des minorités. Nul doute qu'un certain discours médiatique, relayé par les perceptions populaires,

---

[20] Cette affirmation est fondée sur divers sondages menés par Léger Marketing entre décembre 2006 et février 2008. Voir Girard, *Résumé des résultats de sondages*, 47-8. En février 2015, un sondage réalisé par Léger Marketing montre que 52 % des Québécois jugent la diversité ethnoculturelle comme un atout. Par ailleurs, seulement 40 % ont une opinion favorable à l'égard des musulmans, *Le Journal de Montréal*, 26 février 2015.
[21] Voir Girard, 19. Sondages, Léger Marketing pour la *Gazette*, août 2007 et Léger Marketing pour *Le Journal de Montréal*, TVA, 98,5 FM, Canoë et le 24 heures, janvier 2008.
[22] *Fonder l'avenir. Le temps de la conciliation*, 186.
[23] *Fonder l'avenir. Le temps de la conciliation*, 36. Voir Girard, 9.
[24] Potvin (2008), 28.

donne parfois dans ce que Maryse Potvin qualifie de « rhétorique racisante », basée sur la différenciation négative (Eux-Nous), la victimisation de soi (perte de notre identité), l'infériorisation de l'Autre (leur culture est attardée) et la diabolisation (leur religion prône la violence)[25]. Ce genre de propos s'est en partie transporté en pleine Assemblée nationale, en mars 2012, au sujet de l'abattage rituel qui heurterait de plein front les « valeurs québécoises » d'après André Simard, vétérinaire et porte-parole du Parti Québécois en matière d'agriculture[26]. Quelles sont les valeurs québécoises qui sont lésées par l'abattage rituel musulman (*dhahiba*) d'animaux dont la gorge est tranchée sans être préalablement insensibilisés ? S'il s'agit de proclamer la défense des animaux contre toute forme de cruauté et de souffrance pourquoi le fait-on vivement à propos de l'abattage rituel musulman alors que beaucoup de nos pratiques bioalimentaires se soucient peu du bien-être animal, comme dans le cas du transport animal sans eau ou nourriture ou de l'élevage de poulets en cage[27] ? Le Coran ne considère-t-il pas que les animaux forment une communauté qui, tout comme la communauté des humains, fait partie du plan de Dieu : « Nulle bête rampant sur terre, nul oiseau volant de ses ailes, qui ne vive en société à l'instar de vous-mêmes. Et Nous n'avons rien omis dans le Livre éternel. Puis c'est vers leur Seigneur qu'ils feront tous retour[28]. » Plusieurs hadiths mentionnent l'interdiction de cruauté envers les animaux, mais plus positivement Mahomet semble savoir étendu le devoir de charité jusqu'au règne animal :

> Abu Hurayra, le Prophète dit : « Étant sur un chemin, un homme fut saisi par une grande soif. Il trouva un puits et aussitôt il y descendit. Il but puis sortit. Alors il vit un chien essoufflé qui touchait de sa bouche [l'humidité] du sol, tellement il avait soif. L'homme se dit : « la soif de chien est aussi grande que l'était la mienne. Il descendit au puits, remplit ses bottines d'eau… et donna à boire au chien. Dieu lui sut gré et lui pardonna. Les présents dirent : agréa son comportement et lui pardonna (de ses péchés). — Ô Messager de Dieu, aurons-nous une Récompense pour les

---

[25] Potvin (2010), « Discours sociaux et médiatiques dans le débat sur les accommodements raisonnables », 83-89.
[26] Plusieurs articles de journaux rapportent l'intervention du député Simard : Lili Boisvert, « Des politiciens nourrissent une controverse sur la viande halal », www.radio-canada.ca/nouvelles/Politique/2012/03/14/003-halal-pq-caq-viande.shtml ; La Presse canadienne, « Viande halal – l'abattage rituel heurte les valeurs québécoises, selon le PQ », 15 mars 2012, http://www.ledevoir.com/politique/quebec/345088/viande-halal-l-abattage-rituel-heurte-les-valeurs-quebecoises-selon-le-pq.
[27] Élise Desaulniers, « Abattage rituel : se pose-t-on les bonnes questions ? », 15 mars 2012, http://voir.ca/elise-desaulniers/2012/03/15/12/.
[28] Sourate *Les bestiaux* (6) : 38.

animaux ? — Il y a Récompense, dit le Prophète, pour tout être vivant[29] !

La prescription coranique concernant l'abattage rituel demande de consommer une viande provenant d'un animal vivant et sur lequel le sacrificateur a invoqué le nom d'Allah[30]. Le texte coranique ne peut évidemment parler de techniques d'insensibilisation pré-mortem de l'animal qui sont assez récentes. On ne peut déduire du Coran que l'insensibilisation pré-mortem est interdite si la technique ne cause pas la mort instantanée et que l'égorgement est alors fait sur un animal déjà mort. L'électronarcose ou l'usage d'un pistolet à tige perçant le cerveau des bovins les plongent immédiatement dans l'inconscience sans provoquer la mort de façon instantanée. Plusieurs autorités en matière de *fiqh* permettent ces techniques pourvu que l'animal soit toujours vivant lors de l'égorgement. C'est notamment le cas de l'uléma salafiste Muhammad ibn Salih ibn Uthaymin (Saoudien, 1925–2001) qui rappelle que la viande d'animaux abattus par les gens du Livre (Juifs et chrétiens) est licite comme l'affirme le verset 3 de la sourate *La table*[31]. Cette attitude est assez libérale, puisqu'ibn Uthaymin va jusqu'à affirmer :

> Il ne nous est pas imposé de demander de quelle manière sont sacrifiées les bêtes tant qu'elles émanent de ceux dont les sacrifices sont permis, mais s'il est par la suite établi qu'elles ne sont pas sacrifiées de manière légale, elles sont illicites à la consommation. Mais le fait de chercher et d'interroger à ce sujet est une forme d'excès et de difficultés imposées aux gens[32].

Le *Conseil permanent de la recherche islamique et de la fatwa* (Arabie Saoudite) et la *Commission de la fatwa de l'Université al-Azhar* partagent cet avis, de même que plusieurs autres érudits du *fiqh*[33]. L'usine Olymel de St-Damase abat le poulet en suivant le rite halal, c'est-à-dire qu'un sacrifi-

---

[29] *Sahîh Bukhârî*, hadith 2466.
[30] *Sourate de la Table* (5) : 3 : « Il vous est interdit de consommer la bête morte, le sang, la viande de porc, celle d'un animal immolé à d'autres divinités qu'à Dieu, la bête étranglée, assommée, morte d'une chute ou d'un coup de corne, ou celle qui a été entamée par un carnassier – à moins qu'elle n'ait été égorgée à temps –, ainsi que celle qui a été immolée sur un autel païen. »
[31] Le Coran, 5 : 4 : « Toute nourriture bonne et pure vous est désormais permise. La nourriture de ceux qui ont reçu les Écritures est aussi licite pour vous, de même que la vôtre l'est pour eux. »
[32] http://www.salafs.com/docs/halal.pdf. Pour ibn Uthaymin, les techniques d'insensibilisation sont permises pourvu que l'animal soi égorgé vivant.
[33] Fataawa al-Lajnah al-'Daa'imah (Arabie Saoudite), 22/456–457. Atiyya Saqr, président de la Commission de la Fatwa de l'Université d'Al-Azhar, dans « Le meilleur discours » – « Ahssan al-kalam », éditions Dar Al-Ghad Al-Arabi, dernière édition, tome 1, 348-350. Parmi les autres, signalons l'Algérien Cheikh Hammani, le Syrien Cheikh Wahba Mustafa al-Zuhayli et l'Irakien Abdelkrim Zaydan.

cateur invoque le nom d'Allah, alors que les poulets sont insensibilisés par électrochoc avant d'être égorgés[34]. D'autres s'opposent à toute insensibilisation pré-mortem, soit parce que ces techniques provoquent la mort avant la saignée ou parce qu'elles seraient source de souffrance pour l'animal[35]. La grande spécialiste de l'halal en France, l'anthropologue Florence Bergeaud-Blackler, rappelle que la décision de certaines usines d'abattre selon le rite halal pour l'ensemble de la production n'a rien à voir avec une islamisation du territoire, mais bien relève de décisions d'entreprise relatives à la rentabilité des opérations[36]. Depuis longtemps, les lois canadiennes et québécoises obligent les abattoirs à pratiquer l'insensibilisation pré-mortem, mais reconnaissent le droit à l'abattage rituel juif et musulman par « sectionnement rapide, complet et simultané des jugulaires et carotides, de façon qu'il perde conscience immédiatement[37]. » Ces mêmes lois et règlements garantissent également la commercialisation de viandes saines pour l'alimentation humaine, grâce à l'inspection post-mortem, quel que soit la méthode d'abattage. Apparemment, la santé des Québécois ne serait guère menacée, même s'ils consommaient des viandes halal à leur insu. Il semble que l'étiquetage halal soit au cœur du débat de ce qui heurte les valeurs québécoises. Le Parti Québécois et la Coalition Avenir Québec demandent au gouvernement de rendre obligatoire l'étiquetage de la viande halal ou cacher au Québec. Toutefois, cette production de viande halal non identifiée résulte d'une décision d'entreprise qui n'a rien à voir avec un accommodement raisonnable consenti à des communautés culturelles pour des motifs religieux. Il faut le rappeler, car la confusion règne dans certaines interventions, comme celle-ci :

> Le député de Deux-Montagnes a finalement rappelé au gouvernement libéral que de telles controverses sont directement liées à son refus de vouloir établir des balises claires concernant les accommodements religieux. « Le non-étiquetage de la viande halal ou casher est un autre exemple d'accommodement difficilement compatible avec les valeurs québécoises. En évacuant le débat sur les accommodements religieux, le gouvernement libéral est encore une fois à l'encontre de la volonté des Québécois[38]. »

---

[34] Lili Boisvert, « Des politiciens nourrissent une controverse sur la viande halal », 15 mars 2012, www.radio-canada.ca/nouvelles/Politique/2012/03/14/003-halal-pq-caq-viande.shtml.
[35] Voir les commentaires de Fethallah Otmani, directeur de l'association de certification halal *A Votre Service AVS*, www.avs.fr/pub/602.pdf.
[36] Florence Bergeaud-Blackler, « L'État, le culte musulman et le halal business », http://hal.inria.fr/docs/00/05/19/05/PDF/papierhalal.pdf.
[37] *Règlement de 1990 sur l'inspection des viandes*, DORS/90-288, art. 77-79 ; *Règlement sur les aliments*, R.R.Q., 1981, c. P-29, R. 1, a. 6.4.2.1, art. 6.4.2.2.
[38] « Viande halal et casher non étiquetée – « Le consommateur doit conserver sa liberté de choix » – Benoit Charrette », http://communiques.gouv.qc.ca/gouvqc/communiques/GPQF/Mars2012/14/c4418.html.

Cette polémique semble être importée directement de France suite à la dénonciation de la candidate du Front national, Marine Le Pen, de l'abattage à 100 % halal de la viande sur le territoire de l'Île-de-France[39]. La droite populaire instrumentalise la laïcité pour manifester son islamophobie, un stratagème qu'a dénoncé Jean Baubérot dans sa récente parution *La laïcité falsifiée*. Cette instrumentalisation fait preuve d'une dérive de la laïcité républicaine de gauche vers une nouvelle laïcité qui épouse des idées de droite ou même d'extrême droite en se parant d'idéaux démocratiques comme l'égalité des sexes et en se portant à la défense de la liberté de religion confinée à la sphère privée et à la protection de l'identité nationale[40]. De plus faut-il ajouter que l'intervention du député péquiste André Simard mentionnait l'abattage rituel cacher et halal, mais la conférence de presse qu'il a donnée suite à son interpellation en chambre insistait davantage sur l'abattage halal, ce qui n'est pas sans rappeler les interventions de la droite française.

Sans passé colonialiste ou esclavagiste, les Québécois n'ont ni attrait ni expérience du racisme institutionnalisé, mais ils admettent toutefois la présence d'une certaine xénophobie liée à leur identité minoritaire[41]. Avec l'arrivée d'une immigration non européenne, il faut honnêtement se demander si la tentation néo raciste n'est pas en train de gagner du terrain depuis la crise des accommodements[42]. Le projet de loi 60 a lui aussi donné lieu à des dérives xénophobes et des manifestations hostiles et insultes envers des femmes musulmanes portant le hijab. Le climat n'est pas à la discussion sereine sur les conditions qui permettront un vivre ensemble harmonieux.

Plusieurs des émotions suscitées par les situations rapportées, même après le rapport Bouchard-Taylor, rappellent le syndrome du « pas dans ma cour ». On veut bien profiter des avantages que procure l'immigration dans un pays qui en a besoin à cause de sa faible croissance démographique, mais pas question de subir les inconvénients liés à la proximité de cultures différentes. Des exemples ? Considérez l'opposition à la construction de synagogues ou d'*yeshivas* à Outremont et à Val-Morin dans les Laurentides. La construction de mosquées à Montréal ou en régions suscite des craintes parce que les

---

[39] Cécile Deffontaines et Bérénice Rocfort-Giovanni, « Halal : coups tordus et idées fausses », *Le Nouvel Observateur* du 1er mars 2012,
http://tempsreel.nouvelobs.com/societe/20120229.OBS2574/halal-coups-tordus-et-idees-fausses.html.

[40] Élodie Maurot, « Jean Baubérot : N'utilisons pas la laïcité contre l'islam », *La Croix*, 10 février 2012, http://www.la-croix.com/Archives/2012-02-10/Jean-Bauberot-sociologue-N-utilisons-pas-la-laicite-contre-l-islam-_NP_-2012-02-10-786874.

[41] En février 2015, un sondage réalisé par Léger Marketing montre que 20 % des Québécois se perçoivent comme plutôt racistes, mais il s'agirait d'un racisme de circonstance. *Le Journal de Montréal*, 26 février 2015.

[42] Potvin (2008). Parlant du néoracisme, elle écrit : « Il ne s'appuie plus sur la construction d'une « infériorisation biologique » des minoritaires, mais sur la construction de leur « inassimilabilité » en vertu de différences définies comme pathologiques ou irréductibles. »

mosquées sont souvent perçues comme des foyers d'un islam agressif et conquérant[43]. Quelques articles publiés dans le journal *Le Courrier de St-Hyacinthe* suffisent à faire avorter un projet de construction de mosquée à St-Hyacinthe. Un article s'intitulait « Pas dans ma cour le *mosalla*[44]. » En février 2015, la ville de Shawinigan cède aux craintes exprimées par certains citoyens et s'oppose à l'ouverture d'une mosquée qui aurait pu servir de lieu de culte à la petite communauté d'une trentaine de musulmans. La Coalition Avenir Québec profite de cette occasion pour suggérer de limiter la liberté d'expression inscrite dans la charte québécoise des droits afin d'interdire l'enseignement ou la prédication d'idées contraires aux « valeurs québécoises[45]. » Un sondage a révélé que les deux tiers des Québécois approuvent la décision de la ville de Shawinigan et ne veulent pas de mosquée dans leur quartier[46].

Le syndrome du « pas dans ma cour » s'est incarné de manière forte dans l'adoption du code de vie d'Hérouxville, une petite municipalité d'un peu plus de mille habitants en Mauricie. Sans faire l'analyse détaillée des « Normes de vie » énoncées par la municipalité, notons d'abord la pétition de principe du préambule :

> Depuis toujours, des hommes et des femmes originaires de villes parfois cosmopolites, de régions ou de villages voyagent partout dans le monde. Cela leur permet de découvrir les us et coutumes de différents pays. De nos jours, que ce soit par le biais de la radio, de la télévision, du cinéma ou de l'internet, nous avons la possibilité de savoir comment vivent les humains partout sur la planète, bref, de lever le voile sur différentes cultures.
>
> Pour toutes sortes de raisons, des gens de partout dans le monde viennent s'établir chez nous, apportant avec eux leur culture propre. Ils savent que nous sommes accueillants, tolérants et respectueux de leurs différences parce que nous croyons au multiculturalisme, car c'est une richesse pour un pays, une province, une région[47].

---

[43] Voir l'article de Mathieu Turbide, « La Mosquée obtient des fonds », *Le Journal de Montréal*, 11 mai 2010. L'auteur y dénonce l'implication possible des Frères Musulmans, un groupe fondamentaliste originaire d'Égypte, dans la construction au centre-ville d'une Grande Mosquée dans un bâtiment appartenant aux Sœurs grises.
[44] *Le Courrier de St-Hyacinthe*, 10 mai 2010.
[45] « Mosquée : la CAQ appuie le maire de Shawinigan et presse Québec d'agir », *La Presse*, 16 février 2015.
[46] « Deux Québécois sur trois ne veulent pas de mosquée dans leur voisinage », 26 février 2015, http://ici.radio-canada.ca/nouvelles/politique/2015/02/26/003-presence-mosquee-voisinage-sondage-quebec.shtml.
[47] Municipalité d'Hérouxville, *Les normes de vie*, janvier 2007. http://municipalite.herouxville.qc.ca/normes.pdf

Après cet énoncé en faveur du pluralisme des cultures et du respect des droits fondamentaux, les choses prennent un ton quelque peu différent. Le document conçoit les accommodements comme des concessions « déraisonnables » faites à des cultures étrangères parce qu'ils mettent en péril nos valeurs, notamment celle de l'égalité des sexes. Le document va beaucoup plus loin que la protection des droits à l'égalité lorsqu'il tente d'imposer à tout futur immigrant des normes de vie qui « s'inspirent de nombreux comportements sociaux généralement admis par les personnes occupant le territoire ». Droits fondamentaux, valeurs et us et coutumes forment un tout non négociable et cela ne fait que semer la confusion.

L'égalité des sexes, la protection des enfants, le droit à l'éducation et la liberté de choisir son conjoint sont toutes des valeurs auxquelles la majorité des Québécois, à l'instar des Hérouxvillois, souscrivent et défendent. Faut-il pour autant empêcher la vente de produits alimentaires *cacher* ou *halal* sur le territoire, ou encore forcer un usager d'une résidence pour personnes âgées de manger du porc ou pourquoi pas du poisson si on est en Gaspésie ? Tous les citoyens de cette Hérouxville utopique doivent-ils consommer de l'alcool et ériger un sapin de Noël pour être de bons citoyens ? Le code de vie d'Hérouxville au fond demande aux futurs immigrants sur son territoire d'adopter son mode de vie et de renoncer à toute forme d'adaptation de la part de ses citoyens à des façons de faire qui ne sont pas reconnues comme étant les siennes. Hérouxville, c'est l'épitomé d'un certain ras-le-bol populaire qui perçoit les accommodements raisonnables comme une forme de concession ou passe-droit consenti aux minorités, d'un traitement de faveur qui fragilise nos valeurs d'égalité. Pourquoi ne pas s'en tenir à l'adage « à Rome comme à Rome » qui invite au respect des traditions et lois locales[48] ? Malgré sa maladresse, le code de vie d'Hérouxville a forcé la réflexion sur les limites que présente l'accommodement raisonnable comme solution aux problèmes du pluralisme culturel de notre société.

Au-delà du fait que la majorité des Québécois souscrivent au respect des droits fondamentaux comme la liberté d'expression, la liberté d'opinion et de religion, le vécu au quotidien nous entraine dans une réflexion qui devrait nous guider dans la recherche de la satisfaction de vivre ensemble dans le respect des traditions de chacun. Le défi n'est pas nouveau puisque le Québec vit avec le phénomène de l'immigration depuis très longtemps. Plusieurs facteurs ont cependant modifié le contexte dans lequel elle s'inscrit depuis quelques décennies : la provenance des immigrants qui ne viennent plus principalement d'Europe, la dénatalité chez les Québécois d'origine, l'apparition des Chartes des droits et libertés de la personne, et finalement

---

[48] « Si fueris Romae, Romano vivito more ; si fueris alibi, vivito sicut ibi », attribué à Ambroise de Milan selon P. M. Quitard, *Dictionnaire étymologique, historique et anecdotique des proverbes et des locutions proverbiales de la langue française*, Paris : P. Bertrand, 1842, 698.

l'affirmation de l'identité nationale. Cela nous permet de comprendre l'intérêt de certains individus pour la reconnaissance de leurs droits qu'ils estiment bafoués ou diminués parce qu'ils appartiennent à une minorité quelconque et, d'autre part, le besoin d'affirmer son identité collective devant une marée d'affirmations de la différence.

Pour bien saisir la notion d'accommodement raisonnable, retourner au premier arrêt de la Cour suprême du Canada sur le sujet s'avère fort utile. Madame O' Malley, une fidèle de l'Église adventiste prétend qu'elle subit de la discrimination parce qu'elle ne peut postuler sur un emploi à temps plein chez Simpson's-Sears, ce que l'obligerait à ne pas respecter son devoir de stricte observance du sabbat[49]. L'employeur fixe à bon droit des conditions d'embauche applicables à tous, il n'exclut aucun groupe ou catégorie de personnes dans son processus de sélection. Toutefois, même si la politique d'embauche n'est pas directement discriminatoire, elle a pour résultat préjudiciable d'écarter certaines personnes en raison de leur croyance. En incluant dans son raisonnement l'effet discriminatoire ou pervers d'une règle neutre, la Cour suprême développe une logique de l'égalité qui privilégie un traitement différentiel plutôt qu'identitaire, au nom de cette même égalité[50]. Comme l'indique le juge, le principe de l'accommodement raisonnable n'est pas une invention canadienne.

La Cour suprême s'est inspirée de principes élaborés par la jurisprudence américaine dans les années 1970 pour contrer les effets discriminatoires de pratiques pourtant autorisées par la loi dans l'embauche des personnes. Ainsi dans *Griggs* v. *Duke Power Co*[51], la Cour suprême des É.-U. a jugé que la compagnie d'énergie avait agi illégalement en obligeant les candidats à subir un test d'aptitudes générales et professionnelles alors que l'emploi ne le requérait pas comme tel et que cela avait comme conséquence d'écarter les Afro-américains de l'embauche. Ce souci de prendre en compte les effets pervers sur les moins bien nantis d'une règle applicable à tous rappelle la théorie rawlsienne de la justice qui, tout en affirmant le principe d'égalité des chances pour tous, voit aussi à accommoder ou protéger ceux dont la liberté–égalité est amoindrie[52]. Pour la Cour suprême du Canada, l'obligation d'accommodement n'a rien à voir avec un supposé traitement de faveur puisqu'elle découle naturellement de la notion même de traitement qui pour être égal se doit d'être différentiel. L'obligation d'accommodement admet aussi des limites au sens où il se doit d'être raisonnable, cherchant à créer une sorte d'équilibre entre les droits de l'employeur et ceux de l'employé. L'employeur doit trouver un terrain d'entente avec l'employé sans que cela engendre pour lui une contrainte excessive.

---

[49] *Commission Ontarienne des Droits de la Personne* c. *Simpsons-Sears* [1985] 2 R.C.S. 536.
[50] Voir Bosset, « Les fondements juridiques et l'évolution de l'obligation d'accommodement raisonnable ». 1.
[51] 401 U.S. 424 (1971).
[52] John Rawls, *A Theory of Justice*.

Depuis les années 1970, plusieurs législatures, tant au Canada qu'à l'étranger, ont adopté des lois pour faciliter l'intégration au travail des personnes handicapées et favoriser leur autonomie dans le domaine du logement et du transport. Jusqu'à tout récemment, les gouvernements semblent s'en remettre à la sagesse des tribunaux pour gérer la diversité religieuse à travers la notion d'accommodement raisonnable. Or, plusieurs personnes mettent en relief les limites de cet instrument et préconisent une intervention plus marquée du législateur pour encadrer le droit de religion dans l'espace public. Pour certains, « c'est un mode de gestion au cas par cas de la liberté de religion dans la sphère publique, favorisant l'arbitraire, mais ce n'est certainement pas une théorie de la laïcité de l'État[53]. » Cet arbitraire serait en quelque sorte une source d'injustice parce que la pratique des accommodements mettrait en péril l'égalité entre les hommes et les femmes et même la neutralité de l'état en favorisant la foi religieuse au détriment de l'athéisme[54].

Les tenants du laïcisme perçoivent à travers le recours aux accommodements une « surenchère du religieux » au détriment de la protection de la liberté de conscience[55]. À Montréal, une garderie ne se croit pas obligée de fournir des repas végétariens aux enfants, car ils n'invoquent aucune obligation religieuse les y contraignant[56], position semblable à celle adoptée par les Services correctionnels du Canada (SCC) avant la décision de la Cour fédérale en 2002[57]. Dans cette affaire, la prison de Mascouche refuse de continuer à servir des repas végétariens à un détenu suite à son abandon du mouvement de la Conscience de Krishna. Les autorités pénitentiaires invoquent pour justifier leur refus l'impossibilité de relier le végétarisme du détenu à une quelconque obligation religieuse ou pratique culturelle. La position des SCC montre bien à quel point elle applique un double standard quand il s'agit de reconnaître la liberté de conscience. Estimant que le détenu avait suffisamment démontré sa conviction en ce qui concerne sa répréhension morale envers la consommation de produits animaux, le juge s'en prend directement à l'aveuglement des SCC :

> Par conséquent, le SCC a reconnu qu'il était légalement tenu de respecter la liberté religieuse prévue par la Charte, mais en fait il n'a pas tenu compte de la liberté de conscience. L'alinéa 2a) de la Charte reconnaît en tant que liberté fondamentale <u>tant</u> la liberté de religion <u>que</u> la liberté de conscience ; pourtant, selon la politique du SCC, les détenus qui

---

[53] « Déclaration des intellectuels pour la laïcité – Pour un Québec laïque et pluraliste », *Le Devoir*, 16 mars 2010.
[54] *Ibid.*
[55] Julie Latour, « La protection juridique de la laïcité : essentielle au maintien de la cohésion sociale », Allocution présentée à l'auditorium de la Grande Bibliothèque, le 28 avril 2010.
[56] Richard Martineau, Chronique La Grande Famille, *Le Journal de Montréal*, 28 avril 2010.
[57] *Maurice* c. *Procureur général du Canada* [2002] CFPI 69.

ont des croyances fondées sur leur conscience peuvent se voir refuser l'expression de leur liberté de « conscience ». À mon avis, l'approche du SCC est incohérente. Le SCC ne peut pas incorporer l'alinéa 2a) de la Charte d'une façon fragmentaire ; les deux libertés doivent être reconnues[58].

Après cette victoire de la reconnaissance du droit à l'expression de la liberté de conscience, les SCC l'ont incorporé dans leur *Manuel sur la satisfaction des besoins pour motifs religieux et spirituels*, tout en soulignant ses appréhensions devant la difficulté d'appliquer une notion aussi subjective[59]. En même temps cette affaire attire notre attention non seulement sur la considération inégale accordée aux libertés de religion et de conscience, mais aussi la difficulté d'établir chez le demandeur la sincérité et l'importance que revêt sa croyance par opposition à des systèmes religieux élaborés où la conduite des membres est souvent codifiée, ou au moins balisée par des normes. Comment décider si ce qui oppose les parties consiste en un véritable conflit de droit ou s'avère davantage un conflit de valeurs ?

La principale limite instrumentale de l'accommodement raisonnable vient de son cadre juridique. La Commission Bouchard-Taylor s'est elle-même rendue à l'évidence en constatant que seule une faible proportion des situations qui lui étaient soumises répondait vraiment à la définition de l'accommodement. Que ce soit le hassid qui demande de passer devant les autres à la clinique à cause du shabbat qui se pointe, que des musulmans organisent une cabane à sucre *halal*, ou que le YMCA givre les fenêtres de sa salle de gymnastique pour satisfaire aux exigences de pudeur des hassidim, en aucun cas y a-t-il atteinte discriminatoire aux droits fondamentaux de la personne, au sens où la liberté de religion serait en cause.

L'insécurité identitaire, un certain discours laïciste strict (ou fermé par contraste à la laïcité ouverte) qui crie facilement à la « surenchère du religieux » menaçant notre société[60], de même qu'un manque de politique claire sur la place de la religion dans l'espace public, donnent aussi ouverture à sorte de tartufferie dont la ferveur est orientée vers la disparition de toute trace religieuse. Un bel exemple de cela s'est produit en février 2012, alors qu'une enseignante de musique au primaire, à l'école Saint-Gabriel-Lalemant de la Commission scolaire de Sorel-Tracy, a décidé de biffer la dernière phrase de la célèbre chanson « L'Hymne à l'Amour » interprétée par Édith Piaf : « Dieu réunit ceux qui s'aiment ». La nouvelle a même fait les man-

---

[58] *Maurice* c. *Procureur général du Canada* [2002] CFPI 69, par. [9].
[59] SCC, *Manuel sur la satisfaction des besoins pour motifs religieux et spirituels*, mis à jour le 21 mars 2005, 18-19.
[60] Allocution de Me Julie Latour, Conférence Coalition Laïcité Québec présentée à l'auditorium de la Grande Bibliothèque le 28 avril 2010, *La protection juridique de la laïcité : essentielle au maintien de la cohésion sociale* :
http://sisyphe.org/IMG/pdf/Allocu_J._Latour_28_avril.pdf

chettes de *La Libre Belgique*. Cette décision, sans doute mal éclairée, ajoute à la confusion qui règne actuellement au Québec sur ces questions et la médiatisation qui en est faite n'apporte guère d'éclairage qui vaille. Les uns y voient l'expression d'un laïcisme révisionniste qui frôle la censure et l'autoritarisme républicain[61]. Les autres voient une réaction frileuse vis-à-vis du religieux, une crainte de se voir reprocher un parti pris ou un manque de neutralité. C'est alors l'occasion rêvée pour certains de décrier notre peur collective d'affirmer nos valeurs alors que certains groupes culturels issus de l'immigration n'hésitent pas à revendiquer l'expression publique de leurs croyances[62]. Piaf aurait composé cette chanson en 1949, inspirée par sa passion amoureuse envers le boxeur Marcel Cerdan qui a péri dans un accident d'avion aux Açores, à peine un mois après la première interprétation de la chanson par Piaf. La mention de Dieu à la toute fin n'en fait pas pour autant une chanson d'inspiration religieuse. Dieu semble bien être utilisé à titre de référent de la pérennité d'une passion qui ne saurait s'éteindre, sans nécessairement conduire au postulat de l'existence d'un être suprême. Le dernier couplet nous renseigne à cet effet :

> Si un jour la vie t'arrache à moi
> Si tu meurs que tu sois loin de moi
> Peu m'importe si tu m'aimes
> Car moi je mourrai aussi
> Nous aurons pour nous l'éternité
> Dans le bleu de toute l'immensité
> Dans le ciel plus de problèmes
> Mon amour crois-tu qu'on s'aime
> Dieu réunit ceux qui s'aiment.

Et puis, si selon certaines personnes Dieu avait le pouvoir de « réunir ceux qui s'aiment », faudrait-il pour autant éliminer cette croyance de toute discussion sur l'amour à l'école, au nom de je ne sais quelle hypocrisie de l'esprit ?

Les croyances, les mythes et les légendes ne servent-ils pas à projeter les humains au-delà de ce qui existe de manière factuelle, à ériger des valeurs et susciter des rêves et des aspirations ? À ce propos, l'opinion du juge Robert H. Jackson de la Cour suprême des États-Unis est très rafraichissante. Tout en se ralliant à l'opinion majoritaire de la cour qui donnait raison à une athée avérée, Vashti McCullum, qui contestait une décision de la Commission scolaire de Champaign (Illinois) d'accorder une période (*released time*) d'enseignement religieux facultatif aux enfants de niveau primaire lorsque

---

[61] Voir l'entrevue avec le poète Lucien Francoeur à l'émission *TVA En Direct*, le 16 février 2012.
[62] Voir *La Libre Belgique*, 16/02/2012 : http://www.lalibre.be/culture/musique/article/720246/l-hymne-a-l-amour-de-piaf-censure-au-quebec.html.

les parents le souhaitaient, le juge met en garde contre des interprétations obtuses du principe de séparation de l'Église et de l'État. L'enseignement, dispensé par une association religieuse, se faisait dans les classes de l'école, durant les heures normales de fréquentation scolaire, ce qui selon l'appelante constituait une entorse majeure à la clause de non-établissement du Premier Amendement de la Constitution des États-Unis qui empêche d'accorder un statut institutionnel à une ou des religions, tout en garantissant le libre exercice de sa religion[63]. Selon le juge Jackson, l'enseignement de la musique sans tenir compte de la musique sacrée serait impensable, même chose dans le cas de l'architecture et de la littérature. Les religions font partie de notre héritage culturel[64].

Les paroles de la Piaf nous renvoient tout simplement au thème des amants réunis au-delà de la mort, un thème cher à toute une littérature non religieuse. Dans les *Métamorphoses*, Ovide évoque les amours de Thisbé et Pyrame, impossibles à cause de la rivalité des familles. Après s'être donné rendez-vous sous un mûrier blanc, Thisbé arrive la première sur les lieux et fuit une lionne à la gueule ensanglantée. En déroute, elle laisse tomber son voile que la lionne déchiquète en le maculant de sang. Arrivé sur les lieux, Pyrame aperçoit le voile et, croyant Tshisbé victime du fauve, il s'enlève la vie. Tshisbé revient près du mûrier et découvre son amant mort. Avant de se donner la mort à sa suite, elle s'écrie :

> Malheureux ! C'est donc ta main, c'est l'amour qui vient de t'immoler ! Eh bien ! N'ai-je pas aussi une main, n'ai-je pas mon amour pour t'imiter et m'arracher la vie ? Je te suivrai dans la nuit du tombeau. On dira du moins, elle fut la cause et la compagne de sa mort. Hélas ! Le trépas seul pouvait nous séparer : qu'il n'ait pas même aujourd'hui ce pouvoir ! Ô vous, parents trop malheureux ! Vous, mon père, et vous qui fûtes le sien, écoutez ma dernière prière ! Ne refusez pas

---

[63] *McCollum* v. *Board of Éducation*, 333 U.S. 203 (1948).

[64] *Ibid.*, 236 : "But it would not seem practical to teach either practice or appreciation of the arts if we are to forbid exposure of youth to any religious influences. Music without sacred music, architecture minus the cathedral, or painting without the scriptural themes would be eccentric and incomplete, even from a secular point of view. Yet the inspirational appeal of religion in these guises is often stronger than in forthright sermon. Even such a "science" as biology raises the issue between evolution and creation as an explanation of our presence on this planet. Certainly a course in English literature that omitted the Bible and other powerful uses of our mother tongue for religious ends would be pretty barren. And I should suppose it is a proper, if not an indispensable, part of preparation for a worldly life to know the roles that religion and religions have played in the tragic story of mankind. The fact is that, for good or for ill, nearly everything in our culture worth transmitting, everything which gives meaning to life, is saturated with religious influences, derived from paganism, Judaism, Christianity–both Catholic and Protestant–and other faiths accepted by a large part of the world's peoples. One can hardly respect a system of education that would leave the student wholly ignorant of the currents of religious thought that move the world society for a part in which he is being prepared."

un même tombeau à ceux qu'un même amour, un même trépas a voulu réunir ! Et toi, arbre fatal, qui de ton ombre couvres le corps de Pyrame, et vas bientôt couvrir le mien, conserve l'empreinte de notre sang ! Porte désormais des fruits symboles de douleur et de larmes, sanglant témoignage du double sacrifice de deux amants[65].

Les vœux de Tshisbé sont exaucés ; les fruits du mûrier deviennent pourpres et les cendres des amants sont réunies dans une même urne. La métamorphose qui s'opère s'inscrit-elle dans la philosophie pythagoricienne de la métempsychose qu'Ovide expose au livre XV : « Rien ne périt dans le monde entier, mais tout varie, tout change d'aspect ; ce qu'on appelle naître, c'est commencer autre chose que ce qui fut avant, et mourir c'est cesser cette même chose » (XV, 254-257). Tout comme Piaf, Thisbé cherche à donner un sens, par-delà les apparences, à une expérience amoureuse que les conventions sociales ou religieuses interdisent. Le *Roman de Tristan et Iseut* exploite une thématique semblable. Après que le roi Marc eut enseveli dans une chapelle, en deux tombes, le corps des deux amants ; de la tombe de Tristan surgirent des rameaux de chèvrefeuille qui s'élevèrent pour ensuite plonger dans le tombeau d'Iseut[66]. Malgré les efforts des gens du pays pour couper l'arbrisseau, de nouvelles pousses jaillirent sans cesse. Béroul, un des auteurs du poème narratif *Le roman de Tristan et Iseut*, présente un Dieu de miséricorde, complice de l'amour adultérin de Tristan et Iseut. Béroul attribue à l'intervention divine le fait que les deux amants coupables soient réunis alors que le roi Marc entreprend de les brûler.

Mais, au fait, quel est donc ce Dieu invoqué par la Môme ou par Tristan et Iseut ? S'agit-il du Dieu des chrétiens, tel que défini dans la tradition de l'Église ? Ce Dieu peut-il vraiment se rendre complice d'amours défendus ? Ou encore, s'agit-il d'une croyance personnelle en la puissance de forces spirituelles capables de changer le cours naturel des choses ?

Ces interrogations nous signalent la nécessité de définir dans un premier temps ce qu'il faut entendre par « religion ». Cette définition doit évidemment s'inscrire dans le contexte de notre propos, c'est-à-dire son rapport à l'espace public. Cela implique de privilégier une approche qui se limitera strictement aux manifestations du religieux, c'est-à-dire aux pratiques et croyances subjectives qui prétendent être déterminantes pour la conduite individuelle et communautaire des personnes qui y adhèrent. Dans cette perspective, la religion ne saurait donc se limiter à des discours qui s'élaborent rationnellement autour de la question de la transcendance, ou encore à partir d'une vérité révélée ; notre propos s'intéresse avant tout aux pratiques, au libre exercice du droit de religion.

---

[65] *Les Métamorphoses d'Ovide*, tome II, 171.
[66] *Le roman de Tristan et Iseut*, renouvelé par Joseph Bédier, Paris, H. Piazza, 1900, 283.

Le premier chapitre s'attardera donc à définir le concept de religion dans le contexte de notre discussion. L'idée qu'on se fait de la religion varie d'une tradition à l'autre ; tantôt les pratiques et rites prennent le devant, tantôt ce sont les articles de foi qui forment l'essentiel. Plus important encore pour notre propos, ces catégorisations du domaine religieux en for externe (pratiques et rites) et for interne (croyances, dogmes) sont la plupart du temps la résultante d'interactions complexes entre religion, culture et société. La trajectoire de la religion chrétienne en Occident est unique et cela va marquer nécessairement la conception de la religion et la nature de ses rapports avec l'organisation sociale et politique, comme il sera démontré.

La place qui sera faite à la religion dans l'espace public variera parfois selon la compréhension que certains adhérents auront de la religion elle-même. Aussi la définition d'un état laïc ne peut être unique. La laïcité se déploie à partir de contextes historiques singuliers, en fonction de réalités politiques, théologiques et philosophiques changeantes. Il y a donc lieu de parler des laïcités. C'est l'objet du second chapitre.

L'histoire de l'Occident est marquée par le lent affranchissement du politique de la religion. La notion de liberté de religion et de liberté de conscience a joué un rôle clé dans cette émancipation de l'État par rapport à l'Église, et c'est à partir du 17e siècle qu'apparait nécessaire la séparation des deux pouvoirs et la neutralité de l'État en ce qui regarde la religion. Ce processus s'inscrit dans le mouvement plus large de désenchantement du monde, de la perte de signification du religieux qui se manifeste soit dans l'incroyance, ou encore dans l'indifférence manifestée par le fléchissement accentué de la pratique religieuse. La laïcité décrit le premier processus alors que la sécularisation s'adresse au deuxième. Le premier nous intéresse ici, même si les deux se trouvent souvent en action simultanément. La notion de liberté de religion s'est façonnée à même les guerres de religion en Europe, surtout dans les pays du nord de l'Atlantique, puis en Amérique. Elle a donné lieu à des rapports entre religion et État différents selon le contexte. Les différences majeures sont attribuables à la religion de la majorité, catholique ou protestante. Après avoir souligné ces divers contextes et leur influence sur la conception de la neutralité de l'État, l'attitude de diverses traditions religieuses face à la liberté de conscience sera examinée. Le droit de changer de religion et l'apostasie feront partie de cette discussion.

Le chapitre troisième étudiera la réception que réservent les principales traditions religieuses à la laïcité.

Le chapitre quatrième définira la notion d'espace public et examinera le rapport du religieux à celui-ci. Il y sera surtout question du récent débat soulevé par le projet de loi 60 du gouvernement Marois et son interdiction des signes ostentatoires dans la fonction publique. J'examinerai en particulier le port de trois signes religieux : le turban sikh, la kippa juive et le hijab. L'occasion sera donnée de s'interroger sur les limites du modèle de démocratie délibérative qui cherche à obtenir un consensus sur des valeurs partagées au moyen d'une rationalité qui émane la plupart du temps du libéralisme occidental et laisse peu d'espace à l'expression de valeurs minoritaires. Comment alors prendre en compte la différence et doit-on fixer des limites à son expression ? À quelles conditions ?

Finalement, le dernier chapitre explorera les correspondances entre la laïcité et l'égalité entre les sexes. Plusieurs voient un lien de cause à effet entre les deux. Cette logique est-elle si incontestable qu'elle doit aboutir nécessairement à une forme de hiérarchie dans les droits fondamentaux pour préserver le principe de l'égalité ?

Chapitre premier

LA LIBERTÉ DE QUELLE RELIGION ?

Cicéron fut sans doute un des premiers à proposer une définition de la religion dans son *De Inventione* : « Religio est, quae superioris cujusdam naturae, quam divinam vocant, curam caerimoniamque affert » [La religion nous enseigne à consacrer un hommage et un culte à une nature suprême, qu'on appelle divine][1]. Cette définition insiste d'abord sur une attitude ou une vertu (*habitus*). Elle se réfère davantage à une praxis ou orthopraxie, c'est-à-dire faire ce que la tradition demande pour perpétuer l'harmonie cosmique et sociale.

Plusieurs religions répondent à cette définition, notamment l'hindouisme avec sa notion du *dharma,* c'est-à-dire l'ensemble des normes et lois cosmiques, sociales, politiques, les règles liées à la morale familiale et personnelle. Le shinto, le taoïsme et le confucianisme répondent à cette définition puisqu'ils cherchent avant tout l'harmonie cosmique et sociale par la mise en œuvre de rites purificateurs (shinto), l'observance de l'étiquette (le *li* 禮 de Confucius), ou encore l'idéal taoïste du non-agir (*wuwei* 無爲) qui favorise la spontanéité naturelle (*ziran* 自然), celle qui conduit à la communion avec la nature par-delà les contraintes sociales. Dans ce contexte, faire ce que prescrit la tradition enseignée par les sages fonde les pratiques religieuses, non pas la théologie ou un discours spéculatif sur les dieux. Cela dit, plusieurs de ces traditions ont connu un développement spéculatif important. C'est le cas de l'ancienne religion védique. À partir de 800 avant J.-C., les auteurs des *Upanishad* intériorisent les sacrifices védiques, décrits dans les Vedas, privilégiant la discipline du corps et de l'esprit (yoga) au lieu des offrandes aux *devas* pour maintenir l'harmonie cosmique. D'une religion centrée sur le bonheur terrestre on est passé à une sagesse de libération spirituelle et de rédemption[2].

Le bouddhisme

Ce mouvement d'intériorisation des pratiques n'est d'ailleurs pas étranger à la prédication de Gautama Siddhartha sur les causes de la souffrance, du *samsara* (cycle des renaissances), et sur la manière de l'éteindre par la voie de l'octuple chemin. Toutefois le Bouddha rejette la théologie et la métaphysique comme méthodes pour connaître la réalité ultime. Il propose une méthode basée sur la concentration et la méditation afin de cultiver la compassion et l'équanimité qui libèrent de toute forme d'attachement. Cela

---

[1] Cicéron, *De Inventione, Liber II, L'invention,* Œuvres complètes, t. I, 165.
[2] Gonda, *Les religions de l'Inde I – Védisme et hindouisme ancien,* 241.

s'exprime clairement dans le Canon pali lorsque Gautama réplique à son disciple Malunkyaputta qui reproche au maître de ne pas avoir résolu la question de l'infinité du cosmos, de l'existence de l'âme et de son immortalité, de l'immortalité du Bouddha :

> C'est tout comme si un homme était blessé par une flèche abondamment enduite de poison, que ses amis et compagnons, cousins et parents lui trouvaient un chirurgien, et que l'homme disait, « On ne m'enlèvera pas cette flèche tant que je ne saurai pas si l'homme qui m'a blessé était un noble guerrier, un prêtre, un marchand, ou un travailleur. » Qu'il disait, « On ne m'enlèvera pas cette flèche tant que je ne saurai pas le nom personnel et le nom de famille de l'homme qui m'a blessé... tant que je ne saurai pas si l'arc avec lequel j'ai été blessé était un grand arc ou une arbalète... » Qu'il disait, « On ne m'enlèvera pas cette flèche tant que je ne saurai pas si la tige avec lequel j'ai été blessé était celle d'une flèche commune, une flèche courbe, une flèche barbelée, en dent de veau, ou en laurier rose. » L'homme mourrait et ces choses lui resteraient pourtant inconnues[3].

Dans le bouddhisme mahayana, la méfiance envers la pensée spéculative s'exprime efficacement dans la notion de *vacuité* qui empêche toute forme d'énonciation sur la réalité : ni l'existence ni la non-existence. L'anti-intellectualisme prend parfois des formes radicales et iconoclastes dans les écoles *chan* ou zen, que ce soit dans la pratique de la méditation assise devant un mur (坐禪 *zuochan*, *zazen* en japonais) ou encore dans la transmission par le maître aux novices d'apories (公案 *gong'an*, *koan* en japonais). Le maître du *chan* de l'époque Tang, Linji Yixuan (臨濟義玄) enseigne par ses apories bien connues, colligées dans ses *Entretiens* (*Linji lü* 臨濟錄), une méthode pour atteindre l'éveil dans le concret de la vie quotidienne de l'homme ordinaire : « Adeptes, il n'y a pas de travail dans le bouddhisme. Le tout est de se tenir dans l'ordinaire, et *sans affaires* : chier et pisser, se vêtir et manger »[4].

Il serait absolument insensé de prétendre que toute forme de spéculation philosophique ou de raisonnement analytique est étrangère au bouddhisme, mais force est d'admettre que sa démarche, même spéculative, s'éloigne de toute préoccupation ontologique. Parmi les courants les plus spéculatifs teintés par l'idéalisme Yogacara, le concept d'embryon du Bouddha (*tathagarbha*) ou de nature du Bouddha ne désigne que la nature lumineuse

---

[3] *Sutta Pitaka, Majjhima Nikaya* 63, *Cula-Malunkyovada Sutta* (*Les courtes instructions à Malunkya*), http://www.canonpali.org/tipitaka/suttapitaka/majjhima/mn063.html.
[4] *Entretiens de Lin-tsi*, instruction collective 12.

du Bouddha qui se réfléchit dans tout le cosmos, l'absence de nature propre, la vacuité de toute chose y compris celle des enseignements bouddhiques[5].

Tant dans le bouddhisme theravada que mahayana, la vie religieuse des laïcs est davantage marquée par l'orthopraxie, l'observance du calendrier liturgique et des cinq défenses[6] qui mériteront au fidèle une meilleure renaissance. Au Québec, l'étude d'Anne Létourneau auprès de la communauté khmère tend à confirmer cette tendance chez les laïcs, même si parfois l'influence d'un bouddhisme occidentalisé, plus axé sur la philosophie que sur la pratique et les rituels, se fait sentir, notamment par un plus grand recours à la pratique de la méditation (*vipassana*)[7].

Le judaïsme
Le judaïsme attache une grande importance à la pratique des commandements, à la correspondance de chacun des gestes de la vie quotidienne avec la Loi mosaïque (Torah) et la loi juive (*halacha*), formulées par les 613 *mitzvot* (commandements) et l'interprétation qui en est donnée par la tradition rabbinique (*Talmud, Choulhan Aroukh* de Rav Yossef Karo, *Mishné Torah* de Maïmonide et *responsa*). L'insistance sur l'orthopraxie se manifeste chez les Juifs orthodoxes, mais de manière encore plus insistante chez les ultra-orthodoxes (*haredim*).

Né d'un mouvement inspiré des Lumières (*Haskala*) dans la deuxième moitié du 18e siècle, le judaïsme réformé croit que la *halacha* a sans doute été nécessaire à une époque où prévalait l'idolâtrie, mais que plusieurs commandements, dont la cacherout, doivent être abandonnés dans le contexte de la société moderne[8].

Le judaïsme se réfère bien sûr à certaines croyances fondamentales qui constituent l'assise de la pratique : la foi au Dieu unique d'Abraham et l'alliance de Yahvé avec le peuple élu. Ces croyances ont aussi fait l'objet de spéculations philosophiques et théologiques, surtout durant le Moyen Âge où l'influence de la philosophie grecque et du rationalisme mutazilite se sont fait sentir. Le *Livre sur les articles de foi et les doctrines du dogme* (*Kitâb al-Amanat wal-l'tikadat*) de Rav Saadia Gaon, rédigé en 934, en est le premier exemple. Toutefois, c'est Maïmonide (1135–1204) qui sera le principal architecte de cette tendance dans le *Guide des égarés* (*Moré Névoukhim*) et Le *Traité des huit chapitres* (*Chemona perakim*) où il marie

---

[5] Ce point de vue se trouve dans quelques grands soutras mahayanistes, notamment le soutra *Lankavatara, Soûtra de l'entrée à Lanka*, traduit de la version chinoise de Shiksânanda par Patrick Carré. Collection Trésors du Bouddhisme, Paris, Fayard 2006.
[6] 1) ne pas détruire la vie ; 2) ne pas voler ; 3) ne pas avoir de relations sexuelles illégitimes ; 4) ne pas mentir ; 5) ne pas consommer d'alcool ou de drogue.
[7] Anne Létourneau, « N'oublie pas il faut être fier de son origine. Reconstruire et transmettre le bouddhisme cambodgien en contexte migratoire postgénocidaire », dans L. Rousseau dir., *Le Québec après Bouchard-Taylor, Les identités religieuses de l'immigration*, 69-117.
[8] Le plus grand acteur de ce mouvement est sans doute Moïse Mendelssohn.

la morale juive traditionnelle à l'éthique aristotélicienne. Dans son *Commentaire sur la Mishna, Traité 10 Sanhedrin*, appelé *Perek Helek*, Maïmonide va jusqu'à penser que la croyance ou la foi en 13 principes fondamentaux ou « dogmes » du judaïsme sont déterminants lorsqu'il s'agit de séparer le juif du non-juif[9]. Toutefois, selon le Rabbi orthodoxe Américain Joseph Ber (Yosef Dov, Yoshe Ber) Soloveitchik (1903–1993), l'effort spéculatif de Maïmonide demeure une *via negativa* pour qui la cognition de l'essence divine demeure impossible[10]. Ce rabbin oppose en effet *l'homo religiosus* attiré par la transcendance à « l'homme de la *halacha* » entièrement tourné vers le monde concret et la résolution des problèmes existentiels, guidé par les normes idéales de la Loi mosaïque[11].

Moses Mendelssohn (1729–1786), le protagoniste de la *Haskala* (*Aufklärung* juive), ne conçoit guère la foi en Dieu comme un commandement de Dieu, alors que les grands rabbins médiévaux, Maïmonide, Nahmanide (1194–1270) et Juda Halevi (1075–1141) ont tous insisté sur la foi comme premier article du Décalogue. En réalité, les doutes sur l'importance de la croyance en Dieu et de la théologie spéculative continuent de hanter le judaïsme contemporain[12]. Shonkoff propose de dépasser la dichotomie croyance/rite dans une nouvelle interprétation de la *halacha* conçue comme fondement de la théologie juive chez les conservateurs et les orthodoxes. Il donne le ton à son étude par une référence au *midrash Mekhilta deRabbi Shimon bar Yohaï* dans son commentaire sur *Shemot* (Exode) 24 : 7 : « Il prit le livre de l'alliance et en fit lecture au peuple. Celui-ci dit : « Tout ce que le SEIGNEUR a dit, nous le mettrons en pratique, nous l'entendrons. » Selon l'auteur de ce *midrash,* Shimon bar Yohaï (sage *tanna* du 1er siècle), ce verset signifie que la compréhension de la Loi nait de sa mise en pratique d'abord[13]. Cette primauté de l'action sur l'étude, Shonkoff cherche à la démontrer au moyen d'un rapprochement entre l'œuvre de Soloveitchik et la notion d'*habitus* développée par Pierre Bourdieu et sa théorie de la pratique.

Marcel Mauss, bien avant Bourdieu, avait mis en lumière la dimension sociale de l'*habitus* :

> J'ai donc eu pendant de nombreuses années cette notion de la nature sociale de l'« habitus ». Je vous prie de remarquer que je dis en bon latin, compris en France, « habitus ». Le mot traduit, infiniment mieux qu'« habitude », l'« *exis* », l'« acquis » et la « faculté » d'Aristote (qui était un psycho-

---

[9] Arthur Hyman, "Maimonides' 'Thirteen Principles'", in Alexander Altmann, ed., *Jewish Medieval and Renaissance Studies,* 119-144.
[10] Soloveitchik, *Halakhic Man,* 11.
[11] Soloveitchik, 19-20 ; 45-46.
[12] Shonkoff, 16.
[13] *Ibid.*, 18, note 10. Cette prééminence de l'action sur l'écoute ou l'étude se trouve dans le *Talmud de Jérusalem, Seder Mo'èd, Shabbath* 88a.

logue). Il ne désigne pas ces habitudes métaphysiques, cette « mémoire » mystérieuse, sujets de volumes ou de courtes et fameuses thèses. Ces « habitudes » varient non pas simplement avec les individus et leurs imitations, elles varient surtout avec les sociétés, les éducations, les convenances et les modes, les prestiges. Il faut y voir des techniques et l'ouvrage de la raison pratique collective et individuelle, là où on ne voit d'ordinaire que l'âme et ses facultés de répétition[14].

Bourdieu en donne la définition suivante :
> L'habitus est le produit du travail d'inculcation et d'appropriation nécessaire pour que ces produits de l'histoire collective que sont les structures objectives (e. g. de la langue, de l'économie, etc.) parviennent à se reproduire, sous la forme de dispositions durables, dans tous les organismes (que l'on peut, si l'on veut, appeler individus) durablement soumis aux mêmes conditionnements, donc placés dans les mêmes conditions matérielles d'existences[15].

L'habitus permet à l'être humain de structurer ses comportements en interprétant et s'appropriant de manière inconsciente des normes objectives transmises par la collectivité et la tradition[16]. Véritable interface, il effectue « l'intériorisation de l'extériorité et l'extériorisation de l'intériorité[17]. » L'individu s'approprie de manière préréflexive et pré intentionnelle, à même ce capital social communautaire, diverses habiletés ou attitudes corporelles, des habitudes ou coutumes, des styles de vie propres à son groupe d'appartenance. Dans ces stratégies d'appropriation de l'agent, l'espace et le corps jouent un rôle central :

> Le « je » qui comprend pratiquement l'espace physique et l'espace sociale … est compris, en un tout autre sens, c'est-à-dire englobé, inscrit, impliqué dans cet espace : il y occupe une position, dont on sait (par l'analyse statistique des corrélations empiriques) qu'elle est régulièrement associée à des

---

[14] Marcel Mauss , « Les techniques du corps », 8.
[15] Pierre Bourdieu (1972), *Esquisse d'une théorie de la pratique*, 282.
[16] Bourdieu (1980), *Le Sens pratique*, 89 : « Les conditionnements associés à une classe particulière de conditions d'existence produisent des habitus, systèmes de dispositions durables et transposables, structures structurées prédisposées à fonctionner comme des structures structurantes, c'est-à-dire en tant que principes générateurs et organisateurs de pratiques et de représentations qui peuvent être objectivement adaptées à leur but sans supposer la visée consciente de fins et la maîtrise expresse des opérations nécessaires pour les atteindre, objectivement 'réglées' et 'régulières' sans être en rien le produit de l'obéissance à des règles, et, étant tout cela, collectivement orchestrées sans être le produit de l'action organisatrice d'un chef d'orchestre ».
[17] Bourdieu (1972), 235.

prises de position (opinions, représentations, jugements, etc.) sur le monde physique et sur le monde social[18].

Si les sociétés attachent un tel prix aux détails en apparence les plus insignifiants de la tenue, du maintien, des manières corporelles et verbales, c'est que : « traitant le corps comme une mémoire, elles lui confient sous une forme abrégée et pratique, c'est-à-dire mnémotechnique, les principes fondamentaux de l'arbitraire culturel. Ce qui est ainsi incorporé se trouve placé hors des prises de la conscience[19]. »

Cette approche de l'agir ou de la pratique peut certes offrir une cadre théorique capable de faire sens de la tradition et de la *halacha* tel que vécues au sein du judaïsme orthodoxe et conservateur. D'après Soloveitchik, la compénétration d'éléments objectifs et subjectifs dans l'expérience de l'habitus se matérialise chez l'homme de la *halacha*. Alors que l'*homo religiosus* cherche la présence de Dieu dans l'au-delà en fuyant les contingences de l'existence pour se réfugier dans la transcendance, l'homme de la *halacha*, au contraire, s'efforce par la pratique de ramener l'infini de la présence divine (*shekina*), rencontrée dans l'intimité de la conscience individuelle, dans la finitude de l'existence humaine. Dieu se rend présent dans les structures objectives de la *halacha* appropriées par les pratiques et les rites qui sollicitent l'espace, le temps et le corps. Cela peut tout aussi bien s'appliquer à l'Islam, comme nous le verrons.

L'islam

La Loi islamique (*sharî'a*), considérée d'origine divine, transmise par le Coran et la *Sunna* contient tous les préceptes qui doivent régir la vie cultuelle, familiale et sociale de tout bon musulman. La pratique religieuse est réglée par les cinq piliers (*arkan al-islam*) : la profession de foi (*shahâda*), la prière (*salat*) cinq fois par jour en direction de La Mecque, le jeûne (*sawm*) durant le neuvième mois (*ramadan*) du calendrier musulman, l'aumône (*zakat*) et le pèlerinage à La Mecque (*hadj*) une fois dans sa vie. À première vue, plusieurs de ces préceptes risquent d'avoir un impact sur la vie sociale et professionnelle du fidèle, en particulier la prière rituelle et le jeûne. Cela se fait davantage sentir en contexte minoritaire. Le parti pris en faveur de l'orthopraxie crée une sorte de tendance naturelle au sein de l'islam à créer un espace public ou un environnement social propice aux pratiques qui cultivent les valeurs musulmanes. C'est durant la période médinoise que commence à prendre forme la sharia alors qu'une nouvelle réalité sociopolitique

---

[18] Bourdieu (1997), *Méditations pascaliennes,* 190.
[19] Bourdieu (1972), 196-197.

voit le jour, la communauté musulmane ou l'*umma*, dirigée par Mahomet, devenu chef religieux et chef politique à la fois.

Cette vision a donné lieu à une conception de l'univers géopolitique où deux types de sociétés s'opposent : le *dar al-Islam* (maison de la soumission) où la primauté du droit islamique prévaut, et le *dar al-harb* (maison de la guerre) désignant les territoires où la loi islamique n'est pas appliquée et où prévaut un état d'ignorance préislamique (*jâhilîya*). Cette catégorisation n'est pas présente dans le Coran ni dans la *Sunna*. Elle fut développée par les juristes, notamment par Abû Hanîfa (699–767) et par ibn Taymiyya (1268–1328)[20]. Plusieurs juristes, théologiens et islamologues considèrent que cette interprétation n'est plus justifiée, le plus connu en Occident étant sans doute Tariq Ramadan. Plusieurs courants fondamentalistes continuent d'y recourir, notamment le salafisme (*salafiyyah*), le wahhabisme et le *jihad* islamiste[21]. Il faudra revenir plus en détail sur la conception de ces deux espaces lorsque la sécularisation et la laïcité seront notre principal objet d'étude.

Le premier pilier, la profession de foi (*shahâda*), fait référence à un certain contenu doctrinal (*'aqîda*) : « J'atteste que Dieu est unique et que Muhammad est l'envoyé de Dieu ». Le Coran précise davantage : « Ô vous qui croyez ! Ayez toujours foi en Dieu, en Son Prophète, au Coran qu'Il lui a révélé et aux Écritures qui l'ont précédé ! Quiconque renie Dieu, Ses anges, Ses Livres, Ses prophètes et le Jour dernier s'écarte à jamais de la Vérité[22]. » Abû Hanîfa ajoute à cette liste la résurrection des morts[23]. L'*usul al-'aqîda*

---

[20] Voir Caterina Bori, « Théologie politique et Islam à propos d'ibn Taymiyya (m. 728/1328) et du sultanat mamelouk ».

[21] Le salafisme peut se définir comme un mouvement de renaissance (revivalisme) de l'islam sunnite qui prône un retour à la foi des origines et le rejet de tout ce qui est interprétation par l'homme du message de Muhammad, considérée comme une innovation ou hérésie (*bid'a*). Seuls le Coran et les hadiths peuvent constituer le fondement des croyances et des pratiques de l'Islam, et non les interprétations énoncées par les différentes écoles de jurisprudence ou encore par la théologie (*ilm al-kalam*), postérieures aux pieux ancêtres (*salaf salih*), soit les compagnons du Prophète et les quatre premiers califes. Il s'agit d'un courant fondamentaliste qui favorise une lecture littéraliste des textes de l'islam, qui réagit par un soi-disant retour aux sources. On en trouve les sources au Moyen-âge, en particulier chez Ahmad ibn Hanbal (780–855) et ibn Taymiyya (1263–1328). Toutefois, le salafisme désigne un mouvement réformateur qui apparait en Égypte et dans l'Empire ottoman pour contrer le modernisme et l'occidentalisation de ces sociétés à partir du 18e siècle. Le wahhabisme, fondé par le Saoudien Mohammed ibn Abd el-Wahhab (1703–1792), s'inscrit dans la mouvance du courant salafiste et constitue rapidement une menace pour le califat ottoman qui fera appel aux armées égyptiennes pour le réprimer en Arabie saoudite. Le mouvement survit après la chute de l'Empire ottoman en 1924, grâce à l'appui de la famille royale al-Saoud, alliée des Britanniques pour détruire la puissance ottomane. Le salafisme jihadiste insiste beaucoup sur la notion de déchéance du statut de musulman (*takfir*) et sur la nécessité de faire la guerre aux infidèles. Le représentant le plus connu en Occident de ce courant est sans aucun doute Oussama ben Laden et le mouvement al-Qaïda.

[22] Coran, sourate *Les femmes*, 136.

[23] Abû Hanîfa, *Al-fiqh al-Akbar*, article 1. Il s'agit probablement d'un texte attribué à Abû Hanîfa. J'utilise la traduction anglaise fournie par Montgomery Watt, *Islamic Creeds*, 62. Je

(fondements des articles de foi) s'appelle indifféremment *usul al-tawhîd* (fondements de l'unicité) *et usul al-din* (fondements de la croyance), cette dernière appellation se trouvant particulièrement utilisée par les chiites duodécimains.

L'origine de ces textes remonte sans doute aux querelles doctrinales liées à la succession d'Ali au califat, ce qui donna naissance au chiisme, de même qu'à l'apparition de d'autres mouvements comme le kharidjisme et le murdjisme dont les doctrines sont abondamment discutées dans la littérature de l'*'aqîda*. Les principaux initiateurs sunnites de ce genre sont Hamad ibn Hanbal, Abû Hanîfa, al-Tahawi (mort en 935), al-Ash'ari (874–936), al-Ghazâlî 1058–1111) et ibn Abi Zayd al-Qayrawani (922–996). Du côté chiite, Allama al-Hilli (1250–1325) et Nasir al-Dîn Tusi (1201–1274) sont dignes de mention. Je les mentionne parce que la proportion de chiites dans la région métropolitaine de Montréal est sensiblement plus élevée qu'ailleurs, soit 25 % contre 10 % dans le monde[24]. La *shahâda* ou le credo de la foi musulmane, particulièrement la première affirmant l'unicité de Dieu (*tawhîd*), sert de pierre angulaire à partir de laquelle s'articule cette littérature. C'est à partir de ce thème que diverses discussions se sont engagées sur certains attributs divins : éternité, création, toute puissance et prédestination. D'autres importantes discussions portent sur le caractère incréé de la parole de Dieu (Coran), la foi (*iman*) avec ou sans les œuvres (*al-'amal*), l'innovation (*bid'a*), etc. Certains de ces points seront abordés plus loin, notamment, la question de l'innovation ou de la mécréance (*kufr*), de l'apostasie et de l'exclusion (*takfîr*) en rapport avec la liberté de religion.

La majorité des auteurs de ces petits traités sur l'essentiel de la foi islamique ont été de grands juristes, ce qui teinte l'argumentaire, moins porté sur les longs raisonnements philosophiques où l'aspect cognitif domine[25]. Même chez Abû Hanîfa, qui ne considère pas les œuvres comme étant nécessaires à l'affirmation de la foi en Dieu, contrairement à la position tenue par ibn Hanbal, on trouve plus une liste de professions de foi qu'une théologie élaborée. Point de raisonnement théologique sur la foi (*intellectus fidei* chez le chrétien Augustin d'Hippone)), il s'agit nettement plus d'une défense de la religion[26]. L'étude des sources du droit (*usul al-fiqh*) est première ; c'est elle qui alimente la théologie (*'ilm al-kalam*) qui établit le rôle de la raison

---

n'ai pu accéder à la traduction française commentée de Massaoui Mahmoub, *Les fondements de la foi sunnite, Al fiqh al-akbar*, (Glaizé : éditions Sabil, 2006).

[24] Voir l'article de Brigitte Saint-Pierre, « Islam – Unité dans la diversité. Les chiites sont proportionnellement plus nombreux au Québec qu'à l'échelle mondiale », *Le Devoir*, 7 avril 2007. Entrevue avec le religiologue de l'UQAM, Frédéric Castel. Ce pourcentage est attribuable à une importante immigration libanaise, et à la présence d'Irakiens et Iraniens à Montréal.

[25] Certains *'aqîda* ont un caractère plus philosophique, comme chez al-Ghazâlî, ou encore al-Sanusi.

[26] Gardet, *Introduction à la théologie musulmane*, 22.

non pas par rapport à la foi, mais bien par rapport à la Loi révélée par Dieu[27]. Le mot *shahâda* signifie témoignage, ce qui implique une forme d'extériorisation d'une conviction interne sincère. « La foi s'énonce avec la langue, avec l'esprit et le cœur qui accueillent la vérité », énonce *Le Testament* (*Kîtab al-wasiyya*) d'Abû Hanîfa[28]. Pour le hanbalisme, l'extériorisation ne s'arrête pas à la profession de foi ; nécessaires sont les œuvres accomplies selon la *Sunna* : « la foi consiste en la parole, l'agir, l'intention, et le respect de la tradition (*Sunna*). La foi peut croitre et décroitre[29]. » Pour plusieurs auteurs d'*'aqîda* la soumission volontaire (islam) à Dieu ne peut se résumer, comme Abû Hanîfa le pense, à la foi en un Dieu unique, mais elle signifie l'abandon à Dieu en toute chose, l'observance de sa loi. La multiplication des sectes à l'occasion de la succession disputée d'Ali au califat entraina certains à insister davantage sur la pratique et moins sur l'aspect cognitif de la religion. Ce point de vue semble avoir marqué de façon importante l'islam sunnite, et continue de lui imprimer cette direction de nos jours. Watt note le caractère orthopratique de la religion[30]. Pas d'orthodoxie, puisqu'il n'y a pas d'église, pas d'autorité suprême, ni même de conciles. Les credo ne représentent que l'opinion d'un uléma ou au plus d'une école (*madhhab*) de jurisprudence (*fiqh*), sans lier la communauté sunnite[31].

Le christianisme

Les choses revêtent un aspect tout autre lorsqu'on aborde la profession de foi dans religion chrétienne. Il suffit de se remémorer l'importance et l'omniprésence du symbole de Nicée–Constantinople dans la liturgie et la théologie chrétienne, sans oublier le Symbole des Apôtres dont l'origine se situerait dans le rituel baptismal romain. La situation longtemps minoritaire de la nouvelle religion au sein de l'Empire romain peut expliquer en partie la nécessité pour la communauté chrétienne de se définir dans ses éléments essentiels. Rien de comparable dans le monde islamique. Après l'Hégire – la migration de Muhammad vers Médine – le Messager met en place une sorte de constitution politique qui prévoit l'ensemble des besoins de la communauté. D'après Watt, il n'y avait aucune nécessité de créer un appareil religieux autonome pour gérer spécifiquement les questions religieuses[32]. Ce

---

[27] *Ibid.*, 20.
[28] Voir Watt, 57 (ma traduction).
[29] *Ibid.*, 33. Ma traduction de l'anglais. Selon le *Tabaqat al-Hanabila I* [*Au sujet des hanbalites*] d'al-Qadi Abu al-Husayn al-Farra' (11ᵉ siècle). Cette longue *'aqîda* s'attaque principalement à la position des murjites qui prônaient le salut par la foi (*iman*) sans les œuvres. On trouve une position semblable adoptée par le jurisconsulte malikite al-Qayrawânî, *La Risala*, chapitre 1, article 25. Al-Ash'arî partage aussi cette même vision dans ses *Maqalat al-Islamiyyin* [*Discours sur ceux qui adhèrent à l'Islam*]. Voir Watt, 44.
[30] Watt, 4.
[31] *Ibid.*, 3.
[32] *Ibid.*, 3.

besoin d'orthodoxie en christianisme, Marcel Gauchet en repère les causes notamment dans une mutation profonde de l'univers symbolique religieux inauguré par Jésus, « le messie à l'envers[33]. » Jésus n'est pas ce souverain médiateur entre le visible et l'invisible qui règnera universellement sur les hommes, lorsqu'il viendra. Il y a bien en l'humble existence de Jésus réconciliation entre l'invisible et le visible, mais dans la foi, dans l'intériorité des consciences[34].

Dans la vision de Gauchet, ce messianisme constitue un jalon important dans la reconnaissance de la séparation du visible et de l'invisible, du matériel et du spirituel. Pour Gauchet, la religion ne se situe guère au terme d'une longue évolution de l'humanité, mais plutôt en son commencement, c'est-à-dire la religion première. Dans ce système de croyances, la loi et l'ordre de l'existence collective sont donnés de façon immuable, depuis toujours et pour toujours à une époque fondatrice narrée dans les récits mythiques. Son fondement se situe totalement dans l'invisible qui en assure l'existence et la continuité. Le visible et l'invisible forment une unité ontologique. L'esprit du christianisme amène avec lui une « révolution autrement plus profonde dans les rapports entre ciel et terre, révolution au travers de laquelle il y va décidément de la reconstruction du séjour des hommes à part de la dépendance divine[35]. » Cette idée s'exprime par la réduction progressive, parfois mitigée, de l'ordre du ciel tentant de soumettre l'ordre terrestre ou inversement, de cette dépendance ou altérité religieuse, par « une ressaisie progressive de ce qui fut au départ absolument dérobé[36]. »

Ce processus de réduction de l'altérité, en même temps qu'il accorde plus d'autonomie et de responsabilité à l'homme dans la structuration de son existence, met le divin à distance. Cette nouvelle « dualité ontologique » du visible et de l'invisible crée un espace pour la médiation, d'abord apparu dans les grandes civilisations comme l'Égypte ou encore la Chine où le souverain est également le grand prêtre. Ceux-ci incarnent en leur personne l'union des deux ordres. Gauchet insiste beaucoup sur le caractère historiquement unique du messianisme de Jésus et du mystère de l'Incarnation qui donne pleine consistance en sa personne aux deux ordres parfaitement distincts de réalité, comme l'a affirmé le Concile de Chalcédoine à l'encontre de l'erreur monophysite qui consistait à absorber la nature humaine du Christ dans le divin[37]. La vérité de l'invisible nous est transmise via l'opacité du Verbe incarné en Jésus :

> Que ce soit ainsi au titre de la distance du médiateur à l'égard de ce qu'il transmet – ce n'est pas la voix de Dieu qui nous parvient, mais la voix du fils, à partir de laquelle

---

[33] Gauchet (1985), *Le désenchantement du monde*, 232.
[34] *Ibid.*, 233.
[35] *Ibid.*, 10.
[36] *Ibid.*, 64.
[37] *Ibid.*, 152.

l'effort pour remonter à l'idée du Père est par essence infini – ou que ce soit au titre de la différence de nature entre ce qui nous est transmis et l'absolu intransmissible tel qu'en lui-même – ce que nous recevons, c'est la pensée de Dieu en langage d'homme, et nous savons qu'elle l'excède en toutes parts –, *la religion de l'Incarnation est fondamentalement une religion de l'interprétation*[38].

La révélation christique s'éloigne passablement de la révélation mosaïque ou encore coranique. Le *Catéchisme de l'Église catholique* le rappelle clairement : « le christianisme est la religion de la Parole de Dieu, non d'un verbe écrit et muet, mais du Verbe incarné et vivant[39]. » Contrairement au Coran qui se veut la parole incréée d'Allah transmise par l'Archange Gabriel à Muhammad, ou encore à la Torah dictée par Yahvé à Moïse[40] ; ici le *Logos* s'est fait chair, « devenant de ce fait, de par l'écart incommensurable entre les mots d'homme sous lesquels nous l'avons reçue et l'infinie sagesse qui gît derrière. Indéfiniment à méditer, approfondir et interpréter[41]. » Selon Gauchet, l'incarnation crée une « béance herméneutique [42]» qui conférera à l'Église son rôle d'interprète qualifiée, d'enseignante autorisée auprès de la communauté de croyants. C'est cette béance qui crée à la fois l'hérésie, mais aussi la « machine dogmatique[43] » centralisée, l'orthodoxie. Chez la majorité des sunnites, de même que chez les juifs orthodoxes, il n'y a pas de doute possible sur le contenu immuable de la Parole de Dieu, les discussions portent essentiellement sur la manière dont il faut appliquer la loi divine.

La mutation profonde que subit en Occident la religion procède d'une logique qui a structuré l'architecture sociale, mais cela ne peut l'expliquer totalement. Pour Gauchet, le moment privilégié de cette « métabolisation du religieux » par lequel il perd sa fonction de structuration du social (sortie de la religion) s'accomplit autour de 1700 avec l'apparition de l'État moderne, démocratique et égalitaire. Celui-ci se définit en discontinuité ou fracture avec le passé, pour apporter une solution aux affrontements qui opposaient catholiques et protestants[44]. À partir de là, la religion est de plus en plus reléguée dans la sphère du for interne, de la conviction ou du sentiment intime, et de la vie privée. Afin d'assurer unité et direction à mon propos, j'ai manifestement emprunté des raccourcis dans une pensée aussi riche et complexe

---

[38] *Ibid.*, 162.
[39] N° 108.
[40] Les 13 principes de Maïmonide insistent sur l'origine divine de la Torah et sur l'immutabilité de cette parole.
[41] Gauchet, 265.
[42] *Ibid.*, 265.
[43] *Ibid.*, 415, note 5.
[44] *Ibid.*, 317-322.

que celle de Gauchet. J'y reviendrai, notamment pour discuter des nouvelles formes du religieux dans la culture.

L'anthropologue Tala Asad arrive, par des voies différentes, à la même conclusion que Gauchet : les affrontements religieux du 16ᵉ siècle en Europe ont conduit à l'apparition de l'État moderne qui impose une redéfinition de la religion comme sentiment ou croyance personnelle devant appartenir à la vie privée de l'individu, à son identité personnelle[45]. Asad considère que cette vision de la religion et de la sécularité appartient à l'histoire occidentale que les puissances coloniales ont tenté d'imposer à leurs sujets avec plus ou moins de succès. Dans cette entreprise de séparer le politique de toute dépendance vis-à-vis le religieux, Asad démontre comment les rites, la discipline et la corporalité comme expression du sacré sont évacués du domaine public pour se trouver confinés à la sphère privée. Asad s'inspire de Michel Foucault et son analyse des « technologies du soi », mais il s'inscrit aussi dans la foulée des travaux de l'historien de l'Antiquité tardive, Peter Lamont Brown, ou encore de Carolyn Bynum. Cette approche tend à démontrer que l'existence humaine, le soi et l'identité ne sont pas entièrement définis par notre appartenance à l'univers symbolique de la culture[46]. Nous sommes un corps et nous nous construisons à travers lui. La quête du sens de l'existence ne peut se limiter à l'interprétation des symboles, elle inclut une praxis où la corporalité s'investit. Appliquant cette approche à l'univers religieux, Asad pense que limiter la définition de la religion à un système de croyances ne correspond pas au développement historique de ce qu'est la religion, y compris au sein du christianisme. Il construit son argument sur deux axes : la nécessité du pouvoir et de l'obéissance à ceux qui détiennent l'autorité de définir la vérité, et l'utilité d'une règle de vie (*disciplina*) qui facilite l'adhésion de la foi[47].

Très tôt, se développe au sein du christianisme une conception de l'ascèse et de la discipline comme *habitus*, une capacité de créer chez le sujet qui la pratique les dispositions mentales et morales susceptibles de le conduire au salut. Même si *disciplina* s'offre souvent comme synonyme de *doctrina*, c'est-à-dire enseignement ou contenu dogmatique, les Pères de l'Église l'utilisent aussi dans un autre sens, par exemple Tertullien (160 ?–225 ?) :

> On a remarqué aussi le commerce des hérétiques avec quantité de mages, de charlatans, d'astrologues, de philosophes, c'est-à-dire de gens voués aux vaines recherches. [2] Partout ils se souviennent du « Cherchez et vous trouverez ». Tant il est vrai que la qualité de la foi peut être appréciée d'après le

---

[45] Asad (1993), *Genealogies of Religion*, 205.
[46] Constance M. Furey, "Body, Society, and Subjectivity in Religious Studies."
[47] Asad (1993), 165. L'auteur y voit deux formes d'exercice du pouvoir liées à la pratique de la religion : "In the sketch of the concept of disciplina, I introduced a distinction between two forms of power–one involved in the formation of virtues, the other in the exercice of law–which monastic practices attempted to reconcile."

> genre de vie : la conduite (*disciplina*) est le critère de la doctrine. [3] Ils nient qu'on doive craindre Dieu : aussi tout chez eux est libre et sans règle. [4] Mais où ne craint-on pas Dieu, sinon là où il n'est point ? Et là où il n'est pas, il n'y a point de vérité. Là où il n'y a point de vérité, on rencontre fatalement un mode de vie comme le leur. [5] Mais là où est Dieu, là se trouve la crainte de Dieu, qui est le commencement de la sagesse ; et là où est la crainte de Dieu, on trouve aussi le sérieux de la vie, le zèle scrupuleux, le soin empressé, le choix attentif, la communion mûrement pesée, l'avancement dû aux loyaux services, la soumission religieuse, le zèle du service divin, la modestie de la démarche – et l'Église unie, et tout y est de Dieu[48].

Marrou s'exprime ainsi au sujet de cet autre sens de *disciplina* :
> *Disciplina*, au contraire, n'a pas toujours ce caractère uniquement intellectuel. Il lui arrive d'avoir un sens beaucoup plus riche que *doctrina* : *disciplina* signifie parfois non pas seulement enseignement, mais ÉDUCATION, traduisant toute la richesse du grec παιδεία (*paideia*), qui implique non seulement l'élément intellectuel de l'éducation, mais aussi son aspect moral. *Disciplina* a quelque chose de plus pédagogique que *doctrina* : de la notion d'enseignement, il retient souvent moins l'élément connaissance que la méthode, les préceptes, la Règle que le maître impose à l'élève[49].

Augustin d'Hippone (354–430) fait la distinction entre deux sens possibles :
> Cette science (*disciplina*) est la loi même de Dieu. Toujours immuable et invariable en lui, elle se grave, pour ainsi dire, dans les âmes des sages. Ils savent que leur conduite (*disciplina*) est d'autant meilleure, et d'autant plus élevée, que la contemplation de l'esprit leur a mieux fait comprendre cette loi, et que leur genre de vie en est une plus fidèle observation. Or, cette science trace en même temps deux ordres à quiconque veut l'acquérir ; l'un est pour la conduite, l'autre pour les études[50].

---

[48] *De praescriptione haereticorum, Traité de la prescription contre les hérétiques*, 43.
[49] H.-I. Marrou, « "Doctrina" et "disciplina" dans la langue des Pères de l'Église », 10.
[50] *De l'Ordre*, II, 8, 25. Œuvres complètes de Saint Augustin, texte latin Migne, *Patrologia Latina*, PL 032, col. 1006.

C'est particulièrement à travers son opposition aux donatistes que la pensée d'Augustin évoluera en matière d'adhésion religieuse. Au lieu de la contrainte, il favorise d'abord le dialogue, la liberté de conscience et la persuasion dans sa lutte contre l'erreur[51]. N'écrit-il pas en 392 à Maximin, évêque donatiste ceci :

> Il faut que tous ceux qui nous entendront comprennent qu'il ne s'agit pas de forcer personne à prendre tel ou tel parti, mais de laisser la vérité se montrer paisiblement à ceux qui la cherchent. [...] Occupons-nous de la chose elle-même ; agissons avec raison ; agissons avec les autorités des divines Écritures ; demandons aussi doucement et aussi paisiblement que possible ; cherchons, frappons à la porte, afin de recevoir et de trouver : on nous ouvrira[52].

Ici, Augustin ne fait que suivre une longue tradition dans l'Église des premiers siècles en faveur de la liberté de conscience en matière religieuse et de la séparation du pouvoir spirituel et temporel, une position bien résumée par Hilaire de Poitiers (315 ?–367) : « Dieu nous a enseigné à le connaitre, il ne nous y a pas contraints, il a donné de l'autorité à ses préceptes en nous faisant admirer ses œuvres célestes, il n'a pas voulu de commandement forcé[53]. » Toutefois, il prendra progressivement conscience qu'une conception de celle-ci centrée uniquement sur le libre arbitre ne viendra pas à bout de ses opposants, disciples de Donatus, évêque de Cellae Nigrae en Numidie[54]. Cette querelle divisa profondément l'Église chrétienne d'Afrique du Nord, parfois de manière violente. La Conférence de Carthage, qui réunit évêques catholiques et donatistes en 411 sous l'ordre de l'empereur Constantin III, mit fin à la crise. En effet, incapable de concilier les points de vue, le mandataire impérial Marcellin déclara le donatisme un crime avec des punitions sévères : exil du clergé récalcitrant, confiscation des biens des églises donatistes et amendes aux fidèles rebelles. Pour Augustin la correction avec contrainte s'avère nécessaire lorsque la persuasion ne suffit pas à enrayer l'aveuglement d'une nature pécheresse :

> Me bornant donc à ce que réclame la santé de l'Église, je déclare que si l'un de nos frères, c'est-à-dire un membre inté-

---

[51] Sur l'évolution de la pensée d'Augustin en cette matière, voir les nuances de Peter Robert Lamont Brown, « St. Augustine's Attitude to Religious Coercion. »
[52] Augustin, *Lettre* XXIII, 7.
[53] Hilaire de Poitiers, *Contre Constance*, PL 10, col 561. Cité par Joseph Lecler, *Histoire De la tolérance au siècle de la Réforme*, 78.
[54] Le schisme donatiste apparut au 4e siècle, alors que certaines communautés chrétiennes d'Afrique du Nord refusèrent d'accueillir des membres du clergé appelés *traditores*, qui à leurs yeux avaient trahi la foi chrétienne en livrant des textes sacrés ou des objets liturgiques aux autorités romaines durant les persécutions de Dioclétien. Les donatistes exigeaient un second baptême et une seconde ordination pour les accueillir dans leur communauté, et ils refusaient de reconnaitre la validité des sacrements administrés par les *traditores*.

rieur de l'Église, est surpris en délit assez flagrant de péché pour mériter qu'on le frappe d'anathème, on doit l'en frapper réellement, pourvu qu'il n'y ait aucun danger de schisme et qu'on pratique cette charité, dont le précepte nous est imposé en ces termes : « Ne le traitez pas comme un ennemi, mais corrigez-le comme un frère (1) ». Ce n'est pas pour l'arracher qu'on le frappe, mais pour le corriger. S'il ne rentre pas en lui-même, s'il refuse de faire une pénitence salutaire, il sortira lui-même de l'Église, et sera, par sa propre volonté, retranché de la communion de l'Église. [...] on ne doit point laisser dormir la sévérité de la discipline, mais se souvenir que la répression est d'autant plus efficace, qu'on respecte avec plus de soin les droits de la charité[55].

La contrainte fait non seulement partie de la discipline ecclésiastique, elle admet même le recours au bras séculier, tout comme le faisait l'Ancien Testament :

> On ne trouve, dites-vous, ni dans les Évangiles, ni dans les écrits des apôtres, aucun exemple de demande adressée aux rois de la terre par l'Église contre les ennemis de l'Église. Qui dit le contraire ? Mais alors cette prophétie n'était pas encore accomplie : « Et maintenant, rois, comprenez, instruisez-vous, juges de la terre ; servez le Seigneur dans la crainte. » C'était encore l'accomplissement de cette autre parole du même psaume.
> « Pourquoi les nations ont-elles frémi, et pourquoi les peuples ont-ils médité de vains projets ? Les rois de la terre se sont levés, et les princes se sont réunis contre le Seigneur et contre son Christ. » Cependant, si dans les livres prophétiques le passé a été la figure de l'avenir, le roi appelé Nabuchodonosor représente l'époque de l'Église, sous les apôtres, et l'époque où nous sommes. Ainsi au temps des apôtres et des martyrs s'accomplissait ce qui a été figuré, lorsque ce roi forçait les saints et les justes à adorer l'idole et punissait par le feu les résistances. Maintenant s'accomplit ce qui, peu après, a été figuré dans le même roi, lorsque, converti au culte du vrai Dieu, il condamna à des peines méritées quiconque blasphémerait le Dieu de Sidrach, de Misach et d'Abdénago. Le premier temps de ce roi représentait les premiers temps des princes infidèles, où les chrétiens ont subi les châtiments réservés aux impies ; le second temps de Nabuchodonosor a figuré les temps des derniers

---

[55] *Réfutation d'un écrit de Parménien* [*Contra epistulam Parmeniani*], III, 13.

rois déjà fidèles, où les impies souffrent au lieu et place des chrétiens[56].

La nature pécheresse de l'homme, omniprésente dans l'œuvre augustinienne, rend nécessaire la correction, la contrainte, et la discipline. Le désordre et la violence des schismatiques ont peut-être conduit Augustin à un durcissement certain par rapport à la position traditionnelle vis-à-vis les erreurs des hérétiques ou encore des païens. Même si Augustin s'oppose à la peine de mort, sa position est certainement annonciatrice de la contrainte en matière d'adhésion religieuse qui se développera au cours du Moyen-âge avec les Croisades ou encore avec l'Inquisition. Il faudra attendre les guerres de religion et l'apparition d'états nationaux pour que soit remise en cause l'association du glaive temporel et du glaive spirituel. Même Luther, qui ne reconnaît pas comme tel d'autorité à l'Église en matière temporelle, conçoit toutefois l'autorité séculière non pas comme une sphère régie par le droit naturel, mais soumise aux commandements de Dieu[57]. J'aurai l'occasion de discuter plus avant de cet aspect de la « *disciplina* » comme obéissance à l'autorité dans le contexte de l'adhésion de la foi lorsque je parlerai de la liberté de conscience et de la liberté de religion.

Plus important encore pour notre propos est la *disciplina* comme « *ars vivendi* » où le geste, les manières d'agir et les techniques du corps s'avèrent un véritable outil pédagogique dans la recherche de la vérité et l'adhésion de foi. Dans cette pédagogie de l'âme, le corps « n'est plus seulement "la prison de l'âme", mais dont les moralistes pensent que, s'il est bien gouverné, il peut devenir le lieu et un moyen du Salut de l'homme[58]. » Cette approche s'est répandue surtout dans les milieux monastiques ou canoniaux pour atteindre vraiment sa pleine maturité avec la réforme cistercienne de Bernard de Clairvaux (1090–1153), ou encore dans les monastères-universités avec Hugues de St-Victor (1096–1141) et Pierre le Chantre († 1197). Dans la *Formation des novices* [*De institutione novitiorum*], Hugues de St-Victor définit ainsi la discipline : « la discipline [*disciplina*] est une manière de vivre [*conversatio*] [...] qui veille à paraître [*apparere*] irrépréhensible en toute chose[59]. » La relation du moine à Dieu se trouve médiatisée par le geste et l'attitude corporelle qui ne peut mentir sur son rapport à l'autre et ultimement à Dieu : « À son air [*ex visu*] on connaît un homme [*cognoscitur vir*], à son visage [*ab occursu faciei*], on connaît l'homme de sens [*cognoscitur*

---

[56] *Lettre* 93, 9. Augustin ne se limite pas à l'*Ancien Testament* afin de trouver dans les Écritures un appui à sa position, il offre en exemple le cas de la conversion de Paul projeté en bas de sa monture, *Lettre* 93, 5.
[57] Erwin R. Gane, "Luther's View of Church and State."
[58] Schmitt, « La morale des gestes », 44.
[59] Poirel, *Introduction au De institutione novitiorum*, dans *L'Œuvre de Hugues de Saint-Victor*, t. I, § 10. Cité par Falque, « Le geste et la parole chez Hugues de Saint-Victor : L'institution des novices », 386.

sensatus]. L'habit du corps, le rire des dents, la démarche de l'homme parlent de lui [*enutiant de illo*]. (Eccl.19, 26-27)[60]. » La discipline est une « manière d'être en conversation avec l'autre » ; le comportement du novice révèle quelque chose de lui à ses confrères[61]. Hughes de St-Victor propose une vision qui est tout le contraire du dicton qui veut que l'habit ne fasse pas le moine : « lier au dehors [*foris*] les membres du corps pour qu'à l'intérieur [*intresecus*] soit consolidée l'assise de l'esprit[62]. » Déjà dans son *Art de lire* Hughes de St-Victor rattache le savoir à la conduite, au point où la science et l'enseignement de celui qui néglige la discipline et se livre à l'impudicité doivent être absolument écartés[63]. S'inspirant du *De officiis* de Cicéron ou du *De beneficiis* de Sénèque, Guillaume de Conches (1080 ?–1150 ?), tout comme Hugues de St-Victor, insiste sur la *modestia*, « la vertu qui maintient les manières, chaque mouvement et notre activité au-delà du défaut et en deçà de l'excès[64]. » Pierre de Celle (1115–1183) insiste saur la discipline claustrale pour former la conscience, ce que la science ne peut accomplir de lui-même[65]. Bernard de Clairvaux a accordé une importance capitale à cette vision dans sa réforme cistercienne, en valorisant les travaux manuels au côté du *studium* et de la *lectio divina* :

> Celui qui prie et qui travaille élève véritablement son cœur avec ses mains vers le Seigneur. Mais celui qui prie et qui ne travaille pas, élève à la vérité son cœur vers Dieu, mais n'y élève pas ses mains. [...] Une Servante de J. C. doit toujours prier, lire et travailler, de peur que l'esprit impur, la trouvant dans l'oisiveté, ne déduise son cœur. C'est par le travail que l'on surmonte les attraits de la volupté[66].

Le travail manuel en silence discipline le corps et cultive l'humilité qui conduit à l'intimité avec Dieu. Pour St-Bernard, l'*humilitas* met à profit ces techniques du corps qui visent toutes à un certain équilibre, une mesure en toute chose[67]. Dans son *Traité des douze degrés de l'orgueil*, il fait écho aux idées d'Hugues de St-Victor sur le geste :

---

[60] *De institutione novitiorum*, § 12.
[61] Voir Falque, 388.
[62] *De institutione novitiorum*, § 12.
[63] Hugues de St-Victor, *Didascalicon de studio legendi*, liber III, capitulum XII. PL 176, col. 773c.
[64] *Moralis philosophia de honesto et utili*, PL 171, col. 1034-1035 et 1039. Cet ouvrage est aussi intitulé *Moralium dogma philosophorum*.
[65] Leclercq, *La spiritualité de Pierre de Celle :(1115–1183)*, 98.
[66] Bernard de Clairvaux, *Abrégé du livre de la manière de bien vivre*, 188.
[67] Schmitt cite une Lettre au Pape Eugène : « Tiens-toi ferme en toi-même. Ne te jette pas vers le bas, ne t'élève haut, ne t'échappe pas en longueur, ne t'étends pas en largeur. Tiens le milieu, si tu ne veux pas perdre la mesure. Le lieu médian est sûr. Le milieu est le siège de la mesure, et la mesure est le siège de la vertu. », 39.

Le premier, degré de l'orgueil est la curiosité. Vous la reconnaîtrez à ces signes. Si vous voyez un moine dont jusqu'alors vous étiez parfaitement sûr, commencer, partout où il se trouve, debout, en marche ou assis, à tourner les yeux de côté et d'autre, à lever la tête et à avoir l'oreille au guet, tenez pour certain que ces changements extérieurs sont le signe d'un changement intérieur ; car « l'homme qui se pervertit, fait des signes des yeux, frappe du pied et parle avec les doigts (Prov., VI, 12) » cette agitation inaccoutumée du corps est l'indice d'une maladie de l'âme qui débute et qui la rend moins circonspecte, insouciante de ce qui la concerne et curieuse, au contraire, de ce qui a rapport aux autres[68].

L'obéissance au supérieur fait aussi partie de l'apprentissage de la discipline de l'humilité[69]. Les séances de coulpe capitulaire durant lesquelles les moines confessent devant la communauté réunie leurs manquements à la règle s'avèrent un excellent outil de contrôle du respect de la discipline, en même temps qu'elles cultivent chez eux l'humilité et l'obéissance.

Parmi les rites chrétiens, les sacrements opèrent à la manière d'un *habitus* en ce qu'ils se présentent comme des gestes formant des dispositions morales capables de structurer les comportements. Hughes de St-Victor les définit de la sorte : « le sacrement est un élément corporel ou matériel qui s'offre de manière extérieure et sensible, représentant de manière symbolique et ayant été institué pour cette fin, et qui contient quelque grâce invisible et spirituelle parce que capable de sanctifier[70]. » Le canon 21, *Omnis utriusque sexus*, du Concile du Latran IV (1215) décrétait pour chaque chrétien, clerc ou laïc, l'obligation de se confesser au moins une fois l'an, au curé de sa paroisse. L'aveu de ses fautes à l'extérieur, c'est-à-dire à une autre personne représentant le pouvoir ecclésial, constitue un véritable exercice d'acquisition de la vertu d'humilité, s'avouer une âme malade ayant besoin d'une médecine assez forte pour la guérir[71]. Bien que la pénitence assortie à la faute ait été physique (jeûne, pèlerinages, etc.) pour un temps, du 9ᵉ au 12ᵉ siècle, la discipline s'est en quelque sorte transportée du corps vers l'épreuve

---

[68] Bernard de Clairvaux, *Traité des douze degrés de l'orgueil*, X, *Œuvres complètes de Saint Bernard*, Tome II.
[69] *Ibid.*, XIX.
[70] Hugues de St-Victor, *De sacramentis christianae fidei*, PL 176, col 317. « *sacramentum est corporale vel materiale elementum foris sensibiliter propositum ex similitudine repraesentans, et ex instituione significans, et ex santificatione continens aliquam invisibilem et spiritalem (sic) gratiam.* »
[71] Asad (1993), 103.

non moins douloureuse de l'examen de conscience[72]. Saint Thomas d'Aquin n'écrit-il pas :
> Mais la confession est un spécial de la vertu de pénitence qui prend son origine dans la turpitude du péché ; c'est pourquoi on doit la faire avec confusion et non pas en se vantant de ses péchés avec un sentiment mêlé de crainte mondaine. Deuxièmement elle doit nous conduire à la douleur du péché commis et c'est ainsi qu'elle doit être accompagnée de larmes. Troisièmement, elle doit aboutir à ce que le pénitent se méprise lui-même et c'est ainsi qu'elle doit être humble, le pénitent confessant qu'il est misérable et faible[73].

L'insistance sur la vie chrétienne, sur la pratique plutôt que le savoir, déborde le Moyen-âge. Dès le 14e siècle, Gérard Groote est l'architecte de la *devotio moderna*, une forme de spiritualité axée sur la pratique des vertus chrétiennes accessible à tous, centrée sur *l'Imitation de Jésus Christ* de Thomas à Kempis et la vie intérieure. Ces idées vont faire leur chemin chez l'humaniste catholique Érasme, déconcerté par les querelles théologiques opposant protestants et catholiques ou protestants entre eux :
> Jadis la foi consistait plutôt dans la vie que dans la profession des articles de foi. Puis il devint nécessaire de prescrire des articles, mais en petit nombre et d'une simplicité apostolique. Dans la suite encore, l'improbité des hérétiques contraignit à une investigation plus rigoureuse des Saintes Écritures ; leur obstination fut cause qu'on définit plusieurs dogmes par l'autorité des conciles. Enfin le symbole de foi commença d'être plutôt dans les écrits que dans les cœurs et il y eut bientôt autant de points de foi que d'hommes. Les articles se sont accrus, mais la charité est allée en décroissant ; les discussions s'échauffèrent, mais la charité se refroidit[74].

On retrouve des idées semblables chez le calviniste Sébastien Castellion (1515–1563) qui s'en prend à l'attitude intransigeante de Calvin face à Michel Servet, brûlé en 1553 à Genève à cause de ses idées antitrinitaires :
> Qui est celui qui s'efforce avec toute sollicitude de vivre en ce monde saintement, justement, et religieusement, attendant la venue du bienheureux Dieu ? On ne se soucie de rien moins. La vraie crainte de Dieu, et la charité, est mise au bas, et du tout refroidie : notre vie se passe en noise, en

---

[72] *Ibid.*, 117.
[73] Thomas d'Aquin, *Somme théologique*, Supplément, q. IX, art. 4.
[74] Désiré Érasme, *Lettre 1334*, 5 janvier 1523. Cité par Lecler, 145.

contentions, et toute sorte de péchés. On dispute, non pas de la voie, par laquelle on puisse aller à Christ, qui est de corriger notre vie : mais de l'état et office de Christ, à savoir, où il est maintenant, que c'est qu'il fait, comment il est assis à la dextre du Père, comment il est un avec le Père. Item de la Trinité, de la prédestination, du franc arbitre, de Dieu, des Anges, de l'État des âmes après cette vie, et autres semblables choses ...[75].

Le socinien polonais Samuel Przypkowski (1592–1670) exprime lui aussi la prééminence des œuvres sur la foi en les dogmes :

Il répugne à la plupart des hommes de s'élever à la béatitude céleste par la sainteté de vie ; aussi cherchent-ils un chemin plus court dans la seule confession de foi... Puisque l'on s'occupe davantage de son esprit que de son âme, il n'est étonnant que la plus légère erreur sur le sens des choses divines soit considérée comme plus grave pour la perte éternelle que les pires débordements[76].

Le mouvement piétiste amorcé par Philipp Jacob Spener (1635-1705) insiste lui aussi sur la pratique des vertus et sur la conduite du chrétien dans la vie quotidienne. Il fait de la théologie une discipline pratique (*theologia habitus practicus est*) qui doit se concentrer moins sur le savoir que l'inculcation des sentiments religieux et la pratique des vertus[77]. L'indifférence à l'égard des dogmes et la dimension personnelle et subjective de l'expérience religieuse caractérisent le mouvement piétiste et ses rejetons comme l'Église luthérienne évangélique d'Amérique, le méthodisme et le pentecôtisme.

J'estime avoir suffisamment démontré une conception orthopratique de la religion chrétienne, là où l'accomplissement des rites et des gestes semble l'avoir emporté sur la spéculation sur la vérité religieuse. La religion passe par l'espace public, la visibilité et l'extériorité, de même que la corporalité. L'Église n'est pas qu'une réalité spirituelle, mais aussi matérielle ou temporelle : elle infuse la société et la culture. Hincmar de Reims (9e siècle) formule bien cette unité formulée par le concept de chrétienté : « Il n'y a qu'un seul royaume, une seule colombe du Christ, c.-à-d. la sainte Église, sous la loi d'une seule Chrétienté, d'un seul royaume, d'une seule Église, bien que

---

[75] Castellion, *Traité des Hérétiques,* 12-13.
[76] Samuel Przypkowski, *Dissertatio de pace et concordia Ecclesiae*, cité par Lecler, 393.
[77] Spener, *Pia desideria*, 105-106. Il cite à l'appui le *Libellus repudii* d'un professeur de théologie luthérienne de Strasbourg, Johann Schmidt.

le gouvernement en soit administré par plusieurs rois et plusieurs chefs ecclésiastiques[78]. »

Luther et les autres réformateurs viendront ébranler cette construction en insistant sur le caractère spirituel et invisible de l'Église, communauté de croyants dont seule la foi (*sola fide*) en Jésus-Christ justifie. Il n'est donc plus question de se soumettre à un chef visible et à la médiation efficace de l'institution et de son clergé, puisque tout baptisé participe au sacerdoce royal de Jésus :

> Ainsi nous voyons que la foi suffit au chrétien, il n'a besoin d'aucune œuvre pour se justifier. S'il n'a besoin d'aucune œuvre, il est certainement délié de tous les commandements et de toutes les lois ; s'il en est délié, il est certainement libre. Telle est la liberté chrétienne ; c'est la foi seule qui la crée....[79]

La liberté chrétienne conduit Luther à contester le principe de reconnaissance du pouvoir d'intervention de l'autorité séculière en matière religieuse. Il écrit dans *De l'autorité temporelle et des limites de l'obéissance qu'on lui doit* [*Von welticher Obrigkeit*] :

> Puisqu'il dépend de la conscience de chacun de savoir ce qu'il doit croire, et qu'il n'en résulte aucun préjudice pour l'autorité séculière, celle-ci doit se tenir tranquille, s'occuper de ses affaires, laisser chacun croire ceci ou cela, comme il le peut et comme il le veut, et n'employer la force contre personne[80].

Ainsi se trouve lancé le ferment du pluralisme religieux et de l'autonomie des sphères religieuse et séculière. Toutefois, les menaces de division venant des anabaptistes, mais aussi la persistance de la célébration du culte catholique de la messe dominicale, notamment à Wittenberg et à Altenburg, conduiront Luther à chercher l'appui du bras séculier pour imposer le culte protestant sur le territoire de la principauté de Saxe, sous prétexte de maintenir l'ordre public. En Suisse, Zwingli et Calvin n'hésitent guère à faire appel au bras séculier pour imposer leur réforme. Luther écrit à l'Électeur Jean de Saxe : « Un prince séculier ne doit pas souffrir que ses sujets soient induits en discorde par ces prédicateurs rivaux, d'où l'on pourrait craindre des tumultes et des factions, mais en un lieu il ne doit y avoir qu'une seule espèce de prédication[81]. » C'est l'origine du principe *cujus regio ejus religio* qui permettait à un souverain d'établir sa religion sur son territoire, doctrine

---

[78] Hincmar de Reims, *De divortio Lotharii regis et Tetbergae reginae*, interrogatio XII, PL 125, col. 699c.
[79] Martin Luther, *La liberté du chrétien*, dans *Luther, Les grands écrits réformateurs*, 265.
[80] Martin Luther, *Werke*, Weimarer Ausgabe, Band 11, 264. Cité par Lecler, 165.
[81] Martin Luther, *An den kurfürsten Johannes*, 9 février 1526, cité par Lecler, 170.

établie à la Paix d'Augsbourg en 1555, mettant ainsi fin aux hostilités entre les catholiques du Saint-Empire romain germanique et les luthériens de certaines principautés allemandes regroupées dans la Ligue de Smalkalde. L'article 17 excluait de l'entente toute Église autre que la catholique ou la luthérienne ; pas question d'alléger les tensions avec les anabaptistes et les calvinistes. La Paix de Westphalie en 1648 mit fin à la Guerre de Trente Ans qui opposait calvinistes, luthériens et catholiques, et étendit finalement le même principe du *cujus regio ejus religio* aux calvinistes des Pays-Bas, de la France et de la Suisse.

L'intériorisation et la privatisation de la religion
Ce qui nous intéresse à travers toutes ces querelles religieuses, c'est la mutation de l'idée de religion qui accompagne le développement de l'idée de pacification ou de tolérance religieuse. On passe lentement d'un ensemble de commandements ou règles qui régissent objectivement la vie du croyant à la foi personnelle, à une forme plus abstraite et privée de la vie religieuse[82]. La tendance vers l'abstraction se concrétise dans l'approche humaniste de résolution des conflits religieux. Celle-ci bannit au nom de la charité chrétienne l'usage de la force pour contraindre les consciences, et cherche à réduire les oppositions doctrinales au moyen de quelques grandes vérités communes, capables d'unir les divers systèmes de croyances par-delà les différences rituelles. Dès la fin du Moyen-âge, Nicolas de Cues (1401–1464), avait tracé la voie de cette nouvelle tendance suite à la chute de Constantinople aux mains des musulmans :

> Car c'est toi seul (le Très Haut) que les hommes vénèrent à travers tous les objets apparents de leur culte et c'est à cause de Toi par conséquent que nait la guerre religieuse... S'il advient qu'il soit impossible de faire disparaitre cette différence des rites et que cette division paraisse souhaitable pour augmenter la dévotion..., que du moins comme Tu es unique, il y ait une seule religion, un seul culte de latrie[83].

Érasme (mort en 1536) tient essentiellement le même discours. Il décourage le recours à la violence contre les dissidents et milite en faveur de l'unité des chrétiens. Ceux-ci devraient être en mesure s'entendre sur les notions fondamentales du christianisme[84]. Rétablir l'unité entre chrétiens l'emporte sur une conception de la liberté religieuse qui fait place à un véritable pluralisme. En fait, pour Érasme et les autres humanistes en général, même si on commence à admettre une quelconque séparation de l'Église et de l'État, le concept de raison d'État fait son apparition et va jusqu'à justifier

---
[82] Asad (1993), 43.
[83] Nicolas de Cues, *La paix de la foi* [*de Pace fidei*]. Cité par Lecler, 128.
[84] Voir Lecler, 143-144.

l'utilisation de la force contre les dissidents lorsque le Prince estime l'ordre public menacé. Ainsi le professeur de Leiden Justus Lipsius (1547–1606) reconnait l'importance de la religion comme ciment de la vie en société et pour cette raison estime qu'elle devrait être unique, reconnaissant au Prince le droit d'intervenir par la contrainte lorsque les dissensions religieuses sont à l'origine de désordres sociaux :

> Et quant au public, comment pouvons-nous subsister, si la religion ne subsiste. Lactance au livre *De l'ire* chapitre 12 dit que c'est la seule religion et crainte de Dieu, qui maintient la société humaine. Ôtez ce lien, la vie présente se remplira de sottise, de méchanceté, de cruauté bestiale. De la religion simple et seule nait l'union : de la mêlée procèdent tous les troubles. Combien plus sage était le chevalier Mecenas, qui disait à Auguste, en toute sorte et en tout temps adorez et servez Dieu, selon les lois du pays : et donnez ordre que les autres le servent[85].

Cette position rappelle celle de la Paix d'Augsbourg – la religion établie du Prince – mais aussi l'intransigeance de Calvin et de son ami Théodore de Bèze vis-à-vis les hérétiques, et en particulier Michel Servet[86]. La France, pays catholique, poursuit – selon l'adage « une foi, une loi, un roi » – une politique tout aussi absolutiste sous François Ier et Henri II qui répriment et massacrent les réformés dans le royaume[87].

Je n'entrerai pas dans le déroulement des Guerres de religion qui opposèrent catholiques et protestants, en France, de 1562 à 1598 (Édit de Nantes). Je m'intéresse ici uniquement aux idées mises de l'avant en vue d'une pacification. Agissant à titre de régente de son fils Charles IX, âgé de dix ans lors de la mort de Henri II, sa mère Catherine de Médicis cherche à concilier catholiques et réformés. Ces tentatives sont souvent présentées comme provisoires, en attente d'une position catholique vis-à-vis les protestants de la part du Concile de Trente :

> Et neantmoins, pour entretenir noz subjets en paix et concorde en attendant que Dieu nous face la grâce de les pouvoir réunir et remettre en une mesme bergerie, qui est tout nostre désir et principale intention, avons par provision et jusques à la détermination dudit concile général, ou que par

---

[85] *Les politiques de Iuste Lipsius*, 185-186.
[86] Voir Lecler, 318-320. L'auteur cite plusieurs extraits de l'ouvrage de Calvin : *Déclaration pour maintenir la vraye foy que tiennent tous chrestiens de la trinité des personnes en un seul Dieu. Contre les erreurs détestables de Michel Servet Espaignol*.
[87] François Ier instaure une commission inquisitoriale, nommée la Chambre ardente, chargée de réprimer les réformés et relevant du Parlement de Paris. Henri II la maintient et l'Édit de Compiègne de 1557 porte sur la peine de mort contre ceux qui publiquement ou en secret professent une religion autre que la catholique.

> nous autrement en ait esté ordonné, sursis, suspendu et supercédé, surseons, suspendons et supercédons les défenses et peines apposées tant audit edict de juillet, que autres précédens, pour le regard des assemblées qui se feront de jour hors desdites villes pour faire leurs presches, prières et autres exercices de leur religion. Defendant sur lesdites peines à tous juges, magistrats, et autres personnes, de quelque estat, qualité ou condition qu'ils soient, que lorsque ceux de ladite religion nouvelle iront, viendront, et s'assembleront hors desdites villes pour le fait de leur dite religion, il n'ayent à les y empescher, inquiéter, molester ne leur courir sus en quelque sorte ou manière que ce soit[88].

La tolérance énoncée par cet édit souffre plusieurs limites ; elle ne s'applique pas au culte à l'intérieur des enceintes des villes et autorise une sorte de surveillance policière des cultes réformés qui sont soumis à des officiers chargés de veiller à ce que la prédication n'attaquent la doctrine chrétienne contenue dans les saintes écritures, ni les institutions ou rites catholiques dont la messe. Ils ne peuvent faire aucun recrutement de nouveaux membres, ni faire des levées de fonds, ni adopter des règlements sans les montrer à cesdits officiers.

Le principal conseiller, Michel de L'Hospital (1506–1573), se fait l'ardent défenseur du principe de tolérance civile qui, tout en respectant l'autorité royale, honore la conscience individuelle :

> Or voyons ce que le roi leur donne par les traités. Leur donne-t-il l'État ou terre ? Les allège-t-il d'aucun tribut de subsides ? Leur quitte-il aucun devoir ou charge ?
> Quoi il leur donne ? Il leur donne une liberté de conscience, ou plutôt il leur laisse leurs consciences en liberté. Appelez-vous cela capituler ? Est-ce capituler quand un sujet promet pour toute convention qu'il reconnaitra son prince et demeurera son sujet[89].

La cohésion de l'État demande de plus en plus que le domaine religieux soit séparé du politique. Le nouveau parti pris de ceux qu'on appelle les « Politiques » abandonne l'idée d'une réconciliation religieuse seule capable d'assurer l'unité de la nation pour le pragmatisme politique de la coexistence pacifique de diverses religions. Michel de L'Hospital écrit :

---

[88] *Édit de janvier*, Saint-Germain-en-Laye 17 janvier 1562, François-André Isambert, *Recueil général des anciennes lois françaises*, t. XIV, part. I, 124-129.
[89] Michel de L'Hospital, *Mémoire sur la nécessité de mettre un terme à la guerre civile*, cité dans Lecler, 468.

> Le roy ne veut point que vous entriez en dispute quelle opinion est la meilleure ; car il n'est pas ici question *de constituenda religione, sed de constituenda republica ;* et plusieurs peuvent estre *cives, qui non erunt christiani* : même l'excommunié ne laisse pas d'estre citoyen.
> Et peult on vivre en repoz avec ceulx qui sont de diverses opinions, comme nous voyons en une famille, où ceulx qui sont des catholiques ne laissent pas de vivre en paix, aimer ceulx de la religion nouvelle comme l'on dict que *vitia uxoris aut sunt tollenda, aut toleranda*[90].

La tolérance civile des « Politiques » ne plait pas à tout le monde et plusieurs pensent qu'elle constitue pour l'État une menace : « nulle dissension n'est si grande ni si dangereuse que celle qui vient pour la religion : elle sépare les citoyens, les voisins, les amis les parents…[91] » D'autres saluent la réussite de l'Empire ottoman construit sur le respect de la diversité religieuse[92].

L'Angleterre a vécu une situation particulière puisque la Réforme anglicane origine d'une dispute opposant le roi Henri VIII au pape Clément VII qui refusait d'annuler son mariage à Catherine d'Aragon. Le pouvoir civil, contrairement à ce qui s'est passé dans la Réforme luthérienne ou calviniste, prend l'initiative de la séparation de l'Église d'Angleterre avec l'Église catholique romaine, comme en fait foi *L'Acte de suprématie de 1534* déclarant le roi chef spirituel suprême de l'Église anglicane[93]. Lecler a bien raison de dire qu'« aucune autre Réforme n'a été dénuée à ce point, dans ces origines, de motif spirituel[94]. » Ce pouvoir dans l'ordre spirituel Henri VIII et Élizabeth l'utilisent pour s'acharner contre les catholiques qui refusent de prêter serment d'allégeance au roi, mais aussi contre les anabaptistes et les puritains. Ces derniers reprochent au culte anglican d'être une copie des rites catholiques.

---

[90] *Harangues, Œuvres complètes de Michel de L'Hospital*, 1824, 452-453.
[91] Étienne de la Boétie, *Mémoire touchant l'édit de janvier 1562*, dans *Discours de la servitude volontaire suivie du Mémoire touchant l'édit de janvier 1562 [inédit] et d'une lettre de M. le conseiller de Montaigne*, 120.
[92] *Brief discours envoyé au Roy Philippe nostre sire et souverain seigneur pour le bien et profit de sa majesté et singulièrement de ses Pays-Bas : auquel est monstré le moyen qu'il faudroit tenir pour obvier aux troubles et émotions pour le faict de la Religion et extirper les sectes et herésies pullulantes en ses dicts pays*, anonyme de l'entourage de Guillaume prince d'Orange, cité par Lecler, 563. Jean Bodin avait déjà vanté les mérites de la culture turque et persane pour la place qu'elles faisaient à la diversité religieuse, Lecler, 551.
[93] "…be it enacted by authority of this present Parliament that the king our sovereign lord, his heirs and successors kings of the realm shall be taken, accepted and reputed the only supreme head on earth of the Church of England called Anglicana Ecclesia…" dans Viorst, *The Great Documents of Western Civilization*, 97.
[94] Lecler, 680.

La réforme élisabéthaine, parfois appelée *via media*, inclut des éléments inspirés du calvinisme, mais conserve plusieurs éléments de doctrine catholique au plan sacramentel et liturgique, comme en témoignent les *Thirty-Nine Articles of Religion* et le *Book of Common Prayer*. La promulgation de *l'Act of Uniformity 1558* (1 *Elizabeth*, c. 1) et en 1581 de l'*Act to retain the Queen's Majesty's Subjects in their due Obedience* (23 *Elizabeth*, c. 1) marque l'importance accordée à l'extériorisation de la religion établie en mettant à l'amende toute personne qui refusait de participer au culte de l'Église d'Angleterre. Ainsi, nommé archevêque de Canterbury sous Charles I, William Laud continue d'insister sur l'expression publique de la religion :

> Ever since I came in place, I laboured nothing more, that the external public worship of God (too much slighted in parts of this kingdom) might be preserved, and that with as much decency and uniformity as might be; being still of opinion, that unity cannot long continue in this Church, where uniformity is shut out at the church door[95].

L'uniformisation du culte anglican demeure une préoccupation importante, bien plus que l'uniformité sur le plan doctrinal où s'est installée une forme de libéralisme doctrinal. L'uniformité du culte marque la période de la Restauration ; elle constitue le cheval de bataille dans la lutte des conformistes contre les dissidents, particulièrement les puritains, mais aussi les baptistes et les congrégationalistes. Tout en reconnaissant la suprématie du roi sur le temporel et le spirituel, plusieurs théologiens modérés, connus sous l'appellation de « *latitudinarians* », à l'instar des humanistes érasmiens, pensent pouvoir obtenir l'adhésion de tous les chrétiens à un nombre réduit d'articles fondamentaux de la foi. Ainsi, le théologien John Hales écrit :

> I do not see that … men of different opinions in Christian religion, may not hold union in *sacris,* and both go to one church. Why may I not go, if occasion require, to an Arian church, so there be no Arianism expressed in their liturgy? An were liturgy and public forms of service so framed, as that they admitted not of particular and private fancies, but contained only such things, as in which all Christians agree, schisms were utterly vanished. For consider of all the liturgies that are or ever have been, to any party, and remove from them whatsoever is scandalous to any party, and leave nothing but what all agree on; and the event shall be, that the public service and honour of God shall no ways suffer…[96]

---

[95] *The Works of the Most Reverend Father in God William Laud*, Vol. IV, 60. Voir Lecler, 760.
[96] *The Works of the Ever Memeroble Mr. John Hales*, Vol. I, *A Tract Concerning Schism and Schismatics*, 126-127.

Les « latitudinarians » font appel à la rationalité humaine pour défendre leur idéal de conciliation, souvent appelé *comprehension* en anglais. Ramener la foi chrétienne à l'essentiel demande de se départir du sacramentalisme catholique ; les sacrements, du moins dans la pratique populaire, semblaient avoir une efficacité magique, capable de produire la grâce et le salut de l'âme. Enfermer le monde surnaturel dans des véhicules matériels – dans les sacrements, dans les reliques ou autres représentations, dans la prière d'intercession des saints – devient la marque d'une « fausse religion ». Ramener la foi chrétienne à l'essentiel qui s'impose apodictiquement à la raison humaine exige aussi de se départir d'une soumission aveugle de l'intellect au pape, aux évêques et au clergé, comme le pense Edward Stillingfleet dans *A Rational Account of the Grounds of Protestant Religion*[97]. La rationalité dont font preuve ces théologiens libéraux s'inspire plus des méthodes inductives de la révolution scientifique que de la déduction logique de ljihada philosophie scolastique. Plusieurs « latitudinarians » sont membres de la *Royal Society* de Londres (académie des sciences). En appliquant cette méthode, ces théologiens en viennent à bannir certaines croyances comme contraires à la raison, comme l'a fait par exemple Henry More (1614–1687) au sujet de la présence réelle dans l'eucharistie, la jugeant contraire « aux principes indélébiles de la saine raison, ce sens commun immuable que le Logos éternel a essentiellement gravé dans nos âmes, et sans lequel ni la certitude ni la foi ne peut s'édifier, ni aucun sens, soit des Saintes Écritures ou de tout autre écrit, ne peut être déchiffré ou compris avec certitude[98]. » Le chimiste, philosophe et théologien, Robert Boyle (1627–1691), rejette la doctrine catholique de la transsubstantiation, la taxant de véritable superstition profitant de l'ignorance des hommes. Le problème de cette doctrine vient de ce qu'elle est contraire à la logique de l'expérience parce qu'elle contredit l'expérience sensorielle qui se borne à goûter le pain et le vin[99].

---

[97] Tumbleson, "Reason and Religion: The Science of Anglicanism," 131.
[98] Henry More (1686), 86 : "the indelible Principles of sound Reason, those immutable Common Notions which the Eternal Logos has essentially ingrafted in our Souls, and without which neither Certainty or Faith can consist, nor any assured sense of either the Holy Scriptures or any Writing elsewhere can be found out or understood." Cité par Tumbleson, 152 (ma traduction).
[99] Robert Boyle, *Reasons Why a Protestant Should Not Turn Papist*, 17-18 : "I am then upon another account quite out of conceit with the Church *of Rome*: her Transubstantiation I could never believe, and if I did, I would soon doubt of the confessed Fundamentals of the Christian Religion: for 1 conceive not how a considering man can heartily believe Transubstantiation and not doubt of all our chief Mysteries, which I take to be the very existency of Christ in the World, his Passion, his Death, his Resurrection, and Ascension, &c. and all those wonderful Works he did during his (stay upon Earth, in order to confirm Mankind in the belief of his being God as well as Man: now what proof have we of those primary Articles, but the constant Testimony of all Mens Senses, and must we not believe'em upon the Authority of those that we are allured were eye-witnesses to all those things, which if no body had seen, no body now would believe? but if the eye may be deceived in the contemplation of its proper

Les « latitudinarians » ne font pas qu'attaquer certaines croyances et pratiques catholiques comme des superstitions irrationnelles, mais s'en prennent aussi à l'irrationalité des non conformistes, laquelle a une certaine parenté avec celle démontrée par les catholiques selon Henry Wharton (1664–1695)[100]. L'attitude critique face à l'enthousiasme religieux constitue cette deuxième ligne d'attaque dirigée contre ceux qui estiment être en communication directe avec Dieu et qui expérimentent directement l'illumination divine par les révélations personnelles de l'Esprit Saint, la transe ou encore la glossolalie. David Hume décrit bien ce phénomène :

> Mais l'esprit humain est aussi sujet à une élévation et une présomption inexplicables qui viennent d'un heureux succès, d'une santé florissante, d'un caractère fort ou d'une disposition hardie et confiante. [...] De là naissent des extases, des transports et de surprenantes envolées de l'imagination et, la confiance et la présomption augmentant encore, ces extases, étant totalement inexplicables, semblent entièrement au-delà des facultés ordinaires et sont attribuées à l'inspiration directe de l'Être divin qui est l'objet de dévotion. En peu de temps, la personne inspirée en vient à se regarder comme une favorite de la Divinité qui l'a distinguée et, ... la raison humaine et même la moralité sont rejetées comme des guides fallacieux[101].

Henry More conçoit l'enthousiasme comme une fausse conviction de l'individu qui se croit inspiré par Dieu et dont la cause serait imputable à la mélancolie qui débride l'imagination et corrompt le jugement de la raison[102].

---

object, when no condition necessary for its operation is wanting, what certitude have we of any of those fore-mentioned truths? for though I see the Bread in the Eucharist, though I both touch and tast Bread, though I both taste and feel Wine, with all the rest of Mankind, yet if I turn a Romanist I must believe what is so evidently contradicted by my senses, and confess my self mistaken."
[100] Henry Wharton, *The Enthusiasm of the Church of Rome demonstrated in some observations upon the life of Ignatius Loyola,* 16 : "It has been the peculiar happiness of the Church of England to create a right sense of Religion and Piety in all her Communicants, and secure to them the practice of a rational Devotion. She makes no pretensions to private Inspirations, and extraordinary Illuminations of the Holy Ghost; and all her Children are more apt to deride, than admire the follies of the Enthusiasts.... Not so the Church of Rome, which in all her Offices and publick Ceremonies promotes and foments it, hath on many occasions given publick applause and approbation to it, and oweth the greatest part of her peculiar Doctrines, and present prosperity to the Enthusiasm of her Followers."
[101] *Essai sur la superstition et l'enthousiasme,* 6.
[102] Henry More (1656), 2 : "We shall now inquire into the Causes of this distemper, how it comes to passé that a man should be thus be befooled in his own conceit : And truly unlesse we should offer lesse satisfaction than the thing is capable of, we must not only treat here of Melancholy, but of the Faculties of the Soul of man, whereby it may better be understood how she may become obnoxious to such disturbances of Melancholy, in which she has quite lost

Alors que les théologiens modérés cherchent à réconcilier foi et raison, les puritains nient tout pouvoir de la raison dans la recherche de la réalité divine[103]. George Wither (1588–1667) s'en prend à l'extravagance de leurs pratiques :

> Some thinke there's no devotion, but in those that howle, or whine, or snuffle in the nose; as if that God vouchsafed all his Graces for fained gestures or sower faces. Some think not that the man, who preaches teacheth or hath a sober gesture when he preacheth or gentle voice: hath any zeal in him, and therefore, such like *Preachers* they contemne. Ya, they suppose that no mans doctrine saves the soule of any one, unless he raves, and rores aloud, and flings, and hurleth so as if his armes he quite away would throw....[104]

Les « latitudinarians » se distinguent, tout en les annonçant, des futurs déistes ou des promoteurs de la « religion naturelle » parce qu'ils continuent de croire que les Saintes Écritures demeurent la source première de toute vérité sur Dieu[105]. Le rationalisme des modérés manifeste l'individualisme religieux par le respect de l'autorité du jugement personnel comme critère de vérité versus l'autorité imposée par l'Église et la tradition. La recherche de vérités fondamentales conduira vers une conception de plus en plus abstraite ou intellectualisée de la religion telle qu'on la trouve chez Lord Edward Herbert of Cherbury (1583–1648) qui tente de dégager une essence universelle de la religion, basée sur un consentement universel sur des notions communes à toute religion, que procure l'« instinct naturel » :

> Car puisque toutes les nations désirent que la loy, c'est-à-dire leurs communes notions, soient réduites à un certain ordre, et néanmoins que cette loy ait été diversement donnée par diferens Législateurs : & finalement puisqu'entre

---

her own judgement and freedome and can neither keep out nor distinguish betwixt her own fancies and real truths."
Voir Heyd, *"Be Sober and Reasonable." The Critique of Enthusiasm in the Seventeenth and Early Eighteenth Centuries.*
[103] Voir Morgan, *Godly Learning: Puritan Attitudes Towards Reason, Learning and Education, 1560–1640,* le chapitre II.
[104] George Wither, *Britain's Remembrancer,* cant. 8, 497. Ma traduction : « Certains pensent qu'il n'y a de dévotion, que chez ceux qui hurlent, se lamentent ou reniflent ; comme si Dieu n'octroyait toutes ses grâces qu'à ceux qui agissent par obligation ou dont le visage exprime la douleur. Certains pensent que l'homme qui prêche, enseigne avec des gestes et une voix remplis de douceur, n'a pas de zèle en lui, et que tels prédicateurs sont méprisables. En effet, ils supposent que seule la prédication d'un homme qui s'emporte, parle fort, gesticule et lève les bras, peut sauver des âmes. »
[105] William Chillingworth, *The Religion of Protestants,* 107: "For my part, I profess, if the doctrine of the Scripture were not as good, and as fit as to comer from the Fountain of Goodness, as the miracles by which it was confirmed were great, I should want one main pillar of my faith."

> certaines loys il y a quelquefois de la contrariété, & qu'il y a un très grand consentement entre les autres, soit qu'on regarde la religion, ou le droit civil & politique, je tiens que ce consentement universel est la doctrine de l'instinct naturel, & l'ouvrage de la providence divine[106].

Lord Herbert ramène le consensus universel à cinq points : l'existence de Dieu, l'obligation de lui rendre hommage, l'obligation de mener une vie empreinte de pureté et de vertu, la nécessité d'avouer ses fautes et de s'en repentir et finalement la rétribution divine en cette vie et en l'autre[107]. Ces notions communes procèdent d'une véritable méthode critique et comparative de l'objet de la religion sans considération des sources révélées :

> Avant de parler de la révélation, il faut remarquer quelques autres choses qui la précèdent, car toute religion qui se vante d'avoir des révélations, n'est pas bonne, & toute sorte de doctrine qui s'en sert, n'est pas toujours nécessaire, ny mesme utile ; l'on en peut, & l'on en doit retrancher quelque chose. C'est à quoy la doctrine des Notions communes peut tellement servir, qu'il n'est pas possible de bien reconnoistre, & discerner la révélation, ny la Religion sans leur ayde[108].

L'idée d'un consensus universel se trouve aussi exprimée par Jean Bodin dans son *Colloquium Heptaplomeres*. Il met en dialogue sept personnages : un luthérien, un calviniste, un catholique, un juif, un musulman, un agnostique et un certain Toralbe, partisan de la religion universelle :

> Toralbe – Si la véritable religion ne consiste qu'en l'adoration pure & simple d'un seul Dieu et qui seul est éternel, j'estime qu'il suffit aux hommes pour faire leur salut de suivre la loi de la nature. […] Ma créance, Toralbe, est entièrement conforme à la vostre assavoir que touttes les choses nécessaires au salut sont contenues touttes dans les loix de la nature suyvant lesquelles ont vescu Abel, Hanoch, Noé, Abraham, Job, Isaac et Jacob, tous lesquels par le tesmoignage mesme de Dieu (qui est le plus solennel et le plus auguste que nous puissions nous imaginer) ont esté déclarez

---

[106] Herbert of Cherbury, *De la vérité en tant qu'elle est distincte de la révélation, du vraysemblable, du possible et du faux*, 3ᵉ édition 1809, 52.
[107] *Ibid.*, 278 et suivantes.
[108] *Ibid.*, 269. La méthode comparative de Lord Herbert est manifeste dans son *De religione gentilium, errorumque apud eos causis*, Amsterdam : Blaeviorum, 1663. Il démontre la présence de notions communes dans les anciennes religions païennes.

personnages douez d'une extrême pieté et d'une intégrité exemplaire[109].

Il ne fait aucun doute que dès le 16ᵉ siècle, mais surtout à compter du 17ᵉ siècle, la Réforme en Europe amène avec elle une désacralisation et une déritualisation de la pratique religieuse qui devient plus spirituelle, subjective et orientée vers la conduite éthique plutôt que la pratique sacramentelle. La Réforme a mis en route une reconceptualisation de la religion marquée par un processus de « désenchantement du monde » tel que désigné par Max Weber, mais on aurait tort de l'imaginer comme une action rapide et unidirectionnelle. Les travaux de Robert W. Scribner et d'Ulinka Rublack sur le protestantisme vécu au quotidien démontrent justement que le surnaturel continue d'avoir une influence sur la vie des gens[110]. L'austérité et la rigueur de la doctrine de la *sola fide*, ou encore de la prédestination, n'arrivent pas à soulager l'anxiété de l'âme du fidèle, seul devant Dieu et aux prises avec le salut éternel sans le pouvoir quasi magique de l'efficacité sacramentelle[111].

Durant la période des luttes religieuses en Europe (16ᵉ et 17e siècles), certains théoriciens pensent trouver la solution aux disputes dans la subordination totale de la religion au pouvoir étatique, comme Justus Lipsius et Hugo Grotius aux Pays-Bas, John Selden et Thomas Hobbes en Angleterre. Or, pareille approche, même si elle se veut tolérante des minorités, risque de ne pas satisfaire les dissidents. Cette insatisfaction va pousser des théologiens comme Roger Williams en Angleterre, et plus tard en Amérique, de même que Dirck Volckerzoon Coornhert en Hollande à militer en faveur d'une complète séparation de l'Église et de l'État au nom de la liberté religieuse offerte à tous. Coornhert l'exprime clairement dans le procès qu'il dresse contre la position de Lipsius : « Juste Lipse parle du gouvernement des choses terrestres et divines. Il les mêle l'une avec l'autre et les assigne au prince temporel comme s'il avait autorité sur ces deux domaines. Il n'en va pas ainsi, car ces deux gouvernements diffèrent entre eux comme le ciel et la terre[112]. »

La conscience individuelle est la mesure de toute chose et aucune autorité extérieure ne peut lui dicter sa conduite ou décréter que telle croyance est

---

[109] Jean Bodin, *Colloque de Jean Bodin*, 111-112.
[110] Robert Scribner, "The Reformation, popular magic and the 'disenchantment of the world',"; "Reformation and desacralisation: from sacramental world to moralised universe"; "Magic and the formation of Protestant popular culture in Germany." Ulinka Rublack, *Reformation Europe*.
[111] Alexandra Walsham, "Historiographical Reviews. The Reformation and the Disenchantment of the World Reassessed."
[112] *Proces van't Ketter-dooden onde dwangh der Concientien tusschen Justum Lipsium, schrijver van de Politien anno 1589 daer voor, ende Dirck Coornhert daer teghen sprekende* (1590), n° 15, f° 54, cité par Lecler, 638.

vraie ou fausse[113]. Pour Coornhert, l'impératif catégorique de la conscience individuelle implique nécessairement un mur de séparation entre l'Église et l'État pour éviter toute forme de domination ou subordination d'une conscience sur l'autre. Ce champion des libertés religieuses vante les bienfaits du pluralisme religieux qui procède d'une réelle égalité de tous les citoyens :

> The prosperity of the kingdom requires solid and sincere concord among all inhabitants. Now we can only have solid concord when all inhabitants enjoy common and equal rights, and this especially in religion. […]
> Conscience is beyond the power of humans and cannot be forced in any way, but is subject only to the will of God. Of this you have also seen the practical examples in Germany and Poland. Thus your subjects would very much like to persuade you that there is a direct correlation between religion and the tranquility of the state, and that diversity of religion will not bring unrest to the kingdom[114].

En Angleterre, tous les théologiens protestants, même parmi les dissidents, ne sont pas défenseurs de la liberté de conscience. L'Écossais Samuel Rutherford s'en prend à la liberté de conscience et à ceux qui cherchent à excuser la conscience erronée[115]. Les baptistes seront les grands promoteurs de la séparation du pouvoir public et du pouvoir religieux. Roger Williams s'en fera le champion d'abord en Angleterre, ensuite en 1636 dans la colonie du Rhode Island qu'il fonda en la ville de Providence. Seule la liberté religieuse qui émane du respect de la conscience individuelle garantit la paix civile : "God requireth not an uniformity of Religion to be inacted and inforced in any civill state; which inforced uniformity (sooner or later) is the greatest occasion of civill Warre, ravishing of conscience, persecution of Christ Jesus in his servants and of the hypocrisie and destruction of millions of souls[116]." Williams croit que chaque humain possède cette faculté interne

---

[113] Gerrit Voogt, "Primacy of Individual Conscience or Primacy of the State? The Clash between Dirck Volckertsz Coornhert and Justus Lipsius."
[114] Coornhert, *Synod on the Freedom of Conscience*, 133-134. « La prospérité du royaume exige la concorde solide et sincère entre tous les habitants. Maintenant, nous ne pouvons avoir la pleine concorde que lorsque tous les habitants jouissent de droits communs et égaux, et ce en particulier en matière de religion. […] La conscience dépasse la volonté de l'homme et ne peut être contrainte en aucune façon ; elle est soumise uniquement à la volonté de Dieu. Vous avez également vu des exemples concrets de cela en Allemagne et en Pologne. Ainsi, vos sujets aimeraient beaucoup vous persuader qu'il existe une corrélation directe entre religion et paix de l'État, et que la diversité religieuse n'apporte pas de troubles civils. » (Ma traduction).
[115] Samuel Rutherford, *A Free Disputation against Pretended Liberty of Conscience*, 133-135.
[116] Roger Williams, *The Bloudy Tenent of Persecution*, 3-4. « Dieu n'exige pas que les autorités civiles promulguent et imposent l'uniformité en regard de la religion ; toute uniformité imposée devient tôt ou tard prétexte à la guerre civile, au viol des consciences, à la persécution de Jésus-Christ dans la personne de ses serviteurs, à l'hypocrisie et la destruction de millions d'âmes. » (Ma traduction).

de déterminer ce qui constitue pour chacun la vie bonne ; la conscience individuelle constitue en quelque sorte la source de l'égalité universelle : "I commend that Man whether Jew or Turke, or Papist, or who ever that steeres no otherwise then his Conscience dares, till his conscience tells him that God gives him greater latitude. For Neighbour you shall find it rare, to meete with Men of Conscience[117]." Contraindre la conscience n'est ni plus ni moins un véritable viol et la position de Williams présente beaucoup d'affinité avec l'autonomie morale de tout être humain proposée par Kant[118]. L'État peut très bien faire des lois qui s'appliquent aux corps et aux biens de ses sujets, mais il ne peut régimenter leur conscience : "The government of the *civill Magistrate* extendeth no further than the *bodies* and *goods* of their *Subjects*, not over their Soules, and therefore they may not undertake to give *Lawes* unto the *Soules* and *Conciences* of men[119]." Le temporel et le spirituel constituent deux domaines parfaitement étanches et la gestion de l'un comme de l'autre ne peut souffrir aucune confusion :

> The *civill* nature of the *Magistrate* we have proved to receive no *addition* of *power* from the *Magistrates* being a *Christian*, no more than it receives *diminution* from his not being a *Christian*: even as the *Common-weale* is a true *Common-weale*, although it have not heard of *Christianitie*; and Christianitie professed in it (as in *Pergamus, Ephesus,* etc.) makes it ne're no more a Commonweale....[120]

Les dissidents ont poussé en faveur de la privatisation du domaine religieux tout en affirmant la parfaite et légitime autonomie du domaine politique. Cette recomposition des compétences conduit la sphère religieuse à se définir davantage de manière subjective et abstraite, spirituelle par opposition à rituelle. Au cours du 17ᵉ siècle se reproduit ce que Fustel de Coulanges avait observé dans *La Cité antique* lorsque la religion très ritualiste de la Rome antique fit place au christianisme, une religion marquée par

---

[117] Roger Williams, *The Correspondence of Roger Williams* : 1654–1682, 586 : « Je salue l'homme, Juif ou Turc, ou papiste, ou qui que ce soit qui a pour guide sa conscience jusqu'à ce qu'elle lui dicte que Dieu lui accorde une plus grande liberté. Mes amis, vous ne rencontrerez pas souvent des hommes de conscience. » (Ma traduction).
[118] Sur les affinités entre la pensée de Williams et celle de Kant voir Nussbaum, *Liberty of Conscience,* 56-57.
[119] *The Bloudy Tenent of Persecution*, 202. « L'autorité des pouvoirs civils ne s'étend pas au-delà des corps et des biens de leurs sujets, pas sur leur âmes, et donc ils ne peuvent faire des lois qui s'imposent à l'âme ou à la conscience humaine. »
[120] *Ibid.*, 355. « Le fait d'être chrétien ne donne pas plus de pouvoir au magistrat civil, ni ne lui en enlève s'il ne l'est pas : de même que le gouvernement de la nation reste un vrai gouvernement même là où le christianisme ne s'est pas fait entendre ; et la religion chrétienne qui y est professée (comme à Pergame ou Éphèse, etc.), n'en fait pas un gouvernement pour autant ».

la liberté de la conscience individuelle et la conviction personnelle[121]. Dietrich Korsch décrit bien cette mutation :

> Alors que depuis l'Antiquité on entendait par *religio* l'exercice (correct au plan cultuel) de la piété, depuis les guerres de religion du XVIIe siècle, ce concept renvoie à cette forme d'assurance de conviction intérieure – c.-à-d. à ce support de la vie qui se présente extérieurement de manière différente – dont on doit supposer l'existence dans chacune des confessions chrétiennes (et au-delà, aussi, dans toutes les autres formes de croyance)[122].

Kant et les théologiens libéraux protestants chercheront à ramener le phénomène religieux dans les limites de la raison pour en dégager une essence universelle, symbolique et abstraite, qui se confond de plus en plus avec l'idéal moral d'une communauté éthique dont les valeurs sont exemplifiées par la vie de Jésus[123]. Adolf von Harnack et Auguste Sabatier soumettent les dogmes et les Saintes Écritures à l'examen critique pour situer l'expérience religieuse au-delà de nos idées et de nos formulations afin de dégager une essence du christianisme délivrée de ses représentations historiques. Partisan d'une méthode plus historique que philosophique, Herder, à l'instar de Lessing, n'en arrive pas moins à opposer d'une part la religion du Christ qui réalise en sa personne l'idéal parfait de l'humanité et de la fraternité et, d'autre part, le Christ objet de la religion, c'est-à-dire de toutes sortes de constructions dogmatiques qui sont en fait « le tombeau de la religion[124]. » Dans la même mouvance romantique que Herder, Friedrich Schleiermacher se méfie d'une conception intellectualiste et désincarnée de la religion dont il attribue l'origine à un sentiment de dépendance et d'humilité apparaissant dans la conscience de l'infini et de la totalité de l'univers :

> Devez-vous admettre la présence d'une vie religieuse qui lui est propre en tout homme qui vous allègue comme document de son individualité religieuse un fait tout aussi inconcevable, assavoir le développement soudain en lui, en plein milieu du fini et de l'individuel, de la conscience de l'Infini et du Tout Sentiment religieux, conscience de l'unité et de l'harmonie de l'univers[125].

Le subjectivisme à l'origine du sentiment religieux met de l'avant le caractère personnel et privé de la piété, mais Schleiermacher insiste pour dire que

---
[121] François Héran, « Le rite et la croyance ».
[122] Dietrich Korsch, « La crise du concept de religion aux alentours de 1890 », 185.
[123] Otto Pfleiderer, *The Development of Theology in Germany since Kant and its Progress in Great Britain since 1825*, 16-17.
[124] *Ibid.*, 38-41.
[125] Schleiermacher, *De la religion*, 155.

la religion trouve toujours son expression dans des « formes déterminées », que « chacune de ces religions est l'une des formes particulières que la religion éternelle et infinie devait nécessairement revêtir parmi des êtres finis et limités[126]. » En fait, tout le 19e siècle semble marqué par cette recherche d'une essence religieuse universelle. Chez Schleiermacher, la conscience de l'Infini comme essence de la religion n'échappe guère à la nécessité de se concrétiser dans des formes particulières que sont les religions positives. L'actualisation de la conscience religieuse, infinie et éternelle dans son essence, est toujours culturellement déterminée, une position reprise par le philosophe de la religion John Hick[127]. Schleiermacher représente tout un courant philosophique et théologique qui désormais s'intéresse à la religion comme expérience et non comme connaissance. Le pluralisme schleiermachérien est radical dans la mesure où l'Infini n'est pas constitué par l'addition des religions particulières ; les religions positives apparaissent comme des « manifestations qui sont plus différentes les unes des autres que ne le sont les morceaux d'un tout[128]. » Cela s'explique parfaitement par le fait que « toute intuition de l'Infini se suffit entièrement à elle-même[129]. »

Malgré son insistance sur la nécessité de médiations objectives dans l'action et le culte dans une communauté, Schleiermacher poursuit le mouvement d'intériorisation et d'abstraction universelle du phénomène religieux. Avec lui, la religion devient un phénomène universel irréductible qui possède sa propre identité et ses propres lois, ce qui devient en soi un objet d'études ; mais il faut aussi constater que ce point d'arrivée, que l'on observe franchement au 19e siècle, fait partie d'un processus discursif historique, propre à l'Occident, et dont j'ai ici esquissé les grandes lignes.

L'intériorisation et la privatisation de la religion signifient qu'elle n'est plus le fondement qui donne sens à toute entreprise humaine, comme l'a si bien exprimé Durkheim dans *De la division du travail social* :

> À l'origine elle s'étend à tout : tout ce qui est social est religieux : les deux mots sont synonymes. Puis, peu à peu, les fonctions politiques, économiques, scientifiques, s'affranchissent de la fonction religieuse, se constituent à part… Dieu, si on peut s'exprimer ainsi, qui était d'abord présent à toutes les relations humaines s'en retire progressivement ; il abandonne le monde aux hommes et à leurs disputes. Du moins s'il continue à les dominer, c'est du haut et de loin[130].

---

[126] *Ibid.*, 143.
[127] John Hick. *An Interpretation of Religion: Human Responses to the Transcendent.*
[128] Schleiermacher, 143.
[129] *Ibid.*, 143.
[130] Émile Durkheim, *De la division du travail social*, cité par Danièle Hervieu-Léger (1987), « Faut-il définir la religion ? Questions préalables à la construction d'une sociologie de la modernité religieuse », 15.

Toutefois, ce « procès de rétrécissement social de la religion[131] » ne prélude pas la fin de la religion en Occident au sens de sa complète disparition. Au lieu de cela, Danièle Hervieu-Léger parle d'une « métamorphose de la religion » :

> La science en effet est impuissante à prendre en charge les fonctions de la religion qui ne sont pas que de connaissance. Elle ne répond pas à toutes les questions que les hommes continuent de se poser sur ce qu'ils sont et sur leur place dans l'univers ; elle n'éclaire pas les enjeux moraux de la vie individuelle et collective : elle est impuissante à répondre aux besoins de rites qui sont inhérents à toute vie sociale[132].

La sécularisation ne peut se réduire aux seuls effets de la séparation de l'Église et de l'État ou encore à ceux de la critique de la raison et de l'apparition des sciences. D'importantes transformations sociales ont aussi modifié le champ religieux : l'industrialisation, l'urbanisation et la consommation de masse. Ces développements amènent un type de religiosité individuelle dans lequel l'individu a pris ses distances par rapport aux institutions religieuses et à l'importance de leur autorité dans la conduite de sa vie personnelle. À côté de la religion traditionnelle, s'est développée cette nouvelle forme de religion que Thomas Luckmann a baptisée *invisible religion*[133]. À cause de plusieurs facteurs socio-économiques liés au développement du capitalisme du siècle dernier, l'individu s'est trouvé devant une institution religieuse incapable ou peu encline à proposer des solutions aptes à résoudre les problèmes et les nouveaux dilemmes moraux qui s'imposaient à lui. Plusieurs ont alors mis au rencart l'institution et ont décidé de magasiner, en bon consommateur de tout le reste, des valeurs qui leur conviennent et donnent un sens ultime à leur vie.

Ce phénomène est clairement observable dans le Québec des années 1960 où le vent de liberté – amené par la Révolution tranquille, puis la révolution sexuelle et la révolution *peace and love* – fait en sorte que plusieurs abandonnent progressivement le modèle religieux traditionnel du catholicisme romain. Tout à coup, on découvre notre capacité de créer collectivement et personnellement des idéaux, de construire de manière autonome notre propre système de valeurs et notre identité propre. L'épanouissement humain, sans fondement en dehors de l'aventure strictement humaine, devient possible. Charles Taylor croit que l'apparition de l'humanisme autosuffisant, exclusif – un humanisme n'acceptant aucune fin autre que celle correspondant à l'objectif de l'épanouissement humain, et ne s'en remettant à rien qui va au-

---

[131] *Ibid.*
[132] *Ibid.*, 18.
[133] Thomas Luckmann, *Invisible Religion*.

delà de celui-ci – constitue le trait majeur de la modernité[134]. C'est alors qu'apparaissent toutes sortes de sectes ou nouveaux mouvements religieux, dont les frontières avec la psychologie du développement personnel, la naturopathie et la santé sont souvent poreuses. Dans un tel contexte, le mot transcendance ne se réfère plus à une puissance surnaturelle supérieure, à un ordre suprahumain ou divin. Conception très large de la transcendance qui fait en sorte que le religieux n'est plus enfermé dans des ensembles socialement identifiés et des traditions aux croyances et pratiques contrôlées, mais se diffuse dans toutes les sphères de l'existence. L'humanisme exclusif inclut certes des formes de dépassement de soi, même de renoncement aux intérêts purement individuels dans la poursuite d'objectifs de solidarité sociale, de paix mondiale ou encore de protection de l'environnement. Le choix des fins ultimes – qu'elles se situent uniquement dans l'épanouissement humain, ou indépendant de lui et réalisable dans une fin des temps (ἔσχατον, *eschaton*) – ne s'impose plus de l'extérieur, mais il s'opère en fonction des évaluations subjectives, au fil de l'expérience. De là s'impose une multitude de points de vue, un pluralisme des valeurs que Max Weber a appelé par analogie « polythéisme des valeurs », ainsi décrit :

> Pour autant que la vie a en elle-même un sens et elle se comprend elle-même, elle ne connaît que le combat éternel que les dieux se font entre eux ou, en évitant la métaphore, elle ne connaît que incompatibilité des points de vue ultimes possibles, l'impossibilité de régler leurs conflits et par conséquent la nécessité de se décider en faveur de l'un ou de l'autre[135].

Non seulement diverses conceptions religieuses peuvent-elles s'affronter sur les questions ultimes et le sens de la vie et son après, le point de vue religieux n'est plus le seul possible. Une caractéristique fondamentale de la modernité par rapport à l'explication de l'ultime, c'est que, selon Gauchet, « la prise de position sur l'aventure humaine se trouve renvoyée du côté des individus », car « rien des raisons suprêmes ne se détermine au niveau commun[136]. » Gauchet attribue le recul et la perte de substance de l'action collective à la chute du communisme et des idéaux socialistes, mais il y a sans doute plus que cela. On assiste depuis une vingtaine d'années à une redéfinition du politique qui ne se voit plus comme expression souveraine de la volonté générale, mais se perçoit davantage comme le fiduciaire de l'équité procédurale entre les droits individuels, mais aussi des droits des minorités. Les intérêts particuliers se justifient d'eux-mêmes et ne tirent pas leur légitimité d'un ordonnancement à la collectivité ou à l'intérêt public. Nos choix

---

[134] Charles Taylor (2011), *L'Âge séculier*, 43.
[135] Max Weber, *Le savant et le politique*, 100.
[136] Gauchet (1998), 104.

singuliers constituent notre identité particulière qui s'opère par la revendication subjective de caractéristiques collectives, d'appartenances à un groupe ou des groupes : homme ou femme, straight ou gay, Québécois ou Canadien, croyant ou athée. Ces rattachements sont loin de figer notre identité dans un ordre englobant et contraignant ; elles nous permettent d'entrer en rapport avec autrui et nous faire reconnaitre par lui[137]. Dans ce contexte, les multiples traditions religieuses et croyances font de plus en plus figure d'héritages culturels, de marqueurs identitaires où :

> La prétention à l'universalité est bannie. Ce qui compte c'est l'existence objective d'un donné, la présence d'un héritage, le fait d'une tradition parmi d'autres traditions... Une tradition en laquelle je puis subjectivement me connaitre, un héritage que je puis m'approprier. Choix, il y en a, donc, et plus que jamais.... Mais un choix dont je suis moi-même, en fait, l'objet : son enjeu n'est pas du côté de la vérité du message auquel je me rallie, mais du côté de la définition subjective qu'il me procure.[138].

On est ici en plein dans la question du crucifix à l'Assemblée nationale du Québec et pourquoi autant de gens tiennent tant à une sorte de catholicisme culturel, alors que la pratique religieuse de la fréquentation de la messe une fois et plus par mois se situe à près 20 %, même si plus de 80 % s'identifient comme catholiques romains[139]. Même parmi ceux qui fréquentent l'église une fois par mois et plus, deux tiers approuvent le divorce, et près de 50 % l'homosexualité, ce qui est contraire à l'enseignement de l'Église catholique.

Il ne fait aucun doute que nous assistons depuis une trentaine d'années à une subjectivation et une individualisation de la croyance et des pratiques religieuses, de plus en plus dissociées de l'appartenance à des institutions officielles traditionnelles. Danièle Hervieu-Léger parle d'un phénomène de bricolage des croyances ou pratiques pour décrire cette quête personnelle de la vérité ou se mêlent souvent des croyances de diverses traditions. Je peux, par exemple me définir comme chrétien, rejeter la croyance au péché et croire au karma et en la réincarnation. Il s'agit d'une forme de religion à la carte qui, chez des Québécois nés catholiques, se traduit parfois par une fréquentation momentanée de temples bouddhistes, hindous, ou des églises évangéliques[140].

Hervieu-Léger se questionne sur la perte de transmission des valeurs ou vérités véhiculées par les traditions de communautés longuement établies.

---

[137] *Ibid.*, 124-126.
[138] *Ibid.*, 130-131.
[139] Reginald W. Bibby, dans Robert Mager et Serge Cantin, *Modernité et religion au Québec*.
[140] Marie-Claude Malboeuf, « Religion à la carte », *La Presse*, 5 février 2011, http://www.lapresse.ca/actualites/regional/montreal/201102/05/01-4367338-religion-a-la-carte.php.

Cette disjonction de la croyance et de l'appartenance est évidemment encore plus nette dans les cas où le sujet croyant revendique de pouvoir choisir, dans les différentes traditions, ce qui lui convient. Peut-on encore parler de religion ? Cette atomisation des quêtes spirituelles ne marque-t-elle pas la fin de la transmission des vérités partagées par les communautés passées, c'est-à-dire la fin du lien religieux ? Reprenant l'expression du théologien Pierre Grisel – Croire, c'est se savoir engendré – Hervieu-Léger fait de l'autorité de la tradition, comme lien au passé et élément de continuité, l'élément distinctif de l'adhésion religieuse, l'élément qui légitime la croyance religieuse : « Une religion est un dispositif idéologique, pratique et symbolique par lequel est constituée, entretenue, développée et contrôlée la conscience individuelle et collective de l'appartenance à une lignée croyante particulière[141]. » C'est cette « filiation croyante » qui distingue la religion de l'expérience du sacré « qui concerne le fait pour un individu ou un groupe de ressentir une présence-puissante qui le dépasse[142]. » La validation du croire demeure une construction personnelle, mais sa trajectoire subjective « rencontre l'objectivité d'une lignée croyante, incarnée dans une communauté dans laquelle l'individu se reconnaît[143] » Pour Hervieu-Léger, il n'y a pas d'opposition entre la quête religieuse personnelle et l'autorité de la tradition conçue comme un vaste réservoir de la mémoire collective dans lequel l'individu puise croyances, rites et symboles pour lui-même donner sens ultime ou unificateur à son vécu et valider auprès d'une communauté ses propres options.

Cette démarche ne signifie pas pour autant l'adhésion entière à une orthodoxie institutionnelle. Cela met tout simplement en évidence que la quête subjective de sens ne s'achève que dans la reconnaissance objective par autrui. Même Schleiermacher, champion d'une approche subjective du religieux affirme sans hésitation la dimension communautaire ou sociale de la religion :

> Du moment que la religion est, elle a nécessairement un caractère social. [...] Dans ses constantes interactions non seulement pratiques, mais aussi intellectuelles, avec les autres représentants de son espèce, l'homme doit extérioriser et communiquer ce qui est en lui, et plus une chose le motive

---

[141] Hervieu-Léger (1993), *La religion pour mémoire,* 119. Elle met à contribution cette définition de la tradition par l'anthropologue, Georges Balandier, dans *Le désordre. Éloge du mouvement* : « Elle exprime la relation au passé et sa contrainte, elle impose une conformité résultant d'un code de sens, et donc des valeurs qui régissent les conduites individuelles et collectives transmises de génération en génération. Elle est un héritage qui définit et entretien un ordre, en effaçant l'action transformatrice du temps, en ne retenant que les moments fondateurs dont elle tire sa légitimité et sa force. Elle ordonne dans tous les sens du mot. » Danièle Hervieu-Léger (1993), 127.
[142] *Ibid.*, 154.
[143] Hervieu-Léger (2000), « La lignée croyante en question », 23.

fortement et touche profondément son être, plus vigoureux est aussi son désir d'en voir la force se manifester en d'autres que lui, pour se prouver à lui-même qu'il ne lui est rien arrivé que d'humain[144].

Qui je suis au plus profond de mon être, mes aspirations, la place que je voudrais occuper au sein de l'univers et de la société, tout cela relie mes croyances personnelles à une forme de revendication identitaire par laquelle je me singularise en m'appropriant des attributs appartenant à une communauté[145]. Ainsi, je me définis tantôt comme homme ou femme, gay ou straight, Québécois ou Canadien, musulman ou protestant, etc. Il faut cependant constamment avoir à l'esprit que dans nos sociétés post-modernes ces appartenances sont souvent fluides, jamais exclusives et définitives, « ces rattachements choisis ne représentent jamais un englobement unique et contraignant[146]. »

Le concept de religion en droit

Il me reste dans ce chapitre à examiner de quelque façon le droit canadien et québécois s'acquitte de la tâche de définir le concept de religion. Une première constatation s'impose. Les législateurs n'offrent guère de définition et les tribunaux se contentent d'en observer les manifestations et d'en tirer les conséquences sur le plan juridique. Tout au plus, en trouvera-ton des descriptions, mais pas de systématisation. Cette retenue tire sans doute son origine du principe même de la neutralité de l'État en matière religieuse. Définir le contenu objectif de la religion risquerait en effet de privilégier certaines formes d'expression religieuse ou de croyances au détriment de d'autres. Delà l'impossibilité de définir la religion sur le plan juridique, du moins selon le Rapport sur les sectes produit en France par Alain Gest et Jacques Guyard[147]. Au Canada, le principe de neutralité de l'État a été affirmé durant l'époque coloniale alors que l'article 38 de *l'Acte constitutionnel* de 1791 fut abrogé, de manière à abolir les bénéfices financiers reconnus à l'Église anglicane en matière d'établissement de paroisses. Dès 1851, la Province du Canada (nouveau nom procédant de l'union du Bas-Canada et du Haut-Canada en 1840) adopte *An Act to Repeal an Act as related to Rectories*, 14 & 15 Vict., 1851 (Can.), c. 175, qui portait notamment :

> CONSIDÉRANT que l'égalité de toutes les confessions religieuses devant la loi est reconnue comme principe régissant la législation des colonies ; considérant en outre que, compte

---

[144] Schleiermacher, 100.
[145] Gauchet (1998), *La Religion dans la démocratie*, 124-125.
[146] *Ibid.*, 126.
[147] Assemblée nationale, 10ᵉ Législature, *Rapport fait au nom de la Commission d'enquête sur les sectes*, 22 décembre 1995, I.1. Sur cette impossible tâche, voir Francis Messner, Pierre-Henri Prélot, Jean-Marie Woehrling, *Traité de droit français des religions*, 24.

> tenu des circonstances et des conditions qui existent dans cette Province, à laquelle ledit principe est particulièrement applicable, il est souhaitable que celui-ci soit sanctionné expressément par un texte législatif reconnaissant et déclarant qu'il s'agit d'un principe fondamental de nos institutions politiques.
>
> Que la liberté de religion et la liberté de culte sont accordées, sans distinction ni préférence, à tous les sujets de Sa Majesté habitant cette Province, afin qu'il n'y ait pas de prétexte à la licence ni de justification de pratiques nuisibles à la paix et à la sécurité de ladite Province[148].

Voici ce qu'en disait Louis-Hippolyte Lafontaine (1807–1864), Premier Ministre de la Province du Canada-Uni, lors de la deuxième lecture de ce projet de loi :

> Pour ma part, je désire que chacun ait le droit d'adorer Dieu à sa manière (in his own way) et que le rôle de l'état soit d'intervenir pour faire respecter ce droit, si la chose est nécessaire, mais sans distinction ni préférence (and the State should interfere to aid them where aid was necessary – not to give one in advantage over the other).
>
> Autrefois, l'Église d'Angleterre a prétendu avoir une supériorité à laquelle elle est disposée à renoncer et elle a raison parce que cette prétention ne peut être maintenue. Il est clair cependant que la nomination des titulaires doit être transférée à cette église[149].

Jusqu'à ce moment historique de la reconnaissance juridique du principe de la neutralité de l'État en matière, la religion anglicane demeure toujours la religion établie même des colonies de l'Empire, malgré certaines concessions faites aux catholiques par l'*Acte de Québec* en 1774 (14 Geo. III c. 83) et répétées dans l'*Acte constitutionnel* de 1791 (31 Geo. III c. 31 a. 35)[150]. Ces deux derniers textes garantissent la liberté de culte pour les catholiques romains du Bas-Canada, mais on ne peut pas vraiment parler d'une véritable neutralité de l'État en matière de religion. Il s'agit plus de tolérance pour s'assurer la loyauté de ses habitants[151].

---

[148] Cité par le Juge Iacobucci dans *R. c. Big M Drug Mart Ltd* [1985] 1 R.C.S. 295, paragraphe 126.
[149] Compte rendu du *British Colonist* de Toronto, 25 juillet 185, cité par Jean-François Pouliot, « Liberté des cultes au Canada », 76.
[150] Voir Pouliot. L'article 7 permet aux catholiques d'occuper une fonction publique sans prêter serment de fidélité au roi et sans abjurer leur religion.
[151] Micheline Milot, *La laïcité*, 68-69.

Dans les textes législatifs ou constitutionnels, le mot religion se trouve la plupart du temps associé au concept de liberté de croyance ou d'opinion, ou encore il est mentionné lorsqu'il s'agit de définir le type de relation que l'État doit entretenir avec les institutions religieuses. La *Charte canadienne des droits et libertés* (*Loi constitutionnelle de 1982* (R-U), constituant l'annexe B de la *Loi de 1982 sur le Canada*) n'offre guère d'éclaircissement lorsqu'elle dispose que :
2. Chacun a les libertés fondamentales suivantes :
a) liberté de conscience et de religion ;

Au Québec, La *Charte des droits et libertés de la personne* (L.R.Q. c. C-12) reste aussi avare de précision. D'autres instruments sont plus parlants. Je mentionnerai d'abord l'article 18 de la *Déclaration universelle des droits de l'homme* (Nations-Unies, Résolution de l'Assemblée générale 217A [III], 10 décembre 1948) :

> Toute personne a droit à la liberté de pensée, de conscience et de religion ; ce droit implique la liberté de changer de religion ou de conviction ainsi que la liberté de manifester sa religion ou sa conviction seule ou en commun, tant en public qu'en privé, par l'enseignement, les pratiques, le culte et l'accomplissement des rites.

La communauté internationale a apporté diverses précisions à cette résolution avec l'article 18 du *Pacte international relatif aux droits civils et politiques* (Nations-Unies, Assemblée générale, Résolution 2200 A [XXI], 16 décembre 1966) :

> 1. Toute personne a droit à la liberté de pensée, de conscience et de religion ; ce droit implique la liberté d'avoir ou d'adopter une religion ou une conviction de son choix, ainsi que la liberté de manifester sa religion ou sa conviction, individuellement ou en commun, tant en public qu'en privé, par le culte et l'accomplissement des rites, les pratiques et l'enseignement.
>
> 2. Nul ne subira de contrainte pouvant porter atteinte à sa liberté d'avoir ou d'adopter une religion ou une conviction de son choix.
>
> 3. La liberté de manifester sa religion ou ses convictions ne peut faire l'objet que des seules restrictions prévues par la loi et qui sont nécessaires à la protection de la sécurité, de l'ordre et de la santé publique, ou de la morale ou des libertés et droits fondamentaux d'autrui.

4. Les États parties au présent Pacte s'engagent à respecter la liberté des parents et, le cas échéant, des tuteurs légaux de faire assurer l'éducation religieuse et morale de leurs enfants conformément à leurs propres convictions.

En Europe, la *Convention de sauvegarde des droits de l'homme et des libertés fondamentales* (telle qu'amendée par son Protocole n° 14 [STCE n° 194, ci-après abrégée CEDH] à compter de la date de son entrée en vigueur le 1er juin 2010) porte que :

1. Toute personne a droit à la liberté de pensée, de conscience et de religion ; ce droit implique la liberté de changer de religion ou de conviction, ainsi que la liberté de manifester sa religion ou sa conviction individuellement ou collectivement, en public ou en privé, par le culte, l'enseignement, les pratiques et l'accomplissement des rites.

2. La liberté de manifester sa religion ou ses convictions ne peut faire l'objet d'autres restrictions que celles qui, prévues par la loi, constituent des mesures nécessaires, dans une société démocratique, à la sécurité publique, à la protection de l'ordre, de la santé ou de la morale publiques, ou à la protection des droits et libertés d'autrui.

Le premier amendement de la Constitution américaine (US Const. amend. I) mentionne ceci :

Congress shall make no law respecting an establishment of religion, or prohibiting the free exercise thereof; or abridging the freedom of speech, or of the press; or the right of the people peaceably to assemble, and to petition the Government for a redress of grievances.

[Le Congrès ne fera aucune loi qui touche l'établissement ou interdise le libre exercice d'une religion, ni qui restreigne la liberté de parole ou de presse, ou le droit de manifester en groupe paisiblement et d'adresser des pétitions au gouvernement pour obtenir réparation des torts subis.]

La Constitution française affirme le principe de laïcité de la République et consacre le principe de la neutralité de l'État face à la religion[152]. La *Loi du 9*

---

[152] *Constitution du 4 octobre 1958*, a. 1 : « La France est une République indivisible, laïque, démocratique et sociale. Elle assure l'égalité devant la loi de tous les citoyens sans distinction d'origine, de race ou de religion. Elle respecte toutes les croyances. Son organisation est décentralisée. »

décembre 1905 concernant la séparation des Églises et de l'État apporte un peu plus de précision :

> Article 1
> La République assure la liberté de conscience. Elle garantit le libre exercice des cultes sous les seules restrictions édictées ci-après dans l'intérêt de l'ordre public.
> Article 2
> La République ne reconnaît, ne salarie ni ne subventionne aucun culte. En conséquence, à partir du 1er janvier qui suivra la promulgation de la présente loi, seront supprimées des budgets de l'État, des départements et des communes, toutes dépenses relatives à l'exercice des cultes.
> Pourront toutefois être inscrites auxdits budgets les dépenses relatives à des services d'aumônerie et destinées à assurer le libre exercice des cultes dans les établissements publics tels que lycées, collèges, écoles, hospices, asiles et prisons.
> Les établissements publics du culte sont supprimés, sous réserve des dispositions énoncées à l'article 3.

Que retenir de ces quelques exemples ? Une première observation s'impose d'elle-même. La religion se compose d'éléments relevant du for interne – un aspect plus psychologique – et d'autres relevant du for externe, de ses manifestations sociales. Cette distinction est clairement énoncée dans la *Déclaration universelle des droits de l'homme* et dans la CEDH. La clause d'établissement et celle du libre exercice du Premier amendement de la Constitution américaine et la notion de « libre exercice des cultes » de l'article 1 de la *Loi du 9 décembre 1905* renvoient assurément à cette différenciation. Sans faire usage du mot laïc, la *Loi du 9 décembre 1905* édicte les principes de la séparation de l'Église et de l'État. Mais comment interpréter l'usage de l'expression « libre exercice des cultes » par opposition au « free exercice of religion » de la Constitution américaine ? Sans entrer dans une analyse fine du système français, l'utilisation du mot culte donne l'impression d'une volonté plus marquée de surveiller les activités religieuses. En 1905, la « cultualisation » de la religion assujettit les manifestations religieuses publiques à certaines conditions, et exclut en quelque sorte du champ religieux le domaine de l'éducation et même celui de la culture[153]. L'expression « libre exercice des cultes » est historiquement chargée. Qu'il suffise pour s'en convaincre de lire ces quelques articles de la *Loi du 3 Ventôse an III* (21 février 1795) qui proclame officiellement la séparation des Églises et de l'État et la liberté des cultes sans appui financier de la l'État, décision révisée par le Concordat napoléonien de 1801 :

---

[153] Messner, Prélot, Woehrling, 185.

La Convention Nationale, après avoir entendu le rapport de ses comités de salut public, de sûreté générale et de législation, réunis, décrète :

Art. Ier. Conformément à l'article VII de la déclaration des droits de l'homme, et à l'art. CXXII de la constitution, l'exercice d'aucun culte ne peut être troublé.
II. La République n'en salarie aucun.
III. Elle ne fournit aucun local, ni pour l'exercice du culte, ni pour le logement des ministres.
IV. Les cérémonies de tout culte sont interdites hors de l'enceinte choisie pour leur exercice.
V. La loi ne reconnaît aucun ministre de culte : nul ne peut paraître en public avec les habits, ornements ou costumes affectés à des cérémonies religieuses.
VI. Tout rassemblement de citoyens pour l'exercice d'un culte quelconque est soumis à la surveillance des autorités constituées. Cette surveillance se renferme dans des mesures de police et de sûreté publique.
VII. Aucun signe particulier à un culte ne peut être placé dans un lieu public, ni extérieurement, de quelque manière que ce soit. Aucune inscription ne peut désigner le lieu qui lui est affecté. Aucune proclamation ni convocation publique ne peut être faite pour y inviter les citoyens.
VIII. Les communes ou sections de commune, en nom collectif, ne pourront acquérir ni louer de local pour l'exercice des cultes.

Le Concordat[154] instaure, plutôt qu'un régime de séparation, un système de « cultes reconnus » par lequel il protège quatre cultes : d'abord le culte catholique considéré comme « la religion de la grande majorité des citoyens français », les cultes protestants de la Confession d'Augsbourg (luthériens) et des églises réformées (calviniste) et le culte israélite. La volonté napoléonienne d'organiser et soumettre le culte sur le territoire français aux pouvoirs publics se révèle dans l'imposition de structures nationales et territoriales. Il s'agit d'une réalité nouvelle pour le culte israélite avec la création du Consistoire central israélite de France et l'institution du Grand Rabbinat

---

[154] Le mot Concordat désigne ici cet ensemble de textes législatifs : Le concordat de 1801, texte diplomatique signé entre Napoléon Bonaparte et le représentant du Pape, relativement à la seule Église catholique, *Les articles organiques* d'avril 1802 [*Loi du 18 germinal an X* (8 avril 1802)] qui énoncent en détail les modalités d'exercice des cultes catholique et protestants, Le *Décret du 17 mars 1808* et la *Loi sur les ministres du culte israélite* [8 février 1831] organisant le culte israélite.

de France. Aux Titres II et III de la *Loi du 18 germinal an X* (*Articles organiques des cultes protestants*, 1802)[155] les différentes paroisses du culte réformé sont regroupées par secteur géographique en consistoires qui veillent à l'administration générale des églises et à la nomination des pasteurs.

La lecture des textes concordataires, où règne encore un certain esprit gallican, ne laisse aucun doute sur la nature restrictive de la notion de culte dont l'exercice est non seulement limité à quatre confessions, mais est aussi carrément surveillé, sans parler des modèles d'organisation hiérarchique qui leur étaient étrangers.

Pour compliquer les choses, le régime concordataire, qui a pris fin partout sur le territoire de la République, continue de s'appliquer en Alsace-Moselle et la rémunération du clergé par l'État persiste en Guyane et Mayotte, et dans les Territoires d'Outre-Mer, dont St-Pierre et Miquelon[156]. Le cinquième paragraphe de la Capitulation d'Alger, signée le 5 juillet 1830 autorise le libre exercice de l'islam qui devient un culte reconnu par l'État dans la colonie. Peu de temps après la conquête, l'administration coloniale exerce une emprise sur le culte musulman par l'appropriation de son patrimoine immobilier – les *habous* ou *waqf*, un régime de propriété foncière au profit de fondations religieuses caritatives – et la rémunération de son personnel[157]. Même si juridiquement la *Loi du 9 décembre 1905* devait s'appliquer à l'Algérie, dans les faits le régime des « cultes reconnus » continue de s'appliquer après cette date[158]. Il s'agit, en fait, d'une stratégie du pouvoir colonial pour assurer son contrôle sur le domaine religieux. Frégosi parle avec raison d'un « véritable gallicanisme colonial sous couvert de laïcité[159]. » La création d'associations cultuelles sur le modèle métropolitain prévoit expressément que le directeur de l'association sera Français, un bel exemple de l'instrumentalisation du culte musulman dans la stratégie politique coloniale. Ainsi, « L'administration coloniale va ensuite construire son

---

[155] Il faut ajouter aux *Lois organiques*, le *Décret du 26 mars 1852 portant réorganisation des cultes protestants*, qui précise l'organisation hiérarchique des églises réformées de manière à ce que le Gouvernement puisse s'adresser à une seule autorité, soit le Consistoire supérieur pour la Confession d'Augsbourg et le Conseil central pour les églises calvinistes.
[156] Caroline Sägesser, « Le financement public des cultes en France et en Belgique : des principes aux accommodements ».
[157] Sur l'histoire du culte musulman durant la période coloniale, voir Frégosi (2010), *L'islam dans la laïcité,* 199-221.
[158] L'article 43 de la *Loi du 9 décembre 1905* ouvrait la porte à des dérogations ou applications particulières en Algérie et dans les colonies. L'article 11du *Décret d'application du 27 septembre 1907 portant règlement d'administration publique et déterminant les conditions d'application en Algérie des lois sur la séparation des Églises et de l'État et l'exercice public des cultes* autorise le gouverneur général, « dans un intérêt public et national », à indemniser les ministres du Culte.
[159] Frégosi (2010), 206.

influence dans les milieux indigènes en prenant appui sur le milieu des agents du culte bénéficiant de cette « intention bienveillante[160]. »

Le recours des pouvoirs publics aux dérogations n'est pas particulier aux colonies. Plusieurs compromis ont été institutionnalisés en métropole. C'est le cas du régime qui prévaut en Alsace-Moselle, mais aussi de la *Loi Debré* (*Loi n° 59-1557 du 31 décembre 1959 sur les rapports entre l'État et les établissements d'enseignement privés*) qui autorise le financement public d'établissements scolaires primaires et secondaires privés qui, tout en respectant le principe de la liberté de conscience, aménagent des plages horaires réservées à l'enseignement religieux. Bref, si l'article 12 de la *Loi du 9 décembre 1905* prohibe le financement public des cultes en France, celui-ci existe sous diverses formes de subsides à l'entretien des lieux de cultes ou d'exonérations fiscales, ou encore de financement des aumôneries dans les institutions publiques comme les hôpitaux, l'armée et les prisons[161].

Si la séparation de l'État et des convictions religieuses est clairement indiquée à l'article 1 de la *Loi du 9 décembre 1905*, l'article 2 marque le retrait de toute implication religieuse dans la sphère publique étatique. La reconnaissance de l'État ne porte que sur les manifestations visibles de la religion et ses conditions d'exercice dans la sphère publique, reléguant le for interne dans la sphère privée. À considérer l'histoire et la portée de la législation française dans son ensemble, il en ressort clairement une conception qui insiste davantage sur le caractère objectif de la religion, souvent utilisée par le Conseil d'État ou d'autres tribunaux au sujet l'article 19 du titre IV de la *Loi du 9 décembre 1905* pour disqualifier certaines sectes de la notion de culte[162]. En vertu de cet article, seules les associations cultuelles déclarées selon un procédé édicté par la loi peuvent se prévaloir de ladite loi aux fins de fiscalité, de gestion des biens, et de formation de ses ministres. Le Conseil d'État, la plus haute juridiction administrative, favorise une interprétation plutôt stricte de la loi :

> La célébration de cérémonies organisées en vue de l'accomplissement par des personnes réunies par une même croyance religieuse de certains rites et pratiques [...] l'acquisition, la location, la construction, l'aménagement et l'entretien des édifices servant au culte ainsi que l'entretien et la formation des ministres et autres personnes concourant à l'exercice du culte.

---

[160] Raberh Achi, « La laïcité en situation coloniale. Usages politiques croisés du principe de séparation des Églises et de l'État en Algérie ».
[161] Messner, Prélot, Woehrling, 34, 41.
[162] CE, Avis n° 32350, Association « Fraternité des serviteurs du monde nouveau », 21 janvier 1983. Cette association ne peut être reconnue comme cultuelle, car son objet premier n'est pas de la nature d'un culte mais plutôt la diffusion d'une doctrine humaniste de partage et de solidarité par des publications. Voir également Raberh Achi.

> La poursuite par une association d'activités autres que celles rappelées ci-dessus est de nature, sauf si ces activités se rattachent à l'exercice du culte et présentent un caractère strictement accessoire, à l'exclure du bénéfice d'association cultuelle[163].

La Cour administrative de Lyon utilise cette même interprétation stricte pour écarter des bénéfices d'impôts l'association « Église Néo-apostolique de France », un culte chrétien millénariste international qui se réunit pourtant pour prier et conférer des sacrements :

> Considérant qu'il résulte des dispositions des articles 18 et 19 de cette même loi que les associations revendiquant le statut d'association cultuelle doivent avoir exclusivement pour objet l'exercice d'un culte, c'est à dire, au sens de ces dispositions, la célébration de cérémonies organisées en vue de l'accomplissement, par des personnes réunies par une même croyance religieuse, de certains rites ou de certaines pratiques, lesdites associations pouvant seulement mener des activités en relation avec cet objet telles que l'acquisition, la location, la construction, l'aménagement et l'entretien des édifices servant au culte, ainsi que l'entretien et la formation des ministres et autres personnes concourant à l'exercice du culte ; que le respect de la condition relative au caractère exclusivement cultuel de l'association doit être apprécié au regard des stipulations statutaires et de ses activités réelles, lesquelles ne doivent pas non plus porter atteinte à l'ordre public[164].

Le Tribunal administratif de Limoges a rejeté la demande d'exonération de charges fiscales présentée par l'Association des Musulmans de Brive au motif qu'elle défend, en plus d'organiser le culte musulman, les intérêts des musulmans de la commune et participe au bien-être de celle-ci[165]. Cette décision illustre bien la distinction entre un but cultuel et non simplement religieux comme par exemple ici l'obligation de faire la charité (*zakat*). Le motif d'atteinte à l'ordre public est également mis à contribution pour refuser le statut d'association cultuelle, comme dans le cas du culte aumiste de l'Association du Vajra Triomphant accusée de fraude fiscale[166].

---

[163] CE, Avis n° 346-040 du 14 novembre 1989.
[164] (2e chambre) n° 97LY02523, *Ministre de l'Économie, des Finances et de l'Industrie* c. *Association Église néoapostolique de France*, séance du 6 février 2003, lecture du 13 mars 2003. Source : *Revue de l'Actualité Juridique Française*, http://www.rajf.org/.
[165] N° 0300264, *Association des Musulmans de Brive* c. *Directeur des services fiscaux de la Corrèze*, 24 février 2005.
[166] CE, Avis n° 248467, 28 avril 2004.

L'interprétation stricte de la notion de culte, ainsi que la notion d'ordre public ont été utilisées par les pouvoirs publics pour lutter indirectement contre les sectes, notamment contre les Témoins de Jéhovah et les adeptes de l'église de Scientologie[167]. En effet, refuser la qualité d'association cultuelle à plusieurs sectes les disqualifie non seulement financièrement, mais aussi les dévalorise par rapport aux autres religions reconnues à cette enseigne. Au Québec, l'Église de scientologie est reconnue comme institution religieuse par diverses instances publiques[168].

Les mouvements religieux cherchent pour ces mêmes raisons à obtenir ce statut malgré la volonté persistante de l'État, à partir de 1996, de mettre sous haute surveillance les « mouvements sectaires », soit au motif de fraude financière ou encore de sujétion psychologique. Sans faire l'histoire des interventions de l'État à ce sujet, je mentionnerai ici la loi About-Picard (*Loi n° 2001-504 du 12 juin 2001 tendant à renforcer la prévention et la répression des mouvements sectaires portant atteinte aux droits de l'homme et aux libertés fondamentales*) et la création de la mission interministérielle de lutte contre les sectes MILS (*Décret n° 98-890 du 7 octobre 1998 instituant une mission interministérielle de lutte contre les sectes*). La France n'est pas le seul État européen à s'être engagé à combattre certains problèmes liés aux activités de certains groupes religieux puisque, dès 1992, le Conseil de l'Europe recommande de créer des organismes pour recueillir de l'information sur les activités des mouvements sectaires et en faire la diffusion auprès du public sans « le recours à une législation majeure pour les sectes, qui risquerait de porter atteinte à ce droit fondamental et aux religions traditionnelles[169]. » C'est ce dernier aspect qui a attiré les critiques de la part

---

[167] Le Conseil d'État juge d'abord que les activités des Témoins de Jéhovah ne sont pas exclusivement cultuelles : CE, Avis n° 46488, 1er février 1985. Les Témoins de Jéhovah ont finalement été reconnus « association cultuelle » en 2000 : CE, n° 215152, *Ministre de l'Économie, des Finances et de l'Industrie* c. *Association locale pour le culte des témoins de Jéhovah de Riom*, 23 juin 2000 ; CE, n° 215109, *Ministre de l'Économie, des Finances et de l'Industrie* c. *Association locale pour le culte des témoins de Jéhovah de Clamecy*, 23 juin 2000. L'Église de Scientologie n'a pas le statut d'association cultuelle et Le Conseil d'État a rejeté la demande d'abrogation des circulaires du 29 février 1996 et du 1er décembre 1998 relatives à la lutte contre les atteintes aux personnes et aux biens commises par des mouvements sectaires ; CE, 18 mai 2005, n° 259982, *Assoc.spirituelle de l'église de scientologie d'Île-de-France, Assoc.spirituelle de scientologie Celebrity Centre*.

[168] En 1981, le Bureau de révision de l'évaluation foncière du Québec a ordonné la modification du rôle d'évaluation de la ville de Montréal afin d'exonérer l'Église de Scientologie de Montréal des taxes foncières. En décembre 1993, l'inspecteur général des institutions financières du Québec a reconnu les Églises de Scientologie de Montréal et de Québec et leur a accordé la personnalité morale en vertu de la *Loi sur les corporations religieuses* (L.R.Q. c.71). En février 2006, le Ministre de la Justice du Québec a autorisé les ministres des Églises de la Scientologie comme célébrants reconnus à l'état civil, conformément au *Code civil du Québec*.

[169] Assemblée parlementaire, *Recommandation 1178 relative aux sectes et aux nouveaux mouvements religieux*, 5 février 1992. Sur l'Union Européenne devant les sectes, voir Renáta

du Conseil de l'Europe relativement à la loi About-Picard, notamment l'absence d'une définition du mot « secte », ce qui pourrait conduire à des atteintes à la liberté de religion, comme l'explique M. Cevdet Akçali, rapporteur à l'assemblée parlementaire européenne en commentant l'intitulé de la loi :

> Ce titre a suscité deux objections : il semble indiquer que la loi est dirigée contre les minorités religieuses, qui sont qualifiées péjorativement de « secte » dit la proposition de résolution. D'autre part, le fait que l'objet, les sectes, ne sont pas définies. Et à l'appui de ces objections les auteurs de la proposition de résolution citent le rapport Nastase sur les activités illégales des sectes (Doc 8373) et en particulier un passage du rapport concernant la définition du mot secte : « […] le mot "secte" a pris aujourd'hui une connotation extrêmement péjorative. Aux yeux du public, il stigmatise des mouvements qui ont une activité dangereuse pour leurs membres ou la société. […] Or, le phénomène sectaire regroupe aujourd'hui des dizaines, voire des centaines de groupements plus ou moins importants, avec leurs croyances et leurs pratiques, qui ne sont pas forcément dangereuses ou liberticides. Il est vrai que, parmi ces groupements, certains ont commis des actes criminels. Toutefois, l'existence de quelques mouvements dangereux ne suffit pas pour condamner l'ensemble d'un phénomène[170]. »

Pour répondre à ces critiques, depuis 2002, la France préfère parler de « dérives sectaires » plutôt que de sectes ; une façon d'insister davantage sur les activités de ces mouvements religieux que sur leur simple fait d'exister, ce qui pouvait s'avérer contraire à la liberté de religion[171].

L'interprétation restrictive de la liberté de religion en France se traduit non seulement dans les politiques publiques, mais aussi dans l'application du droit civil, comme l'a bien démontré Christelle Landheer-Cieslak. Les juges français grèvent l'adhésion à une secte d'une « présomption d'anormalité » qu'ils taxent de choix déraisonnable, se méfiant du prosélytisme, de l'endoctrinement et du « zèle excessif » des adhérents. À cause de cela, ces juges sont facilement conduits à déduire de manière automatique et attribuer aux

---

Uitz, *La liberté de religion : dans les jurisprudences constitutionnelles et conventionnelles internationales,* 185-192.
[170] Commission des questions juridiques et des droits de l'homme, Assemblée parlementaire, *Doc. 9612 Liberté de religion et minorités religieuses en France,* 31 octobre 2002.
[171] *Décret n° 2002-1392 du 28 novembre 2002 instituant une mission interministérielle de vigilance et de lutte contre les dérives sectaires* (Milivudes).

sectes des effets négatifs, soit auprès de leurs membres, soit auprès de tiers[172].

Cette façon de faire remet carrément en cause l'égalité formelle qui devrait exister entre toutes les formes de croyances religieuses ou métaphysiques parce que les religions traditionnelles ne nourrissent pas la même méfiance chez la magistrature. Cette attitude tranche avec la jurisprudence des tribunaux canadien et québécois qui ont construit un ensemble jurisprudentiel plus soucieux de protéger l'égalité formelle ou le traitement égal des religions, quelles que soient les croyances en jeu[173]. La jurisprudence témoigne de la différence d'approche de manière évidente dans le domaine du droit familial. Alors que les juges français privilégient le contrôle *in abstracto* de la teneur d'une règle religieuse qui pourrait s'avérer contraire aux valeurs fondamentales de la société – ce qui suppose une certaine appréciation de celle-ci – les juges québécois optent le plus souvent pour un contrôle *in concreto* des effets de la règle religieuse sur les parties[174].

Plusieurs causes ont été entendues au Québec et en France, qui soulevaient la délicate question de l'éducation des enfants par un ou des parents appartenant à une secte, en particulier celle des Témoins de Jéhovah. En général, les tribunaux québécois chercheront quelles pratiques peuvent mettre concrètement en péril l'intérêt de l'enfant, chaque cas étant un cas d'espèce où les faits doivent être rigoureusement examinés. Ainsi, la Cour d'appel du Québec fait preuve de prudence lorsqu'il s'agit d'examiner les circonstances d'un appel de la part d'une mère Témoin de Jéhovah qui s'était vue imposer certaines conditions relatives à la garde de l'enfant, dont l'interdiction de se faire accompagner par celui-ci lors de cérémonies religieuses ou de la prédication porte-à-porte. Dans son opinion, à laquelle souscrit le juge Beaudoin, le juge Robert rejette l'appel, se disant d'accord avec les conclusions du juge de première instance qui, lui, a examiné les faits – la Cour supérieure avait entendu le témoignage de deux experts, un travailleur social et un psychologue – malgré « certaines réticences quant au caractère exécutoire de l'endoctrinement continuel et à la prohibition totale de toute cérémonie religieuse[175]. » Le juge Beauregard, dissident, conçoit qu'il n'est pas dans

---

[172] Christelle Landheer-Cieslak, « La réception de la norme religieuse par les juges de droit civil français et québécois... », 336-346.
[173] *Ibid.*, 347-358.
[174] *Ibid.*, 549-574.
[175] *Droit de la famille*–2618 [1997] A.Q. N° 373 (QL). Cet arrêt fait un excellent rappel de la jurisprudence de la Cour d'appel et de la Cour suprême sur cette question. Ainsi, le juge Monet, dans *Droit de la famille* – 955 [1991] R.J.Q. 945 (C.A.), estime que la décision de la juge de première instance d'interdire au père Témoin de Jéhovah de dispenser à son fils tout enseignement religieux autre que celui de la religion catholique ne pouvait se justifier puisqu'il n'était pas là pour faire la police et juger de la valeur des croyances. Son collègue le juge Malouf s'accorde avec lui pour trouver cette interdiction exagérée. Dans *Droit de la famille*–353 [1987] R.J.Q. 17 (C.A), le juge estime que la foi du père Témoin de Jéhovah n'est pas à considérer, mais la façon qu'il a de l'enseigner à son enfant.

l'intérêt d'un enfant de 5 ans d'accompagner sa mère lors de la prédication porte-à-porte, mais refuse, en l'absence de preuve, d'interdire la participation de l'enfant aux réunions ou cérémonies des témoins de Jéhovah. Le juge Beauregard attire aussi l'attention sur les possibles dérives d'une approche qui associerait systématiquement un mouvement sectaire avec de l'endoctrinement :

> Enfin, l'appelante me convainc également que ne repose sur aucun élément de preuve, est difficile d'exécution et difficile de sanction l'ordonnance du juge suivant laquelle il est permis à l'appelante « d'enseigner à l'enfant la religion des Témoins de Jéhovah, mais ordre lui est fait de ne pas l'endoctriner continuellement avec les préceptes et la pratique religieuse des Témoins de Jéhovah ».

Les décisions des tribunaux français dans des litiges familiaux de même nature, c'est-à-dire les droits de garde et d'accès, ne prennent guère en considération la liberté religieuse des parents qui inclut le droit de transmettre leurs croyances aux enfants. Les juges ne semblent pas portés à chercher un équilibre entre le principe de l'intérêt de l'enfant et la liberté religieuse des parents[176]. Seul l'intérêt de l'enfant compte et les effets négatifs appréhendés de la norme religieuse sur celui-ci sont très souvent déduits à partir d'une vision marginalisante de la secte. Par exemple, voici ce que pense un juge de la Cour d'appel de Dijon de la liberté de religion de la mère Témoin de Jéhovah :

> La liberté de la mère d'adhérer à une secte où elle croit trouver son épanouissement personnel ne peut avoir pour effet que ses enfants, âgés de 8 ans et de 5 ans, soient contraints de partager un mode de vie peu compatible avec les normes éducatives communément admises. Même si elle manifeste l'intention de les inscrire dans un établissement scolaire public, il n'est pas conforme à l'intérêt des enfants que seule la Cour doit prendre en considération, de subir l'influence de la responsable de la secte, qui parait avoir subjugué leur mère[177].

Comme l'a bien expliqué Christelle Landheer-Cieslak, le juge français démontre une compréhension de l'intérêt de l'enfant qui va bien au-delà de l'absence de préjudice réel ou même appréhendé. Ainsi, le Tribunal de Sarrebourg a décidé de laisser la mère catholique célébrer Noël avec ses

---

[176] Voir Christelle Landheer-Cieslak (2003).
[177] CA Dijon, 4 juin 1991, *Gaz. Pal.* 1993. Somm. 511 ; cité dans Christelle Landheer-Cieslak (2003) : 692-93.

enfants, même si le père était Témoin de Jéhovah[178]. La Cour européenne des Droits de l'homme a eu l'occasion de critiquer une décision de la Cour d'appel de Nîmes qui retirait la garde des enfants à une mère Témoin de Jéhovah, sous prétexte que ceux-ci étaient soumis « aux contraintes et interdits imposés par une religion structurée comme une secte. » La Cour européenne donne raison à la mère qui a été discriminée *in abstracto* en raison de son appartenance, sans motif raisonnable et objectif[179].

Je me suis attardé quelque peu sur la conception française de la religion dans le contexte de la laïcité républicaine parce que ce modèle jouit d'une grande popularité auprès d'une certaine élite québécoise, partisane d'une laïcité stricte. La France fait preuve d'une approche exclusiviste ou fermée de l'expérience religieuse, basée sur une définition substantielle et objective du phénomène religieux. Qu'est-ce à dire ? Elle est qualifiée de « substantielle », car ce type de définition met l'accent sur le rapport de l'homme au numineux ou divin, sur la croyance humaine en des êtres spirituels. Par objective, j'entends que ces croyances sont partagées avec d'autres et qu'elles se traduisent dans une forme qui s'exprime par l'exercice d'un culte et l'adhésion à un code de conduite personnelle susceptible de transformer l'adhérent.

À l'inverse de ce type de définition, il y a l'orientation fonctionnelle qui voit dans la religion un moyen de s'adapter aux contingences de la vie, de donner un sens élevé aux événements vécus individuellement, soit sous forme d'intégration cosmique ou communautaire. Par exemple, La *Loi fondamentale de la République fédérale d'Allemagne* (*Grundgesetz für die Bundesrepublik Deutschland*) met sur un même pied et protège également la liberté de croyance en une religion et en des conceptions de l'univers – *die Freiheit des religiösen und weltanschaulichen Bekenntnisses sind unverletzlich*[180]. Cette façon de concevoir la religion se montre inclusive ou ouverte à diverses formes de religiosité individuelle, non institutionnalisée, et même invisible. Contrairement à la première approche, celle-ci s'accommode parfaitement de l'autocompréhension, c'est-à-dire qu'elle s'en remet entièrement à la perception qu'a le sujet de la nature religieuse de ses croyances. C'est la conviction intime, la certitude subjective qui prime, sans recours à une quelconque qualification extérieure[181]. Je précise que ces modèles ou idéaux-types la plupart du temps n'existent pas sans une certaine mixité. La définition canadienne appartient davantage à ce deuxième idéal-type.

---

[178] Trib. gr. inst. Sarrebourg, 12 novembre 1988, J.C.P. 1989.11.213 (note Fossier) ; cité par Christelle Landheer-Cieslak (2003), 556 avec plusieurs décisions ayant la même teneur.
[179] CEDH (deuxième section), *Palau–Martinez c. France*, 16 décembre 2003.
[180] Voir Francis Messner (1988), 322 note (1).
[181] Voir Messner, Prélot, Woehrling (2003), 32 ; aussi Rafael Palomino, "The concept of religion in the Law: European Approaches. »

La Cour suprême du Canada semble reconnaitre dans le droit de religion un aspect relevant du for interne, mais aussi un aspect relevant du for externe, comme l'exprime le juge Dickson dans l'arrêt *Big M Drug Mart Ltd* :

> Le concept de la liberté de religion se définit essentiellement comme le droit de croire ce que l'on veut en matière religieuse, le droit de professer ouvertement des croyances religieuses sans crainte d'empêchement ou de représailles et le droit de manifester ses croyances religieuses par leur mise en pratique et par le culte ou par leur enseignement et leur propagation[182].

En assimilant la liberté de religion à la liberté de conscience, le juge Dickson situe le siège des croyances et pratiques religieuses dans la conscience individuelle, tout en assurant les mêmes droits à l'incroyance[183]. Cependant, les manifestations extérieures, que ce soit les cultes ou la diffusion d'une croyance ou doctrine religieuse, sont aussi protégées. Il ne fait aucun doute que la liberté de religion s'étend du for interne au for externe, une interprétation qui est notamment reprise dans l'arrêt *Congrégation des témoins de Jéhovah de St-Jérôme-Lafontaine* c. *Lafontaine (Village)*, [2004] 2 R.C.S. 650, 2004 CSC 48. L'arrêt précise bien que cette liberté de religion ne peut s'exercer de manière absolue et que les droits et libertés des autres en constituent la limite[184]. Dans l'arrêt *Syndicat Northcrest*, le juge Iacobucci offre une définition qui rappelle l'approche substantielle décrite plus haut :

> Pour définir la liberté de religion, il faut d'abord se demander ce que l'on entend par « religion ». Bien qu'il ne soit peut-être pas possible de définir avec précision la notion de religion, une définition générale est utile puisque seules sont protégées par la garantie relative à la liberté de religion les croyances, convictions et pratiques tirant leur source d'une religion, par opposition à celles qui soit possèdent une source séculière ou sociale, soit sont une manifestation de la conscience de l'intéressé. Une religion s'entend typiquement d'un système particulier et complet de dogmes et de pratiques. En outre, une religion comporte généralement une croyance dans l'existence d'une puissance divine, surhumaine ou dominante. Essentiellement, la religion s'entend de profondes croyances ou convictions volontaires, qui se rattachent à la foi spirituelle de l'individu et qui sont intégrale-

---

[182] *R. c. Big M Drug Mart Ltd* [1985] 1 R.C.S. 295, paragraphe 94.
[183] *Ibid.*, paragraphes 120-123.
[184] *Ibid.*, 337 ; *Ross* c. *Conseil scolaire du district n° 15 du Nouveau-Brunswick* [1996] 1 R.C.S. 825, par. 72 ; *Université Trinity Western* c. *British Columbia College of Teachers* [2001] 1 R.C.S. 772, paragraphe 29.

ment liées à la façon dont celui-ci se définit et s'épanouit spirituellement, et les pratiques de cette religion permettent à l'individu de communiquer avec l'être divin ou avec le sujet ou l'objet de cette foi spirituelle[185].

Toutefois, qu'il s'agisse d'une croyance ou d'une pratique, le déterminant majeur qui la fonde demeure aux yeux de la Cour suprême la certitude subjective, la sincérité, comme l'expose clairement le juge Iacobucci dans l'arrêt *Syndicat Northcrest,* citant en partie J. Woehrling, « L'obligation d'accommodement raisonnable et l'adaptation de la société à la diversité religieuse » (1998), 43 R.D. McGill 325 :

> Les décisions judiciaires invoquant l'article 2(a) de la Charte canadienne ou l'article 3 de la Charte québécoise portent pratiquement toutes sur la liberté de religion ; nous constaterons cependant qu'elles semblent insister davantage sur l'aspect subjectif de la sincérité personnelle du croyant que sur l'aspect objectif de la conformité des croyances en cause à une doctrine établie.
>
> L'accent porte donc sur le choix personnel exercé à l'égard des croyances religieuses. À mon sens, il ne faudrait pas considérer que ces décisions et commentaires signifient que la liberté de religion protège uniquement les aspects d'une croyance ou conduite religieuse qui sont objectivement reconnus par les experts religieux comme des préceptes obligatoires d'une religion. Par conséquent, ceux qui invoquent la liberté de religion ne devraient pas être tenus d'établir la validité objective de leurs croyances en apportant la preuve que d'autres fidèles de la même religion les reconnaissent comme telles, il ne convient pas non plus que les tribunaux se livrent à cette analyse : voir, par exemple, *Re Funk and Manitoba Labour Board* (1976), 66 D.L.R. (3d) 35 (C.A. Man.), p. 37-38. En fait, notre Cour a maintes fois précisé que c'est la « sincérité de l[a] croyance » (*Edwards Books*, précité, p. 735), et non pas sa « validité », qui doit être démontrée[186].

Ce passage dénote clairement le rejet d'un recours à des critères externes ou objectifs lorsqu'il s'agit de définir de la religion. Dans le même arrêt, le juge Iacobucci rappelle que c'est précisément le caractère subjectif du choix personnel qui garantit en quelque sorte la non-ingérence ou la neutralité de l'État en matière religieuse, comme l'indiquait l'arrêt *R. c. Edwards Books*

---

[185] *Syndicat Northcrest* c. *Amselem* [2004] 2 R.C.S 551, paragraphe 39.
[186] *Ibid.*, 42-43.

and Art Ltd., [1986] 2 R.C.S. 713, 759 : « [L]'alinéa 2a) a pour objet d'assurer que la société ne s'ingérera pas dans les croyances intimes profondes qui régissent la perception qu'on a de soi, de l'humanité, de la nature et, dans certains cas, d'un être supérieur ou différent. Ces croyances, à leur tour, régissent notre comportement et nos pratiques[187]. »

Pour mieux saisir le débat dans l'arrêt *Syndicat Northcrest*, je rappelle brièvement les faits et les décisions des tribunaux inférieurs dans cette affaire. M. Amselem et autres, de confession juive orthodoxe, se voient refuser par le Syndicat Northcrest des copropriétaires de condos de la Place Northcrest du Sanctuaire Mont-Royal l'installation d'une *souccah* sur le balcon de leur appartement, pour célébrer la fête juive de *Souccoth*. Le syndicat invoque pour justifier son refus la déclaration de copropriété qu'ils ont signée à l'achat. Elle interdit toute forme de construction sur les balcons, ou même d'ornementation sans permission. Le juge de première instance, qui a entendu le témoignage de deux rabbins, fait alors appel à des critères objectifs pour définir la croyance et la pratique religieuse et rejette une conception purement subjective :

> [P]our pouvoir invoquer la liberté de religion, il doit exister un rapport entre le droit revendiqué dans la façon de pratiquer sa religion et le contenu obligatoire de l'enseignement religieux sur lequel le droit se fonde. La sincérité de la croyance doit reposer sur l'existence d'un précepte religieux. La façon de respecter cet enseignement peut varier de même qu'il ne doit pas nécessairement correspondre à la façon dont la majorité s'acquitte de leurs devoirs religieux. Le rite doit toutefois conserver un lien rationnel, raisonnable et direct avec l'enseignement. La façon de remplir ses devoirs religieux ne peut relever d'une conception purement subjective du pratiquant sans relation avec l'enseignement religieux portant à la fois sur la croyance et sur la façon de la manifester (rite)[188].

Bien que la Cour d'appel ait maintenu la décision du juge de première instance et rejeté l'appel de M. Amselem, le juge Morin, tout en concourant avec l'opinion de la majorité de cette cour, trouve que le juge du procès a proposé une interprétation trop « restrictive » de la liberté de religion. S'appuyant sur l'arrêt *Big M Drug Mart Ltd*, il affirme ainsi que « c'est la sincérité des croyances dictées à un individu par sa propre conscience qu'il importe de considérer, lorsqu'un tel individu invoque la liberté de religion pour poser un geste ou refuser de le faire[189]. » C'est cette approche plus ou-

---

[187] *Ibid.*
[188] Cour supérieure [1998] R.J.Q. 1892, 1907.
[189] Cour d'appel [2002] R.J.Q. 906, paragraphe 32.

verte, marquée par l'autocompréhension que la Cour suprême a également retenu. Pour la Cour suprême, la sincérité de la croyance demeure le seul critère à considérer et procéder autrement équivaudrait à se prononcer sur la validité théologique d'une croyance, d'un dogme ou d'un rite. Le tribunal doit s'en tenir à l'examen de la sincérité de la personne, un examen sommaire qui consiste à « s'assurer que la croyance religieuse invoquée est avancée de bonne foi, qu'elle n'est ni fictive ni arbitraire et qu'elle ne constitue pas un artifice. Autrement, il ne faudrait rien de moins qu'une inquisition religieuse pour parvenir à découvrir les convictions les plus intimes des êtres humains[190]. » L'opinion d'experts pour témoigner de la validité d'une croyance ou pratique s'avère donc superflue et à la fin risque de porter atteinte ou limiter précisément ce qu'elle voudrait prouver, la liberté d'une personne de croire en ce qu'elle veut[191].

La Cour suprême a appliqué le même critère lorsqu'elle a déterminé que Gurbaj Singh a fait la preuve qu'il croyait sincèrement, de « bonne foi » devoir obéir à une prescription de la religion sikhe en portant en tout temps le kirpan[192]. La Cour suprême du Canada suit en cela l'interprétation de la Cour suprême des États-Unis d'Amérique qui rejette « l'idée que, pour être admis à invoquer la protection de la clause de libre exercice, l'intéressé doit le faire parce qu'il se conforme aux commandements d'une organisation religieuse donnée[193]. »

Mais n'y a-t-il pas certains risques ou limites associés à l'autocompréhension ? Dans son mémoire à la Cour suprême dans l'affaire *Alberta* c. *Hutterian Brethren of Wilson Colony*[194], la Commission ontarienne des droits de la personne fait allusion, sans y souscrire, à certaines objections qui pourraient être soulevées à l'endroit d'une pareille approche. Ainsi, les arrêts *Amselem* et *Multani* n'ouvrent-ils pas la porte grande ouverte à toutes sortes d'exemptions ou accommodements pour quiconque invoque une croyance religieuse personnelle sans qu'il soit requis de prouver l'authenticité ou la validité de cette croyance par une norme objective[195] ? En effet, le critère de sincérité demeure sans doute celui qui protège le mieux la religion et son libre exercice de toute ingérence étatique, mais la certitude subjective d'une

---

[190] *Syndicat Northcrest* c. *Amselem* [2004] 2 R.C.S. 551, paragraphe 52.
[191] *Ibid.*, paragraphe 54 : « Un 'expert' ou une autorité en droit religieux ne saurait remplacer l'affirmation par l'intéressé de ses croyances religieuses. Celles-ci ont un caractère éminemment personnel et peuvent facilement varier d'une personne à l'autre. Exiger la preuve des pratiques établies d'une religion pour apprécier la sincérité de la croyance diminue la liberté même que l'on cherche à protéger. »
[192] *Multani* c. *Commission scolaire Marguerite-Bourgeoys* [2006] 1R.C.S. 256, paragraphes 34-35.
[193] *Frazee* c. *Illinois Department of Employment Security*, 489 U.S. 829 (1989), 834, cité dans *Syndicat Northcrest* c. *Amselem* [2004] 2 R.C.S 551, paragraphe 44.
[194] [2009] 2 R.C.S. 567.
[195] Ontario Human Rights Commission, *Factum of the Intervener*, SCC n° 32186, *Alberta* c. *Hutterian Brethren of Wilson Colony.*

personne envers une croyance et l'obligation de faire ou ne pas faire ceci ou cela en fait-elle pour autant une croyance ou une obligation de nature religieuse ? Qu'est-ce qui distingue une conviction religieuse, d'une conviction politique, scientifique, économique ou sociale ? Ne faut-il pas faire appel à d'autres critères qui décrivent la religion de manière plus substantielle pour déterminer le caractère authentiquement religieux de la croyance ou de la pratique invoquée ? Dans l'affaire *Alberta* c. *Hutterian Brethren of Wilson Colony*, le Procureur général du Québec s'inscrit contre une interprétation trop libérale de l'arrêt *Amselem* :

> De l'avis du Procureur général, on ne devrait pas interpréter l'arrêt *Amselem* comme obligeant le gouvernement à accorder des exemptions à l'égard de toute croyance individuelle qui lui est représentée comme religieuse, sans autre forme de procès.
>
> [...] Au surplus, le caractère religieux de la fête de *Souccoth* et du rituel de la *Souccah* n'était pas véritablement en cause dans l'affaire *Amselem*. La Cour devait se pencher sur le degré de protection accordée à cette coutume religieuse, face à l'argument que la réglementation de copropriété ne portait pas véritablement atteinte à la liberté de religion de certains copropriétaires de religion juive. Les motifs majoritaires réfèrent de façon constante au lien avec la religion (ou la vie spirituelle) qui doit caractériser les manifestations que protège la liberté de religion.
>
> Ainsi donc, le Procureur général soutient que, lorsque des citoyens invoquent la liberté de religion à l'égard d'une manifestation de leurs convictions, les motifs religieux pour se voir exemptés de l'application d'une loi doivent pouvoir être démontrés, outre la sincérité personnelle de la croyance dans le caractère obligatoire du précepte invoqué, à tout le moins par un rattachement vérifiable à une croyance à caractère religieux. À cet égard, l'État est bien fondé à demander cette démonstration et d'effectuer les enquêtes appropriées pour s'assurer que des motifs religieux ne sont pas utilisés comme prétexte pour contourner la loi[196].

Le Procureur général du Québec rappelle à juste titre que, même si le fondement d'une croyance ou d'une pratique religieuse relève de la conscience et de la volonté individuelle, il importe toutefois de démontrer le caractère religieux du motif invoqué. En l'espèce, il importait de relier le rituel de la *souccah* à une norme religieuse, comme l'a d'ailleurs dit la majorité dans

---

[196] Procureur général du Québec, *Mémoire de l'intervenant*, CSC n° 32186, *Alberta* c. *Hutterian Brethren of Wilson Colony*, paragraphes 55-58.

l'arrêt *Amselem* (paragraphes 39, 46-47, 56). Est-ce une position si différente de celle tenue par le juge de première instance lorsqu'il écrit :

> En résumé, pour pouvoir invoquer la liberté de religion, il doit exister un rapport entre le droit revendiqué dans la façon de pratiquer sa religion et le contenu obligatoire de l'enseignement religieux sur lequel le droit se fonde. La sincérité de la croyance doit reposer sur l'existence d'un précepte religieux. La façon de respecter cet enseignement peut varier de même qu'il ne doit pas nécessairement correspondre à la façon dont la majorité s'acquitte de leurs devoirs religieux. Le rite doit toutefois conserver un lien rationnel, raisonnable et direct avec l'enseignement. La façon de remplir ses devoirs religieux ne peut relever d'une conception purement subjective du pratiquant sans relation avec l'enseignement religieux portant à la fois sur la croyance et sur la façon de la manifester (rite)[197].

Je suis en accord avec l'importance soulignée par le Procureur général du Québec de soumettre la certitude subjective au contrôle d'une quelconque norme religieuse objective dans le but d'assurer sa crédibilité et écarter toute fantaisie ou lubie personnelle, aussi sincère soit-elle. D'ailleurs, le juge en chef Dickson considère que dans bien des cas il faut se résoudre à admettre une forme de contrôle[198]. Il appuie sa position sur la jurisprudence américaine et cite un long passage du Juge Brennan de la Cour suprême dans *Braunfeld* c. *Brown*, 366 U.S. 599 (1961), 615 qui parle de la nécessité de démontrer qu'il y a atteinte au libre exercice d'une croyance sincère[199]. Le juge Brennan fait référence à l'arrêt *United States* c. *Ballard*, 322 U.S. 78 (1944) qui me servira ici à mettre en lumière deux orientations jurisprudentielles et les enjeux qui y sont rattachés. La Cour suprême est saisie d'un appel d'une décision de la Cour d'appel des États-Unis pour le neuvième circuit (United States Court of Appeals for the Ninth Circuit) déclarant que la Cour de district a commis une erreur en excluant du débat la validité des croyances religieuses et en le limitant à la stricte appréciation de la sincérité de M. Ballard. Celui-ci, avec sa femme Dona et son fils Donald, étaient accusés d'avoir frauduleusement subtilisé plus de 3 M de dollars auprès d'adeptes d'une nouvelle religion d'inspiration théosophiste qu'il avait fondée à Chicago dans les années 1930, un mouvement appelé "*I AM*" ou *Ascended Master Teachings*. Ballard prétend transmettre un enseignement qu'il reçoit à titre de medium de grands maîtres spirituels, dont Jésus, Maitreya et le comte de St-Germain, qui ont connu diverses réincarnations

---

[197] *Amselem* c. *Syndicat Northcrest* [1998] R.J.Q. 1892, 1907.
[198] *R.* c. *Edwards Books and Arts ltd* [1986] 2 R.C.S. 713, 779-780.
[199] *Ibid.*, 776.

avant de monter définitivement au ciel. Il est accusé d'avoir utilisé des croyances mensongères, en lesquels lui-même n'accordait aucune crédibilité. Voici ce qu'en avait dit la Cour de district :

> First, the defendants in this case made certain representations of belief in a divinity and in a supernatural power. Some of the teachings of the defendants, representations, might seem extremely improbable to a great many people. For instance, ... shaking hands with Jesus, to some people that might seem highly improbable. I point that out as one of the many statements.
> [...] As far as this Court sees the issue, it is immaterial what these defendants preached or wrote or taught in their classes.
> [...] The issue is: did these defendants honestly and in good faith believe those things? If they did, they should be acquitted. I cannot make it any clearer than that[200].

Le juge Douglas de la Cour suprême, au nom de la majorité, supporte ce point de vue parce que se pencher sur la véracité d'une doctrine religieuse entrainerait la justice sur un territoire interdit dans la mesure où la clause de non-établissement du Premier Amendement empêche d'accorder un traitement préférentiel à quelque croyance religieuse que ce soit. Le Juge en chef Stone, avec le concours des Juges Roberts et Frankfurter, n'est pas de cet avis :

> I am not prepared to say that the constitutional guarantee of freedom of religion affords immunity from criminal prosecution for the fraudulent procurement of money by false statements as to one's religious experiences, more than it renders polygamy or libel immune from criminal prosecution... I cannot say that freedom of thought and worship includes freedom to procure money by making knowingly false statements about one's religious experiences[201].

Avant de poursuivre la réflexion, je résume la position de la Cour suprême du Canada : certes, une définition de la religion qui penche nettement du côté de l'autocompréhension, sans fermer la porte au contrôle de la sincérité par une norme objective, même si l'obligation d'y recourir n'existe pas. Contrairement à l'approche française, la position canadienne est plus inclusive. Cela lui permet sans doute d'inclure une pluralité de nouvelles croyances qui, comme je l'ai déjà mentionné, se situent aux frontières du religieux et de la métaphysique, de l'hygiène, de visions sociales, politiques, écologiques ou économiques. Mais peut-on réalistement se passer d'une

---

[200] *United States* c. *Ballard*, 322 U.S. 78 (1944), 81.
[201] *Ibid.*, 88.

certaine référence à une définition substantielle de la religion, ce qui permettrait de distinguer la liberté de conscience séculière de la liberté de religion ? Le Juge Iacobucci s'y est prêté succinctement dans l'arrêt *Syndicat Northcrest* c. *Amselem* (paragraphe 39). Je vais m'attarder à cette distinction au moyen d'un arrêt de la Cour suprême des États-Unis, *United States* c. *Seeger* 380 U.S. 163 (1965).

Trois conscrits, Seeger, Jakobson et Peter, réclamaient une exemption de participation ou d'entrainement au combat au sein des forces armées américaines pour motif religieux. Ils invoquaient l'article 6(j) du *Universal Military Training and Service Act* qui soustrait du devoir de combattre dans les forces armées ceux qui sont consciencieusement opposés à participer à la guerre en raison de leur « éducation religieuse et de leur croyance » ; c'est-à-dire la croyance en une relation personnelle à un Être suprême comportant des obligations qui dépassent celles qui peuvent découler d'une relation humaine et qui ne peuvent se résumer à des vues essentiellement politiques, sociologiques ou philosophiques, ou simplement à un code moral personnel[202]. Les tribunaux inférieurs avaient rejeté leur demande parce que leur motif d'exemption avait un caractère plutôt philosophique et séculier que religieux. Seeger et autres attaquent la constitutionnalité de la loi parce qu'elle viole les clauses de non-établissement et de libre exercice du Premier Amendement, en omettant de parler des objecteurs de conscience qui n'appartiennent à aucune religion, et parce qu'elle semble privilégier certaines croyances, surtout théistes, au détriment des autres. Je n'ai pas besoin d'entrer dans les détails des croyances des trois pour en relever les subtilités et nuances, la Cour suprême a reconnu que tous ont fait preuve d'une croyance religieuse dans un ordre cosmique sur lequel préside une intelligence créatrice, une puissance numineuse ou Réalité suprême, à l'origine de la vie. La vie humaine créée par cet Être suprême ne peut être détruite par l'homme. Après avoir établi que la sincérité des croyances de Seeger et des deux autres n'était pas l'enjeu puisqu'elle ne suscitait aucun doute, la Cour en vient à la conclusion suivante : la place qu'occupe dans leur vie la croyance en un Être suprême ou une réalité ultime est certes comparable au rôle joué par une croyance plus traditionnelle en Dieu. Pour la Cour, la référence faite à l'Être suprême n'a qu'un objectif : écarter de l'objection de conscience les considérations purement politiques ou économiques tout en

---

[202] 50 U.S.C. App. 451, 456(j) : "[Conscientious Objectors] Nothing contained in this title (sections 451 to 471a of this Appendix) shall be construed to require any person to be subject to combatant training and service in the armed forces of the United States who, by reason of religious training and belief, is conscientiously opposed to participation in war in any form. Religious training and belief in this connection means an individual's belief in a relation to a Supreme Being involving duties superior to those arising from any human relation, but does not include essentially political, sociological, or philosophical views or a merely personal moral code."

ouvrant le plus large possible la définition de religion pour faire également place à des croyances non théistes.

Le jugement fait un bref historique des lois américaines sur la conscription pour montrer l'évolution de la notion de religion dans le contexte d'exemption du service militaire. Les textes plus anciens [*Draft Act*, 13 Stat. 9 (1864) ; *Draft Act*, 40 Stat. 76, 78 (1917)] limitent l'exemption aux personnes qui appartiennent à des organisations ou sectes religieuses pacifistes. Le *Military Selective Service Act* [50 U.S.C. App. 451 (1940)] élargit la compréhension puisque le critère retenu fait référence à « l'éducation religieuse et à la croyance » individuelle, sans rattachement à une institution. En 1948, le Congrès précise ce qu'il comprend par cette dernière expression : une croyance personnelle dans une relation avec un Être suprême qui génère des obligations supérieures à celles émanant de relations humaines, à l'exclusion de points de vue strictement politiques, sociologiques, ou philosophiques, ou provenant d'un code éthique personnel. L'arrêt *Seeger* propose une approche fonctionnaliste et inclusive de la religion lorsqu'il assimile par analogie l'humanisme agnostique de Seeger à une forme de croyance en l'Être suprême. La Cour d'appel (United States Court of Appeals Second Circuit) avait déjà clairement rejeté une définition substantielle de la religion en préférant une définition qui ne limite pas la religion en la croyance en un être ou une puissance surnaturelle et qui considère que la fidélité marquée au dictat de la conscience individuelle joue maintenant le même rôle que les commandements divins[203].

Je crois avoir suffisamment insisté dans les pages qui précèdent sur un mouvement amorcé au sein du christianisme nord-atlantique depuis le 18e siècle vers une forme de croyance en un Dieu de plus en plus impersonnel, ou encore, comme en Jésus, en un idéal moral capable de mener l'individu à son plein potentiel d'humanité dans le monde. Malgré certains aspects immanentistes contenus dans ces vues qui rejettent la croyance en un Dieu personnel qui intervient dans le cours des choses et de l'histoire et sans qui, l'être humain serait incapable de s'ordonner au bien et à la perfection, ces points de vue font toujours place à une forme de transcendance qui appelle la conscience individuelle à des formes de dépassement de soi. Dans *Seeger*, la Cour d'appel semble amalgamer liberté de conscience et liberté de religion, sans distinction. Je n'ai aucune objection à ce que la Cour veuille offrir la même protection ou garantie d'égalité aux personnes qui professent un

---

[203] *United States* v. *Seeger*, 326 F.2d 846 (1964) : "For in Kauten's broad definition was embraced the recognition that "religion" could not be confined to a belief in a supernatural power; that today, a pervading commitment to a moral ideal is for many the equivalent of what was historically considered the response to divine commands. The Kauten test represents an acknowledgment that for many in today's "skeptical generation," just as for Daniel Seeger, the stern and moral voice of conscience occupies that hallowed place in the hearts and minds of men which was traditionally reserved for the commandments of God." Voir *United States* v. *Kauten*, 133 F.2d 703 (2d Cir. 1943).

humanisme séculier qu'aux personnes qui revendiquent certaines croyances religieuses. Là n'est pas la question puisque la liberté de conscience et la liberté de religion englobent la liberté d'irréligion. Définir le contenu et la portée de la liberté de conscience dépasse mon propos. Dans le contexte déjà décrit de la transformation du religieux, les frontières entre les deux sont parfois tenues. Cela est particulièrement vrai lorsque la religion est perçue comme relevant du domaine de la conscience individuelle pouvant imposer telle ou telle pratique[204].

La Cour suprême dans Seeger est d'avis qu'une croyance en une réalité ultime, source de l'être, capable de conduire l'humanité, répond adéquatement à la définition de croyance religieuse du *Military Selective Service Act* [50 U.S.C. App. 456(j) (1948)]. Cela suppose de croire en une forme de transcendance qui impose des obligations supérieures à celles qu'impose généralement la vie en société. L'opinion de la Cour suprême insiste pour dire que cette transcendance ne se situe pas nécessairement dans une foi en un Dieu de l'au-delà, hors du monde ; elle peut aussi apparaître comme la Réalité ultime indifférenciée qui surgit dans les profondeurs de la conscience individuelle en quête spirituelle pour atteindre sa vérité. Mais il y a un autre aspect lié à la transcendance sur lequel la Cour insiste; cet ordre transcendantal, quelle qu'en soit la forme, impose des obligations supérieures à soi et aux règles de fonctionnement en société.

La religion comporte nécessairement une dimension éthique importante puisqu'elle cherche à améliorer l'Homme dans tous les aspects de sa vie. Charles Taylor définit la religion à partir de ce double critère : « la croyance dans une réalité transcendante d'un côté, et l'aspiration liée à une transformation qui dépasse l'épanouissement humain de l'autre[205]. » Encore une fois, l'arrêt *Seeger*, rappelle que l'intention du Congrès était de bien faire la distinction entre un code moral de vie ou des convictions liées à des vues politiques ou sociales[206] et ce qui s'impose catégoriquement à la conscience, sans possibilité d'y déroger, malgré les sacrifices qui peuvent en découler, par exemple sur le plan économique ou professionnel, pouvant même aller jusqu'au martyr dans certains cas[207]. Ce qui s'impose à la conscience indivi-

---

[204] *United States* v. *Macintosh* 283 U.S. 605 (1931), position du Juge en chef Hugues, dissident.
[205] Charles Taylor (2011), 870.
[206] *United States* v. *Seeger* 380 U.S. 163, 165 (1965) : "We have concluded that Congress, in using the expression 'Supreme Being,' rather than the designation 'God,' was merely clarifying the meaning of religious training and belief so as to embrace all religions and to exclude essentially political, sociological, or philosophical views."
[207] *United States* v. *Kauten*, 133 F. 2d 703 (1943). Le Juge Hand de la Cour d'appel (2ᵉ circuit) écrit ceci : "It is unnecessary to attempt a definition of religion; the content of the term is found in the history of the human race and is incapable of compression into a few words. Religious belief arises from a sense of the inadequacy of reason as a means of relating the individual to his fellow-men and to his universe – a sense common to men in the most primitive and in the most highly civilized societies. It accepts the aid of logic but refuses to be

duelle a peut-être l'apparence d'un motif religieux, comme le pense la majorité dans *Seeger*, à la suite de l'arrêt *Kauten*, lequel assimile la voix intérieure de la conscience à Dieu[208].

Toutefois, l'arrêt *Seeger* n'a pas mis fin à la discussion puisqu'une définition plus stricte de la religion continue d'interroger et de diviser la Cour suprême. Ainsi, dans l'arrêt *Welsh* v. *United States* [398 U.S. 333 (1970)], certains juges remettent en cause l'interprétation très inclusive de la religion véhiculée par la majorité dans *Seeger* et semblent donner raison au point de vue exprimé par la Cour d'appel dans *Berman* v. *United States*. Dans ce dernier arrêt, la Cour considère que l'intention du Congrès était de bien distinguer entre la conscience qui obéit à une morale personnelle ou une conviction philosophique et la conscience qui se sent liée par une autorité supérieure à toute forme d'autorité mondaine[209]. La nature séculière des croyances de M. Welsh semble susciter encore moins de doute que dans le cas de M. Seeger. Il considère que sa croyance en l'interdiction de tuer un être humain ne relève pas nécessairement du domaine religieux au sens traditionnel du terme. Il pense qu'elle peut être considérée comme religieuse dans le sens éthique de ce mot[210]. La majorité dans *Welsh* se base sur l'interprétation large et inclusive de l'expression « croyance religieuse » adoptée dans l'arrêt *Seeger* pour donner raison à M. Welsh.

Pour éviter le test constitutionnel du Premier amendement, la Cour emprunte le même chemin que l'arrêt *Seeger*, mais élargit l'interprétation de la loi de manière à confondre croyance religieuse et conviction morale lorsque cette dernière à la même force contraignante pour la conscience individuelle que la première[211]. Le Juge Harland, dissident, dénonce le procédé. Il estime qu'il faut appeler un chat un chat et reconnaître que le choix des mots utilisés par le Congrès marque une nette distinction entre des croyances religieuses ou des cultes organisés partagés par une communauté et des croyances ou des écoles de pensée sans organisation communautaire formelle, ou rapprochant de manière informelle des individus qui partagent les mêmes vues au plan des idées ou de l'agir moral[212]. Je trouve l'intervention du juge Harland particulièrement éclairante dans la mesure où il tient à une certaine substance dans la définition de la religion, sans pour autant dénier à M. Welsh la protection à laquelle il a droit en vertu du Premier amendement

---

limited by it. It is a belief finding expression in a conscience which categorically requires the believer to disregard elementary self-interest and to accept martyrdom in preference to transgressing its tenets." Il offre l'exemple de Martin Luther qui refuse de se rétracter devant la Diète de Worms, car faire le contraire serait agir contre Dieu et sa conscience.

[208] *United States* v. *Kauten*, 133 F.2^d 703, 708 (1943) : "a response of the individual to an inward mentor, call it conscience or God, that is for many persons at the present time the equivalent of what has always been thought a religious impulse."

[209] 156 F.2^d 377, 380 (9th Cir. 1946).

[210] *Welsh* c. *United States,* 398 U.S. 333, 341, 343 (1970).

[211] *Ibid.,* 343.

[212] *Ibid.,* 353.

qui garantit par la clause de non-établissement le droit à l'irréligion ou, disons-le, à un point de vue humaniste strictement séculier. D'après le Juge Harland, la liberté de conscience et la liberté de religion peuvent avoir droit à une protection égale sur le plan constitutionnel sans répondre nécessairement à la même définition.

La liberté de conscience se réfère au droit inaliénable de tout être humain de se forger sa propre opinion et de tenir ses croyances pour vraies, qu'elles soient philosophiques ou religieuses. La liberté de conscience est beaucoup plus vaste que la liberté de religion parce qu'elle garantit à chacun le droit fondamental de choisir les convictions ou les principes qui orientent sa vie et son agir, seul ou en société. Elle inclut donc la possibilité de faire des choix basés sur des conceptions du monde (*Weltanschauungen*) agnostiques ou athées. La liberté de religion est une variante de la liberté de conscience, comme la liberté d'opinion. Liberté de conscience et liberté de religion comportent toutes les deux le for interne et le for externe, c'est-à-dire le droit de se manifester en public. Quelle que soit la nature de la conviction, idéologique, éthique ou religieuse, dans tous les cas, il s'agit d'idées qui s'imposent à la conscience individuelle comme exigence ou devoir. Cela apparait évident la plupart du temps dans le cas d'une croyance religieuse, mais cela doit aussi être vrai pour toute autre forme de conviction philosophique qui oriente la vie de quelqu'un ; ce qui la distingue de l'opinion sur des conjonctures particulières, liées à des politiques, mesures économiques ou sociales. Cette distinction a bien été faite dans l'arrêt *Welsh*, et on la retrouve aussi dans l'arrêt *Campbell et Cosans* c. *Royaume-Uni*, de la Cour européenne des droits de l'homme, dans lequel la Cour juge que les droits des parents requérants ont été violés. Ceux-ci s'opposaient au renvoi de leurs enfants de l'école parce qu'ils s'objectaient à la pratique écossaise des châtiments corporels, soit en l'espèce frapper la paume de la main avec une lanière en cuir. Les parents invoquent des convictions philosophiques à l'appui de leur requête, notamment le fait que ces punitions portent atteinte à l'intégrité physique et psychologique de la personne[213].

Toutefois, au-delà du caractère sincère et de la nature englobante de la conviction émanant d'un humanisme séculier – deux critères retenus dans les deux arrêts que je viens de mentionner – certains éléments spécifient la conviction religieuse. Il y a dans la croyance et la pratique religieuse l'ouverture à un ordre des choses supérieur à soi qui exige la transformation de l'être au moyen d'une certaine discipline. Dans la croyance religieuse, l'individu s'en remet à l'autorité d'une tradition pour lui enseigner le chemin

---

[213] Requête n° 7511/76 ; 7743/76) 25 février 1982. Le *Protocole n° 1* de la *Convention de sauvegarde des Droits de l'Homme et des Libertés fondamentales* de mars 1952 énonce à l'article 2 : « Nul ne peut se voir refuser le droit à l'instruction. L'État, dans l'exercice des fonctions qu'il assumera dans le domaine de l'éducation et de l'enseignement, respectera le droit des parents d'assurer cette éducation et cet enseignement conformément à leurs convictions religieuses et philosophiques. » (Mon souligné).

qui le conduira à une vérité qui transcende le monde. Cela suppose à son tour la possibilité de s'adresser à une communauté de croyants partageant les mêmes convictions et disposant de pratiques cultuelles pour, ensemble, les fortifier. Alors que la liberté de conscience protège l'autonomie morale de l'individu, les garanties de protection offertes à la liberté de religion peuvent toucher la vie communautaire et même civile à plusieurs égards. On n'a qu'à penser à l'insertion dans le paysage d'édifices cultuels, la commercialisation de produits alimentaires obéissants à des prescriptions religieuses, les codes vestimentaires à caractère religieux, de même que les nombreux impacts possibles sur le monde du travail, celui de l'éducation des enfants, du droit de la famille, et de la fiscalité. La liberté de conscience avalise un pluralisme religieux et idéologique auquel certaines religions souscrivent difficilement parce qu'elles monopolisent la vérité ou qu'elles font peu de place à la conscience individuelle.

Les tribunaux sont réticents à intervenir dans les conflits internes des groupes religieux puisqu'ils pourraient alors s'exposer à des reproches visant un manque de neutralité qui porterait atteinte au principe de liberté de religion. Ce devoir de neutralité impose en quelque sorte à l'État l'obligation de respecter l'autonomie normative des groupes religieux, leur pouvoir légitime d'édicter leurs règles de vie et de fonctionnement, dans les limites de l'ordre public et du respect des droits d'autrui dans une société démocratique. La CEDH l'a précisé plus d'une fois, notamment à l'encontre de l'ingérence des gouvernements bulgare et grec à propos de la nomination de muftis[214]. Dans le prochain chapitre, j'aurai l'occasion de discuter l'attitude de certaines religions traditionnelles quant à la liberté de conscience par rapport à la doctrine, du droit à la dissidence et à l'apostasie.

La référence à l'autorité d'une tradition, qu'elle ait été transmise par une révélation divine comme dans les grandes religions monothéistes ou par des sages (hindouisme, bouddhisme, taoïsme), a effectivement perdu la cote dans les configurations de l'expérience religieuse en Occident. Comme je l'ai montré, la religion s'est depuis 1500 progressivement orientée vers une expérience personnelle subjective, sans lien avec ce qui fonde notre organisation sociale et notre identité nationale. La méfiance vis-à-vis l'autorité, la discipline et les institutions confessionnelles est un phénomène occidental, « un sentiment constant de l'importance qu'il y a à suivre son propre itinéraire spirituel[215]. » Ce parcours fait partie de l'histoire sociale et religieuse de l'Occident, faut-il le rappeler avec insistance. L'immigration sur notre territoire nous amène à côtoyer des gens pour qui la religion a des résonances plus qu'intérieures.

---

[214] CEDH, *Sérif* c. *Grèce* (Requête n° 38178/97) ; *Haut Conseil spirituel de la communauté musulmane* c. *Bulgarie* (requête n° 39023/97). Voir Jean-Pierre Schouppe, « La dimension collective et institutionnelle de la liberté religieuse à la lumière de quelques arrêts récents de la Cour européenne des droits de l'homme. »
[215] Taylor (2011), 912.

Je ne suis pas en train de donner raison à une ou l'autre conception, mais je dis qu'on ne peut pas ignorer cette différence fondamentale lorsqu'on discute de la place de la religion dans l'espace public. Tout en reconnaissant le caractère subjectif de la conviction religieuse, plusieurs jugements de divers tribunaux ont eu dans les faits recours au contrôle externe des croyances individuelles pour en assurer la crédibilité et faire le tri entre ce qui relève du domaine de l'opinion et ce qui pourrait être véritablement contraignant pour la conscience. Cette façon de faire m'apparait d'autant plus souhaitable que certaines revendications concernent la jouissance d'un privilège ou d'un droit inhabituel, ce qui peut entrainer des conséquences économiques ou sociales sur des tiers[216]. Ces mesures sont nécessaires afin d'éviter que l'obtention d'un régime dérogatoire ne se transforme en détournement de la loi ou en abus. Appelée à se prononcer sur les prétentions de M. Faruk Kalaç à l'encontre d'une décision du gouvernement de Turquie qui l'avait remercié du service militaire à cause de son comportement et ses agissements prétendument liés à ses fréquentations d'une secte fondamentaliste islamique (*Süleymancilik tarikati*), la CEDH considère que celui-ci a pu s'acquitter des pratiques religieuses habituelles à tout bon musulman[217]. Toutefois, ce genre d'argumentaire qui fait appel à l'autorité de la tradition a aussi ses limites. D'abord celles qu'impose le respect de la conscience individuelle qui s'exerce à l'égard de la tradition elle-même, mais surtout celles qui découlent d'une nouvelle configuration du paysage religieux décrite dans les pages qui précèdent. Dans l'Atlantique Nord, l'intellectualisation, l'intériorisation et la privatisation de la religion l'ont transformé en quête personnelle, sans appartenance à une institution religieuse et souvent sans besoin de se dévoiler ou s'extérioriser dans la sphère publique. Cette absorption du religieux dans le for interne n'est pas partagée par toutes les traditions religieuses. Par exemple, la plupart des musulmans partagent le point de vue exprimé par le célèbre juriste Abû Hanîfa (699-767) qui refuse de séparer croyance (*iman*) et manifestation extérieure (*islam* ou soumission à Allah par la pratique des Cinq Piliers)[218]. Je n'entends pas

---

[216] CEDH, *Kosteski* c. *l'ex-République yougoslave de Macédoine* (Requête n° 55170/00), 13 avril 2006, paragraphe 39.
[217] CEDH, *Kalaç* c. *Turquie* (Requête n° 20704/92), 23 juin 1997, paragraphe 29.
[218] *Al-Fiqh al-akbar* (attributed to Abu Hanifah, d. 767 CE), Translated by Hamid Algar, Professor of Persian and Islamic Studies, University of California, Berkeley (published in the journal *Al-Bayan* ca. 1980), http://spl.qibla.com/Articles/AR00000245.aspx 13.
Croire veut dire adhérer et affirmer. [...] Les croyants sont tous égaux dans ce qu'ils croient et dans leur affirmation du Dieu unique, mais ils font preuve de différents degrés d'excellence à l'égard de leurs actes.
Islam signifie soumission et la soumission aux commandements de Dieu Très-Haut. Il y a une distinction lexicale entre la croyance (*iman*) et l'*islam*, mais il n'y a pas de croyance sans l'*islam*, et l'*islam* ne peut pas se concevoir sans foi. Ils sont comme l'aspect extérieur et intérieur d'une même chose (qui est inséparable). Le mot religion (*din*) est un substantif qui

par cette discussion épiloguer sur le principe de la séparation de l'Église et de l'État, chose acquise depuis longtemps dans notre société. J'insiste toutefois sur les disparités qui peuvent exister dans la compréhension ou la définition de la religion et sur les impacts que cela peut générer sur l'espace qui lui est attribué en public.

---

englobe à la fois la croyance et l'islam, en fait à tous les commandements de Dieu. (ma traduction).

Chapitre deuxième

LIBERTÉ DE RELIGION, SÉCULARISATION ET LAÏCITÉ

> On sépare des institutions – l'Église et l'État – par décret ; on ne décrète pas la séparation de la société et de l'Église : elle s'établit dans les mœurs et les mentalités pour des raisons qui ne sont pas d'abord juridiques. Émile Poulat (2001).

Définir les termes

Dans le chapitre précédent, il a été question du processus de désenchantement du monde par lequel est apparue la modernité. Ce processus met en œuvre une rationalité immanente, une mise à distance de la transcendance : « On ne cherche pas Dieu dans les choses, on cherche la loi interne à laquelle obéissent les choses[1]. » L'idée de comprendre le monde sans faire intervenir l'au-delà ne s'est pas arrêtée à l'affirmation de l'objectivité naturelle, mais elle s'est aussi transportée dans le domaine social et politique. La société a en elle son propre principe de constitution, sa propre loi interne. Le lien social et le pouvoir politique émanent d'en bas ; la société démocratique tire sa légitimité uniquement de la volonté souveraine d'individus libres et égaux en droits.

Cet affranchissement de la religion du pouvoir politique a une histoire spécifique à chaque État. Il fait partie d'un processus culturel global de sécularisation, c'est-à-dire de la perte de pertinence ou d'influence du sacré qui affecte les habitudes de vie et les fondements de la vie sociale et politique, de même que leur organisation. Contrairement à ce que pensait un des plus importants théoriciens de la sécularisation, Max Weber, cette perte de pertinence n'a pas abouti à l'élimination de la religion dans la vie des gens.

La laïcité s'inscrit à l'intérieur de ce phénomène plus large de la sécularisation, mais elle met davantage l'accent sur un processus institutionnel et législatif :

> La sécularisation implique une relative et progressive (avec des zigzags) perte de pertinence sociale (et, en conséquence, individuelle) des univers religieux par rapport à la culture commune. [...] La laïcisation, en revanche, concerne avant tout la place et le rôle social de la religion dans le champ

---

[1] Gauchet (1985), 110.

institutionnel, la diversification et les mutations sociales de ce champ, en relation avec l'État et la société civile[2].

Dans l'article *Laïcité* de son *Dictionnaire de pédagogie et d'instruction primaire*, Ferdinand Buisson, en tête de la commission parlementaire chargée de mettre en œuvre la séparation des Églises et de l'État en France, a bien montré comment la laïcité est venue marquer par la voie politique les institutions de l'État :

> La laïcité de l'école à tous les degrés n'est autre chose que l'application à l'école du régime qui a prévalu dans toutes nos institutions sociales. Nous sommes partis, comme la plupart des peuples, d'un état de choses qui consistait essentiellement dans la confusion de tous les pouvoirs et de tous les domaines, dans la subordination de toutes les autorités à une autorité unique, celle de la religion. Ce n'est que par le lent travail des siècles que peu à peu les diverses fonctions de la vie publique se sont distinguées, séparées les unes des autres et affranchies de la tutelle étroite de l'Église. La force des choses a de très bonne heure amené la sécularisation de l'armée, puis celle des fonctions administratives et civiles, puis celle de la justice. Toute société qui ne veut pas rester à l'état de théocratie pure est bientôt obligée de constituer comme forces distinctes de l'Église, sinon indépendantes et souveraines, les trois pouvoirs législatif, exécutif, judiciaire. Mais la sécularisation n'est pas complète quand sur chacun de ces pouvoirs et sur tout l'ensemble de la vie publique et privée le clergé conserve un droit d'immixtion, de surveillance, de contrôle et de veto[3].

On distingue, d'une part, un processus d'émancipation des sphères politiques, civiles, et économiques de l'autorité des institutions religieuses et de leurs normes et, d'autre part, le processus plus large de désenchantement ou de fin de la religion. Le premier décrit ce qu'il est convenu d'appeler la « séparation de l'Église et de l'État » ou encore la neutralité de l'état en matière religieuse – ce que Charles Taylor nomme « sécularité 1 ». Diverses versions du contrat social, d'abord chez Thomas Hobbes, puis chez John Locke et Jean-Jacques Rousseau, vont peu à peu mettre fin à la détermination religieuse préalable de l'ordre politique. Les querelles entre les différents mouvements réformateurs en Europe ont elles-mêmes conduit à des solutions basées sur la tolérance et la neutralité de l'État en matière de religion.

---

[2] Baubérot (2004), 53.
[3] François Buisson, *Nouveau dictionnaire de pédagogie et d'instruction primaire.*

Le second processus, plus englobant, rend compte de la perte de signification du religieux qui se manifeste soit dans l'incroyance, soit dans l'indifférence marquée, manifestée par le fléchissement accentué de la pratique – « la sécularité 2 » de Taylor. Il ne fait aucun doute que le deuxième processus doit énormément au progrès de l'esprit scientifique à partir du 17e siècle qui conçoit l'univers comme un ordre impersonnel mu par des lois immuables objectives. Ce même esprit s'active lorsqu'il s'agit de comprendre l'agir humain en société. La raison délivre l'homme – en tout cas une certaine élite au début – des mythes, croyances populaires et traditions qui représentaient le cosmos « comme traversé par des esprits et des forces causales signifiantes[4]. » Descartes et Spinoza ont ouvert la voie à la philosophie libérée des préjugés théologiques, celle qui s'appellera la philosophie des Lumières. Elle s'affiche clairement émancipatrice de ce qui asservissait la raison et qui maintenait l'homme dans l'hétéronomie. Kant décrit ainsi cet esprit :

> Les Lumières, c'est la sortie de l'homme hors de l'état de tutelle dont il est lui-même responsable. L'état de tutelle est l'incapacité de se servir de son entendement sans la conduite d'un autre. On est soi-même responsable de cet état de tutelle quand la cause tient non pas à une insuffisance de l'entendement, mais à une insuffisance de la résolution et du courage de s'en servir sans la conduite d'un autre. *Sapere Aude !* Aie le courage de te servir de ton propre entendement ! Voilà la devise des Lumières[5].

Les deux processus de la sécularité aboutissent à une forme d'humanisme qui peut parfois se dispenser du religieux, ce que Charles Taylor appelle l'« humanisme exclusif ». C'est l'existence de ce type d'humanisme qui, selon Taylor, caractérise la sécularité des sociétés modernes nord-atlantiques où coexistent croyance et incroyance (la « sécularité 3 ») comme de véritables choix personnels. *L'Âge séculier* retrace la généalogie de cette situation particulière : quelles sont les conditions de possibilité de l'apparition de l'incroyance comme option personnelle ? L'auteur semble être enchanté par « l'histoire des mentalités » qui cherche à éclairer l'interaction permanente entre la pensée et son milieu social. Fernand Braudel décrit bien l'objet de cette « nouvelle histoire » :

> À chaque époque, une certaine représentation du monde et des choses, une mentalité collective dominante, anime, pénètre la masse entière de la société. Cette mentalité qui dicte les attitudes, oriente les choix, enracine les préjugés, incline les mouvements d'une société est éminemment un fait de

---

[4] Taylor (2011), 480.
[5] Kant, *Réponse à la question : Qu'est-ce que les Lumières ?*

civilisation. […] Les réactions d'une société aux événements de l'heure, aux pressions qu'ils exercent sur elle, obéissent moins à la logique, ou même à l'intérêt égoïste, qu'à ce commandement informulé, informulable souvent et qui jaillit de l'inconscient collectif[6].

Même si Taylor a des pages très intéressantes sur la culture populaire du carnaval, les croyances populaires, la sexualité, la politesse et le savoir-vivre, sa démarche reste essentiellement philosophique, axée sur la théorie et le développement des idées, moins sur la façon dont le monde ordinaire se représente et expérimente le monde qui l'entoure[7]. Comme le fait remarquer avec justesse Jon Butler, Taylor semble dans *L'Âge séculier* avoir une définition de l'imaginaire social moderne quelque peu différente de ce qu'il entendait lorsqu'il a d'abord développé ce concept dans *Modern Social Imaginaries*. *L'Âge séculier* le définit comme « la façon dont les gens ordinaires « imaginent » leur environnement social, et l'oppose à la « théorie sociale » qu'il conçoit comme « le fait d'une petite minorité »[8]. Cette approche présente évidemment des affinités avec l'histoire des mentalités. C'est pourtant une définition apparentée à la théorie sociale qu'il semble avoir appliquée à l'idée d'imaginaire social moderne dans son ouvrage de 2004[9]. En fait, à considérer *L'Âge séculier* dans son ensemble, c'est plutôt cette dernière notion qui prévaut à savoir une sorte d'histoire intellectuelle qui illustre la mobilisation de la population par des idées tenues par les élites. Cela est particulièrement évident au chapitre 2 « L'avènement de la société disciplinaire » dans lequel l'auteur démontre comment une nouvelle conception de l'ordre social et de la conduite humaine, fondée sur un ordre naturel, a d'abord été adoptée par l'élite pour ensuite se répandre dans toute la population et contribuer à la sécularisation. Hugo Grotius définit ainsi cet univers normatif immuable, qui ne peut être changé par Dieu :

> Le droit naturel est une règle que nous suggère la droite raison, qui nous fait connaître qu'une action, suivant qu'elle soit conforme ou non à la nature raisonnable, est entachée de difformité morale, ou qu'elle est moralement nécessaire et que, conséquemment Dieu, l'auteur de la nature, l'interdit ou l'ordonne[10].

---

[6] Braudel, *Grammaire des civilisations*, 54.
[7] Ces remarques sur la méthode de Taylor se trouvent exprimées par Jon Butler.
[8] Taylor (2011), 310.
[9] Taylor (2004), 2 : "My basic hypothesis is that central to Western modernity is as new conception of the moral order of society. This was at first an idea in the minds of some influential thinkers, but it later came to shape the social imaginary of large strata, and the eventually whole societies."
[10] Grotius, *Le droit de la guerre et de la paix*, I. 1. X.

Nous sommes en présence d'une méthode de type wébérien qui construit, à travers l'idéal-type d'une nouvelle civilité basée sur le droit naturel, un ordre social séculier ayant sa propre rationalité, sans recours à une révélation ou à des arguments de nature théologique. La critique de l'historien Butler nous conduit à certaines réserves sur l'opposition prônée par Taylor d'une Europe d'avant 1500, tout engloutie dans le monde de la croyance, et d'une Europe où, à partir de la Réforme, puis des Lumières, l'incroyance devient tout à coup un choix possible. D'une part, la croyance religieuse avant 1500 était vraisemblablement moins uniforme et évidente que ne le suppose Taylor, qui semble ignorer tout l'appareil répressif mis en place par le christianisme médiéval pour lutter contre les hérésies et l'irréligion du peuple et même celle du bas clergé[11]. Comme le suggère Butler, l'étude de la religion populaire ramène à l'avant-scène un phénomène commun à toutes les époques – le Moyen-âge comme le Siècle des Lumières – l'indifférence religieuse. Par ailleurs, plusieurs croyances populaires et pratiques à caractère magique, souvent inspirées du vieux fonds païen, ont survécu à la période du désenchantement. Faut-il aussi rappeler que plusieurs philosophes des Lumières ont cherché à montrer que la raison et la foi ne sont pas irréconciliables, par exemple John Locke, Matthew Tindal, Jean Le Cler et Voltaire ; contrairement aux philosophes qui, à la suite de Spinoza, furent plus radicaux dans leur critique de la religion : Pierre Bayle, Denis Diderot, Nicolas de Condorcet, notamment. Les modérés estiment que la raison est capable de démontrer la vérité du christianisme et établir sa pertinence dans le domaine de la morale et de l'ordre politique. Pierre Bayle et les radicaux prétendent que la croyance religieuse s'avère au contraire responsable de l'immoralité, du désordre social et du chaos politique. La vérité religieuse ne peut être fondée sur la raison, mais uniquement sur la sincérité de la conviction personnelle, et la foi n'a pas d'influence sur la moralité, qui se fonde sur les lois et la sociabilité humaine[12]. Condorcet milite en faveur de l'enseignement d'une morale séculière :

> À cet égard même, son action ne doit être ni arbitraire ni universelle. On a déjà vu que les opinions religieuses ne peuvent faire partie de l'instruction commune, puisque, devant être le choix d'une conscience indépendante, aucune autorité n'a le droit de préférer l'une à l'autre ; et il en résulte la nécessité de rendre l'enseignement de la morale rigoureusement indépendant de ces opinions[13].

---

[11] Voir Butler.
[12] Voir Jonathan I. Israel, surtout le chapitre 3 "Faith and Reason: Bayle versus the Rationaux."
[13] Condorcet, *Cinq mémoires sur l'instruction publique*, Premier Mémoire, V. « L'éducation publique doit se borner à l'instruction ».

Le pamphlétaire allemand Matthias Knutzen (1646–1674) croit lui aussi à une morale sans Dieu[14]. Pour Voltaire, il existe une religion naturelle commune à tous les hommes si on débarrassait chaque religion des superstitions, des cultes et des clergés, et cette religion naturelle est garante de l'ordre moral. Il écrit :

> Telle est la faiblesse du genre humain, et telle est sa perversité, qu'il vaut mieux sans doute pour lui d'être subjugué par toutes les superstitions possibles, pourvu qu'elles ne soient point meurtrières, que de vivre sans religion. L'homme a toujours eu besoin d'un frein, et quoiqu'il fût ridicule de sacrifier aux faunes, aux sylvains, aux naïades, il était bien plus raisonnable et plus utile d'adorer ces images fantastiques de la Divinité que de se livrer à l'athéisme. Un athée qui serait raisonneur, violent et puissant, serait un fléau aussi funeste qu'un superstitieux sanguinaire.
> (…) Partout où il y a une société établie, une religion est nécessaire ; les lois veillent sur les crimes connus, et la religion sur les crimes secrets[15].

Tout cela nous oriente vers une certaine prudence envers l'utilisation du concept de la « sécularité 3 » qui se fonde sur la dichotomie entre croyance et incroyance. La raison critique ne conduit pas tous les philosophes des Lumières à conclure à l'irréconciliation de la science et de la croyance. Même s'il n'est pas évident d'en établir solidement la généalogie, pour les raisons évoquées, le concept de « sécularité 3 » demeure toutefois utile pour discuter de la situation présente. En effet, il y a surtout à compter du 20ᵉ siècle une sorte de postulat de l'incroyance qui fait paraître la croyance l'exception. C'est un phénomène qui distingue l'incroyance ou l'indifférence d'aujourd'hui de l'indifférence ou l'incroyance d'antan. Sa nouveauté vient de ce qu'elle ne fait plus l'objet de dispute ou de réprobation, qu'elle s'offre comme un choix qui va de soi, une manière de vivre qui n'engage même plus le sujet à se définir en opposition à la croyance. Je suis toutefois d'accord avec Butler : ce sont des facteurs comme l'industrialisation et l'urbanisation qui ont engendré cette nouvelle situation, qui ne peut s'expliquer par le simple héritage des Lumières et du désenchantement. J'inclurais dans ces facteurs, le matérialisme et le consumérisme de nos sociétés.

---

[14] Jonathan Israel, 167.
[15] Voltaire, *Traité sur la tolérance*, c. XX.

Généalogies de la laïcité

La laïcité décrit donc le phénomène de la distanciation ou de la séparation entre la religion et le politique. Ce démarquage, qui insiste tantôt sur l'autonomie ou la neutralité de l'État tantôt sur la séparation, a pris dans l'histoire de l'Occident diverses formes que je ne vais pas analyser ici en détail. Les travaux de Françoise Champion et de Jean Baubérot ont révélé que cette mise à distance de la religion dans la sphère politique s'est effectuée de manière différente selon que la religion de la majorité était catholique ou protestante.

Dans le premier cas d'espèce, la sortie de la religion a pris l'allure d'une action volontaire, d'un véritable combat pour chasser le religieux du domaine politique[16]. Il s'agit d'une lutte entre deux pouvoirs dans laquelle le clergé et le pouvoir religieux sont souvent identifiés comme l'ennemi principal tenant le peuple dans la servitude et l'ignorance au moyen de ce que plusieurs jugent de pures superstitions[17]. C'est ce que pense Spinoza et plusieurs autres penseurs radicaux qui adhèrent à sa critique : « Rien n'est demeuré de la Religion même, sauf le culte extérieur, du fait de l'avidité sans mesure pour les fonctions sacerdotales[18]. » Le libre penseur Alberto Radicati (1698-1737) conçoit Jésus comme un sage venu enseigner l'amour et l'égalité entre les hommes et, tout comme Spinoza, il attribue la source des désordres qui ont ravagé et divisé l'Église à la dépendance des fidèles vis-à-vis leurs évêques qui devinrent avec le temps tout-puissant[19]. Ce genre d'attaque n'a pas comme unique cible l'Église catholique-romaine, comme l'atteste Jean Baptiste Boyer (1703-1771), marquis d'Argens, dont les

---

[16] Françoise Champion (1993) ; Jean Baubérot (2009) ; Jean-Paul Scot.
[17] Voici par exemple ce que pense Jean Meslier (1664-1729) : « J'atteste le Ciel que j'ai aussi souverainement méprisé ceux qui se riaient de la simplicité des peuples aveuglés, lesquels fournissaient pieusement des sommes considérables pour acheter des prières. Combien n'est pas horrible ce monopole ! Je ne blâme pas le mépris que ceux qui s'engraissent de vos sueurs & de vos peines témoignent pour leurs mystères & leurs superstitions ; mais je déteste leur insatiable cupidité & l'indigne plaisir que leurs pareils prennent à se railler de l'ignorance de ceux qu'ils ont soin d'entretenir dans cet état d'aveuglement. » *Testament de Jean Meslier*, 4.
[18] Baruch Spinoza, *Traité théologico-politique*, Préface III. § 9 : « Cherchant donc la cause de ce mal, je n'ai pas hésité à reconnaître que l'origine en était que les charges d'administrateur d'une Église tenues pour des dignités, les fonctions de ministre du culte devenues des prébendes, la religion a consisté pour le vulgaire à rendre aux pasteurs les plus grands honneurs. Dès que cet abus a commencé dans l'Église en effet, un appétit sans mesure d'exercer les fonctions sacerdotales a pénétré dans le cœur des plus méchants, l'amour de propager la foi en Dieu a fait place à une ambition et à une avidité sordides, le Temple même a dégénéré en un théâtre où l'on entendit non des Docteurs, mais des Orateurs d'Église dont aucun n'avait le désir d'instruire le peuple, mais celui de le ravir d'admiration, de reprendre publiquement les dissidents, de n'enseigner que des choses nouvelles, inaccoutumées, propres à frapper le vulgaire d'étonnement. De là en vérité ont dû naître de grandes luttes, de l'envie et une haine que les années écoulées furent impuissantes à apaiser. »
[19] *Recueil de pièces curieuses sur les matières les plus intéressantes par Albert Radicati, comte de Passeran, Discours moraux, historiques et politiques*, Discours IV « On y examine les Causes qui ont corrompu les Mœurs des Chrétiens ».

Lettres juives mettent en scène un judaïsme éclairé qui veut prendre ses distances de l'autorité des rabbins portés sur l'interprétation de la *Mishna*. Anthony Collins, philosophe déiste, remet en question l'autorité de l'Église d'Angleterre dans *Priestcraft in Perfection* (1709), et dans *An Historical Ann Critical Essay on thé Thirty Nine Articles of the Church of England* (1724). Il soumet qu'en matière de foi il faut s'en remettre à la conscience individuelle et non à l'autorité ecclésiastique[20]. Dans le monde germanique protestant, Matthias Knutzen s'en prend au clergé qui devrait être aboli parce qu'il maintient le peuple en état de soumission, thème retrouvé aussi dans un ouvrage anonyme ayant une large circulation à l'époque, le *Symbolum sapientiae*[21].

C'est toutefois en France que la lutte entre le pouvoir politique et le pouvoir religieux a été ponctuée par un anticléricalisme militant notoire. La volonté de séparer le pouvoir temporel du pouvoir spirituel s'est d'abord manifestée à travers le gallicanisme qui cherche, en autres, à exclure la papauté de toute forme de souveraineté dans le domaine temporel. Cela comprend l'organisation matérielle de l'Église, comme dans la *Pragmatique Sanction* de Bourges (1438) ou encore dans la *Déclaration des quatre articles* (1682) rédigée par Bossuet. La Révolution a supplanté le gallicanisme d'Ancien Régime et mis en quelque sorte l'Église de France et son clergé sous tutelle. L'Église est conçue comme un service public. Les membres du clergé deviennent des fonctionnaires prêtant serment de fidélité à l'État, ainsi que l'atteste la *Constitution civile du clergé* de 1791. Plusieurs décrets de l'Assemblée nationale constituante limitent les pouvoirs du clergé : 2 novembre 1789 nationalisation des biens du clergé, décret Treilhard du 13 février 1790 pour suspendre les vœux monastiques, décret du 18 août 1792 portant la suppression des congrégations séculières enseignantes et hospitalières.

Du Consulat jusqu'à la IIIe République, l'Église reprendra certains pouvoirs perdus, notamment en matière d'enseignement confessionnel dispensé par des congrégations avec la Loi Falloux (15 mars 1850). Ainsi, les Frères des écoles chrétiennes avaient refusé de prêter le serment exigé par la *Constitution civile du clergé*, leurs écoles furent fermées le 1er octobre 1792, et leurs biens saisis. Réhabilités sous Napoléon et devenus une congrégation autorisée, ils ont la charge de l'enseignement primaire et la formation des maîtres. Le mouvement anticlérical n'acceptera pas ce recul. Le 29 mars 1880, deux décrets sur proposition de Jules Ferry, ministre de l'instruction publique, sont promulgués afin d'expulser les jésuites et les autres congrégations non autorisées, franciscains, dominicains, etc. La *Loi n° 11 696 du 28 mars 1882 sur l'enseignement primaire obligatoire* remplace l'enseignement religieux par l'enseignement moral et civique et abolit tout droit de

---

[20] Voir Jonathan I. Israel, chapitre 4, "Demolished Priesthood."
[21] *Ibid.*, chapitre 7, "Germany and the Baltic."

regard de l'Église sur l'enseignement. La *Loi du 30 octobre 1886 sur l'organisation de l'enseignement primaire* énonce : « Art. 17. — Dans les écoles publiques de tout ordre, l'enseignement est exclusivement confié à un personnel laïque[22]. » Le gouvernement d'Émile Combes fait adopter le 7 juillet 1904 une loi interdisant à toutes les congrégations d'enseigner dans une école publique. Finalement la *Loi du 9 décembre 1905 relative à la séparation des Églises et de l'État* va finalement mettre fin au Concordat et faire de la religion une affaire qui relève de la conscience individuelle et sur laquelle l'État ne se reconnaît aucune compétence : « La République assure la liberté de conscience, garantit le libre exercice des cultes, mais n'en reconnaît, n'en salarie, n'en subventionne aucun. »

J'ai voulu faire ces quelques rappels historiques pour illustrer ce que dit Jean Baubérot : « L'État républicain est donc porteur d'une rupture laïcisatrice, nécessitant une politique anticléricale qui l'emporte sur une sécularisation obtenue par le jeu de la dynamique sociale[23]. » On parle parfois de « l'exception française » pour justement marquer le caractère conflictuel de la séparation de la religion et du politique. Cette forme de laïcisation se caractérise par « l'hégémonie d'un processus politique » qui a engendré une véritable guerre entre « deux France » selon l'expression de Jules Michelet – celle des catholiques et celle de républicains révolutionnaires[24].

Sous la direction de Kamal Atatürk (1881–1938), la Turquie a aussi connu une forme de laïcisation imposée par une action politique, sans toutefois l'existence d'un conflit opposant l'État aux autorités religieuses – les imams sont payés par l'État. Si la révolution kémaliste a mis fin au califat ottoman qui unissait religion et politique, et ainsi émancipé le pouvoir politique des autorités religieuses, la République turque exerce un contrôle sur la religion à travers la *Diyanet işleri Başkanlığı* (directorat des affaires religieuses) qui supervise les prêches et sur l'éducation religieuse[25], y compris celle du personnel religieux. Le mot « laïc » (*laiklik*) n'apparait pas dans la première constitution et surgira dans le vocabulaire pour la première fois en 1937, après plusieurs réformes[26]. La réforme kémaliste a créé un véritable espace public séculier par l'abolition des *medrese* ou écoles coraniques en faveur de l'école laïque[27], l'interdiction des signes religieux comme le port du fez par les hommes sur la place publique[28], l'interdiction de porter des vêtements

---

[22] *Journal officiel*, 31 octobre 1886.
[23] Baubérot (2009), 52.
[24] Baubérot (2010), 28.
[25] Voir Ahmet T. Kuru, c. 7 "Westernization and the Emergence of Assertive Secularism (1826–1997)."
[26] Élise Massicard. L'auteure cite l'article 2 de la *Loi n° 3115 du 5 février 1937*, portant que « *l'État turc est républicain, national, populiste, étatiste, laïc et réformiste* ».
[27] La *Loi du 3 mars 1924, n° 430 sur l'unification de l'enseignement.*
[28] *Loi n° 671 du 28 novembre 1925 sur le port du chapeau*, Resmi Gazete [*Gazette officielle*], 28.11.1925/230.

religieux en dehors des lieux de culte[29], le remplacement complet de la *sharia* par des codes civil et criminel d'inspiration européenne[30], et plusieurs autres réformes sociales.

La réforme kémaliste ne représente pas le premier effort de modernisation en Turquie, puisque déjà le Sultan Mahmoud II (1784–1839), inspiré par le travail novateur de son oncle Selim III (1789–1807), avait entrepris plusieurs réformes politiques, juridiques et sociales qui tendaient toutes à limiter l'influence des ulémas dans ces domaines[31]. À sa mort une nouvelle organisation de l'Empire ottoman, le *Tanzimat* (1839–1876), imaginée par plusieurs bureaucrates dont certains Européens, conduisent à des mesures qui favorisent l'égalité entre musulmans et non-musulmans et qui autorisent les non-musulmans à occuper des postes dans l'administration publique (*Islâhat Fermânı,* Rescrit du 18 février 1856) et abolissent la taxe imposée aux non-musulmans (*dhimmî*).

Plusieurs lois d'inspiration européenne sont adoptées en matière civile, criminelle (décriminalisation de l'homosexualité, abolition de la lapidation pour adultère et de la peine de mort pour apostasie) et commerciale. Un système public d'éducation est mis sur pied. Ces mesures ont suscité de sérieuses tensions entre bureaucrates, ulémas et factions islamisantes. Ainsi, le mouvement des Jeunes Ottomans (*Genç Osmanlılar Cemiyeti*) et son leader Namık Kemal mettent en place un régime parlementaire, une monarchie constitutionnelle avec à sa tête le sultan Abdülhamid II. Namık Kemal appuie les réformes à l'occidentale, mais, comme son collègue Ali Suavi et les autres Jeunes Ottomans, il croit fermement qu'une société démocratique et moderne peut s'appuyer sur les valeurs islamiques[32]. Un an après la proclamation de la Constitution, il transforme le régime en monarchie absolue et décide de miser sur l'islam comme facteur d'unification nationale, d'autant plus que l'Empire venait de perdre plusieurs de ses anciens territoires majoritairement chrétiens (Serbie, Grèce, Valachie, Moldavie, Abkhazie, et Bulgarie). Même si le sultan impose l'éducation religieuse dans le système scolaire, plusieurs intellectuels commencent à accuser l'islamisme d'être la source du retard sociopolitique et économique de la société turque. En 1909, les Jeunes Turcs (*Jöntürkler*), fortement inspirés par la Révolution française, forcent la réouverture du parlement ottoman et détrônent le sultan. Les Jeunes Turcs sont particulièrement influencés par l'esprit scientifique, le positivisme et la philosophie matérialiste occidentale. L'essayiste Abdullah Cevdet (1869–1932) dira qu'il n'y a qu'une civilisation, l'Occidentale, et le sociologue Mehmet Sabahaddin (1879–1948) pense qu'avant cette révolu-

---

[29] *Loi nº 2596 du 3 décembre 1934 sur la réglementation du port de certains vêtements,* Resmi Gazete [*Gazette officielle*], 03.12.1934/2879.
[30] *Loi nº 469 du 8 avril 1924.*
[31] Kuru, 205-209.
[32] Daglier.

tion intellectuelle inspirée de l'Occident la vie intellectuelle était absente de la Turquie[33]. Ziya Gölkalp (1876–1924) croit qu'il faut mettre fin à la coexistence d'institutions islamiques et séculières et opte pour laïciser le système d'éducation, une politique qui sera mise en œuvre par Atatürk. La construction d'une nation turque moderne, selon, Gölkalp se fonde sur le concept de turcité axé d'abord sur la langue et la culture turques. Il pense que la religion peut être un facteur identitaire, mais pas le plus important. Elle ne peut être prise en considération dans l'élaboration des politiques nationales et appartient au domaine de la vie privée et de la conscience individuelle, ce qui va à l'encontre de la vision traditionnelle de l'islam qui cherche à établir une société basée sur les valeurs de l'islam[34].

À l'opposé d'un processus de rupture radicale avec un ancien régime dans lequel la religion détermine l'ordre politique, d'autres nations, surtout en territoire majoritairement protestant, connaitront une « sortie de la religion » d'un autre type, « par évidement interne du religieux[35]. » Comme je l'ai exposé au chapitre précédent, la Réforme a entraîné avec elle une série de désordres civils et religieux qui ont conduit finalement à la subordination de la religion à l'État, dont la première formule a été celle du *cujus regio ejus religio*. Luther insiste sur la réalité spirituelle de l'Église qui n'a rien de commun avec une institution temporelle ; c'est un royaume spirituel qui rassemble sous la conduite de l'Esprit-Saint les croyants dans l'écoute de la Parole de Dieu et la pratique des sacrements[36]. Logiquement, Luther écarte toute ingérence du pouvoir religieux dans les affaires temporelles, comme l'exprime l'article 28 de la *Confession d'Augsbourg* :

> Puisque donc le pouvoir de l'Église, ou des évêques, confère des biens éternels, puisqu'il n'est exercé que par le ministère de la prédication, il ne gêne donc en rien le pouvoir civil et le gouvernement temporel. Car le gouvernement civil s'occupe de toute autre chose que de l'Évangile, puisqu'il protège, non pas les âmes, mais les corps et les biens des sujets

---

[33] Sukru Hanioglu, 18.
[34] Uner Daglier.
[35] Gauchet (1998), 20.
[36] Article 7 de la Confession d'Augsbourg : « Nous enseignons aussi qu'il n'y a qu'une Sainte Église chrétienne et qu'elle subsistera éternellement. Elle est l'Assemblée de tous les croyants parmi lesquels l'Évangile est enseigné en pureté et où les Saints Sacrements sont administrés conformément à l'Évangile.
Car pour qu'il y ait unité véritable de l'Église chrétienne, il suffit que tous soient d'accord dans l'enseignement de la doctrine correcte de l'Évangile et dans l'administration des sacrements en conformité avec la Parole divine. Mais pour l'unité véritable de l'Église chrétienne il n'est pas indispensable qu'on observe partout les mêmes rites et cérémonies qui sont d'institution humaine. C'est ce que déclare Saint Paul, Éph. 4, 5-6 : « Un seul corps et un seul esprit, comme aussi vous avez été appelés à une seule espérance par votre vocation ; un seul Seigneur, une seule foi, un seul baptême ».

contre la violence matérielle, au moyen de l'épée et des châtiments corporels.

Il faut donc se garder de mêler et de confondre les deux pouvoirs, le temporel et le spirituel. Car le pouvoir spirituel a la mission particulière de prêcher l'Évangile et d'administrer les Sacrements. Il ne doit jamais empiéter sur un domaine autre que le sien. Il ne doit pas établir ou destituer des rois ; il ne doit pas abolir les lois civiles, ni corrompre l'obéissance due aux autorités ; il ne doit pas s'immiscer dans les affaires civiles, ni faire la loi au pouvoir temporel. Christ lui-même a dit, Jean 18, 36 : « Mon royaume n'est pas de ce monde ». Et aussi, Luc 12, 14 : « Qui est-ce qui m'a établi juge parmi vous ? » Et Saint Paul, Phil. 3, 20 : « Notre cité à nous est dans les cieux ». Et 2 Cor. 10, 4 : « Les armes avec lesquelles nous combattons ne sont pas charnelles, mais elles sont puissantes par la vertu de Dieu pour renverser les machinations de l'ennemi et toute hauteur qui s'élève contre la connaissance de Dieu ».

La radicalité de la doctrine luthérienne de la sanctification par la foi – *sola fide* – demande d'écarter du gouvernement civil toute compétence en ce qui concerne le salut, la libération de l'homme intérieur qui s'opère par la grâce seule, sans les œuvres ou la bonne conduite de l'homme. Pour Luther, l'ordre moral qui assure la justice et la paix sociale appartient à l'homme extérieur, toujours esclave de ses passions. Le gouvernement civil a précisément cette fonction :

En ce qui concerne l'État et le gouvernement temporel, nous enseignons que toutes les autorités dans le monde, les gouvernements et les lois civiles qui maintiennent l'ordre public sont des institutions excellentes créées et établies par Dieu. Un chrétien est libre d'exercer les fonctions de magistrat, de souverain, de juge. Il peut sans péché prononcer des jugements selon les lois impériales et les autres lois en vigueur, punir les malfaiteurs au moyen de l'épée, entreprendre une guerre juste, être soldat, acheter et vendre, prêter serment sur injonction, posséder des biens, contracter mariage, etc. (article 16)

Le règne civil fait donc partie de l'ordre voulu par Dieu, avec des fonctions bien spécifiques, distinctes de ce qui existe dans le règne spirituel. Pour Luther la loi dans le monde civil a pour fonction de préserver la création et l'ordre dans la société, mais c'est un monde déchu par le péché. La loi peut avoir une fonction pédagogique envers les passions et les limites de l'homme extérieur, mais jamais rédemptrice. Le Décalogue, les Anciens, mais aussi la raison peuvent guider la conduite des hommes dans la société civile, mais il n'est pas question de fonder la gouvernance uniquement sur l'Évangile. Cela conduirait la société à sa ruine « comme si un berger mettait ensemble dans la même étable des loups, des lions, des aigles, et des brebis[37]. »

Il faut cependant comprendre que la théologie de la séparation des deux règnes n'implique pas nécessairement la séparation de l'Église et de l'État comme nous l'entendons généralement au niveau juridique, puisque l'Église n'est pas conçue comme une institution. Luther reconnaît bien sûr l'autonomie de la sphère socio-économique et politique, sa rationalité propre jusqu'à un certain point. C'est pourquoi il s'insurge contre toute forme de résistance au pouvoir temporel : « causer des troubles, ce n'est rien d'autre que d'exercer soi-même la justice et la vengeance. Et cela, Dieu ne peut le souffrir[38]. »

Autant Luther fustige l'utilisation de la violence pour imposer la foi, autant il lui répugne de voir l'anabaptiste Thomas Münzer utiliser l'Évangile pour tenter de justifier la révolte armée des paysans allemands. Le glaive ne doit être utile qu'aux fins temporelles. Luther n'hésite pas un instant à livrer au bras séculier ces émeutiers et insurgés : « C'est pourquoi, dans un tel cas, celui qui le peut doit abattre, massacrer et tuer secrètement ou publiquement, et se rappeler qu'il ne peut y avoir rien de plus venimeux, de plus nuisible et de plus diabolique qu'un insurgé[39]. » En fait, la dure réalité du soutien anabaptiste à la guerre des paysans et la réalité des guerres qui divisaient le Saint-Empire Romain Germanique en camps opposés sur le plan religieux amènent peu à peu Luther à accorder un certain droit de résistance des princes contre l'Empereur et de regrouper sur un même territoire des gens de même confession[40]. C'est l'origine du cujus *regio ejus religio* qui donnera naissance au concept d'églises nationales qui a encore cours aujourd'hui en Suède, Norvège, Islande, Danemark et Finlande qui partage ce titre avec l'Église orthodoxe de Finlande.

Calvin formule lui aussi une théorie des deux règnes très semblable à celle de Luther[41]. Le rôle de l'État consiste « à ordonner seulement une justice civile et réformer les mœurs extérieures[42]. » Calvin reconnait aussi que l'ordre séculier, autorisé par Dieu, possède sa propre fonctionnalité à mesure de la raison humaine : « Cela demeure toujours ferme qu'il y a en tous hommes quelque semence d'ordre politique, ce qu'est un grand argument que nul n'est destitué de la lumière de la raison, quant au gouvernement de la vie

---

[37] *Luther et l'autorité temporelle, 1521–1525*, 87.
[38] Luther, *Sincère admonestation à tous les chrétiens pour qu'ils se gardent de la révolte et de la sédition* (janvier 1522), dans *Luther Œuvres I*, 1139.
[39] Luther, *Contre les hordes criminelles et pillardes de paysans*, dans *Œuvres choisies*, tome 4, 177.
[40] Voir Hartweg, 144-145.
[41] Calvin, *Institution Chrétienne*. De la liberté chrétienne. Chapitre XIV.
[42] *Ibid.*, Du gouvernement civil, chap. XX, 1.

présente[43]. » La doctrine calviniste de la Providence fait cependant plus de place à l'éthique de la responsabilité que la théologie luthérienne.

La Providence de Dieu appelle en chaque instant l'homme à devoir agir de manière responsable et suivre la voie qu'il a tracée à travers sa Parole, les Écritures[44]. Chez Calvin, les œuvres ou l'agir moral témoignent de la Providence, de ce que Dieu n'abandonne jamais sa créature. Calvin rédige, de concert avec les magistrats, *les Ordonnances ecclésiastiques* en 1541 puis les *Édits civils* en 1543, devenus la loi fondamentale de la république. Pour Calvin, l'édification du chrétien devient la tâche première de l'Église, à laquelle le gouvernement civil doit coopérer[45]. La puissance ecclésiastique n'a rien de « terrienne », son pouvoir n'a rien de temporel et son autorité est soumise à la Parole de Dieu. Tout cela indique que Calvin entend récupérer l'autonomie entière de L'Église face au pouvoir civil. L'Église s'occupe du salut et de la repentance, le gouvernement civil police la conduite des citoyens[46]. Alors que Luther s'était intéressé surtout à la prédication de la Parole et peu à l'organisation de l'Église, Calvin met l'accent sur la discipline dans la communauté des croyants dont le comportement individuel révèle l'élection divine. Pour s'assurer d'avoir l'œil partout, Calvin propose la nomination d'aînés, siégeant sur des structures ecclésiastiques et civiles, « gens de bonne vie et honnête, sans reproche et hors de toute suspicion, surtout craignant Dieu et ayant bonne prudence spirituelle », pour rapporter les écarts de conduite, et les discipliner[47]. Calvin distingue certes les juridictions ecclésiastique et civile, mais sa vision théonomique l'amène à concevoir la société comme une sorte d'utopie biblique qui marquera le puritanisme européen et ses rejetons américains[48]. Le mandat des magistrats – vu comme une « commission baillée de Dieu », auprès de « ceux qui sont lieutenans et vicaires de Dieu »[49] – s'étend aux deux Tables du Décalogue, les devoirs envers Dieu puis envers autrui[50].

Le rigorisme moral de Calvin – qui n'hésite pas à interdire la danse et les chansons grivoises, les paris et le jeu, le théâtre, règlementer les hôtelleries

---

[43] *Ibid.*, De l'homme, chap. II, 33.
[44] *Ibid.*, Livre I, c. XVII, 4 : «celuy qui a limité nostre vie, nous a aussi commis la solicitude d'icelle : et nous a donné les moyens pour la conserver : et nous a fait prévoir les périls, à ce qu' ils ne nous peussent surprendre, nous donnant les remèdes au contraire, pour y obvier. Maintenant il appert quel est nostre devoir. Si le Seigneur nous a baillé nostre vie en garde, que nous la conservions » ; Livre I, c. XVII : « Or où est-ce que Dieu nous enseigne de sa volonté, sinon en sa Parole ? Pourtant en tout ce que nous avons à faire il nous faut contempler la volonté de Dieu, telle qu'il nous l'a déclarée en icelle Parole. Dieu requiert de nous ce qu'il commande. »
[45] Voir Witte Jr (2005), c. 1.
[46] Calvin, *Ibid.*, Livre IV, c. IX, De la jurisdiction de l'Église, et de l'abus qui s'y commet en la Papauté, 2-3. Voir Müller, 29-30.
[47] Calvin, *Ordonnances ecclésiastiques*, dans *Calvin, homme d'Église*, 35.
[48] Darling Foster.
[49] Calvin, *Institution Chrétienne*, Du gouvernement civil, chap. XX, 22.
[50] *Ibid.*, Du gouvernement civil, chap. XX, 9.

et les tavernes, dénoncer le luxe et la coquetterie, et la prostitution, etc. – ne doit pas nous faire oublier l'autonomie qu'il accorde à la conscience individuelle dans le discernement de la volonté de Dieu. La conscience individuelle n'est pas bêtement soumise à l'autorité de lois créées par l'Église, comme c'est le cas, estime-t-il, avec le droit canon. L'Église calviniste place la conscience libre du chrétien devant la souveraineté de la Loi de Dieu qu'il cherche, porté par sa foi en la grâce apportée par Jésus, à appliquer dans la vie de tous les jours en vue de sa sanctification. Pour le croyant, la Loi, même civile, n'apparait plus comme une contrainte extérieure, puisqu'elle fait partie du plan divin[51]. Sa vertu est pédagogique : « L'utilité de la Loy est de convaincre l'homme de son infirmité, et le contraindre de requérir la médecine de grâce, laquelle est en Christ[52]. » Cette loi s'applique aussi aux non-croyants, « non pas que leur cœur soit intérieurement esmeu ou touché, mais seulement ils sont estreins comme d'une bride », car, « ceste justice contrainte et forcée est nécessaire à la communauté des hommes, où la tranquillité de laquelle nostre Seigneur pourvoit, quand il empesche que toutes choses ne soyent renversées en confusion : ce qui seroit, si tout estoit permis à un chacun[53]. »

Le rôle de l'État et des lois civiles inspirées de la Loi morale d'origine divine est donc de maintenir la justice et la paix sociale, mais aussi de garantir l'existence et les manifestations publiques de la religion chrétienne[54]. Tout en refusant l'établissement par l'État de l'Église réformée, Calvin a évolué vers un modèle de relation Église–État qui ressemble à une « administration conjointe » qui ouvre la porte à des dérives, soit de la part des autorités spirituelles, soit des temporelles[55]. Ce même type d'arrangement fera son chemin dans le Commonwealth d'Angleterre de Cromwell qui n'hésite pas à se voir, lui et sa révolution républicaine, comme l'instrument de la divine providence : « So this is none other but the hand of God; and to

---

[51] *Ibid.*, De la liberté chrestienne, livre III, chap. XIX. Au 19e siècle, le théologien et politicien, Abraham Kuyper, reprend ce thème avec force : "Therefore all the powers that be, whether in empires or in republics, in cities or in states, rule 'by the grace of God.' For the same reason justice bears a holy character. And from the same motive every citizen is bound to obey, not only from dread of punishment, but for the sake of conscience." (mes soulignés), *Calvinism : Six Stone-Lectures*, "Calvinism and Politics," 105.
[52] Calvin, *Institution Chrétienne*, Livre II, chap. VII, 9.
[53] *Ibid.*, Livre II, chap. VII, 10.
[54] *Ibid.*, Livre IV, chap. XX, 3 : parlant du rôle des lois civiles : « en somme qu'il apparoisse forme publique de religion entre les Chrestiens, et que l'humanité consiste entre les humains. Et ne doit sembler estrange que je remets maintenant à la police la charge de bien ordonner la religion, laquelle charge il semble que j'aye ostée ci-dessus hors de la puissance des hommes. Car je ne permets yci aux hommes de forger loix à leur plaisir touchant la religion et la manière d'honorer Dieu, non plus que je faisoye par ci-devant : combien que j'approuve une ordonnance civile, laquelle prend garde que la vraye religion qui est contenue en la Loy de Dieu, ne soit publiquement violée et pollue par une licence impunie. »
[55] Müller, 30.

him belongs the glory⁵⁶. » Cromwell fait en quelque sorte de la religion calviniste, sous toutes ses formes (indépendants et presbytériens), l'Église établie du Commonwealth, mais il redéfinit les rapports Église–État dans la mesure où la politique est subordonnée à la souveraineté de Dieu ; elle ne subordonne plus la religion comme c'était le cas dans le modèle développé par Édouard VIII, puis par Elizabeth I (*Act of Uniformity* (1559), 1 Elizabeth c. 2). Dans le modèle anglican traditionnel, l'uniformité de la pratique religieuse devient l'objectif premier, mais dans le modèle calviniste la moralité prend le devant : « Dans l'ancienne Église d'Angleterre, le comportement légal dûment contrôlé concernait la pratique religieuse ; dans l'Église calviniste de l'État cromwellien, il concerne les mœurs⁵⁷. »

Une vision semblable de la transcendance divine dictant la conduite des communautés humaines se trouve à la base du mouvement réformiste dirigé par Abraham Kuyper (1837–1920) contre les calvinistes libéraux de l'Église réformée de Hollande. Cette conception prône la séparation de l'Église et de l'État afin de garantir l'existence des Églises minoritaires orthodoxes – ceux qui « regrettent » (*dolerende* en néerlandais, du latin *dolere*) le passé et souhaitaient prendre leurs distances de l'Église réformée de Hollande (*Nederlandse Hervormde Kerk*). Kuyper les réunit en 1892 sous la bannière des Églises réformées des Pays-Bas (*Gereformeerde Kerken in Nederland*). Il privilégie l'idée d'une Église axée sur des communautés paroissiales autonomes, où l'ensemble des croyants est directement soumis à la souveraineté de Dieu, sans l'intermédiaire d'une autorité centrale nationale. Cette approche autonomiste contraste avec la conception luthérienne des Églises nationales ou encore avec l'établissement des Anglais⁵⁸.

Le principe de la liberté de conscience est le cœur du modèle calviniste des relations Église–État et découle du principe de la Souveraineté que Dieu exerce dans la sphère politique par l'entremise des magistrats. Kuyper rappelle que l'homme a été créé libre. Tout exercice ou forme de pouvoir dans la société politique ne peut être naturel, mais résulte de notre condition

---

⁵⁶ "Letter to the Honorouble William Lenthall Speaker of the Commons House of Parliament, 14th June 1645," in Thomas Carlyle, 1: 173. Voir également "Letter to the Honorouble William Lenthall Speaker of the Commons House of Parliament, 14th September 1645", I : 176.
⁵⁷ Champion (2006), 45.
⁵⁸ A. Kuyper, *Calvinism : Six Stone-Lectures*, "Calvinism A Life System" : "Luther's starting point was the special soteriological principle of a justifying faith; while Calvin's extending far wider, lay in the general cosmological principle of the sovereignty of God. As a natural result of this, Luther also continued to consider the Church as the representative and authoritative "teacher," standing between God and the believer, while Calvin was the first to seek the Church in the believers themselves. [...] Lutheranism restricted itself to an exclusively ecclesiastical and theological character while Calvinism put its impress in and outside the Church upon every department of human life." (21-22).
"Thus the Church receded to neither more nor less than the congregation of believers and in every department of the world was not emancipated from the power of God, but from the dominion of the Church." (31).

pécheresse : l'État se présente comme une forme de contrainte, parfois de nature violente, quoique nécessaire pour maintenir une paix relative dans une société où les individus sont divisés par le péché[59]. Dieu seul est souverain et à cause de cela aucun homme, ou encore groupe d'hommes, ne tient de lui-même le droit de dominer l'autre ; toute autorité politique découle de la souveraineté de Dieu[60]. Pour Kuyper, cette relativité du pouvoir politique tire sa source de la liberté de conscience individuelle, source de toutes les libertés personnelles : liberté d'opinion, de presse, d'association…[61] Ainsi se trouve créé l'espace de liberté nécessaire à la critique et au renversement en cas d'abus[62] : la doctrine calviniste nous enseigne à nous élever au-dessus de loi en vigueur vers Dieu la source du droit éternel, et cela crée sans cesse en nous le courage irrépressible pour protester contre l'iniquité de la loi au nom du droit supérieur[63].

Kuyper semble peu critique vis-à-vis de certains aspects moins démocratiques de la société américaine du 19e siècle comme la situation sociale des noirs, des Amérindiens et des femmes. Néanmoins, il a brillamment exposé les rapports de la théologie calviniste des *Pilgim Fathers* avec la séparation de l'Église et de l'État aux É.-U., le respect de la conscience individuelle (liberté religieuse), et le pluralisme religieux[64]. En aucun cas, la séparation de l'Église et de l'État vouée à la protection de la liberté de conscience en matière religieuse n'implique l'absence complète d'influence de la religion chrétienne dans la sphère politique. En témoigne la référence à Dieu et au Créateur dans les textes constitutionnels qui ont suivi la révolution américaine. Ainsi, le préambule de la *Déclaration d'indépendance* du 4 juillet 1776 énonce clairement que le Créateur a doté les hommes du droit inaliénable à la liberté, la vie et la poursuite du bonheur[65]. Selon Kuyper, la séparation de l'Église et de l'État, contrairement au modèle français, n'a pas pour objectif d'éclipser totalement la religion de l'espace public, mais plutôt de libérer les communautés de croyants de toute forme d'intervention étatique en n'en finançant aucune.

L'idéal-type calviniste du rapport Église–État, tout en respectant l'autonomie ou la séparation des sphères religieuse et politique, avance une collaboration étroite entre les deux qui favorise le développement d'une religion civile chrétienne toujours présente aujourd'hui. Cette vision alimente un courant jurisprudentiel de la Cour suprême des États-Unis qui se caracté-

---

[59] A. Kuyper, "Calvinism and Politics," 101.
[60] *Ibid.*, 104.
[61] *Ibid.*, 139. "The sovereignty of conscience as the palladium of all personal liberty, in this sense – that conscience is never subject to man but always and ever to God Almighty."
[62] *Ibid.*, 104.
[63] *Ibid.*, 115.
[64] Voir l'article de John Witte, Jr. (1999).
[65] A. Kuyper, "Calvinism and Politics," 110. Il donne aussi plusieurs exemples tirés de *The Articles of Confederation* et des constitutions de différents États.

rise par une interprétation tempérée du Premier Amendement. D'après ceux qu'on désigne du terme *accommodationists*[66], les clauses de non-établissement et de libre exercice de la religion n'ont pour objectif que d'empêcher l'État d'établir une religion ou encore que des lois en favorisent une ou plusieurs. Elles ne visent pas à interdire la reconnaissance publique de Dieu ou l'adoption par l'État de politiques qui soutiennent la croyance religieuse sans en favoriser une en particulier.

Cette position est bien illustrée par l'affaire *Zorach* v. *Clauson* (343 U.S. 306 (1952)) qui maintient une loi de l'État de New York autorisant certains élèves à quitter l'école durant les heures de classe pour accomplir leurs obligations religieuses. Le J. William O. Douglas écrit pour la majorité :

> We are a religious people whose institutions presuppose a Supreme Being. We guarantee the freedom to worship as one chooses. We make room for as wide a variety of beliefs and creeds as the spiritual needs of man deem necessary. We sponsor an attitude on the part of the government that shows no partiality to any group ….

Sur la pratique mise en cause en l'espèce, il estime qu'elle respecte la nature religieuse du peuple américain et facilite la satisfaction des besoins religieux de certaines personnes en les accommodant. L'interdire serait interpréter la Constitution d'une manière restrictive, puisqu'il n'y a rien dans la Constitution qui oblige à concevoir la séparation comme une indifférence impitoyable ou une forme d'hostilité envers la religion : "But we find no constitutional requirement which makes it necessary for government to be hostile to religion and to throw its weight against efforts to widen the effective scope of religious influence."

Cette opinion contraste avec celle de son collègue dissident, le J. Hugo L. Black pour qui l'opinion de la majorité remet en cause le principe de la neutralité absolue de l'État. En effet, l'opinion de la majorité ne semble pas tenir compte de l'avis de contribuables qui pourraient être incroyants. Il avait lui-même défini le sens du Premier Amendement dans *Everson* v. *Board of Education of Ewing TP* (330 U.S. 1 (1947)) : "The 'establishment of religion' clause of the First Amendment means at least this: neither a state nor a Federal government can set up a church. Neither can pass laws which aid one religion, <u>aid all religions</u> or prefer one religion over another" (mes soulignés). Le Premier Amendement a érigé un "mur de séparation" entre l'église et l'État qui doit demeurer élevé très haut[67]. Cette position « séparationiste »

---

[66] David Schultz, *Encyclopedia of the Supreme Court*, New York: Facts on File, 2005, 144.
[67] *Everson* v. *Board of Education of Ewing TP* (330 U.S. 1 (1947)), J. Black : "The First Amendment has erected a wall between church and state. That wall must be kept high and impregnable. We could not approve the slightest breach." Cette affaire concernait un contribuable du New Jersey qui s'opposait à ce que la Commission scolaire paie pour le transport d'élèves d'écoles religieuses privées. Le J. Black ne croit pas qu'il y ait eu atteinte au principe

est aussi clairement indiquée par le J. Frankfurter dans une autre affaire l'année suivante[68].

Il existe donc un débat sur l'interprétation à donner au principe de la séparation de l'Église et de l'État, à la métaphore classique du mur de séparation pour expliquer le Premier Amendement. Le recours à un tel principe est loin de résoudre toutes les difficultés qui peuvent être engendrées par son application. Certaines personnes sont portées à croire que l'énonciation du principe laïc de la séparation de l'Église et de l'État, dans une charte de la laïcité par exemple, mettra les choses au clair une fois pour de bon et qu'il en sera fini du traitement cas par cas des accommodements religieux. Le juge Frankfurter émet cette sage réflexion en 1948 :

> The case, in the light of the Everson decision, demonstrates anew that the mere formulation of a relevant Constitutional principle is the beginning of the solution of a problem, not its answer. This is so because the meaning of a spacious conception like that of the separation of Church from State is unfolded as appeal is made to the principle from case to case. We are all agreed that the First and the Fourteenth Amendments have a secular reach far more penetrating in the conduct of Government than merely to forbid an 'established church.' But agreement, in the abstract, that the First Amendment was designed to erect a 'wall of separation between Church and State,' does not preclude a clash of views as to what the wall separates[69].

Jusqu'à présent, j'ai décrit des idéaux-types de la relation entre religion et politique, le modèle de la laïcité républicaine au sein duquel l'État endigue toute manifestation religieuse de l'espace public, celui de la religion établie, puis le modèle calviniste de la sécularisation qui prône la liberté de conscience et la séparation des sphères religieuse et politique, une religion de croyants formant des associations volontaires (*free church*). Tous ces modèles ont leur généalogie et leur histoire propres, mais tous ont connu des transformations pour s'accommoder de situations où la pureté du modèle risquait de créer des inégalités ou préjudices à certains groupes. Cela s'est avéré notamment dans le domaine de l'éducation.

---

du non-établissement puisque les subsides sont versés aux parents et non à la Commission scolaire, que le litige ne concerne pas une opinion religieuse, et que, de plus, le subside est aussi offert aux parents des écoles publiques, quelque soient leurs croyances religieuses.

[68] *McCollum* v. *Board of Education*, 333 U.S. 203 (1948) : "Separation is a requirement to abstain from fusing functions of Government and of religious sects, not merely to treat them all equally. [...] Separation means separation, not something less. Jefferson's metaphor in describing the relation between Church and State speaks of a 'wall of separation,' not of a fine line easily overstepped."

[69] *Ibid.*, 213.

Avec les *Lois Ferry* à la fin du 19e siècle, la création d'une école publique et laïque constitue la première étape de la laïcité en France, et cela sera repris dans la loi de 1905. La loi Debré (31 décembre 1959) a introduit le principe de l'enseignement privé confessionnel et de son financement partiel par l'État, ce qui représente près de 15 % des élèves du primaire depuis 1990.

En Angleterre, l'éducation primaire a longtemps relevé des autorités religieuses locales de l'Église anglicane. Toutefois, dès le milieu du 17e siècle les protestants dissidents organisent leurs propres écoles, souvent financées par des organisations philanthropiques comme la *British and Foreign Schools Society*. Ce n'est qu'avec l'*Elementary Education Act 1870* (33 & 34 Vict. c. 75) que l'école primaire devient obligatoire pour tous, et que l'Église établie perd le contrôle direct de l'éducation qui passe sous la juridiction de commissions scolaires (*school boards*) avec l'aide financière de l'État. Avec cette nouvelle législation toutes les écoles, même privées (appelées *public schools*) accueillent des élèves de toute confession qui reçoivent un enseignement religieux à caractère chrétien sans être spécifiquement rattaché à une église en particulier, sauf ceux qui demandent l'exemption[70]. L'*Education Act 1944* (7 & 8 Geo. 6 c. 31) a étendu cette même philosophie à l'enseignement secondaire. Il maintient le principe des écoles qui souhaitent demeurer sous le contrôle de l'Église (*church schools*), mais favorise leur intégration au système public en offrant de meilleures conditions financières à celles qui le souhaitent (*voluntary schools*), notamment les catholiques[71]. L'*Education Reform Act 1988* (1988 c. 40) et le *School Standards and Framework Act 1998* (1998 c. 31) maintiennent l'enseignement de la religion dans le curriculum national des écoles du système public ainsi que la prière collective déjà introduite en 1944, sans caractère confessionnel. Je n'ai pas l'intention d'entrer dans le détail fort complexe du système britannique, mais ce que je viens d'en rapporter démontre jusqu'à quel point la religion et le patrimoine chrétien sont valorisés pour maintenir les valeurs morales dans la société et communiquer l'importance de la dimension spirituelle dans la vie, tout en respectant le libre choix individuel qui peut

---

[70] *Elementary Education Act 1870* (33 & 34 Vict. Chap. 75), 7 : "Every elementary school which is conducted in accordance with the following regulations shall be a public elementary school within the meaning of this Act; and every public elementary school shall be conducted in accordance with the following regulations (a copy of which regulations shall be conspicuously put up in every such school); namely, (1.) It shall not be required, as a condition of any child being admitted into or continuing in the school, that he shall attend or abstain from attending any Sunday school, or any place of religious worship, or that he shall attend any religious observance or any instruction in religious subjects in the school or elsewhere, from which observance or instruction he may be withdrawn by his parent, or that he shall, if withdrawn by his parent, attend the school on any day exclusively set apart for religious observance by the religious body to which his parent belongs."
14. "No religious catechism or religious formulary which is distinctive of any particular denomination shall be taught in the school."
[71] Michèle Breuillard.

s'exprimer par le droit de retrait[72]. Il existe aussi des écoles privées accueillant des clientèles ciblées : catholiques, protestants, musulmans, hindous, sikhs, et des élèves sans aucune affiliation religieuse. En dépit du statut constitutionnel que détient la *Church of England*, personne n'ose mettre en doute le caractère séculier des institutions démocratiques britanniques dont les décisions ne sont guère dictées par des impératifs religieux.

L'Église évangélique-luthérienne a un statut semblable au Danemark, une Église d'État sous l'autorité du souverain, et appelée « Église du peuple danois » (*Den Danske Folkekirke*)[73]. L'appartenance se fait sur une base volontaire et il est possible d'être exempté de l'impôt ecclésial. La constitution de 1849 (*Danmarks Riges Grundlov*) garantit la liberté de religion (article 67) et interdit toute forme de discrimination basée sur la croyance religieuse (article 70). Plusieurs autres confessions sont reconnues par l'État et reçoivent des subsides. Quant à l'éducation religieuse, le Danemark a un programme similaire à l'Angleterre, c'est-à-dire un enseignement chrétien non confessionnel basé sur un syllabus, à la seule différence que les différentes communautés ne sont pas impliquées dans la détermination du contenu de ce syllabus. Depuis 1975, cet enseignement religieux s'est étendu à l'étude de religions non chrétiennes.

Aux États-Unis d'Amérique La Cour suprême a généralement maintenu que toute expression d'un sentiment ou croyance religieuse, toute activité religieuse ne pouvaient avoir lieu dans le cadre scolaire public. Cette interprétation du Premier Amendement s'est exprimée haut et fort par la voix du J. Black dans *Engel* v. *Vitale* (370 U.S. 421 (1962)), condamnant la récitation matinale d'une prière non confessionnelle dans des écoles publiques d'un district de New York[74]. Le juge bâtit un long argument historique pour montrer que les premiers arrivants ont justement fui une situation en Angleterre où la forme de prière du *Book of Common Prayer Book* était imposée The *Act of Uniformity 1559* (1 Eliz. 1 c. 2). C'est justement ce que la Constitution américaine et ses Amendements cherchent à éviter, nous dit le J. Black :

> By the time of the adoption of the Constitution, our history shows that there was a widespread awareness among many Americans of the dangers of a union of Church and State. These people knew, some of them from bitter personal experience, that one of the greatest dangers to the freedom of the individual to worship in his own way lay in the Government's placing its official stamp of approval upon one

---

[72] *Ibid.*
[73] Champion (2006), 68-71.
[74] La prière n'est sans doute pas confessionnelle, mais elle est peut certainement heurter la conscience des personnes athées, et même des bouddhistes : "Almighty God, we acknowledge our dependence upon Thee, and we beg Thy blessings upon us, our parents, our teachers and our Country."

> particular kind of prayer or one particular form of religious services[75].

Cette ligne d'interprétation a donné lieu à une sorte de « test constitutionnel » selon lequel toute mesure législative entreprise doit démontrer que son objectif principal et son effet doit être de nature séculière, c'est-à-dire qu'elle ne cherche ni à promouvoir, ni à interdire la religion[76]. Cette compréhension fera partie de ce qui est conventionnellement appelé le *Lemon Test* défini dans *Lemon* v. *Kurtzman*, 403 U.S. 602 (1971) qui, au critère de sécularité, accole celui de l'approbation (*endorsement*) et celui de la connivence (*entanglement*) du gouvernement[77]. Dans la pratique, définir la ligne qu'il ne faut pas franchir peut s'avérer difficile et il est nécessaire d'examiner les trois critères. Par exemple, dans *Stone* v. *Graham*, 449 U.S. 39 (1980), la Cour suprême a jugé qu'une loi du Kentucky imposant aux écoles publiques de coller sur le mur une affiche des Dix Commandements violait la Premier Amendement, même si ladite affiche comportait une inscription prétextant une signification séculière : les Dix Commandements sont la source du code légal en Occident et de la *Common Law* aux É.-U.[78]. Pour la Cour, il s'agit d'une invitation à lire, méditer ou obéir aux Dix Commandements, ce qui contrevient à la clause de non-établissement.

Toutefois, une vision trop centrée sur la partition entre l'Église et l'État risquerait au bout du compte de dénaturer l'objectif du Premier Amendement qui est de protéger la liberté de conscience en matière religieuse. Dans *Everson* v. *Board of Education*, 330 U.S. 1 (1947), un citoyen contribuable conteste une loi du New Jersey autorisant les commissions scolaires à subventionner les parents pour le transport écolier, y compris les écoles privées dont la majorité est catholique (*parochial schools*). Tout en réaffirmant

---

[75] *Engel* v. *Vitale* 370 U.S. 421 (1962), 429.
[76] *School District of Abington Township, Pennsylvania* v. *Schempp* 374 U.S. 203 (1963), 222, J. Thomas Clark : "The test may be stated as follows: what are the purpose and the primary effect of the enactment? If either is the advancement or inhibition of religion, then the enactment exceeds the scope of legislative power as circumscribed by the Constitution. That is to say that, to withstand the strictures of the Establishment Clause, there must be a secular legislative purpose and a primary effect that neither advances nor inhibits religion." Le test d'approbation (*endorsement test*) sera raffiné par la juge Sandra O'Connor dans *Lynch* v. *Donelly*, 465 U.S. 668 (1983).
[77] *Lemon* v. *Kurtzman*, 403 U.S. 602 (1971) : "Every analysis in this area must begin with consideration of the cumulative criteria developed by the Court over many years. Three such tests may be gleaned from our cases. First, the statute must have a secular legislative purpose; second, its principal or primary effect must be one that neither advances nor inhibits religion, *Board of Education* v. *Allen*, 392 U.S. 236, 243 (1968); [403 U.S. 602, 613] finally, the statute must not foster 'an excessive government entanglement with religion' *Walz*, supra, at 674."
[78] *Stone* v. *Graham*, 449 U.S. 39 (1980), syllabus : "[t]he secular application of the Ten Commandments is clearly seen in its adoption as the fundamental legal code of Western Civilization and the Common Law of the United States."

le principe du mur de séparation, le juge Hugo Black refuse de l'appliquer machinalement, ce qui aurait pour résultat d'exclure une catégorie de citoyens d'un bénéfice de l'état sur la base de ses croyances religieuses. Le juge Black, concluant à l'absence de violation du Premier Amendement dans ce cas, propose une lecture du Premier Amendement qui conçoit le mur de séparation comme la meilleure garantie de la neutralité de l'État et du traitement égal de chaque citoyen, face à l'incroyance ou à la croyance religieuse :

> Similarly, parents might be reluctant to permit their children to attend schools which the state had cut off from such general government services as ordinary police and fire protection, connections for sewage disposal, public highways and sidewalks. Of course, cutting off church schools from these services so separate and so indisputably marked off from the religious function would make it far more difficult for the schools to operate. But such is obviously not the purpose of the First Amendment. That Amendment requires the state to be a neutral in its relations with groups of religious believers and nonbelievers[79].

La dissidence du juge Wiley Rutledge marque encore l'absolutisme de la position séparationiste, pour qui le Premier Amendement interdit toute espèce de collaboration ou connivence entre l'État et la religion, quel qu'en soit la forme ou le degré[80].

Martha Nussbaum a bien montré comment la Cour suprême est partagée entre une interprétation stricte du mur de séparation, comme celle du Juge Rutledge, et une plus libérale, telle que représentée par la position du juge Black[81]. La position plus libérale craint qu'une interprétation stricte de la clause de non-établissement n'occasionne un manque d'équité et un refus de traiter également certaines minorités. C'est ce qui s'est produit envers des enfants de l'État de New York qui présentaient des difficultés scolaires en mathématiques et lecture, et à qui l'État offrait un support spécial, incluant les enfants des écoles confessionnelles[82]. Nussbaum propose une analyse

---

[79] *Everson* v. *Board of Education*, 330 U.S. 1 (1947), 17.
[80] *Ibid.*, 32 : "The prohibition <u>broadly forbids</u> state support, financial or other, of religion *in any guise, form or degree*. It outlaws <u>all use of public funds</u> for religious purposes." (mes soulignés).
[81] Nussbaum, 282 et suivantes.
[82] J. O'Connor dissidente dans *Aguilar* v. *Felton*, 473 U.S. (1984) 402, 431 : "For these children, the Court's decision is tragic. The Court deprives them of a program that offers a meaningful chance at success in life, and it does so on the untenable theory that public school teachers (most of whom are of different faiths than their students) are likely to start teaching religion merely because they have walked across the threshold of a parochial school. I reject this theory .... I cannot close my eyes to the fact that, over almost two decades, New York City's public school teachers have helped thousands of impoverished parochial school

intéressante des diverses décisions de la Cour suprême qui démontrent qu'aujourd'hui la cour demeure divisée par les deux tendances que je viens d'exposer.

Quelles leçons faut-il tirer des mises en application des différents idéaux-types examinés ? Dans tous les cas de figure, un premier constat s'impose. Des écarts ou des ajustements par rapport à l'idéal-type sont apparus en présence de divers contextes historiques et changements sociaux, ou encore pour tenir compte de la pluralité des croyances et appartenances religieuses. Tous ont évolué, d'une façon ou d'autre, et quel que soit le modèle, de manière à sauvegarder le principe de la neutralité étatique en matière de religion, de la liberté de conscience et de la liberté d'exercice.

La situation semble moins apparente lorsqu'on se tourne vers le modèle français de la laïcité républicaine telle que parfois comprise. Il importe de se rappeler que la *Loi de 1905* constitue surtout une tentative de régler les rapports complexes de l'Église et de l'État, institués par la *Constitution civile du clergé* de 1790, puis par le Concordat. Cette *Loi de 1905* constitue en quelque sorte la véritable sortie de la religion où la France semble vouloir mettre définitivement de côté ses ambitions gallicanes et mettre un baume sur la lutte des « deux France ».

Il existe aujourd'hui une lecture réductrice de la laïcité républicaine qui comprend la séparation comme une volonté de supprimer la visibilité de la religion dans l'espace public, solution finale aux problèmes suscités par un nouveau pluralisme religieux amené par l'immigration en provenance de pays où n'existe pas la même culture séculière. Or, la *Loi de 1905*, comme l'a si bien démontré Émile Poulat, s'intéresse surtout à régler la difficile question de la disposition des biens cultuels, confisqués lors de la révolution de 1789, que la loi remet dans les mains d'associations cultuelles. Il s'agit essentiellement d'aménager un « instrument juridique de droit privé pour la gestion civile des biens et des personnes affectés au service du culte[83] » qui garantit leur service public. Cela ne veut pas du tout dire que la religion est confinée à la « sphère intime » et n'a pas droit de s'extérioriser ; elle est dite une « affaire privée » parce qu'elle ne relève plus de la puissance étatique. Tel est, aux yeux de Jean Baubérot, le véritable sens des lois scolaires de Jules Ferry, de la loi sur le divorce de 1884, de la loi du 14 novembre 1881 déconfessionnalisant les cimetières, et de la *Loi de 1905*[84]. Celui-ci insiste sur le fait que la laïcité républicaine française a consisté en un processus d'affranchissement de l'État et ses institutions de l'emprise de l'Église catholique, alors que dans le modèle américain ce sont les libertés individuelles qui servent de moteur au principe du non-établissement.

---

children to overcome educational disadvantages without once attempting to inculcate religion."
[83] Poulat (2010), 317.
[84] Baubérot (2012), 48-49.

Je reviendrai plus loin sur la réaction de l'Église catholique face à cette laïcité républicaine, mais il est clair que le modèle historique n'a rien à voir avec une volonté d'exclure la religion de la place publique. Ce type de « laïcité dure » date plutôt des années 1990 et s'est imposé surtout à partir de préoccupations identitaires nationales devant des modes de vie de communautés minoritaires qui revendiquent leur droit à la différence. Cette nouvelle laïcité – que Baubérot appelle la « laïcité identitaire » à la suite du Rapport Baroin (2003) – présente un agenda revisité dont l'objectif n'est pas directement l'affranchissement du religieux, mais davantage la lutte contre le « repli communautaire » et la protection de l'identité nationale. L'objectif est clairement politique :

> La laïcité apparaît aujourd'hui comme un principe particulièrement nécessaire pour redonner confiance aux Français dans la République. Pour répondre au choc du 21 avril 2002[85], notre pays doit réaffirmer ses valeurs. Lutter contre la fracture démocratique, contre l'exclusion et le communautarisme, c'est d'abord restaurer le projet laïc dans sa dimension humaniste et politique.

En fait, le Rapport Baroin fait de la laïcité une donnée identitaire liée à la constitution républicaine[86]. Pour toute réponse à la montée de l'islam en France et au repli identitaire, il propose un retour à l'humanisme universel des Lumières.

À cela il faut répondre que la laïcité n'est pas une donnée identitaire précisément parce qu'elle a pour objectif d'émanciper la conscience du citoyen de tout identification de l'État à une croyance religieuse quelconque. De plus, penser la liberté de conscience et la liberté d'exercer une religion doit se faire dans un contexte pluraliste, c'est-à-dire dans le respect de la complexité engendrée par des différences concrètes, vécues par des êtres humains, et non pas *in abstracto*. La nécessité d'intégrer les immigrants ou les communautés culturelles à la vie et à la culture nationale ne peut traficoter les libertés fondamentales comme la liberté de conscience et de religion et la liberté d'exercer un culte. C'est ce que nous enseigne l'histoire. La lutte pour le respect de ces libertés individuelles a permis de mettre fin aux politiques d'« un roi, une loi, une foi » ou du *cujus regio, ejus religio*. Il faut à tout prix éviter d'associer la liberté de religion à celle de l'identité nationale et en traiter sur le terrain des libertés individuelles. Cela ne signifie pas pour autant qu'il ne puisse exister de possibles limites à des formes de libertés de

---

[85] En France, le dimanche 21 avril 2002 est la date du premier tour de l'élection présidentielle française au cours duquel Jean-Marie Le Pen se qualifia pour le second tour. Pour la première fois, un candidat d'extrême droite franchissait le stade du premier tour.
[86] « Pour une nouvelle laïcité », 2003.

religion ou d'exercice du culte qui pourraient mettre en péril l'identité ou la culture nationale. J'y reviendrai.

La laïcité signifie la liberté de conscience et la non-discrimination pour raisons religieuses, mais elle exprime, en même temps, la neutralité de l'État par rapport à toute forme de croyance ou d'incroyance, seul gage de son absolue souveraineté temporelle. Un débat ouvert sur la laïcité au Québec doit réunir des personnes de toute croyance ou incroyance. Pour faciliter ce débat et le rendre fructueux, il faut comprendre la pensée de chacun, le cadre culturel dans lequel s'est effectuée la réflexion sur la liberté de conscience et la neutralité de l'État.

Liberté de conscience et christianisme

L'Église catholique ne tarde pas à réagir à la *Constitution civile du clergé* de 1790. Dans le bref *Quod aliquantum* du 10 mars 1791, le pape Pie VI condamne l'intrusion du pouvoir civil dans l'organisation diocésaine de France et la nomination du clergé et des évêques. Le pape attribue cette insolence du pouvoir civil à la philosophie de l'égalité prônée par les Lumières qui renverse la supériorité de l'autorité spirituelle sur le temporel, toute autorité venant de Dieu :

> C'est dans cette vue qu'on établit, comme un droit de l'homme en société, cette liberté absolue, qui non seulement assure le droit de n'être point inquiété sur ses opinions religieuses, mais qui accorde encore cette licence de penser, de dire, d'écrire et même de faire imprimer impunément en matière de religion tout ce que peut suggérer l'imagination la plus déréglée : droit monstrueux, qui paraît cependant à l'Assemblée résulter de l'égalité et de la liberté naturelles à tous les hommes.

Pour le pape, la liberté de pensée conduit directement à l'irréligion et à l'insubordination :

> En outre, puisque l'usage que l'homme doit faire de sa raison consiste essentiellement à reconnaître son souverain Auteur, à l'honorer, à l'admirer,… il faut qu'il soit soumis à ceux qui ont sur lui la supériorité de l'âge ; qu'il se laisse gouverner et instruire par leurs leçons ; qu'il apprenne d'eux à régler sa vie d'après les lois de la raison, de la société et de la religion : cette égalité, cette liberté si vantées, ne sont donc pour lui, dès le moment de sa naissance, que des chimères et des mots vides de sens. « Soyez soumis par la nécessité, » dit l'apôtre S. Paul (*Apost. Epist. ad Roman.*, c. XIII, v. 5) : ainsi les hommes n'ont pu se rassembler et former une association civile, sans établir un gouvernement, sans restreindre cette

liberté, et sans l'assujettir aux lois et à l'autorité de leurs chefs.

Dénonçant les erreurs modernes dans le *Syllabus* (8 décembre 1864), Pie IX rejette la liberté d'opinion ou de choix en matière de religion, ainsi que la liberté de culte. Il réaffirme que la religion catholique est la seule vraie religion[87]. Dans son encyclique *Quanta Cura*, ce même pape reprend les propos de son prédécesseur Grégoire XVI dans *Mirari Vos* pour qualifier la liberté de conscience de « délire » et de « liberté de perdition »[88].

Il va falloir attendre Vatican II pour voir apparaître une véritable reconnaissance de la liberté de conscience comme droit subjectif[89]. Avant cela, prévaut depuis le Moyen-âge une vision que l'on pourrait de suprématiste de la part de l'Église qui continue d'affirmer qu'elle est la seule gardienne de la vérité, transmise hiérarchiquement du pape, des évêques et des prêtres jusqu'aux fidèles. Hors elle point de salut. La recherche de la vérité ne s'exerce que sous l'autorité hiérarchique, dépositaire du Magistère. Son sentiment de vérédiction en matière spirituelle sert même à justifier son intervention indirecte dans les affaires temporelles, comme l'enseignait Robert Bellarmin[90]. En 1863, dans son encyclique *Quanto conficiamur moerore*, le pape Pie IX se servant de la doctrine médiévale de l'ignorance invincible, semble disposé à démontrer plus d'ouverture dans l'interprétation de l'« *Extra Ecclesiam, nulla salus* » :

> Et ici, Fils chéris et vénérables Frères, nous devons rappeler de nouveau et blâmer l'erreur considérable où sont malheureusement tombés quelques catholiques. Ils croient en effet qu'on peut parvenir à l'éternelle vie en vivant dans l'erreur, dans l'éloignement de la vraie foi et de l'unité catholique. Cela est péremptoirement contraire à la doctrine catholique. Nous le savons et vous le savez, ceux qui ignorent invinciblement notre religion sainte, qui observent avec soin la loi

---

[87] Parmi les erreurs des modernes, le *Syllabus* indique celles-ci :
« XV. Il est libre à chaque homme d'embrasser et de professer la religion qu'il aura réputée vraie d'après la lumière de la raison (8, 26).
XVI. Les hommes peuvent trouver le chemin du salut éternel et obtenir ce salut éternel dans le culte de n'importe quelle religion (1, 3, 17).
XXI. L'Église n'a pas le pouvoir de définir dogmatiquement que la religion de l'Église catholique est uniquement la vraie religion (8). »
[88] *Quanta Cura*, 5.
[89] Les droits subjectifs sont les prérogatives qu'une personne exerce sur une chose (droits réels) ou une autre personne (droits de créance).
[90] Grand théologien jésuite de la Contre-Réforme, Robert Bellarmin expose ce point de vue dans le premier volume du *De controversiis Christianae fidei, Adversus hujus temporis Haereticos*, Parisiis, Tri-Adelphorum Bibliopolarum, 1613. *Tertia controversa generalis, De summo Pontifice*. Il s'agit d'un point de vue progressiste dans la mesure où, à cette époque, l'intervention directe du pape dans les affaires temporelles était justifiée en vertu de la suprématie du spirituel sur le temporel.

naturelle et ses préceptes…, peuvent avec l'aide de la lumière et de la grâce divine, acquérir la vie éternelle. […]
Mais nous connaissons parfaitement aussi ce dogme catholique qu'en dehors de l'Église on ne peut se sauver, qu'il est impossible d'obtenir le salut éternel en se montrant rebelle à l'autorité et aux décisions de cette Église, en demeurant opiniâtrement séparé de son unité et de la communion du Pontife romain…[91]

Pierre Abélard (1079-1142) semble avoir été le premier théologien à invoquer le principe de la conscience qui oblige, même lorsqu'erronée. C'est parce que, dit-il, les juifs se croyaient en présence d'un hérétique qu'ils ont persécuté Jésus, mais leur péché aurait été plus grave s'ils avaient agi contre le dictamen de leur conscience[92]. Abélard semble proposer un critère purement subjectif, à savoir l'intention (*intentio*) dans l'évaluation de la moralité d'une action, ce qui lui permet d'excuser la conscience qui agit par ignorance. Cette position est vite condamnée par le Concile de Sens[93]. Abélard a sans doute raison de s'interroger sur l'appréciation morale d'un acte en fonction de ses résultats (*operatio*) seulement, mais l'enfer n'est-il pas pavé de bonnes intentions ? La conscience individuelle n'est-elle cette lumière intérieure qui suggère à la volonté une règle, une norme à suivre pour la conduite et la réalisation de la vie bonne ? La conscience peut bien sûr se méprendre sur cette règle, mais elle ne peut l'ignorer. Comme l'écrit Thomas d'Aquin, seule l'ignorance invincible excuse :

> Donc, si la raison ou la conscience se trompe volontairement, soit directement, soit indirectement, par une erreur portant sur ce qu'on est tenu de savoir, une telle erreur n'excuse pas du mal la volonté qui agit conformément à cette raison ou conscience erronée. Mais, si l'erreur qui cause l'involontaire provient de l'ignorance d'une circonstance quelconque, sans qu'il y ait eu négligence, cette erreur excuse du mal[94].

---

[91] Pie IX, *Quanto Conficiamur moerore*, traduction française dans *Lettres apostoliques de Pie IX, Grégoire XVI, Pie VII, encycliques, brefs, etc.*, Paris, Impr. Petithenry, 1898, 51.
[92] Pierre Abélard, *Ethica seu liber dictus : Scito teipsum*, cap. XIII et XIV, dans *Petri Abaelardi Opera hactenus seorsim edita nunc primum in unum collegit textum ad fidem librorum editorum scriptorumque recensuit, notas, argumenta, indices adjecit Victor Cousin, adjuvantibus Carolo Jourdain*, t. 2, Parisiis, Auguste Durand, 1859.
[93] La *Lettre de Guillaume de Lèves à Geoffroy, évêque de Chartres, et Bernard, abbé de Clairvaux*, donne la listes des erreurs reprochées à Abélard, dont celle-ci : « On ne commet aucun péché par la concupiscence, la délectation ou l'ignorance ; il n'y a pas de péché en cela, mais seulement un fait naturel ». Citée dans *Œuvres complètes de Saint Bernard*, T. I, lettre 326. Voir Denzinger (729) 9. Ceux-là n'ont pas péché qui ont crucifié le Christ sans le savoir. (730) 10. Ce qui est fait par ignorance ne doit pas être imputé à faute.
[94] *Somme théologique*, I-II q. 19. a. 5 ; *De veritate*, q. 16. a. 3.

Le *Catéchisme de l'Église catholique* reprend l'idée de la nécessité de toujours obéir à sa conscience et de la non-responsabilité de la conscience erronée au seul cas de l'ignorance invincible[95]. Toutefois, nous ne sommes plus dans l'univers monolithique de la chrétienté médiévale. La Réforme, les grandes découvertes et l'exposition à des cultures et systèmes religieux jusqu'alors inconnus, les Lumières, nous ont mis progressivement en présence d'une multitude de visions du monde et en face d'une tolérance de nécessité dans le but de vivre ensemble en paix. Dans ce contexte, la liberté de conscience est devenue une condition pour que chacun puisse individuellement, et en toute égalité, poursuivre sans violence ou contrainte sa quête de la vérité et de la vie bonne. Tout système religieux s'accompagne d'un chemin ou code de vie dont les règles lui sont suggérées par une quelconque transcendance. La Constitution pastorale *Gaudium et Spes* de Vatican II l'indique clairement :

> Au fond de sa conscience, l'homme découvre la présence d'une loi qu'il ne s'est pas donnée lui-même, mais à laquelle il est tenu d'obéir. Cette voix, qui ne cesse de le presser d'aimer et d'accomplir le bien et d'éviter le mal au moment opportun résonne dans l'intimité de son cœur : « Fais ceci, évite cela » ; Car c'est une loi inscrite par Dieu au cœur de l'homme ; sa dignité est de lui obéir, et c'est- elle qui le jugera[96].

Cette vision ne se trouve pas uniquement chez les catholiques. Écoutons ainsi Jean Calvin dans la première *Institution chrétienne* : « La Loy de Dieu, que nous appelons morale, (n'est) autre chose que ce qu'un tesmoignage de la loy naturelle et de la conscience, laquelle nostre Seigneur a imprimé au

---

[95] *Catéchisme de l'Église catholique* : « 1790 L'être humain doit toujours obéir au jugement certain de sa conscience. S'il agissait délibérément contre ce dernier, il se condamnerait lui-même. Mais il arrive que la conscience morale soit dans l'ignorance et porte des jugements erronés sur des actes à poser ou déjà commis.
1791. Cette ignorance peut souvent être imputée à la responsabilité personnelle. Il en va ainsi, « lorsque l'homme se soucie peu de rechercher le vrai et le bien et lorsque l'habitude du péché rend peu à peu la conscience presque aveugle » (GS 16). En ces cas, la personne est coupable du mal qu'elle commet.
1792. L'ignorance du Christ et de son Évangile, les mauvais exemples donnés par autrui, la servitude des passions, la prétention à une autonomie mal entendue de la conscience, le refus de l'autorité de l'Église et de son enseignement, le manque de conversion et de charité peuvent être à l'origine des déviations du jugement dans la conduite morale.
1793. Si – au contraire – l'ignorance est invincible, ou le jugement erroné sans responsabilité du sujet moral, le mal commis par la personne ne peut lui être imputé. Il n'en demeure pas moins un mal, une privation, un désordre. Il faut donc travailler à corriger la conscience morale de ses erreurs. »
[96] *Gaudium et Spes*, 16, § 1.

cœur de tous les hommes »[97]. Tant chez Luther que Calvin, tout comme chez les catholiques, la liberté de conscience ne saurait s'entendre d'un droit subjectif « revendiqué par l'individu de suivre librement l'inspiration de sa conscience[98].

Cela ne viendra vraiment qu'au 17e siècle, lorsqu'on réalisera que la simple tolérance des minorités par la majorité ne suffira pas à éliminer les conflits religieux et que la force n'est pas la meilleure manière de traiter les hérétiques ou schismatiques. La paix civile ne sera possible que lorsqu'il y aura reconnaissance de l'égalité devant la loi en ce qui concerne le culte et la pratique. Un catholique vaut bien un protestant, et vice versa. Ainsi, un ouvrage huguenot anonyme, vers 1690, *Parallèle des Loix Penales de France contre les Protestans avec les loix Penales d'Angleterre contre ceux de la Religion Romaine* montre bien que dans les deux pays, les majorités, tantôt catholique tantôt protestante, traitent durement leurs minorités religieuses. La liberté de conscience comprise comme indifférence ou neutralité par rapport à la religion et au culte va faire son chemin chez les « tolerans outréz », expression utilisée par celui qui se définit comme un tolérant raisonnable, le théologien huguenot Élie Saurin (1639–1703) :

> Bien des gens n'évitent l'esprit d'intolérance et de persécution, qu'en tombant dans l'indifférence des religions, ou en négligeant du moins les moyens qu'on peut légitimement employer pour défendre celle qu'ils reconnoissent pour la véritable. Le Commentateur philosophique est un des chefs de cette malheureuse secte. Il veut que l'on tolère toutes les religions parce qu'elles sont toutes agréables à Dieu, et que cette variété sert infiniment à la manifestation de sa gloire[99].

Même si Saurin s'oppose à l'intolérance outrée du pasteur Pierre Jurieu qui ne fait aucun droit à la conscience erronée[100], il n'est pas non plus d'accord pour que le souverain accorde à toutes les croyances les mêmes privilèges et insiste pour que le magistrat travaille au maintien de la vraie doctrine chrétienne, sans forcer les consciences[101]. Les opposants à la tolérance univer-

---

[97] Livre IV, Chapitre XX, 595.
[98] Olivier Millet, « le thème de la conscience libre chez Calvin », dans Hans Guggisberg, Frank Lestringant et Jean Claude Margolin, 35.
[99] Saurin, *Réflexions sur les droits de la conscience*, Quatrième Partie, Section V intitulée « Contre la tolérance outrée », 683.
[100] Sur la position de Jurieu sur la conscience erronée et le devoir du Magistrat envers la vérité, voir *Histoire du papisme ou suite de l'apologie pour la Réformation, pour les réformateurs, et pour les Réformes*, Troisième Partie, Seconde récrimination, chapitre XI, 276-278. Rotterdam, Reinier Leers, 1683 ; *Des droits des deux souverains en matière de religion, la conscience et le prince, contre un livre intitulé : Commentaire philosophique*, 1687, Rotterdam, Henri de Graeff, surtout le chapitre premier, « Système du Commentaire philosophique, sur les droits de la conscience erronée », 7-55.
[101] Saurin, *Réflexions sur les droits de la conscience*, 684.

selle craignent le libertinage, l'anéantissement de la religion chrétienne, le droit d'être incroyant et la mise sur un pied d'égalité de toutes sortes de croyances, tout cela au nom de la bonne foi de la conscience individuelle :

> Que l'ignorance et l'erreur de tous ceux qui errent de bonne foi sont absolument invincibles... : que Dieu ne peut pas avec justice exiger de nous, que nous trouvions la vérité, ni que nous nous assurions de l'avoir trouvée ; mais seulement que nous la cherchions de bonne foi, ... De sorte que par ces heureuses maximes le Paradis est également ouvert aux Protestans, aux Papistes, aux Sociniens, aux Chrétiens, aux Juifs, aux Mahométans, aux Payens, et aux Athées[102].

Le philosophe Pierre Bayle (1647-1706) pense au contraire que le seul moyen d'atteindre la paix civile consiste à reconnaître à tous le droit de la conscience à s'autodéterminer, de vivre selon le code de vie dicté par sa conscience, quel qu'il soit :

> Je mets en fait que tout ce que la conscience bien éclairée nous permet de faire pour l'avancement de la Vérité, la conscience erronée nous le permet pour ce que nous croions la Vérité. C'est ma Thèse à prouver.
> Je crois que personne ne conteste la Vérité de ce principe, *tout ce qui est fait contre le Dictamen de la Conscience est un Péché* car, il est évident que la Conscience est une Lumière, qui nous dit qu'une telle chose est bonne ou mauvaise, qu'il n'y a pas aparence que personne ne doute de cette Définition de la Conscience. Il n'est pas moins évident que toute Créature, qui juge qu'une Action est bonne ou mauvaise, supose qu'il y a une Loi ou une Règle touchant l'Honnêteté ou la Turpitude d'une Action ; et, si l'on n'est pas Athée, si l'on croit une Religion, on supose nécessairement que cette Loi et cette Règle est en Dieu[103].

Pour Bayle, il n'y a pas de différence entre celui qui croit être dans la vérité et celui qui ne l'est pas, car « à l'égard du droit de respecter et de cultiver ce qu'ils prennent pour la vérité, ils sont tous égaux[104]. » Il ne fait aucun doute que pour Bayle, l'empire de la conscience impose en quelque sorte la neutralité du magistrat en matière religieuse et tous ont droit au respect de la conscience individuelle.

---

[102] *Ibid.*, Première Partie, Section I, 6-7.
[103] *Commentaire philosophique sur ces paroles de Jésus-Christ, contrain-les d'entrer, ou traité de la tolérance universelle*, t. I, Partie II, chapitre. VIII, 391-392.
[104] Bayle, *Nouvelles lettres de l'auteur de la critique générale de l'histoire du calvinisme de M. Maimbourg : 1re partie, Volume I*, Lettre IX, 273.

Avec Grotius, le neutralisme de John Locke et des Huguenots du Refuge (Hollande) partisans de la tolérance universelle – comme Bayle, Sébastien Castellion (1515–1563) et Coornhert 91522–1590) – la liberté de religion n'a plus son siège dans la volonté du souverain. Elle se conçoit de plus en plus comme un droit naturel, un droit fondamental reconnu à chaque citoyen. Ici, nous sommes finalement très proches des formulations de *l'Union d'Utrecht* (article XIII), de la *Declaration of independence* et du *Bill of Rights* des États-Unis d'Amérique, et de la *Déclaration des droits de l'homme et du citoyen* de 1789.

Le monde protestant évolue donc, depuis la fin du 16ᵉ siècle, vers une conception de la liberté de conscience, présente en chaque homme et source de diversité. De plus en plus on s'éloignera d'un concept de tolérance, comme le dit si bien Thomas Payne dans son livre *Droits de l'homme* (1791–1792) : « La tolérance n'est point l'opposé de l'intolérance ; elle n'en est que le déguisement. Elles sont toutes deux des despotismes : l'une s'arroge le droit d'empêcher la liberté de conscience, et l'autre de l'accorder[105]. » S'adressant à la communauté juive de Newport en 1790, George Washington contraste la vraie liberté de conscience vue comme un droit naturel à la tolérance qui résulte du bon plaisir de la majorité[106].

Du côté catholique, il y a bien au 19ᵉ siècle quelques catholiques libéraux pour se porter à la défense de la liberté de conscience pour chacun et de la séparation de l'Église et de l'État. Charles de Montalembert 1810–1870), Henri de Lacordaire (1802–1861), et Félicité de Lamennais (1782–1854) sont de ceux-là. Ces positions sont rejetées par Grégoire XVI, Pie IX et Léon XIII (*Libertas praestantissimum* de 1888). Il faut attendre au Concile Vatican II pour constater une reconnaissance de la part de l'Église catholique de la responsabilité individuelle des citoyens en regard de leurs propres croyances religieuses, en dehors de tout contrôle étatique, au nom du respect de la dignité humaine :

> 2. Ce Concile du Vatican déclare que la personne humaine a droit à la liberté religieuse. Cette liberté consiste en ce que tous les hommes doivent être exempts de toute contrainte de la part tant des individus que des groupes sociaux et de quelque pouvoir humain que ce soit, de telle sorte qu'en matière religieuse nul ne soit forcé d'agir contre sa conscience ni empêché d'agir, dans de justes limites, selon sa conscience, en privé comme en public, seul ou associé à d'autres. Il déclare, en outre, que le droit à la liberté religieuse a son fondement réel dans la dignité même de la

---

[105] Payne, 110. Pour Payne, la Révolution française a dépassé par le concept de liberté de conscience la question de la tolérance et de l'intolérance.

[106] *To the Hebrew Congregation in Newport, Rhode Island* [Newport, R.I., 18 August 1790] ; http://gwpapers.virginia.edu/documents/george-washingtons-reply-to-the-hebrew-congregation/.

personne humaine telle que l'ont fait connaître la Parole de Dieu et la raison elle-même [2]. Ce droit de la personne humaine à la liberté religieuse dans l'ordre juridique de la société doit être reconnu de telle manière qu'il constitue un droit civil.

La Déclaration *Dignitatis Humanae* énonce clairement le droit à l'inviolabilité de la liberté de la conscience de chacun, ce qui constitue une nouveauté lorsqu'on compare cette affirmation avec celles des papes au 19e siècle. Toutefois, le Concile entend rester fidèle à l'enseignement traditionnel de l'Église voulant que la liberté soit éclairée par la loi de Dieu pour s'orienter vers le bien. C'est cet enseignement qui est proposé par Léon XIII, dans *Libertas Praestantissimum* (20 juin 1888). L'encyclique reconnaît « la liberté, bien excellent de la nature et apanage exclusif des êtres doués d'intelligence ou de raison, confère à l'homme une dignité », mais il ajoute ceci :

> Le rôle de la loi étant, en effet, d'imposer des devoirs et d'attribuer des droits, elle repose tout entière sur l'autorité, c'est-à-dire sur un pouvoir véritablement capable d'établir ces devoirs et de définir ces droits, capable aussi de sanctionner ses ordres par des peines et des récompenses ; toutes choses qui ne pourraient évidemment exister dans l'homme, s'il se donnait à lui-même en législateur suprême la règle de ses propres actes.

Le Concile Vatican II s'exprime ainsi :
> Puisque la liberté religieuse, que revendique l'homme dans l'accomplissement de son devoir de rendre un culte à Dieu, concerne l'exemption de contrainte dans la société civile, elle ne porte aucun préjudice à la doctrine catholique traditionnelle au sujet du devoir moral de l'homme et des sociétés à l'égard de la vraie religion et de l'unique Église du Christ[107].

L'Église n'abandonne certes pas sa conception de la liberté humaine soumise à une norme objective, mais elle s'éloigne de l'ancien modèle où l'État a toujours une quelconque obligation de se mettre au service de la vérité représentée par l'Église catholique[108] : « C'est pourquoi le droit à cette

---

[107] *Dignitatis Humanae*. Le préambule.
[108] Voir l'encyclique *Immortale Dei* (1885) : « Mais, quelle que soit la forme de gouvernement, tous les chefs d'État doivent absolument avoir le regard fixé sur Dieu, souverain Modérateur du monde, et, dans l'accomplissement de leur mandat, le prendre pour modèle et règle », et « C'est pourquoi, de même qu'il n'est permis à personne de négliger ses devoirs envers Dieu, et que le plus grand de tous les devoirs est d'embrasser d'esprit et de coeur la

exemption de toute contrainte persiste en ceux-là mêmes qui ne satisfont pas à l'obligation de chercher la vérité et d'y adhérer ; son exercice ne peut être entravé, dès lors que demeure sauf un ordre public juste[109]. » Avec *Dignitatis Humanae*, l'Église semble enfin reconnaître que les temps ont changé et qu'il faut reconnaître la liberté de conscience comme droit individuel sur le plan civil ou juridique et que cette reconnaissance s'accompagne nécessairement d'une conception neutraliste de l'état. Je reviendrai sur la question de la neutralité de l'État plus loin, mais avant cela, examinons ce que pensent le judaïsme et l'Islam de la liberté de conscience.

Liberté de conscience et judaïsme

Jacob Neusner fait remarquer que l'intolérance émane de la nature même du monothéisme pour qui il n'y a qu'un seul Dieu, que tous les autres sont faux, et ceux qui les adorent des idolâtres et non des croyants[110]. Tel est le commandement de Yahvé :

> Tu n'auras point d'autre dieu que moi. Tu ne te feras point d'idole, ni une image quelconque de ce qui est en haut dans le ciel, ou en bas sur la terre, ou dans les eaux au-dessous de la terre. Tu ne te prosterneras point devant elles, tu ne les adoreras point ; car moi, l'Éternel, ton Dieu, je suis un Dieu jaloux, qui poursuis le crime des pères sur les enfants jusqu'à la troisième et à la quatrième générations, pour ceux qui m'offensent[111].

Progressivement Yahvé s'est imposé sur un ensemble de divinités composant le panthéon cananaïte. Il a conclu une alliance avec le peuple d'Israël qu'il promet de défendre contre ses ennemis qui vénèrent d'autres dieux. En revanche Yahvé exige une politique d'anathème (*herem*), de destruction des idoles et de séparation :

> Lorsque l'Éternel, ton Dieu, t'aura fait entrer dans le pays où tu te rends pour le conquérir ; quand il aura écarté de devant toi ces nombreuses peuplades, le Héthéen, le Ghirgachéen, l'Amorréen, le Cananéen, le Phérézéen, le Hévéen et le Jébuséen, sept peuplades plus nombreuses et plus puissantes que toi ; quand l'Éternel, ton Dieu, te les aura livrés et que tu

---

religion, non pas celle que chacun préfère, mais celle que Dieu a prescrite et que des preuves certaines et indubitables établissent comme la seule vraie entre toutes, ainsi les sociétés politiques ne peuvent sans crime se conduire comme si Dieu n'existait en aucune manière, ou se passer de la religion comme étrangère et inutile, ou en admettre une indifféremment selon leur bon plaisir ».

[109] *Dignitatis Humanae*, chapitre I.
[110] Jacob Neusner, "Theological Foundations of Tolerance in Classical Judaism," in *Religious Tolerance in World Religions*, ed. Jacob Neusner and Bruce Chilton, 195.
[111] *Shemot*, XX, 2-5. Traduction du Grand Rabbinat.

les auras vaincus, tu les frapperas d'anathème. Point de pacte avec eux, point de merci pour eux ! Ne t'allie avec aucun d'eux : ta fille, ne la donne pas à son fils, et sa fille, n'en fais pas l'épouse du tien ! Car il détacherait ton fils de moi, et ils adoreraient des divinités étrangères, et la colère du Seigneur s'allumerait contre vous, et il vous aurait bientôt anéantis. Non, voici ce que vous devrez leur faire : vous renverserez leurs autels, vous briserez leurs monuments, vous abattrez leurs bosquets, vous livrerez leurs statues aux flammes. Car tu es un peuple consacré à l'Éternel, ton Dieu : il t'a choisi, l'Éternel, ton Dieu, pour lui être un peuple spécial entre tous les peuples qui sont sur la face de la terre[112].

En fait, l'histoire fera en sorte que le modèle d'un peuple où tous vivent sur un même territoire (royaume d'Israël) en accord avec la loi de ce Dieu unique sera véritablement plus une vision apocalyptique que réalité, comme chez Isaïe (2 : 12-21) :

Oui, l'Éternel-Cebaot fixera un jour contre l'orgueilleux et le superbe, contre quiconque s'élève : ils seront abaissés ; [...] L'orgueil des hommes sera humilié, leur arrogance sera abattue ; seul l'Éternel sera grand en ce jour. Quant aux idoles, elles s'évanouiront toutes. 19 On se réfugiera alors dans les cavités des rochers et dans les grottes souterraines devant la terreur répandue par l'Éternel et l'éclat de sa majesté, quand il se lèvera pour épouvanter la terre. 20 En ce jour, ils jetteront aux taupes et aux chauves-souris leurs idoles d'argent et d'or, qu'ils avaient fabriquées pour leur rendre hommage, 21 et ils iront dans le creux des rochers, dans les crevasses des côtes pierreuses, terrifiés par la crainte de l'Éternel et l'éclat de sa majesté, quand il se lèvera pour épouvanter la terre.

La destruction du Temple de Jérusalem, la chute des royaumes de Juda et d'Israël, l'exil à Babylone, la diversité culturelle rencontrée par les Juifs qui ont choisi de retourner en Israël – qui demeurera un territoire occupé (Perse, Grèce et Rome) – tout cela a modifié profondément la religion et l'attitude des juifs vis-à-vis les non-juifs. La pratique du judaïsme classique centré sur les rituels au Temple se déplace vers la lecture et l'étude de la Torah, la prière, et l'application dans la vie quotidienne de la loi mosaïque, interprétée par les rabbis. C'est après la destruction du Second Temple en 70 de notre ère que se constitueront les grands textes interprétatifs du judaïsme rabbinique, la *Mishna*, le *Talmud* et *la Tossefta*. Par exemple, la *Tossefta* men-

---
[112] *Devarim*, 1-5.

tionne une discussion entre Rabbi Eliézer et Rabbi Joshua sur le salut possible des non-juifs. Le premier nie toute possibilité de salut au gentil alors que le second croit que cerlui-ci entrera dans le royaume, s'il se convertit[113]. L'occupation et la diaspora orientent et façonnent la réflexion sur le problème de la coexistence quotidienne des juifs avec les gentils (*goim*). Israël doit se définir dans ce nouveau contexte et trouver sa place et celle des autres dans le plan divin.

La nécessité des échanges sociaux et commerciaux pour la survie de la communauté juive, surtout en contexte diasporique, forcera à assouplir les règles d'interaction avec l'étranger. De nouvelles religions, le christianisme, et plus tard l'islam, forment une nouvelle donne. Le peuple d'Israël n'est plus devant les idolâtres d'antan, mais devant des croyances religieuses qui ont des racines communes. Ainsi, se trouve dans le *Livre des Jubilés* probablement la première mention des sept lois noachiques – c'est-à-dire, les impératifs moraux transmis par Dieu à Noé, formant une alliance éternelle avec <u>toute l'humanité</u>[114]. Comme l'a dit Maïmonide (1138–1204), tous les non-juifs dont la conduite respecte ces sept normes sont appelés *B'nei Noah* (enfants de Noé) et sont assurés du salut à venir, sans besoin de se convertir[115]. Seuls les juifs restent soumis à l'observance des 613 commandements (*mitvot*) de la *halacha* (loi mosaïque). On trouve des traces de cette attitude plus ouverte envers les gentils au Concile de Jérusalem, où l'on débat de l'obligation pour eux de se soumettre à l'ensemble de la loi juive pour adhérer à la communauté chrétienne composée en grande partie de juifs (*Actes des Apôtres*, 15 : 29-30).

Je suis moins convaincu que Henry Méchoulan que cette vision des lois noachiques représente, du moins durant l'ère des Tannaïm et celle des Amoraïm, une attitude fondée sur le respect de la liberté de conscience d'autrui, en occurrence le gentil[116]. Les Sages de cette période formative semblent plus préoccupés par la volonté de définir des règles de conduite qui leur permettraient de transiger au quotidien avec les gentils, en particulier les *Ger toshav* (résidents étrangers), et de fixer les limites de leur interaction avec des gens qu'ils considéraient comme des idolâtres. C'est en tous les cas la conclusion de l'analyse faite par Tim Hegg, à partir de la *Tossefta* (*Avoda Zara* 8.4) et autres textes du *Talmud de Babylone* (*Sanhédrin* 56a)[117]. On peut facilement penser que leur perception des étrangers comme idolâtres continue d'alimenter un certain nombre de préjugés à leur égard. Ainsi, la

---

[113] *Tossefta Sanhedrin*, 13 : 2. Cité par Jacob Neusner, 196.
[114] *Livre des Jubilés*, 7 : 28. Sont interdits : le blasphème, l'idolâtrie, les relations sexuelles illicites, l'homicide, le vol, manger la chair d'un animal vivant. Plus tard s'ajoutera l'obligation de tenir des tribunaux.
[115] *Mishné Torah, Hilchot Melachim* (*Livre des Rois*), 8.10-11.
[116] Henry Méchoulan, « Les penseurs juifs d'Amsterdam » dans Hans Guggisberg, Frank Lestringant et Jean Claude Margolin, 218.
[117] Tim Hegg.

Mishna (*Avoda zara* 2 :1) recommande aux juifs de ne pas laisser de bétail dans les auberges tenues par des gentils, ne pas laisser une femme seule en leur présence, car ils sont des fornicateurs[118].

La littérature talmudique s'efforce de démontrer que l'humanité, depuis Adam jusqu'à Noé, puis ses descendants, tous n'ont pas été capables d'observer les lois noachiques. C'est la raison pour laquelle Dieu ne leur a pas confié la Torah et ses préceptes. Ils ont été exemptés, ce qui les exclurait de la récompense finale réservée aux fils de la Torah[119].

Dès le Moyen Âge, la perception va commencer à changer. D'abord l'attitude face au christianisme – encore assimilé chez Maïmonide[120] comme une forme d'idolâtrie en raison de la divinité de Jésus et de la Trinité – sera plus positive chez le Provençal Rabbi Menachem Ha-Meiri (1249–1310). Lui ne considère plus les chrétiens et les musulmans comme des idolâtres, mais des « gentils vertueux ». Ha-Meiri ne fonde plus cette distinction sur le jeu de la pratique casuistique des talmudistes ou des tossafistes ; il l'érige en principe. Les temps ne sont plus les mêmes, voilà pourquoi on ne peut plus parler des chrétiens et des musulmans comme faisant partie des gentils en général (*ummoth ha'olam*, nations du monde), mais on parlera des *ummoth ha-geduroth be-darekhey ha-datoth* (les nations qui ne dérogent pas des voies de la religion)[121]. L'énoncé contraste avec les affirmations de Maïmonide. Le Rabbi Eliezer Ashkenazi (1512–1585) abonde dans le même sens[122]. Rabbi Moshe Rivkesh (mort à Amsterdam en 1671) rappelle que les juifs ne vivent plus parmi les idolâtres, mais ils sont en minorité dans des territoires dirigés par des gens qui reconnaissent le Dieu d'Abraham. Loin de les maudire, il faut prier pour eux[123].

Malgré une certaine ouverture envers les autres communautés religieuses, principalement pour des raisons pratiques, on est encore loin d'un véritable pluralisme d'inclusion. L'avènement de l'État-nation et les idées des Lumières et de la Révolution vont toutefois changer profondément le système de ségrégation culturelle et sociale favorisée par la structure traditionnelle d'organisation sociale des *qehillah* (quartiers juifs autonomes). Le philosophe des Lumières juives, Moses Mendelssohn (1729–1786) sera sans

---

[118] Cité par Neusner, 200.
[119] Cette opinion est exprimée par Rabbi Joseph dans le traité *Bava Qama* 38a du *Talmud de Babylone*. Opinion semblable dans la *Sifré devarim, pisqa* 343, cités par Hegg.
[120] *Mishné Torah, Avoda Zora*, 9.4, 4 : « Les chrétiens sont des idolâtres, et le dimanche est leur jour de fête. Aussi est-il défendu, en Terre d'Israël, de faire des affaires avec eux le jeudi et le vendredi chaque semaine. Il est inutile de mentionner qu'il est défendu [de faire des affaires avec eux] le dimanche même. Ainsi agit-on pour tous leurs jours de fête ».
[121] Voir Jacob Katz, 114-115.
[122] *Maaseh Hashem* (Sur les relations avec les gentils), Brill, 185. Rabbi Ashkenazi précise que la colère de Dieu est dirigée envers les idolâtres qui ne croient pas en la création et ceux qui ont détruit le Temple, mais elle ne s'applique pas aux nations d'Edom (chrétiens) et Ismaël (musulmans).
[123] *Be'er haGolah to Hoshen, Mishpat* 425 : 5 cité par Brill, 188.

doute le premier à ouvrir la brèche vers un véritable pluralisme fondé sur la reconnaissance de la dignité de la conscience personnelle et de la validité de ses démarches par opposition à l'exclusivisme en matière de vérité de religieuse. Pour Mendelssohn, la foi personnelle en un Dieu révélé n'implique pas nécessairement que notre religion soit la meilleure ; elle est tout simplement la meilleure pour nous dans les circonstances[124]. Il appartient donc à chacun de gérer personnellement ses croyances, car « quel droit a l'État de fouiller ainsi dans le plus intime des hommes et de les contraindre à des aveux qui n'apportent à la société ni consolation ni profit »[125]. L'analyse que fait Alfred Jospe de l'œuvre de Mendelssohn montre bien comment celui-ci entend dépasser la tolérance lockienne pour entrer dans un vrai pluralisme inclusif :

> Au fond, une union des confessions, si elle devait être mise sur pied, pourrait ne rien produire d'autre que des suites les plus malheureuses pour la raison et la liberté de conscience. [...] Alors ne créons pas d'harmonie là où la diversité est manifestement le plan et le but ultime de la providence. [...] La réunion des confessions n'est pas la tolérance (*Toleranz*). Elle est radicalement opposée à la vraie tolérance (*Duldung*)[126].

Si le judaïsme a une foi sincère dans le salut de toute l'humanité, en 1781 Mendelssohn écrit au prince Karl Wilhem de Brunschweig : « aucune religion particulière ne peut afficher qu'elle détient la vérité de manière exclusive. Cette thèse, que j'ose présenter, pourrait servir de critère de la vérité dans toutes les questions religieuses[127]. » Pour bien comprendre la subtilité de la pensée de Mendelssohn, il ne faut jamais perdre de vue que le judaïsme se veut surtout une orthopraxie, c'est-à-dire que « le faire » prime sur la vérité de la croyance ou l'orthodoxie. Au niveau de la croyance, de ce qui se situe au for interne, Mendelssohn pense que le judaïsme suit les mêmes principes que la religion naturelle, celle des sept lois noachiques qui s'adressent à toute l'humanité. Là où les religions peuvent se démarquer, et c'est évidemment le cas du judaïsme avec les 613 *mitzvot*, c'est au niveau du for externe, du rituel et de la pratique :

---

[124] Mendelssohn, *Jerusalem and other Jewish Writings*, 134 : « Je reconnais que nous croyons que notre religion est la meilleure, parce que nous croyons qu'elle est révélée par Dieu. Néanmoins, il ne s'ensuit pas de cette prémisse qu'elle soit absolument la meilleure. C'est la meilleure religion pour nous-mêmes et nos descendants, la meilleure pour certains temps, circonstances et conditions. » Ma traduction de l'anglais.
[125] Moses Mendelssohn, *Jérusalem, ou Pouvoir religieux et judaïsme*, 92.
[126] *Ibid.*, 186-187.
[127] Mendelssohn, Lettre au Duc Karl-Wilhelm Ferdinand de Brunschweig, dans Eva Jospe, *Moses Mendelssohn : Selections from his Writings*, 116-117. Ma traduction de l'anglais.

> Le culte, cependant, comme chacun sait, peut être privé ou public, intérieur et extérieur, et on fait bien de les différencier. Le culte intérieur du juif n'est pas fondé sur des principes, sauf ceux de la religion naturelle. Ces principes, nous devons nous efforcer de les repandre... Notre culte extérieur, cependant, n'est en aucune façon destiné aux autres, car il comprend des règles et prescriptions qui sont liées à des personnes, des époques et des circonstances spécifiques[128].

La philosophie émancipatrice de Mendelssohn et du mouvement *Haskalah* a joué un rôle majeur dans l'achèvement de l'émancipation politique juive, consacrée notamment par le Décret du 27 septembre 1791 de l'Assemblée nationale française. Cette reconnaissance de l'égalité des droits marque aussi la fin de la ghettoïsation et de l'exclusivisme. Au lieu de considérer ce qui depuis le temps du Concile de Jérusalem oppose traditionnellement deux communautés, chrétienne et juive, le processus d'émancipation du 19e siècle se fonde sur des droits fondamentaux imprescriptibles qui appartiennent à toute l'humanité. Sont témoins de cette approche les délibérations de l'Assemblée des Notables convoquée par le gouvernement français le 30 mai 1806 pour adopter un règlement organique du culte mosaïque, qui sera approuvé par le Grand Sanhédrin l'hiver suivant. L'objectif de cette instrumentalisation légale consiste à « rendre nos coreligionnaires à la dignité d'hommes et de citoyens[129]. » La réponse de l'Assemblée à la quatrième question posée par le gouvernement va tout à fait dans ce sens :

> Aux yeux des Juifs, les Français sont leurs frères, et ne sont points étrangers. […]
> Un païen ayant consulté le rabbin Hillel sur la religion juive, et voulant savoir en peu de mots en quoi elle consistait, Hillel lui répondit : « Ne fais pas à ton semblable ce que tu ne voudrais pas qu'on te fît. […] Une religion qui a de pareilles bases… exige, à plus forte raison, que ses sectateurs regardent leurs concitoyens comme leurs frères.
> Eh ! Comment pourraient-ils les regarder autrement, lorsqu'ils vivent sur le même sol, qu'ils sont régis et protégés par le même gouvernement et par les mêmes lois, qu'ils jouissent des mêmes droits et remplissent les mêmes devoirs[130] ?

---

[128] Mendelssohn, *Jerusalem and other Jewish Writings*, 134.
[129] *Collection des Actes de l'Assemblée des Israélites de France et du Royaume d'Italie*, Séance du 9 décembre 1806, Diogène Tama éd., Paris, Treuttel et Würtz, 1807, 278-79.
[130] *Ibid.*, Séance du 4 août 1806, 170-171. Voir également *Collection des procès-verbaux et décisions du Grand Sanhédrin, convoqué à Paris, par ordre de S. M. l'Empereur et Roi, dans les mois de février et mars 1807*, Paris, Treuttel et Würtz, 1807, 101.

Le Grand Sanhédrin fonde son approbation des nouvelles règles organiques sur une quelconque communauté universelle de l'espèce humaine qui cherche à se gouverner selon une loi universelle. Ce n'est pas sans rappeler les sept lois noachiques applicables à toute l'humanité :

> Vous avez conformé principalement vos décisions sur tout ce qui tient aux sentimens fraternels qui doivent exister entre l'Israélite et ses concitoyens, quelque religion qu'ils professent, parce que vous avez reconnu que ces sentimens tenoient à une loi éternelle de sociabilité contemporaine de l'origine de l'espèce ; loi universelle qui a précédé tout l'appareil des institutions religieuses et politiques[131].

L'exclusion a historiquement écarté les juifs d'une participation citoyenne active, mais l'émancipation doit conduire à des changements profonds chez les individus qui doivent chercher une meilleure intégration sociale :

> Tout le temps que nous ne changerons pas nos mœurs, nos habitudes, enfin notre éducation totale, nous ne devons pas espérer d'obtenir l'estime de nos concitoyens. (….)
> Mais je ne saurais assez vous répéter, combien il est indispensable de quitter cet esprit de corps et de communauté, pour toutes les parties civiles et politiques, non inhérentes à nos lois spirituelles ; là nous devons absolument être que des individus, des Français, occupés d'un vrai patriotisme et du bien général de la nation ; ... se rendre utile à ses concitoyens, mériter leur estime et leur amitié, travailler de concert avec eux à la tranquillité publique[132].

Le pluralisme positif de Mendelssohn n'est évidemment pas partagé par tous au sein du judaïsme. Plusieurs y voient une forme de relativisme mettant en péril le caractère exclusif de l'alliance conclue entre Israël et Yahvé au Sinaï. Jacob Katz nous fait découvrir les tensions qui ont opposé traditionalistes et réformés dans les réflexions de l'Assemblée des Notables et du Grand Sanhédrin[133]. On sent très bien dans ces délibérations, le besoin de retenir l'héritage de l'interprétation rabbinique contenue dans le *Talmud,* qui fait parfois partie de l'argumentaire permettant de justifier de nouvelles ouvertures. C'est le cas notamment de la discussion sur le mariage mixte, la troisième question formulée par le gouvernement. Les *maskilim* (fervents de la *Haskala*) veulent qu'on applique au rituel du mariage la même règle d'interprétation talmudique appliquée à d'autres transactions avec les chré-

---

[131] *Ibid.*, 100.
[132] *Ibid.*, 24, 26. Lettre de M. Berr-Isaac-Berr à ses frères en 1791, à l'occasion du droit de Citoyen actif accordé aux Juifs.
[133] Jacob Katz, chap. XIV.

tiens qui ne sont pas des idolâtres, et qu'on les autorise[134]. Les traditionalistes s'y opposent, mais un compromis satisfaisant rallie les deux camps. J'épargne ici le lecteur des détails du raisonnement employé. Qu'il suffise de mentionner que les rabbins du Grand Sanhédrin tolèrent les mariages mixtes célébrés civilement, mais ils s'appuient alors sur le *Talmud* qui exige le rituel religieux (*qidduchim*) pour qu'il y ait mariage juif valide :

> Nul mariage n'est valable religieusement qu'autant que ces cérémonies ont été remplies. Elles ne pourraient l'être à l'égard de deux personnes qui ne reconnaissent pas également ces cérémonies comme sacrées ; et dans ce cas les époux pourraient se séparer sans qu'ils eussent besoin du divorce religieux ; ils seraient regardés comme mariés civilement, mais non religieusement[135].

Le Grand Sanhédrin se révèle également créatif dans l'élimination du double standard en matière de prêt à intérêt entre juifs puis entre juifs et gentils. La Torah (*Shemot* xxii, 24 ; *Vayikra* xxv, 36-38 ; *Devarim* xxiii, 20), la *Mishna* (*Bava Metzia*) – et plusieurs autorités comme Maïmonide (*Mishneh Torah, Tamid, Malweh*:15) et la *Shulchan Aruch* (*Yoreh De'ah* : 159) – interdisent le prêt à intérêt entre juifs, mais le permettent avec les gentils. Au cours des âges les rabbins ont développé une astuce légale pour contourner l'interdiction de l'Écriture du prêt à intérêt entre juifs, soit une dispense d'affaires (*heter iska*) par laquelle un créditeur devient par contrat un partenaire d'affaires avec un débiteur – contrat qui assimile alors l'apport en capital et l'intérêt dû au débiteur comme un profit partagé. Ayant recours à un argument de type apologétique, le Grand Sanhédrin cherche à démontrer que la loi juive n'est finalement pas en opposition avec le prêt à intérêt, que ce soit entre juifs ou avec les non-juifs, dans la mesure où celui-ci n'excède pas le taux qui a cours légalement, devant s'appliquer aux juifs et non-juifs.[136]

Ces deux exemples, le mariage mixte et le prêt à intérêt attestent de la capacité de la religion juive de s'adapter à une conception pluraliste et citoyenne de la sphère publique. Toutefois, le Grand Sanhédrin semble bien avoir poussé l'idée du vivre ensemble et des accommodements nécessaires à celui-ci au-delà des frontières qui étaient familières aux juifs de l'Europe chrétienne en s'appuyant sur l'idée d'égalité et de fraternité universelle. Celui-ci parle bien des « sentimens fraternels qui doivent exister entre l'Israélite et ses concitoyens, quelque religion qu'ils professent (mes soulignés), parce que vous avez reconnu que ces sentimens tenoient à une loi

---

[134] *Collection des Actes de l'Assemblée des Israélites de France et du Royaume d'Italie*, séance du 4 août 1806, 143.
[135] *Ibid.*, 152. Voir *Collection des procès-verbaux et décisions du Grand Sanhédrin*, 53-54.
[136] *Collection des procès-verbaux et décisions du Grand Sanhédrin*, séance du 9 mars 1807, 94.

éternelle de sociabilité contemporaine de l'origine de l'espèce ; loi universelle qui a précédé tout l'appareil des institutions religieuses et politiques[137]. »

L'ouverture va plus loin que les habituelles mains tendues envers celui qui croit en un Dieu créateur de l'univers ou envers celui qui observe les sept lois noachiques. Elle peut aussi inclure l'athée ou l'agnostique, ou encore le polythéiste[138]. Le Grand Sanhédrin établit clairement la distinction qui doit exister entre les préceptes de nature religieuse et les lois civiles, distinction qui n'existait pas au moment où Moïse avait dicté la loi au peuple d'Israël. Cette distinction emporte des conséquences importantes. Premièrement :

> La loi divine, ce précieux héritage de nos ancêtres, contient des dispositions religieuses et des dispositions politiques... les dispositions religieuses sont, par leur nature, absolues et indépendantes des circonstances de temps... il n'est pas de même des dispositions politiques.... qui étoient destinées à régir le peuple d'Israël lorsqu'il avait ses rois... ces dispositions politiques ne sauraient être applicables depuis qu'il ne forme plus un corps de nation[139].

Deuxièmement, les dispositions religieuses « appartiennent au domaine des consciences, sont par cela même indépendantes des événements temporels et jusqu'à un certain point de la juridiction civile » alors que les dispositions civiles ou politiques « n'enchaînent qu'aux circonstances des lieux, et des temps, et de l'ordre politique auquel elles s'appliquent[140]. » Pour les juifs libéraux du 19e siècle, l'ordre politique et l'ordre religieux sont séparés, contrairement à la vision traditionnelle où le second influence les décisions prises par le premier.

Ces conceptions opposées continuent d'alimenter le débat au sein du judaïsme encore aujourd'hui. Les juifs orthodoxes craignent un pluralisme fort qui à leurs yeux relativiserait la vérité révélée par Dieu au Sinaï. Tout au plus, acceptent-ils un pluralisme de complaisance dans lequel toutes les différences seront abandonnées avec la venue du Messie. C'est la position tenue par Menachem Kellner, notamment dans son livre *Must a Jew Believe Anything?* Tout en se définissant comme orthodoxe, Rabbi Irving (Ytzhtak) Greenberg rejette la prétention à la possession exclusive de la vérité, s'appuyant sur une interprétation du concept « à l'image de Dieu » contenu dans

---

[137] *Ibid.*, 100.
[138] Voir l'analyse de Katz, 193-194. La porte demeure ouverte à l'interprétation dans la mesure où plus avant (*Collection des procès-verbaux et décisions du Grand Sanhédrin*, 77) la même expression « quelque religion qu'ils professent » était précédée de la phrase suivante « la pratique habituelle et constante envers tous les hommes reconnaissant Dieu créateur du ciel et de la terre », ce qui exclurait les athées ou encore les bouddhistes.
[139] *Collection des procès-verbaux et décisions du Grand Sanhédrin*, 96.
[140] *Ibid.*, 103.

la Torah et tel que compris par la tradition rabbinique[141]. Selon lui, ce concept révèle trois idées majeures : la valeur infinie de la personne, l'égalité entre tous et le caractère unique de chaque personne. À partir de cette vision de l'absolue dignité, la personne, Greenberg fait place au respect de la conscience individuelle, pose des limites à l'absolutisme en matière de vérité, et défend un pluralisme qui reconnaît la validité des revendications d'autrui en matière de vérité religieuse[142]. Pour Jospe, il ne fait aucun doute qu'un vrai pluralisme implique nécessairement une forme de relativisme épistémologique au sens ou toute expression de l'absolu revêt un caractère singulier et partiel, ce que la tradition admet depuis toujours par l'expression rabbinique des « soixante-dix visages de la Torah » (*shiv`im panim la-torah*)[143]. Ainsi, Jospe illustre ce point de vue par le *Midrash Rabba, Shemot* 34 :

> Il y est dit : « Tous les gens ont vu les voix. » Il n'y est pas mentionné « *une* voix » (*qol*), mais « *des* voix » (*qolot*). Rabbi Yohanan dit : La [divine] voix se manifesta et elle s'exprima en soixante-dix voix, en soixante-dix langues, afin que toutes les nations puissent l'entendre dans sa propre langue nationale et la comprendre... Venez constater comment la voix s'adressait à chaque Israélite selon son habileté... [144]

Le pluralisme authentique ou « fort[145] » se distingue donc du pluralisme théorique ou complaisant à la Maïmonide et permet la singularité, le particularisme d'une tradition. Juif orthodoxe, Claude Riveline fait l'apologie de cette singularité, tout en accordant que le judaïsme n'est pas fermé sur lui-même et doit s'adapter à la société pluraliste et laïque :

> Toutefois, il y a une conception extrême, j'oserais dire totalitaire de la laïcité qu'une conscience juive ne peut accepter, c'est celle qui proclame que l'universel a désormais triomphé, et que toute distinction entre les cultures doit être ultimement abolie. La tradition juive considère qu'il existe soixante-dix nations toutes essentielles à la réussite de l'Histoire, et qu'elles seront encore distinctes aux temps messianiques. Il n'est donc pas question pour les Juifs de

---

[141] Voir Irving Greenberg.
[142] *Ibid.*, 388 : "The pluralist has not lost the encounter with and the experience of the absolute. But, if you will, out of the encounter with others' equally powerful, experience of the absolute, the pluralists come to know the limits of their own absolutism. Pluralism is an absolute that knows its limits. Therefore, it leaves room for other absolute claims and for other faith systems to express themselves in all their power and validity."
[143] A. Jospe,
[144] Cité par A. Jospe, 101. Ma traduction de l'anglais.
[145] Expression utilisée par Avi Sagi, "Ha-Dat Ha-Yehudit : Sovlanut ve-Efsharut ha-Pluralism" in *'Iyyun* 43 (1994), 175-200, repris par A. Jospe.

> renoncer à leur spécificité pour se fondre dans l'anonymat. Pour résumer, je dirai que les Juifs sont d'ardents partisans d'une laïcité ouverte, qui encourage chacun à cultiver les meilleurs aspects de sa singularité...[146]

Riveline plaide clairement en faveur d'un espace public qui se veut un lieu d'échanges entre des points de vue diversifiés, y compris ceux des religions et ceux de l'humanisme athée. L'espace public ne peut se contenter de valeurs décrétées par l'État, sinon il n'est plus un lieu d'échange et risque de devenir un lieu appauvri, aseptisé, qui laisse tout le champ au commerce et à la consommation. Cette prise de position rejette deux extrêmes : l'intolérance et l'exclusivisme des ultra-orthodoxes (*haredim*) et l'universalisme de certains *maskilim* comme Abraham Geiger, Hartwig Wessily, ou David Friedlaender.

Liberté de conscience et islam
Je suis conscient qu'aborder la question de la tolérance ou de la liberté de conscience religieuse du point de vue de l'islam suscite la plupart du temps de l'incrédulité, surtout depuis septembre 2001 et la montée de l'islamisme. Plusieurs associent naturellement l'islam avec intolérance et violence, liée à une certaine interprétation néo traditionaliste du jihad. Le Coran ne dit-il pas ceci :

> Avertis les infidèles que s'ils mettent fin à leur impiété, leurs fautes passées seront pardonnées, mais que s'ils récidivent, ils n'auront plus qu'à méditer l'exemple des peuples qui les ont précédés. Combattez-les jusqu'à ce qu'il n'y ait plus de sédition et que tout culte soit rendu uniquement à Dieu[147].

Puis, il y a cet autre verset qui ne ménage guère les juifs et les chrétiens :
> Combattez ceux qui ne croient ni en Dieu ni au Jour dernier ; ceux qui ne s'interdisent pas ce que Dieu et Son Prophète ont déclaré interdit ; ceux qui, parmi les gens d'Écriture, ne pratiquent pas la vraie religion. Combattez-les jusqu'à ce qu'ils versent directement la capitation en toute humilité ! [30] Les juifs disent : « Uzayr est fils de Dieu ! » et les chrétiens disent : « Le Messie est fils de Dieu ! » Telles sont les paroles qui sortent de leurs bouches, répétant ainsi ce que les négateurs disaient avant eux. Puisse Dieu les maudire pour s'être ainsi écartés de la Vérité ! [31] Ils ont élevé au rang de divinités en dehors de Dieu leurs rabbins et leurs moines, ainsi que le Messie, fils de Marie, alors qu'ils avaient reçu

---
[146] Claude Riveline, *Regard Juif sur les Non-Juifs*, 70.
[147] Sourate *Les Prises de guerre* (*Al-Anfâl*), 8 : 38-39.

ordre de n'adorer que Dieu l'Unique, en dehors duquel il n'y
a point de divinité. Gloire à Lui ! Il est infiniment au-dessus
de ce qu'ils prétendent Lui associer[148].

Ces versets ont été interprétés par certains grands commentateurs et juristes dans le sens de la justification de la guerre contre les infidèles parce qu'ils ne sont pas dans la vérité de l'islam. C'est le cas d'ibn Qudâma (1147–1223), al-Iman al-Jassas al-Râzî (917–980), ibn Taymiyyah (1263–1328)[149]...

Commençons par le début. Selon l'interprétation sunnite, durant toute la période antédiluvienne, il n'y avait qu'une seule communauté (*umma*) réunie autour d'une seule foi en Dieu. Le Coran ne dit-il pas :

Les hommes ne formaient, à l'origine, qu'une seule communauté. Dieu leur envoya les prophètes pour annoncer la bonne nouvelle et lancer un avertissement ; de même qu'Il a fait descendre avec eux le Livre renfermant la Vérité afin d'arbitrer les différends qui opposent les hommes. Or, ce sont ceux-là mêmes qui avaient reçu le message qui entrèrent en désaccord à son sujet, en dépit des preuves évidentes qui leur furent apportées, et ce, par pur esprit de rivalité[150].

Plusieurs textes affirment la continuité dans la révélation divine, depuis Adam, en passant par Moïse et Abraham, puis Jésus, jusqu'à Muhammad : « Dis : Nous croyons en Dieu, à ce qu'Il nous a révélé, à ce qu'Il a révélé à Abraham, à Ismaël, à Isaac, à Jacob et aux Tribus ; à ce qu'ont reçu de leur Seigneur Moïse, Jésus et les prophètes. Nous ne faisons aucune distinction entre eux, et c'est à Dieu que nous nous soumettons. »[151] Il existe plusieurs interprétations sur la nature exacte de cette première religion. Les chiites duodécimains y voient des croyances appartenant aux infidèles (polythéistes), alors qu'il n'y aurait eu qu'un petit noyau de vrais croyants (*hunafâ'*)[152]. Les sunnites en général parlent d'une seule communauté avec une seule foi au Dieu vrai qui se serait par la suite effritée et aurait alors fait l'objet de dissensions multiples[153]. Certains, dont le traditionniste ibn Abbas, l'historien at-Tabarî (9ᵉ siècle) et le commentateur Fakhr-ad-Dîn-ar-Râzî (12ᵉ siècle), croient que cette religion de la vérité était l'islam[154]. Les mutazi-

---

[148] Sourate *Le Repentir* (*At-Tawba*), 9 : 28-31.
[149] Yunus Soualhi, "Understanding Islamic Fundamentalism: A Politico-Legal Analysis."
[150] Sourate *La vache* (*al-Baqarah*) 2 : 213.
[151] Sourate *La Famille d'Imran* (*Âl-'Imrân*) 3 : 84. Voir aussi 21. *Sourate des Prophètes* (*Al-Anbiyâ'*) 21 : 25.
[152] Selon Etan Kohlberg, les chiites ont adopté une telle vue. Voir "Some Shī'ī Views of the Antediluvian World."
[153] Voir sur ce point, Yohanan Friedman, *Tolerance and Coercion in Islam*, 15. L'auteur mentionne comme source ibn Mas'ud dans une *qira'a* (variante) de la sourate 2 : 213, et at-Tabarî, *Tafsir* 10 : 19.
[154] *Ibid.*, 16.

lites pensent que la religion antédiluvienne n'est pas le fruit d'une quelconque révélation, mais le produit de la raison humaine[155].

Quelle que soit l'interprétation donnée, le tableau demeure le même : il y aurait à l'origine uniformité dans la croyance religieuse, puis rapidement la diversité est apparue. Plusieurs penseurs et théologiens cherchent à maintenir une certaine continuité depuis l'origine. C'est du moins ce que signifie ce hadith : « D'après Abdr ar-Rahman ben Abu 'amra, Abu Hurayra dit : Le messager de Dieu a dit : 'Comparé aux gens, je suis le plus proche du fils de Marie, dans l'ici-bas et dans l'autre monde. Les prophètes sont des enfants de *'allat*, c'est-à-dire de mères différentes... Quant à leur religion, c'est la même.' »[156] Lorsque la diversité religieuse émane de dissensions, le Coran ne la perçoit pas de façon négative :

> À toi aussi Nous avons révélé le Coran, expression de la pure Vérité, qui est venu confirmer les Écritures antérieures et les préserver de toute altération. Juge donc entre eux d'après ce que Dieu t'a révélé. Ne suis pas leurs passions, loin de la Vérité qui t'est parvenue. À chacun de vous Nous avons tracé un itinéraire et établi une règle de conduite qui lui est propre. Et si Dieu l'avait voulu, Il aurait fait de vous une seule et même communauté ; mais Il a voulu vous éprouver pour voir l'usage que chaque communauté ferait de ce qu'Il lui a donné. Rivalisez donc d'efforts dans l'accomplissement de bonnes œuvres, car c'est vers Dieu que vous ferez tous retour, et Il vous éclairera alors sur l'origine de vos disputes.[157]

Le Coran n'assimile guère la diversité à l'idée de confusion, comme dans le récit de Babel de la Torah. Au contraire, elle constitue une richesse, une occasion d'élargir et d'enrichir nos connaissances : « Ô hommes ! Nous vous avons créés d'un mâle et d'une femelle, et Nous vous avons répartis en peuples et en tribus, pour que vous fassiez connaissance entre vous. En vérité, le plus méritant d'entre vous auprès de Dieu est le plus pieux. Dieu est Omniscient et bien Informé[158]. » Un philosophe iranien, Az-Zamakhsharî (12e siècle) affirme que les différences sont nécessaires à la reconnaissance mutuelle des personnes et des choses. Parce que les choses diffèrent et ne sont pas toutes égales à elles-mêmes, nous pouvons les distinguer les unes des autres et les reconnaître[159].

Le professeur Khaled Abou El Fadl note que la théologie musulmane n'a pas en général développé cette reconnaissance coranique de la diversité,

---

[155] *Ibid.*, 17. Il cite Abû Muslim al-Isfahânî (10e siècle).
[156] *Sahîh Bukhârî*, hadith 3443.
[157] Sourate *La Table* (*Al-Mâ'ida*) 5 : 48.
[158] Sourate *Les Appartements* (*Al-Hujurât*) 49 : 13.
[159] Pascal Richard, *Le jeu de la différence*, 11.

probablement parce que la civilisation islamique a longtemps exercé une domination politique sur une grande partie du bassin méditerranéen[160]. C'est vraiment durant la période médinoise de sa prédication que Muhammad décide de faire montre d'une tolérance envers les juifs de Médine par un pacte qui les autorisait à pratiquer leur culte, en échange de leur alliance militaire. Certains juifs sont alors comptés parmi la communauté des croyants (*umma mina i-mu'minin*), d'après le texte même de la charte rapportée par ibn Ishaq dans *Sîrat Rasûl Allah* (*Biographie de l'Envoyé d'Allah*).[161] Suite aux diverses conquêtes, la charte de Médine se révèle l'ancêtre du régime juridique de protection – la *dhimma* – pour les résidents non musulmans, , en échange d'un impôt (*jizya*). Tout en accordant aux non-musulmans le droit d'être jugé selon leurs propres tribunaux au lieu du droit musulman, ce régime promeut une sorte de communautarisme qui soumet les non-musulmans à une forme d'infériorité sociale par l'imposition de certaines restrictions. Il leur est interdit de construire de nouveaux lieux de culte, de faire du prosélytisme, de marier une femme musulmane, d'être témoins devant un tribunal islamique, etc. Le système de la *dhimma* a connu une application pendant environ treize siècles, s'adressant d'abord aux « gens du livre » (*Ahl al-kitâb*) – c'est-à-dire, chrétiens, juifs, sabéens et zoroastriens – pour ensuite s'étendre aux hindous et bouddhistes. C'est lui qui est à l'origine du concept ottoman de *millet* (communauté confessionnelle) qui règle la vie des diverses communautés religieuses de l'Empire.

Mais comment expliquer deux courants qui semblent s'opposer au sein du Coran ? D'une part y figure la reconnaissance de la validité de plusieurs révélations et le respect du parcours religieux de chaque être raisonnable. Allah lui-même n'a-t-il pas dit : « À chacun de vous Nous avons tracé un itinéraire et établi une règle de conduite qui lui est propre[162]. » La sourate *La vache* élimine nettement toute forme de contrainte en matière de croyance : « Point de contrainte en religion maintenant que la Vérité se distingue nettement de l'erreur[163]. » D'autre part, il se trouve des affirmations absolutistes de l'islam, comme celle-ci : « Quiconque recherche en dehors de l'islam une autre religion, celle-ci ne sera point acceptée de Lui ; et dans l'autre monde, il sera du nombre des réprouvés[164]. » Toutefois, la sourate *La table* reconnaît que toute personne qui fait le bien et croit en Dieu, qu'il soit juif ou chrétien, obtiendra la récompense divine[165]. Comment concilier tout cela ? El Fadl nous rappelle qu'il faut toujours interpréter les versets du Coran en tenant compte du contexte historique et des circonstances chan-

---

[160] Khaled Abou El Fadl (2002), *The Place of Tolerance in Islam*, 16.
[161] Voir Uri Rubin, "The "Constitution of Medina" Some Notes," 12-17.
[162] Sourate *La Table* (*Al-Mâ'ida*) 5 : 48.
[163] Sourate *La vache* (*Al-Baqara*) 2 : 256.
[164] Sourate *La Famille d'Imran* (*Âl-'Imrân*) 3 : 85.
[165] Sourate *La table* (*Al-Mâ'ida*) 5 : 69.

geantes. La prédication du Prophète a souvent été reçue avec hostilité. Pour la combattre, il préconise l'effort ou la lutte (jihad) :

> Combattez dans la Voie de Dieu ceux qui vous combattent, sans jamais outrepasser les limites permises, car Dieu n'aime pas ceux qui les transgressent. Tuez-les partout où vous les trouvez et chassez-les d'où ils vous ont chassés, car la subversion est pire que le meurtre. Ne les combattez pas, cependant, auprès de la Mosquée sacrée, à moins qu'ils ne vous y attaquent les premiers. Dans ce cas, n'hésitez pas à les tuer. Ce sera la juste récompense des infidèles. S'ils cessent de vous attaquer, sachez que Dieu est Clément et Miséricordieux. Combattez-les sans répit jusqu'à ce qu'il n'y ait plus de subversion et que le culte soit rendu uniquement à Dieu. S'ils cessent le combat, ne poursuivez les hostilités que contre les injustes récalcitrants. S'ils respectent votre mois sacré, respectez le leur. Mais s'il y a violation de leur part, la loi du talion devra être appliquée. Quand quelqu'un vous agresse, usez de réciprocité en proportion du dommage causé. Craignez Dieu et sachez qu'Il est avec ceux qui Le craignent[166].

Le jihad se justifie dans un contexte de protection et d'autodéfense : « Toute autorisation de se défendre est donnée aux victimes d'une agression, qui ont été injustement opprimées, et Dieu a tout pouvoir pour les secourir[167]. » Il doit être interprété dans le contexte général des appels du Coran à chercher la paix :

> Dieu ne vous défend pas d'être bons et équitables envers ceux qui ne vous attaquent pas à cause de votre religion et qui ne vous expulsent pas de vos foyers. Dieu aime ceux qui sont équitables. Mais Il vous interdit toute liaison avec ceux qui vous combattent à cause de votre religion, qui vous chassent de vos foyers, ou qui contribuent à le faire. Une telle alliance constituerait une véritable injustice[168].

El Fadl insiste pour dire que la théologie musulmane valorise au plus haut point la paix (*salam*), fondée sur des valeurs de justice et de pardon, plutôt que la violence et l'agression[169]. Ceux qui par des actes violence et la guerre tentent de détruire la société civile et son organisation sont des corrupteurs

---

[166] Sourate *La vache* (*Al-Baqara*) 2 : 190-194.
[167] Sourate *Le pèlerinage* (*Al-Hajj*) 22 : 39
[168] Sourate *L'éprouvée* (*Al-Mumtahana*) 60 : 8-9. Voir également la sourate *Les femmes* (*An-Nisâ'*) 4 : 90.
[169] Khaled Abou el Fadl (2007), *The Great Theft*, 234-236.

(*mufsidun*) du plan de Dieu pour l'humanité, des blasphémateurs[170]. Le théologien pakistanais Javed Ahmad Ghamidi croit que le jihad militaire, à ne pas confondre avec le jihad du cœur, pouvait s'expliquer à l'époque de Muhammad et de ses compagnons qui ont dû faire face à l'opposition mekkoise et à la trahison de certaines tribus juives de Médine. Cette époque est maintenant révolue et le jihad n'est plus justifié[171]. Cette position modérée contraste évidemment avec l'extrémisme du jihad islamique pratiqué par les talibans, Al-Qaïda, ou encore le Hamas. Alors que Ghamidi ou el Fadl font appel au raisonnement (*qiyâs*) dans l'interprétation du droit islamique, ces extrémistes issus du courant salafiste le rejettent. Ils s'en remettent à une interprétation littéraliste du Coran et de la Sunna. Pour justifier leur position, ils se servent souvent de la technique exégétique de l'abrogation (*naskh*) qui consiste à énoncer que certains versets ou messages du Coran sont abrogés et remplacés par d'autres, abrogatifs (*al-nāsikh wal-mansūkh*).[172] Plusieurs savants et juristes ont écrit des traités sur l'abrogation.[173] La pratique semble ancienne, bien attestée par *L'Authentique de Muslim* (*Sahîh Muslim*) où l'on retrouve à quelques reprises l'expression : « Dieu abrogea le verset précédent par celui-ci[174]. »

La révélation prophétique s'étend sur une vingtaine d'années et décrit des circonstances aussi diverses que la période préislamique qualifiée d'ignorance (*jâhilîya*), la première période mekkoise et l'opposition des marchands mekkois polythéistes, l'hégire et la période médinoise, puis la conquête de La Mecque. Contrairement à la Bible, les récits coraniques ne sont pas présentés dans l'ordre chronologique. L'historien ibn Jarir at-Tabarî commente un hadith attribué à ibn Abbas, cousin du Prophète, voulant que le remplacement du verset 62 de la sourate *La vache* par le verset 85 de la sourate *La famille d'Imran* soit l'expression de la volonté divine. Le premier énonce la possibilité du salut pour ceux qui croient en Dieu, citant spécifiquement les juifs et les chrétiens, et qui accomplissent le bien. Le second exclut carrément de la rétribution divine tous ceux dont la religion n'est pas l'Islam. At-Tabarî rejette la position d'ibn Abbas et il conclut cette section du *Tafsir* (2 : 62) en se demandant comment Dieu, infiniment juste, pourrait réserver le salut à un seul groupe parmi tous les croyants qui ont agi de façon

---

[170] *Ibid.*, 238, 242-244. El Fadl assimile le terrorisme islamiste avec le crime de *hirabah* (saccage). Ses perpétrateurs (*muhabirun*) seront sévèrement punis : « La seule récompense de ceux qui font la guerre à Dieu et à Son Prophète, et qui provoquent le désordre sur la Terre, est qu'ils soient mis à mort, crucifiés ou amputés d'une main et d'un pied par ordre croisé, ou qu'ils soient expulsés du pays. » Sourate *La table* (*Al-Mâ'ida*) 5 : 33.
[171] Javed Ahmad Ghamidi, "The Islamic Law of Jihad."
[172] Voir l'article "Abrogation," John Burton, *Encyclopaedia of the Qur'ān*.
[173] Abû 'Ubaid al-Qâsim ibn Sallâm (mort en 838), *Kitâb al-nâsikh wal-mansûkh* (Traité sur l'abrogé et l'abrogatif), al-Baghādī (mort en 1037), ibn al-Jawzī, *Nawânsikh al-Qur-ân*.
[174] *Sahîh Muslim*, hadith 1826, 1931, 2153, 5345. Des expressions semblables se trouvent dans *Sahîh Bukhârî* et *al-Muwatta* de l'imam Malik.

éthique et de bonne foi. Al-Tusi (13 siècle) va également dans le même sens[175].

Il existe aussi des interprétations plus restrictives pour lesquelles, par le jeu du mécanisme de l'abrogation, la tolérance envers les gens du Livre a été remplacée par une théologie de l'uniformité en faveur de l'Islam. Ainsi le théologien hanafite Badruddine al-'Aynî (1360–1453) croit que la sourate *Le repentir* (*At-Tawba*) a abrogé les visions inclusives qui accordaient la liberté de culte aux chrétiens et aux juifs, suite à l'expulsion des juifs et chrétiens de Médine, Khaybar et Najran, pour enfin leur imposer une soumission semblable à tous les polythéistes de la péninsule arabique[176]. Selon cette interprétation, l'objectif premier demeure la soumission de toute créature à l'islam, même si certaines circonstances ont pu exiger des accommodements envers les gens du Livre, avant leur trahison. Jalâl al-Dîn al-Suyûtî (1445–1505) estime que le verset 5 de la sourate *Le repentir*, souvent appelé « verset de l'épée », qui aurait été révélé un an avant la mort de Mahomet[177], a abrogé tout ce que le Coran peut énoncer de tolérance et paix envers les non-croyants : « À l'expiration des mois sacrés, tuez les polythéistes partout où vous les trouverez ! Capturez-les ! Assiégez-les ! Dressez-leur des embuscades ! S'ils se repentent, s'ils accomplissent la salât, s'ils s'acquittent de la *zakât,* laissez-les en paix, car Dieu est Clément et Miséricordieux[178]. » Ce verset, même s'il parle de jihad ne laisse en aucune façon entendre que l'ennemi une fois conquis doit être forcé de se convertir à l'islam. Pour at-Tabarî, la sourate *Le repentir* n'abroge pas le principe coranique de non-coercition en matière religieuse puisque celui-ci ne visait pas les polythéistes[179].

Plusieurs théologiens utilisent la raison pour rejeter l'idée d'un jihad pour imposer la foi islamique. Le juriste Ibn Kathîr (14ᵉ siècle) estime qu'il n'est pas nécessaire d'utiliser la force pour imposer l'islam, sa vérité s'imposera d'elle-même[180]. Le théologien hanbalite Abû al-Faradj ibn al-Jawzi (1116–1201) pense que la foi est une réponse libre qui émane du cœur, et si cette liberté n'existait pas toute l'idée de rétribution divine suite à l'effort moral d'agir envers le bien et d'éviter le mal n'aurait aucun sens[181].

---

[175] Jane Dammen McAuliffe, *Qur'anic Christians*, 119.
[176] Voir la sourate 9 : 28-31. Friedmann, 99, cite *'Umdat al-Qari* de al-Ayni.
[177] Ibn Isham dans sa *Sirat Rassul Allah* (*Biographie du Prophète d'Allah*) situe cette sourate en 631 ; voir Alfred Guillaume, *The Life of Muhammad*, 617-9 ; Tabari, *The History of Al-Tabari*, vol. 8 :160-87.
[178] *Al-Itqân fî 'Ulûm Al-Qur'an* vol. 2 : 24. Il y est mentionné que le juriste malikite Abû Bakr ibn 'Arabî estimait que ce verset abrogeait 124 versets exprimant la tolérance. Ibn 'Arabî, *al-Nâsikh wa al-Mansûkh fî al-Qur'ân al-Karîm*, 139. Voir Anwarul Haqq, *Abrogation in the Koran*.
[179] Voir Friedmann, 104. Opinion partagée par Muhammad ibn Umar Fakhr ad-Din al-Râzî (1149–1209) dans son *Tafsir* et par Muhammad ibn al-Hasan al-Shaybânî (749 – 805).
[180] *Qur'an Tafsir ibn Kathir*, 2 : 256.
[181] *Zâd al-masîr fî 'ilm al-tafsîr*, I : 306 ; IV : 67. Cité par Friedmann 106.

Le jihad islamique contemporain fait usage de l'abrogation des versets mekkois tolérants par des versets qui supporteraient une conception offensive du jihad, légitimée par une vision absolutiste de la vérité qui veut s'imposer par la force. Hassan al-Bannâ (1906–1949), le fondateur des Frères musulmans, a remis à la mode le jihad pour lutter contre l'occidentalisation des sociétés islamiques dénaturées par la colonisation. Sayed Qutb (1906–1966) offre un bel exemple d'une lecture fondamentaliste du mécanisme de l'abrogation lorsqu'il fait de la victoire finale de la Mecque le moment final par lequel l'islam se révèle enfin triomphant dans sa la lutte contre l'incroyance[182]. Le jihad des islamistes n'a rien à voir avec une guerre défensive ; il est issu directement de la nature même de l'islam et du message qu'Allah a confié à son messager. Selon cet auteur, le message a donc un caractère absolu, qui n'admet aucune compétition :

> Cette religion est vraiment une déclaration universelle de l'affranchissement de la servitude de l'homme par l'homme et de la servitude de ses propres désirs, une autre forme de servitude humaine ; c'est déclarer que la souveraineté appartient à Dieu seul et qu'il est le Seigneur de tous les mondes. [...] Tout système dans lequel les décisions finales sont prises par des êtres humains, et dans lequel l'origine du pouvoir est humaine, divinise l'homme en désignant d'autres que Dieu, comme autorité sur les hommes. [...] En bref, proclamer l'autorité et la souveraineté de Dieu signifie l'élimination de toute gouvernance humaine et l'annonce du règne du Pourvoyeur de l'univers sur la face entière de la terre[183].

Ce genre de rhétorique alimente aujourd'hui l'action violente et le terrorisme des *moudjahidin*. La position de Sayyid Qutb s'appuie sur une lecture littérale du Coran et sur une interprétation strictement chronologique de l'abrogation : le verset médinois de l'épée est postérieur au verset mecquois sur la tolérance[184]. Al-Qurtubî (1214–1273), tout comme al-Suyuti, ibn Kathîr et la majorité des théologiens classiques, propose un entendement chronologique de l'abrogation[185]. Sans entrer dans un examen approfondi de ce type d'exégèse, il faut quand même noter qu'elle soulève un certain nombre de problèmes relativement à l'intégrité de la révélation. Le problème se pose moins lorsqu'il s'agit de l'abrogation qui concerne la révélation depuis le premier prophète Adam, jusqu'à Muhammad, le sceau de la révélation divine, le point final (sourate *Les coalisés* [*al-Ahzâb*], 33 : 40). C'est

---

[182] Sayyid Qutb, *Milestones*, 43-44.
[183] *Ibid.*, 44.
[184] Voir David Bukay, "Peace or Jihad? Abrogation in Islam."
[185] *Tafsir Al Qurtubi: Classical Commentary of the Holy Quran*, Vol. 1, 23.

l'abrogation interne, celle qui s'applique au Coran ou aux hadiths, qui pose problème : « Tout verset que Nous abrogeons ou que Nous faisons oublier aux gens, Nous le remplaçons aussitôt par un autre verset meilleur ou équivalent. Ne sais-tu pas que Dieu a pouvoir sur toute chose[186] ? »

Al-Ghazâlî estime que si Dieu s'est progressivement révélé à l'humanité depuis Adam en adaptant son message à chaque génération, il est tout à fait en son pouvoir d'adapter sa loi selon les circonstances[187]. Al-Ghazâlî semble comprendre la notion d'abrogation dans un contexte d'effort intellectuel personnel (*ijtihâd*) du croyant pour saisir le sens du message dans son contexte, une notion très différente de celle d'une obéissance servile à l'autorité (*taqlîd*) des théologiens et des savants juristes[188].

Selon le professeur Khaleel Mohammed, le concept d'abrogation fait l'objet de critiques surtout à partir du 19e siècle, notamment chez Muhammad Abduh (1849–1905), Sayyid Ahmad Khan (1817–1898), Shaykh Muhammad al-Khidri Husayn (1876–1958) et Muḥammad Rashid Rîdâ (1865–1935)[189]. Au 20e siècle, Cheikh Mohammed al-Ghazali al-Saqqa (1917–1996) reprend de leurs arguments pour mettre en doute la fiabilité de la théorie de l'abrogation, d'autant que l'ordre chronologique ne peut être établi avec certitude. Pour Cheikh al-Ghazali, tous les versets du Coran constituent un tout qu'il faut interpréter selon les circonstances, sans retirer un seul verset du texte[190]. Il ne s'agit pas tant de dire que le verset du sabre annule tous les versets qui parlent de paix, comme le font certains. L'analyse contextuelle de la sourate *La vache* et de la sourate *Le repentir* ne peut s'interpréter que dans le sens suivant : Allah permet le jihad seulement dans des situations où les musulmans sont empêchés d'accomplir leur rituel, par exemple leur prière, ou encore le pèlerinage à La Mecque. Cheikh al-Ghazali conclut ainsi : « plus on lit, il devient clair que les groupes visés par des attaques n'étaient ni des hommes de paix, ni des gens à qui on pouvait faire confiance. Au contraire, ils portaient en eux des rancunes profondément enracinées, ce qui a motivé leur agitation et leur incitation aux hostilités contre l'islam et les musulmans durant une longue période[191]. »

La lecture faite par Mohammed Arkoun du verset du sabre nous conduit encore plus loin que la critique de l'abrogation dont je viens de parler. Pour Arkoun, « le Coran doit être lu avec les outils de l'anthropologie, et plus jamais avec les outils de la seule théologie. Les chrétiens ont entrepris ce

---

[186] Sourate *La vache* (*Al-Baqara*), 2 : 106.
[187] *al-Mustasfâ fî 'ilm al-usûl* (la recherche de la pureté dans la science des principes), i, 111. Cité par Burton, article "Abrogation," *Encyclopaedia of the Qur'ān*.
[188] Ebrahim Moosa, "Abū Ḥāmid al-Ghazālī," in David Powers, Susan Spectorsky, Oussama Arabi, *Islamic Legal Thought: A Compendium of Muslim Jurists*, 280-281.
[189] Voir Khaleel Mohammed, "The Concept of Abrogation in the Qur'an."
[190] Voir aussi Fazlur Rahman, *Major Themes of the Qur'an*, xvii.
[191] Sheikh al-Ghazali, *A Thematic Commentary on the Quran* (*Kayfa Nata'amal Ma' Al-Qur'an*), 180. Voir toute l'analyse de la sourate *La vache* et de la sourate *Le repentir*.

travail à propos de la Bible. Ce n'est pas le cas des juifs et des musulmans[192]. » Appliqué à la sourate *Le repentir*, cela veut dire que le recours à la force s'inscrit dans un processus de légitimation ou sacralisation avec pour objectif la protection de la vérité dans un contexte où les étrangers n'ont pas encore adopté le nouveau message. Presque toutes les religions, en tous cas les religions abrahamiques, ont connu ce stade de consolidation qui tend à exclure la personne non adhérente. Rappelons-nous le fameux « *Extra ecclesiam nulla salus* ». Le contexte sociopolitique de la péninsule arabique à l'époque de la construction du récit coranique n'est plus, tout comme celui de l'Église catholique au temps de l'Empire romain, ou encore celui de la conquête de la Terre promise par les juifs. Les incroyants (*mushrikin*) du verset du sabre désignent un groupe particulier, soit les polythéistes de l'Arabie, et n'incluent pas les « gens du Livre » (*Ahl al-Kitâb*) qui n'ont qu'à payer l'impôt sans devoir se convertir (9 : 29)[193].

Dans ce contexte, l'interprétation par les islamistes du « verset du sabre » en faveur d'un jihad contre l'Occident n'a pas sa raison d'être. Il doit apparaître clairement aux yeux de la majorité des musulmans qu'une telle exégèse n'a pas sa place aujourd'hui. Elle heurte de plein front la liberté de conscience évoquée par le Coran : « Point de contrainte en religion[194]. » De plus, plusieurs siècles d'histoire démentent l'interprétation suprématiste. En effet, comment expliquer la coexistence pacifique entre les religions abrahamiques depuis la conquête de Jérusalem en 636 par Omar ibn al-Khattab, jusqu'en al-Andalous, puis dans l'Empire ottoman ? Que dire aussi de la tolérance des empereurs moghols Akbar et son petit-fils Dârâ Shikôh vis-à-vis l'hindouisme et le bouddhisme ? Dans un contexte de globalisation, de reconnaissance du rôle de l'état séculier dans l'organisation de la société, et de prolifération des armes à destruction massive, il ne saurait être question de conversion par la force. Ces versets de la sourate *Les abeilles* prennent alors tout leur sens :

> Appelle à la Voie de ton Seigneur avec sagesse et par de persuasives exhortations. Sois modéré dans ta discussion avec eux. Du reste, c'est ton Seigneur qui connaît le mieux celui qui s'écarte de Sa Voie, comme Il connaît le mieux ceux qui sont bien guidés. Si vous devez exercer des représailles, que cela soit à la mesure de l'offense subie ; mais si

---

[192] Mohammed Arkoun, *La construction humaine de l'islam*, 199.
[193] Voir Louay Fatoohi, *Abrogation in the Qur'an and Islamic Law*, le chapitre 7 "The Verse of the Sword." Fakhr al-Dîn al-Razî pense que les polythéistes (*mushrikin*) ne sont pas concernés par le vers sur l'absence de contrainte en matière de religion de la Sourate *La vache* (2 : 256) parce que l'idolâtrie n'est pas une religion. Il ne parle donc pas d'abrogation au moyen du « verset du sabre ». Voir Jane McAuliffe, "Fakhr al-Din al-Razi on *ayat al-jizya* and *ayat al-sayf*," dans Michael Gervers, Ramzi Jibran Bikhazi, *Conversion and Continuity: Indigenous Christian Communities in Islamic Lands Eighth to Eighteenth Centuries*, 115.
[194] Sourate *La Vache* (*Al-Baqara*), 2 : 256.

vous pardonnez, cela vaudra mieux pour ceux qui sont capables de se dominer. Sois patient ! Mais tu n'y parviendras qu'avec l'aide de Dieu. Ne t'afflige donc pas au sujet des négateurs, et ne te laisse pas envahir par l'angoisse à cause de leur perfidie, car Dieu est avec ceux qui Le craignent et qui accomplissent des œuvres salutaires[195] !

L'apostasie
La liberté de religion doit inclure la liberté de changer de religion, ce qui englobe celle de ne plus croire. En vertu de l'article 18 de la *Déclaration universelle des droits de l'homme* de l'Organisation des Nations unies de 1948 : « Toute personne a droit à la liberté de pensée, de conscience et de religion ; ce droit implique la liberté de changer de religion… » La sourate *La vache* met en garde ceux qui seraient tentés de changer de religion : « Or, ceux d'entre vous qui renieront leur foi et mourront en état d'infidélité perdront à jamais le bénéfice de leurs œuvres dans cette vie et dans la vie future, et seront voués au châtiment du Feu[196]. » L'Arabie saoudite s'est opposée à la clause permettant le changement de religion, de même que l'Afghanistan, l'Irak, le Pakistan, et de la Syrie[197].

De façon générale, l'apostat (*mourtadd*) se définit comme celui qui volontairement renie sa profession de foi (*sahadah*) en Allah et Muhammad son prophète. La tradition a rapidement considéré l'apostasie comme une faute majeure qui mérite la peine de mort, probablement pour protéger la communauté naissante dans un environnement pas encore gagné entièrement à l'islam[198]. D'après le hadith d'ibn Abbâs, « Quiconque change sa religion, tuez-le[199]. » Abdullah ibn Mas'ûd rapporte que le sang d'un musulman qui atteste qu'il n'y a de dieu que Dieu et que Mahomet en est le Messager est illicite sauf dans trois cas : l'homicide volontaire, le fornicateur marié et l'apostat[200]. La majorité des juristes s'entendent pour accorder à l'apostat un droit au repentir, considérant qu'il peut toujours revenir sur son geste, ce qui n'est pas le cas de l'adultère par une personne mariée ou du responsable d'un

---

[195] Sourate *Les abeilles* (*An-Nahl*), 16 : 125-128.
[196] Sourate *La vache* (*Al-Baqara*), 2 : 217.
[197] Mohammed Amin Al-Midani, « La Déclaration universelle des droits de l'homme et le droit musulman », in *Lectures contemporaines du droit islamique. Europe et monde arabe*, sous la direction de Franck Frégosi (2004) : 154-186.
[198] Friedmann, 124, 126.
[199] *Sahîh Bukhârî*, Volume 9, Livre 84, Numéro 57, hadith 6922.
[200] *Sahîh Bukhârî*, Volume Vol. 9, Livre 83, Numéro 17, hadith 6878. *L'authentique* de Muslim y fait aussi référence, hadith 3175 : « D'après 'Abdoullâh Ibn Mas'oûd (que Dieu l'agrée), l'Envoyé de Dieu (paix et bénédiction de Dieu sur lui) a dit : "Il n'est pas permis de verser le sang d'un musulman qui témoigne qu'il n'y a d'autre divinité que Dieu et que je suis l'Envoyé de Dieu, sauf dans ces trois cas : l'époux adultère, le coupable d'un meurtre et l'apostat qui abandonne la communauté musulmane. »

homicide[201]. Selon le juriste hanbalite ibn Qudâma, le repentir s'obtient généralement par la récitation du *shahada*, plus autre chose dans certains cas. En effet, toujours selon le même auteur, l'apostasie peut revêtir diverses formes : insulter le nom d'Allah, abandonner un des Cinq Piliers (ex. la prière), rejeter une partie du Coran ou encore défier ouvertement certains interdits (manger du porc, boire de l'alcool)[202]. Ainsi, la pratique de la prière pourra constituer une preuve de repentir pour la personne qui l'avait abandonnée.

Je n'ai pas l'intention de faire une analyse détaillée de l'apostasie dans l'islam, mais il importe de retenir que les juristes et théologiens classiques apportent diverses nuances qui déterminent la gravité de la faute selon les circonstances. À titre d'exemple, certains juristes, tel Abû Hanîfa, refusent d'imposer la peine de mort aux femmes qui renient leur foi puisqu'elles n'ont pas la capacité de combattre alors que la peine de mort imposée à l'apostat a précisément pour fonction de mettre fin au combat que livre l'apostat contre la religion[203]. L'emprisonnement serait plutôt de mise. D'autres juristes, comme al-Shâfi'î et ibn Hanbal pensent que la distinction de genre n'a pas sa place en cette matière. Mâlik ibn Anas et Abû Hanîfa refusent d'accorder le repentir à ceux qui pratiquent clandestinement une autre religion, ce qui inclut les libertins et les hérétiques (*zindiq* désigne les deux catégories), alors que pour al-Shâfi'î la possibilité du repentir doit également être offerte à tous. Ibn Abbas, Mâlik ibn Anas, ibn Qudâma et ibn Taymiyya croient qu'il faut distinguer entre l'apostat né musulman et le converti, lorsqu'il s'agit d'appliquer une sanction, une distinction rejetée par al-Shâfi'î et al-Mâwardî[204]. Il existe aussi des opinions diverses sur l'apostasie forcée, à savoir vaut-il mieux simuler un changement de religion ou mourir martyr au nom de la vérité de l'Islam[205] ?

L'islam classique expose donc des opinions variées et divergentes sur la nature de l'apostasie et sur la sévérité de la sanction qui doit lui être appliquée. Les motifs sont multiples pour cette dissension. Certains ulémas mentionnent la faiblesse du hadith d'ibn Abbas dans le *Sahîh Bukhârî* qui n'est pas repris par l'*Authentique* de Muslim. De plus, le Coran ne parle jamais

---

[201] Voir Friedmann, 130, qui mentionne les arguments de ceux qui sont en faveur (al-Tahâwî [853–935], al Sarakhsi [mort 899], al-Shaybânî [749/50–805], al-Shâfi'î) ou contre (ibn Hanbal, Hassan al-Basrî [642–728], Tawus ibn Kaysan [mort 723] le droit de repentir pour l'apostat. D'autres, comme Abû Hanîfa, considèrent qu'il s'agit d'une option ; par conséquent on n'est pas tenu de demander si l'apostat veut se repentir.
[202] Ibn Qudâma, *Al-Kâfî fî fiqh al-Imâm Ahmad bin Hanbal*, cité par Friedmann, 122-123.
[203] Friedman, 137. Voir Rudolph Peters and Gert J. J. De Vries, "Apostasy in Islam," 5.
[204] *Ibid.*, 134-135.
[205] *Ibid.*, 154-156. Ibn Kathîr déclare qu'affirmer sa foi est toujours plus méritoire, même si cela entraîne la mort. Il cite l'exemple d'un certain Abdullah ibn Hudhafa al-Shami refusant de devenir chrétien sous la menace de la torture par l'Empereur de Byzance, Héraclius (*Tafsir*, 16 : 106). Fakhr al-Dîn al-Râzî et le chaféite Abû al-Hassan al-Mâwardî [972–1058] croient que la dissimulation est permise pour sauver sa vie.

d'une sanction temporelle par la communauté en matière d'apostasie. Il laisse cela à la sagesse de Dieu qui pourra faire appel au feu éternel. L'apparition des sanctions temporelles n'apparait donc que dans la Sunna prophétique[206]. Pour ces raisons, le théologien progressiste Gamal al-Banna (Égypte, 1920–2013) rejette l'idée d'appliquer des sanctions temporelles en cas d'apostasie, ce qui irait à l'encontre du caractère volontaire de la foi, affirmé par le Coran :

> Cette interprétation est celle qui correspond au mieux à l'esprit même du Coran et des nombreux autres textes fondateurs. Cet esprit fonde en effet la foi et la croyance sur la conviction de l'individu et sur sa guidance sans contrainte ni pression extérieure. Il fonde la foi et la croyance sur la liberté de choix la plus totale, exprimée par le passage coranique suivant : « Quiconque le veut, qu'il croie, et quiconque le veut qu'il mécroie. » (Sourate 18 *La caverne, Al-Kahf*, verset 29)[207].

L'imam Yûsuf Al-Qaradâwî (Égypte, 1926–), lié aux Frères musulmans, fait de la lutte contre l'apostasie un instrument de combat contre des idéologies qui menacent l'islam : les missionnaires chrétiens, le communisme, et surtout le laïcisme athée de l'Occident[208]. S'appuyant sur des réflexions du Cheikh ibn Taymiyya (1263–1328), dans son livre *As-Sârim Al-Maslûl 'alâ Shâtim Ar-Rasûl* (L'épée dégainée contre ceux qui insultent le Messager) – ouvrage portant sur la lutte contre la diffamation du nom du Prophète – Al-Qaradâwî adopte une position mitoyenne. Ibn Taymiyya distingue la simple apostasie (*ridda mujarrada*) avec possibilité de repentir de l'apostasie aggravée (*ridda mughallaza*) sans repentir possible. La première résulte de l'égarement ou du doute alors que l'apostasie aggravée se manifeste par une volonté manifeste de détruire publiquement la réputation du prophète et de son message[209]. S'inspirant du Cheikh al-Azhar Mahmûd Shaltût (1893–1963) qui tenait que la simple incroyance ne pouvait entraîner d'elle-même la peine de mort, al-Qaradâwî rappelle que seule l'apostasie aggravée doit être sanctionnée :

> L'apostat qui invite à l'apostasie n'est pas un simple mécréant, ne croyant pas à l'Islam. Il mène de fait une guerre contre l'Islam et contre la Communauté. Il est donc à considérer au même titre que ceux qui font la guerre à Dieu et à Son Messager, répandant la corruption sur Terre. La

---

[206] Gamal al-Bannâ, « Pas de sanction pour l'apostasie... La liberté de conscience est le fondement de l'Islam », 17 mars 2013.
[207] *Ibid.*
[208] Yûsuf Al-Qaradâwî, « Le danger de l'apostasie... et la lutte contre la zizanie », 30 décembre 2002.
[209] Friedmann, 152.

guerre – comme le dit Ibn Taymiyah – est de deux sortes : la guerre par la main et la guerre par la langue[210].

Les propos de Sayyid Abul A'la Maududi (1903–1979), théologien fondamentaliste pakistanais et théoricien de l'État islamique moderne, et d'Ismaïl Râji al-Farûqi (1921–1986) s'apparentent aux idées d'al-Qaradâwî. Ils associent l'apostasie à une forme de rébellion contre l'ordre social et étatique islamique[211]. L'apostasie aggravée créée le désordre (*fitna*) et suppose une trahison envers sa propre communauté, un changement d'allégeance. L'imam soudanais Hassan al-Turabi (1932–) pense que la liberté de religion et la liberté d'opinion sont largement exprimées par le Coran, qu'il est absolument nécessaire de faire une distinction nette entre des critiques exprimées à l'égard de l'islam et l'attitude de celui qui abjure publiquement sa religion et l'attaque[212]. Al-Turabi semble vouloir ne pas retenir la parution du livre *Les versets sataniques* de Salman Rushdie comme méritant la peine de mort, contrairement à l'Iman al-Qaradâwî. Al-Turabi dénonce l'acceptation littérale d'un enseignement et l'adhésion servile aux préceptes du *fiqh*. Il expose en quelque sorte un problème de taille pour la théologie et le droit islamique : comment, en effet équilibrer le droit d'une collectivité de vivre en paix selon ses préceptes et le droit individuel de la liberté de conscience religieuse ?

Les ulémas à travers les âges semblent avoir penché vers une interprétation souvent rigoriste et protectionniste de la foi de la communauté en imposant la peine capitale en matière d'apostasie, au détriment de la pensée coranique sur la liberté de conscience[213]. Cela peut s'expliquer historiquement par deux moments tristes dans l'histoire de la pensée musulmane. D'abord il y a l'écrasement des mutazilites qui faisaient une place importante à la raison dans l'application d'une norme religieuse et la destruction de leurs écrits sous le deuxième calife abbasside, Jafar al-Mutawakkil (9ᵉ siècle). Puis, il y a eu « la fermeture de la porte de l'*ijtihâd* (effort de réflexion) ». Les ulémas se borneront à suivre (*taqlîd*) les idées des anciens[214]. Ben Salem Himmich explique la fermeture par la systématisation de la pensée juridique au profit de la Sunna et de l'importance accordée aux hadiths à partir du 10ᵉ siècle, surtout avec la *Risala* d'al-Shâfi'î[215].

---

[210] Yûsuf Al-Qaradâwî, « Le danger de l'apostasie... et la lutte contre la zizanie ».
[211] Hassan Saeed, Abdullah Saeed, *Freedom of Religion, Apostasy and Islam*, 91-93.
[212] *Ibid.*, 97b.
[213] Abdulaziz Sachedina, *The Islamic Roots of Democratic Pluralism*, 96-101.
[214] Mohamed Charfi, « L'écrasement des mu'tazilites et la fin de l'*ijtihad* » extrait du livre *Islam et liberté : Le malentendu historique*, sur le site web de l'Institut Kheireddine : http://fr.institut-kheireddine.org/2013/02/mohamed-charfi-lecrasement-des-mutazilites-et-la-fin-de-lijtihad/.
[215] Bensalem Himmich, *Ijtihâd : la face voilée de L'Islam*, 71.

Toutefois, cela ne suffit pas à expliquer la fermeture comme telle, mais on la comprend davantage si on tient compte « d'une peur chez les sunnites de voir leur hégémonie décliner au profit de la montée schismatique et de laisser par conséquent se produire une irruption du temporel dans la loi et une diversité différentielle dans l'unité primitive du dogme[216]. » En effet, le califat abbasside a été marqué par la recherche d'une certaine orthodoxie ou uniformité religieuse sunnite contre la théologie chiite, mais aussi contre toute forme de philosophie ou théologie spéculative (*kalâm*)[217]. Ce rejet de la réflexion véritable se trouve présent dans le salafisme contemporain – une doctrine religieuse rigoriste, fondée exclusivement sur les opinions des pieux ulémas des premiers siècles et compagnons de Muhammad (*salaf sâlih*) de la période idéalisée d'un islam authentique allant de l'hégire au dernier des quatre premiers califes dits « Bien Guidés », ʿAlî ibn Abî Tâlib en 661.

Le penseur égyptien ʿAbd al-Mutaʾali al-Saʿidi (20ᵉ siècle) plaide en faveur d'un retour de l'*ijtihâd* afin d'interpréter l'apostasie dans le contexte du pluralisme religieux d'aujourd'hui et du droit à la liberté de conscience[218]. L'Islamologue iranien Abdolkarim Soroush, fervent défenseur de la liberté de religion et de la liberté de conscience individuelle, soumet que durant la période initiale de la nouvelle religion l'attitude rigide vis-à-vis de l'apostasie était commandée par un programme politique qui n'est pas justifié une fois la religion bien établie ; aucune mesure punitive ne devrait être contre la personne qui s'éloigne de l'islam si elle cherche sincèrement la vérité[219].

Peu de pays ont encore des dispositions incluant la peine capitale pour l'apostasie – c'est le cas de l'Arabie saoudite, du Pakistan, de l'Iran et de la Mauritanie. Elle continue d'affecter plusieurs sociétés qui y font référence dans certaines dispositions du droit civil s'appliquant aux personnes, notamment au niveau du droit marital, de certains droits parentaux, du droit des successions. Ainsi en Égypte, où les droits civils de la personne musulmane sont réglés d'après les dispositions de la sharia, l'apostasie dissout automatiquement les liens du mariage ; l'apostat perd tout droit comme successible et tout son patrimoine accumulé après l'apostasie retourne au trésor public[220]. Cette mixité du droit existe aussi en Algérie où l'article 138 du *Code de la famille* mentionne : « sont exclus de la vocation héréditaire, les personnes frappées d'anathème et les apostats[221]. » D'autres pays, comme la Malaisie,

---

[216] *Ibid.*, 73.
[217] Al-Khatîb al-Baghdâdî rapporte dans son *Histoire de Bagdad* [*Taʾrîkh Baghdâd*] que l'*ijtihâd* ne faisait qu'apporter davantage d'insécurité sur le licite ou l'illicite. Les ulémas ont donc voulu résoudre le problème par la clôture. Voir Mounir Chafik, 163.
[218] Rudolph Peters and Gert J. J. De Vries, 15-16.
[219] Abdolkarim Soroush, *Reason, Freedom, and Democracy in Islam*, 215 n. 19.
[220] *Ibid.*, 20.
[221] Mouna Mohammed Cherif, « La conversion ou l'apostasie entre le système juridique musulman et les lois constitutionnelles dans l'Algérie indépendante ».

le Maroc, la Jordanie et Oman appliquent d'autres sanctions, comme l'emprisonnement ou le fouet.

Toute sanction contre l'apostasie porte atteinte au droit de liberté de religion et mérite dénonciation de la part du législateur. Cela s'impose du fait que des problèmes peuvent surgir même dans le contexte de nos sociétés occidentales, comme en fait état, par exemple, Nahla Mahmoud une militante soudanaise du Council of Ex-Muslims of Britain qui lutte pour un état laïc au Royaume-Uni, mais aussi partout dans les pays musulmans. À titre d'exemple, elle mentionne l'exécution en janvier 2011, à Téhéran, de Jafar Kazemi et Muhammad Ali Haji Aghaee pour crime d'apostasie (*moharebeh* en farsi) parce qu'ils auraient participé à des manifestations antigouvernementales. Il y a l'exil forcé de l'islamologue progressiste égyptien Nasr Hâmid Abû Zayd dont le mariage est déclaré nul au motif d'apostasie par la cour d'appel du Caire en 1995, l'exécution en janvier 1985 du réformateur progressiste Mahmud Taha qui s'opposait à l'application de la sharia au Soudan, et l'incarcération au Koweït du blogueur Abdel Aziz Mohamed Albaz pour avoir tenu des propos diffamatoires envers l'islam, ce qui n'est pas sans rappeler le sort réservé au blogueur marocain Imad Eddine Habib[222]. Raïf Badawi, blogueur saoudien écrivant en faveur d'une libéralisation de l'islam, est accusé d'apostasie. En 2014, le tribunal d'appel le condamne à 1000 coups de fouet et 10 ans de prison. Plusieurs pays et l'ONU ont demandé que cessent les séances hebdomadaires de 50 coups flagellation. Elles ont été interrompues après la première en janvier 2015.

Je ne traiterai pas longuement de l'apostasie au sein du judaïsme puisqu'il n'emporte pas aujourd'hui les mêmes conséquences sociales que l'apostasie en islam. La *halacha* considère juif tout enfant né d'une mère juive, de sorte que même celui qui abjure sa religion demeure juif. Il est cependant considéré comme pécheur : « Israël a péché ; Rabbi Abba b. Zabda dit : 'Même si [les gens] ont péché, ils sont encore [appelés] Israël'. Rabbi Abba dit : 'comme le veut le dicton populaire le myrte, bien qu'il se trouve parmi les roseaux, est toujours du myrte, et on l'appelle encore myrte[223]'. » Maïmonide appelle « *min* » ceux qui nient l'existence d'un Dieu créateur. Il les range parmi les apostats, avec les « *epikorsim* » qui nient la prophétie de Moïse et la possibilité d'une révélation divine, ou qui estiment que la loi mosaïque est abrogée.

La *halacha* opère une distinction entre l'apostat qui se rebelle et transgresse délibérément un commandement de la loi et l'apostat qui renie la Torah entière, c'est-à-dire celui qui abandonne sa foi pour une autre religion[224]. Dans ce dernier cas, Maïmonide spécifie : « Un apostat par rapport à la Torah entière est par exemple celui qui [abandonne sa foi] pour les reli-

---

[222] Nahla Mahmoud, "Islamic apostasy laws – a big disgrace in the 21st Century."
[223] *Talmud de Babylone*, traité *Sanhedrin*, *Gemara*, 44a.
[224] Maïmonide, *Mishné Torah*, *Sefer Madda*, *Hilchot Téchouvah*, 3: 9.

gions des gentils lorsqu'un décret [contre les juifs] est promulgué, et s'attache à eux, disant : 'Quel intérêt ai-je à m'attacher aux juifs qui sont bas et poursuivis, il est préférable pour moi de m'attacher à ceux qui ont la main forte[225]'. » Le judaïsme ancien affiche une position sévère envers les juifs qui changent de religion, ce qui pouvait leur mériter la mort[226]. L'imprécation à l'encontre des apostats (b*irkat haminim*) s'est ajoutée dès le premier siècle aux prières quotidiennes appelées les *Dix-huit bénédictions*. Elle insiste pour qu'ils soient effacés du livre de la vie et qu'ils soient écartés du salut des justes. Maïmonide énonce que les apostats (*mimin* et *epikorsim*), ceux qui se rebellent contre la loi mosaïque et refusent délibérément de l'observer (les *meshumad*), seront privés du monde futur[227].

Après la destruction du Temple de Jérusalem en 70 AD, le judaïsme rabbinique se développe en contexte minoritaire et affiche une attitude de plus en plus compréhensive envers ceux qui ont été forcés de changer de religion, les *conversos*, les *marranos* ou *anusim* – tous des termes synonymes – même si on continue parfois de les appeler *meshumad*. Ainsi, Gershom ben Judah, rabbin de Mayence au 11ᵉ siècle, observe les rites funéraires juifs pour son fils mort chrétien et invite à plus de compassion envers les juifs qui ont été baptisés[228]. À la même époque, Rachi de Troyes dans son *Sefer ha-Pardes* fait aussi preuve d'acceptation envers les *anusim*. Maïmonide d'ailleurs écrit ceci à propos de la responsabilité des *anusim*, fort différente des apostats volontaires :

> Néanmoins, étant donné qu'il est contraint [dans sa transgression], on ne lui inflige pas la flagellation, et inutile de mentionner que le tribunal ne le met pas à mort, même s'il est contraint de tuer [autrui]. En effet, la flagellation et la peine de mort ne sont appliquées que pour celui qui transgresse la volonté [de Dieu] de plein gré... […] Si celui qui est contraint au paganisme – qui est [une faute] plus grave que toutes les autres – n'est pas passible de retranchement, et inutile de mentionner, de mort par le tribunal, a fortiori en est-il de même pour [celui qui transgresse] les autres commandements de la Torah [sous la contrainte]. [De même,] concernant les interdits sexuels, il est dit : « tu ne feras rien à la jeune fille ». (Toutefois, s'il peut s'échapper et fuir l'autorité de ce roi scélérat, mais ne le fait pas, il est [considéré] comme un chien qui retourne [lécher] sa vomissure. Il est alors considéré comme s'adonnant au paganisme

---

[225] *Ibid.*
[226] III *Macc.* ii. 32, vi. 19-57, vii. 10-15. Cité par Kaufmann Kohler and Richard Gottheil, *Jewish Encyclopedia*, "Apostasy and Apostates from Judaism."
[227] *Mishné Torah, Sefer Madda, Hilchot Téchouvah*, 3: 6.
[228] Solomon Schechter and Isaac Bloch, "Gershom ben Judah," *Jewish Encyclopedia*. Voir aussi S. Zeitlin, "Mumar and Meshumad."

volontairement ; l'accès au monde futur lui est bloqué, et il descend au plus bas niveau de la Géhenne)[229].

Plusieurs responsa apparaissent à partir du 14ᵉ siècle pour traiter du statut des *marranos*, alors que l'Espagne tente de se rechristianiser. Ainsi R. Simon ben Duran (1400–1467) pense que le mariage d'un *anus* de deuxième génération, non circoncis, est valide pourvu que sa mère soit *anusa*[230]. Maïmonide et Joseph Caro jugent que tous les mariages avec des apostats sont valides[231]. Beaucoup de ces convertis au christianisme étaient des crypto juifs, c'est-à-dire qu'ils continuaient de pratiquer les rites en secret et plusieurs rabbins exhortent les coreligionnaires à la clémence et gentillesse envers les « conversons » de manière à faciliter leur retour et pensent même punir ceux qui les accusent d'apostasie, comme le Rabbi Benjamin Sée ben Mathithyahu (1470–1540)[232]. Dans le cas des convertis forcés, tout porte à croire que l'adage du *Talmud de Babylone* que j'ai mentionné plus avant s'applique de façon assez large et que le lignage définit le juif. La religion juive n'est pas qu'une affaire de foi, mais comporte une composante ethnique. She'adya ben Maimon ibn Danan résume parfaitement cette situation :

> En effet, quand il s'agit de descendance, tous les gens d'Israël sont frères. Nous sommes tous les fils d'un même père, les rebelles et les criminels, les apostats et convertis de force, et les prosélytes qui sont attachés à la maison de Jacob. Tous ceux-ci sont israélites. Même s'ils ont quitté Dieu ou lui refuser, ou violé son droit, le joug de cette loi est encore sur leurs épaules et ne sera jamais retiré d'eux[233].

Il y a dans cette perspective un sentiment que le peuple élu par Dieu a une mission historique qui lui appartient exclusivement et dont les membres ne peuvent se départir. Cela ne signifie guère que le reste de l'humanité est exclu du salut ; cela veut simplement dire que l'observance de la loi mosaïque fait partie de la mission confiée par Yahvé au peuple d'Israël[234]. L'étude d'Aharon Lichtenstein a bien montré qu'un individu né d'une mère juive reste juif toute sa vie (*shem Yisrael*, le mot hébreu *shem* désignant ce qui caractérise fondamentalement une chose ou personne), même s'il apostasie pour quelque motif que ce soit. Dans ce cas, la personne perd la sainteté

---

[229] *Mishné Torah, Sefer Madda, Hilchot Yessodei haTorah*, 5.
[230] David Ramirez, *"Ba'alei Teshuva" - Key Legal Responsa on Iberian Anusím (14ᵗʰ to 20ᵗʰ C.)."*
[231] Maïmonide, *Mishné Torah, Sefer Qedoushah, Hilchot Issourei Biah*, 3: 17. J. Caro, *Bet Youssef, Even ha-Ezer*, 157. Cité par Lichtenstein, *Leaves of* Faith, 63.
[232] Ramirez, 26.
[233] *Khemdáh Genuzáh*, 15 b, cité par Ramirez, 13.
[234] Lichtenstein, 70-71.

qui revient au peuple d'Israël (*Qedushat Yisrael*), l'appartenance à une communauté spirituelle, avec des conséquences qui peuvent varier selon les circonstances ou motifs de l'apostasie[235]. Depuis l'émancipation juive à partir de la fin du 18ᵉ siècle, l'exclusion de la communauté (*herem*) n'est guère pratiquée sauf chez les hassidim et les haredim. *Leaving the Fold* (2008), un documentaire du cinéaste montréalais Éric Scott, montre à travers la vie de cinq jeunes hassidim de Montréal, New York et Jérusalem, la colère et l'ostracisme qu'ils doivent subir en quittant des communautés très fermées sur elles-mêmes. Ce genre de traitement réservé aux apostats se rencontre également dans certaines sectes chrétiennes, notamment chez les témoins de Jéhovah ou l'Église de scientologie.

Les grandes traditions orientales comme le bouddhisme ou l'hindouisme ne semblent guère s'intéresser à l'apostasie. Dans le second cas, la réalité divine, l'Un, emprunte diverses formes ou incarnations. Il appartient à chacun d'exprimer sa relation à Dieu de la manière qu'il le souhaite. Ches les bouddhistes, la démarche spirituelle consiste à se débarrasser des croyances en des divinités pour atteindre l'ultime réalité, la saisie de la réalité telle qu'elle est. Dans les deux cas, on ne peut vraiment parler d'orthodoxie.

---

[235] *Ibid.*, 67.

Chapitre troisième

LECTURES RELIGIEUSES DE LA LAÏCITÉ

Dans ce chapitre, j'examinerai de quelle façon les religions accueillent la laïcité. J'aime la façon dont Philippe Portier formule la séparation de l'Église et de l'État comme une des caractéristiques fondamentales de la modernité :

> Dans le monde moderne, l'autorité est rendue à son immanence. C'est du peuple, et du peuple seulement qu'elle procède désormais. L'exercice du pouvoir, bien sûr, n'en reste pas indemne. S'extrayant de toute dépendance vis-à-vis de la loi divine, l'État se voit chargé ici, non point de conduire les êtres à la perfection de leur nature, mais d'assurer simplement, en permettant à chacun de jouir de ses droits natifs (liberté de conscience, droit de propriété, liberté de circuler...), la paisible coexistence des autonomies en acte[1].

Le catholicisme

L'Église catholique ne l'entend pas de la sorte et dans sa Lettre-Encyclique *Mirari vos* du 15 août 1832, Grégoire XVI, dénonce vertement la laïcité :

> Nous ne pouvons pas attendre pour l'Église et l'État des résultats meilleurs des tendances de ceux qui prétendent séparer l'Église de l'État et rompre la concorde mutuelle entre le sacerdoce et l'empire. C'est qu'en effet, les fauteurs d'une liberté effrénée redoutent cette concorde, qui a toujours été si favorable et salutaire aux intérêts religieux et civils.

Le *Syllabus* de Pie IX (1864) décrit comme une erreur moderne l'opinion suivant laquelle « l'Église doit être séparée de l'État, et l'État séparé de l'Église »[2]. Ce même pape y dénonce aussi ceux qui affirment qu'« à notre époque, il n'est plus utile que la religion catholique soit considérée comme

---

[1] Philippe Portier, « L'Église catholique face au modèle français de laïcité. Histoire d'un ralliement ».

[2] *Résumé renfermant les principales erreurs de notre temps qui sont signalées dans les allocutions consistoriales, encycliques et autres lettres apostoliques de N. T. S. P. le Pape Pie IX*, 8 décembre 1864, proposition 55, dans *Les actes pontificaux cités dans l'Encyclique et le Syllabus du 8 déc 1864*, Paris, Poussielgue, 1865. On trouve une condamnation du principe de séparation de l'Église et de l'État dans l'Allocution *Acerbissimum* du 27 septembre 1852 portant sur des législations laïcisantes de la Nouvelle-Grenade (Grande Colombie).

l'unique religion de l'État, à l'exclusion de tous les autres cultes[3]. » La défense de l'Église repose sur sa doctrine traditionnelle connue sous le nom de la théorie des deux glaives selon laquelle le pouvoir spirituel et le pouvoir temporel se complètent et concourent au bien commun de l'humanité, mais le premier primant sur le deuxième. Cette doctrine de l'État catholique fut définie clairement par la Bulle *Unam Sanctam* de Boniface VIII en 1302[4]. C'est toujours cette même vision que propose Léon XIII dans *Immortale Dei* :

> Les sociétés humaines ne peuvent en effet, sans devenir criminelles, se conduire comme si Dieu n'existait pas ou refuser de se préoccuper de la religion comme si elle leur était chose étrangère ou qu'elle ne pût leur servir à rien. Quant à l'Église, qui a Dieu lui-même pour auteur, l'exclure de la vie active de la nation, des lois, de l'éducation de la jeunesse, de la société domestique, c'est commettre une grave et pernicieuse erreur[5].

Léon XIII s'attaque férocement à ce qu'il appelle le « droit nouveau » basé sur l'égalité de tous les citoyens et la liberté de pensée dans une société où « l'autorité publique n'est que la volonté du peuple, lequel, ne dépendant que de lui-même, est aussi le seul à se commander. » L'Église n'ose pas renoncer à sa mission civilisatrice, à l'influence qu'elle a traditionnellement exercée dans l'organisation d'une société civile imprégnée de valeurs chrétiennes.

La loi française de séparation de l'Église et de l'État de décembre 1905 dérange les autorités catholiques parce qu'elle contrecarre l'enseignement traditionnel de l'Église sur les relations qui devraient exister entre le pouvoir temporel et le pouvoir spirituel. La loi met fin unilatéralement au Concordat. Le 11 février 1906, le pape Pie X réagit par la publication de la lettre encyclique *Vehementer nos*. Il attaque cette loi parce qu'elle bouleverse la coopération qui devrait exister entre les deux ordres de pouvoir et nie toute action de l'ordre surnaturel dans la société civile :

---

[3] *Ibid.* proposition 77. Dans son *Allocution Nemo vestrum* du 26 juillet 1855, le Pape Pie IX se plaint dans des termes semblables de l'inexécution du concordat signé avec l'Espagne. *Les actes pontificaux cités dans l'Encyclique et le Syllabus du 8 décembre 1864.*

[4] « L'Évangile nous apprend qu'il y a dans l'Église et dans la puissance de l'Église deux glaives : le spirituel et le temporel. Quand les Apôtres ont dit : il y a deux glaives ici – ici c'est-à-dire dans l'Église – le Seigneur n'a pas répondu : c'est trop », mais « c'est assez ». Certes celui qui nie que le glaive temporel soit en la puissance de Pierre méconnaît la parole du Seigneur, disant : « Remets ton épée au fourreau ». Donc l'un et l'autre glaives sont dans la puissance de l'Église, le spirituel et le temporel, mais celui-ci doit être tiré pour l'Église, celui-là par l'Église, l'un par la main du prêtre, l'autre par la main des rois et des soldats, mais du consentement et au gré du prêtre. Cependant, il faut que le glaive soit subordonné au glaive, l'autorité temporelle à la puissance spirituelle. »

[5] Léon XIII, *Immortale Dei*, 1er novembre 1885, in *Lettres apostoliques de S.S. Léon XIII*, t. 2, Paris, Bayard, sans date, 2712.

> Qu'il faille séparer l'État de l'Église, c'est une thèse absolument fausse, une très pernicieuse erreur. Basée, en effet, sur ce principe que l'État ne doit reconnaître aucun culte religieux, elle est tout d'abord très gravement injurieuse pour Dieu, car le créateur de l'homme est aussi le fondateur des sociétés humaines et il les conserve dans l'existence comme il nous soutient.
> Nous lui devons donc, non seulement un culte privé, mais un culte public et social, pour l'honorer.
> En outre, cette thèse est la négation très claire de l'ordre surnaturel ; elle limite, en effet, l'action de l'État à la seule poursuite de la prospérité publique durant cette vie, qui n'est que la raison prochaine des sociétés politiques, et elle ne s'occupe en aucune façon, comme lui étant étrangère, de leur raison dernière qui est la béatitude éternelle proposée à l'homme quand cette vie si courte aura pris fin[6].

En août 1906, dans l'encyclique *Gravissimo officii munere*, le pape proteste contre la tutelle qu'impose l'État dans l'organisation du culte et la gestion des biens matériels de l'Église de France par des associations cultuelles laïques. La Première Guerre a probablement rapproché les Français de sorte que pendant deux ans le Vatican et le gouvernement français en arrivent à une entente sur les associations cultuelles. Elles seront appelées « associations diocésaines » soumises à l'autorité hiérarchique des évêques et du clergé. Dans sa lettre encyclique *Maximam gravissimamque* du 18 janvier 1924, le pape Pie XI donne son assentiment aux lettres d'entente signées entre les parties, « confirmant la réprobation de la loi inique de séparation, mais en même temps jugeant que, avec les dispositions de l'opinion publique, les circonstances et les relations entre le Siège apostolique et la République française étaient profondément changées. »

Plusieurs catholiques proposent désormais un nouveau modèle de chrétienté au sein duquel l'ordre surnaturel s'incarne dans des institutions démocratiques pluralistes, influencées par l'engagement social personnel du chrétien. Il suffit de penser à Emmanuel Mounier ou encore à Jacques Maritain[7]. Avec Vatican II, on passe d'une reconnaissance accommodatrice de la démocratie à une reconnaissance de droit : « La période postconciliaire marque un saut qualitatif. On passe de l'accommodement de fait à l'acceptation de droit. Révoquant la distinction traditionnelle entre la thèse et l'hypothèse, le magistère considère la séparation juridique non comme une situa-

---

[6] Pie X, *Vehementer Nos*, 11 février de l'année 1906.
[7] Voir Philippe Portier.

tion pratique imposée par les circonstances, mais comme un régime parfaitement légitime en sa substance même[8]. »

La constitution apostolique *Gaudium et Spes* continue certes la vision traditionnelle des rapports sociaux qui ne peuvent atteindre leur plein épanouissement sans une relation à l'ordre transcendantal ou divin. Toutefois, l'approche change, notamment par la reconnaissance de « l'autonomie des réalités terrestres »[9]. Il revient donc aux hommes d'organiser la communauté politique selon sa propre rationalité et ses règles de fonctionnement, ce qui laisse la place à « des types institutionnels variés[10]. » Tout en reconnaissant la rationalité propre du fonctionnement de la communauté politique, l'Église n'abdique pas son rôle de conduire les hommes à une vie meilleure :

> L'Église qui, en raison de sa charge et de sa compétence, ne se confond d'aucune manière avec la communauté politique et n'est liée à aucun système politique, est à la fois le signe et la sauvegarde du caractère transcendant de la personne humaine.
> Sur le terrain qui leur est propre, la communauté politique et l'Église sont indépendantes l'une de l'autre et autonomes. Mais toutes deux, quoiqu'à des titres divers, sont au service de la vocation personnelle et sociale de mêmes hommes. […] Quant à l'Église… elle contribue à étendre le règne de la justice et de la charité à l'intérieur de chaque nation et entre les nations. En prêchant la vérité de l'Évangile, en éclairant tous les secteurs de l'activité humaine par sa doctrine et par le témoignage que rendent des chrétiens, l'Église respecte et promeut aussi la liberté politique et la responsabilité des citoyens[11].

Malgré l'ouverture démontrée par Vatican II envers les « réalités terrestres », la liberté religieuse et la diversité des traditions religieuses, l'Église demeure toujours attachée à sa vision missionnaire. Elle se définit comme lumière du monde et détentrice de « l'unique vraie religion[12]. » Le monde a subi des transformations importantes depuis Vatican II de sorte que la

---

[8] *Ibid.*
[9] *Gaudium et Spes*, 36.2 : « Si, par autonomie des réalités terrestres, on veut dire que les choses créées et les sociétés elles-mêmes ont leurs lois et leurs valeurs propres, que l'homme doit peu à peu apprendre à connaître, à utiliser et à organiser, une telle exigence d'autonomie est pleinement légitime : non seulement elle est revendiquée par les hommes de notre temps, mais elle correspond à la volonté du Créateur. C'est en vertu de la création même que toutes choses sont établies selon leur consistance, leur vérité et leur excellence propres, avec leur ordonnance et leurs lois spécifiques. »
[10] *Ibid.*, 74.1
[11] *Ibid.*, 76.2-3.
[12] *Dignitatis Humanae*, préambule.

sécularité et le pluralisme religieux n'ont plus le même visage. La décolonisation, l'immigration en provenance de pays non chrétiens, la mondialisation des marchés et la globalisation des communications, l'abandon de la pratique religieuse au sein de l'Église et la montée du religieux, souvent influencé par des traditions orientales ; tous ces facteurs ont profondément modifié non seulement les sociétés occidentales, mais également plusieurs autres.

Le modèle exclusiviste n'a plus les mêmes résonnances dans une société axée sur l'épanouissement humain de l'individu. Le choix des fins ultimes ne s'impose plus de l'extérieur, mais est dicté par l'expérience subjective. Même un modèle inclusif qui reconnaitrait que toutes les religions sont des voies valables pour découvrir Dieu n'est pas suffisant pour rendre compte de la sécularité et du pluralisme actuels. En effet, l'inclusion s'ouvrira sur « la quête de soi » – un aspect fondamental de l'identité moderne identifié notamment par Charles Taylor – tantôt s'effectue chez certaines personnes dans un « ordre immanent » (humanisme exclusif), tantôt chez d'autres par la recherche de soi en référence à la transcendance ou au divin. Voilà le véritable « polythéisme des valeurs » dans lequel nous nous trouvons aujourd'hui, la quête religieuse côtoie l'humanisme athée ou agnostique. De plus, lorsque la « quête de soi » s'ouvre à la transcendance, elle n'est pas toujours reliée à une religion institutionnelle. Elle génère souvent des formes de spiritualité tout à fait personnelle, s'inspirant de courants existants.

Le « pluralisme fort », déjà évoqué au chapitre précédent, doit tenir compte de tout ce que je viens d'énoncer comme caractéristiques du monde actuel. Il se construit non pas sur l'arasage ou la suppression des différences, mais sur leur rencontre et leur interaction, sur la volonté de comprendre autrui dans sa spécificité. Je fais miens les propos d'Émile Poulat :

> Notre laïcité traduit donc un état culturel du corps social fondé sur un équilibre empirique et mouvant, où le rêve unanimiste – tous catholiques, tous émancipés – a cédé devant l'apprentissage d'une communauté diversifiée. Elle est donc le lieu d'une réconciliation limitée et d'une négociation permanente sur fond de reconnaissance mutuelle et de désaccord ultime.
>
> L'idéal d'une société laïque, ce n'est donc pas une parfaite neutralité, sous le signe de l'abstinence devant les hautes questions et les sujets risqués : elle n'a pas à concilier des principes, mais des revendications dont chacune, à la limite, menace le principe même de son existence[13].

L'Assemblée des évêques catholiques du Québec s'inscrit tout à fait dans la mouvance de ce « pluralisme fort ». Elle constate et admet la laïcité de nos institutions et structures maintenant toutes déconfessionnalisées, tout en

---

[13] Émile Poulat (2001).

constatant une transformation profonde des mentalités : « beaucoup de gens ne se réfèrent plus à la religion pour la conduite de leur vie. À leurs yeux, ce n'est tout simplement pas pertinent. C'est l'effet de ce qu'on appelle la sécularisation. À la limite, ce processus peut conduire à une culture et à un mode de vie dans lesquels il n'y a aucune référence à Dieu, au religieux ou au sacré[14]. » L'Assemblée des évêques catholiques du Québec note que les Québécois, fortement imprégnés de cette mentalité, peuvent être choqués par la présence de traditions religieuses issues de pays et cultures qui n'ont pas opéré ce changement :

> Pour certains, il peut être déroutant de voir maintenant des débats autour de la visibilité de signes religieux appartenant à d'autres confessions et traditions alors que depuis une ou deux générations un bon nombre de catholiques ont opté pour une forme plus discrète de présence et de témoignage. C'est un facteur de plus qui donne au nouveau pluralisme québécois sa couleur particulière[15].

Les évêques du Québec se positionnent en faveur du port des signes religieux en public, car « les manifestations extérieures, dans l'espace public, font partie intégrante de la pratique de toute religion. Il s'agit d'une caractéristique fondamentale de l'appartenance religieuse. » Cette position se base sur une juste compréhension de la laïcité comme outil juridique installant la séparation de l'Église et de l'État du point de vue institutionnel et de la sécularisation qui est un phénomène sociologique. L'État peut en effet décréter la séparation légale de l'Église et de l'État, mais il ne peut décréter la sécularisation sans porter une atteinte fatale à la liberté de croire ou de ne pas croire. Comme l'a dit Poulat lapidairement : « On sépare des institutions – l'Église et l'État – par décret ; on ne décrète pas la séparation de la société et de l'Église : elle s'établit dans les mœurs et les mentalités pour des raisons qui ne sont pas d'abord juridiques[16]. »

Je ne vais pas analyser la conception de la laïcité dans les pays de tradition protestante ou encore dans les pays à prédominance orthodoxe, parce que cela n'ajoutera pas à la présente discussion dans le contexte québécois. Je vais alors me concentrer sur cette question question au sein du judaïsme et plus longuement au sein de l'islam, qualifié très fréquemment d'incompatible avec la laïcité et la sécularisation.

---

[14] Secrétariat des évêques catholiques du Québec, *Message pastoral*, *Catholiques dans un Québec pluraliste*, novembre 2012.
[15] *Ibid.*
[16] Émile Poulat (2001).

Le judaïsme
David Biale, professeur d'histoire juive à l'Université de Californie démontre habilement comment le mouvement de sécularisation n'a pas que des origines chrétiennes. Il existe bel et bien une sécularité juive dont les racines plongent profondément dans la tradition juive elle-même, bien avant l'époque moderne[17]. Biale s'engage sur les pas de Marcel Gauchet qui insiste pour faire de l'apparition du monothéisme un moment clef de la « sortie de la religion » parce qu'il oppose la transcendance au monde et ainsi crée pour ce dernier un espace de liberté : le séculier, par opposition au sacré.

Cette mise à distance du sacré se manifestera davantage après la destruction du Second Temple de Jérusalem en 70 A.D. et l'apparition du judaïsme rabbinique. Avec cet événement, le peuple juif perd définitivement sa souveraineté politique et la communauté de la Diaspora devient majoritaire. Après l'échec des guerres judéo-romaines et la fin des Hasmonéens et des Hérodiens, le pouvoir cesse d'être étatique, et les rabbins *Tannaïm* (maîtres de l'enseignement) deviennent les leaders de la communauté organisée de manière consensuelle autour d'un code de vie, la *Mishna*. L'étude de la Torah, orale et écrite, remplace la centralité du culte au Temple. En fait ce recentrement s'était déjà amorcé lors du retour de plusieurs juifs à Jérusalem après l'exil à Babylone. Néhémie, reconstructeur de la nation, décrit le peuple rassemblé autour du scribe Ezra (*Ezra HaSofer*) qui explique le sens de la Torah[18]. De cette époque date la Grande Assemblée des Sages (*Knesset HaGuedolah*) et son lieu de rassemblement la synagogue (*Beit Knesset*) où se font la lecture de la Torah et les prières. La Grande Assemblée exerce à Jérusalem des fonctions judiciaires de dernier recours sous le nom du Grand Sanhédrin, alors que des petits sanhédrins ou « maisons du jugement » (*beit din*) siègent dans les localités. Le président du Grand Sanhédrin, le *Nasi* (Prince), jouit de pouvoirs de taxation qui lui sont octroyés par les autorités qui ont successivement occupé la Palestine jusqu'à son abolition sous le règne de Théodose II au 5e siècle.

Depuis le retour d'exil s'est constituée peu à peu une communauté qui, bien que soumise à une autorité politique étrangère, peut continuer de se réguler grâce à l'observance de la loi mosaïque et voir régler ses différends par le Sanhédrin. Malgré la disparition de ce dernier, les rabbins exercent leur autorité à travers les cours rabbiniques qui représentent le mécanisme par excellence de la régulation d'une sorte de contrat social entre les membres de la communauté juive, pour qui la monarchie a cessé d'être le trait d'union de l'alliance (*berith*) avec Yahvé. Biale signale que ce transfert d'autorité vers les cours rabbiniques n'est pas sanctionné par la révélation mosaïque et en soi constitue une forme de sécularisation par rapport à la

---

[17] David Biale, *Not in the Heavens, the Tradition of Jewish Secular Thought*.
[18] *Nahemya* 8.

médiation monarchique du roi qui intercède pour son peuple devant Dieu[19]. Durant la période exilique et postexilique, cette médiation monarchique a commencé à s'effriter par la critique des prophètes et surtout avec l'apparition de la tradition deutéronomique (D)[20]. L'Alliance que Yahvé conclut directement avec son peuple devient centrale, la révélation de la loi mosaïque devient alors le cœur d'une « religion portable », centrée sur le l'observance du texte de la loi[21].

La Torah a remplacé le Roi comme fondement de l'Alliance entre Dieu et son peuple, ce qui requiert une adhésion volontaire de tous les membres et non une imposition par l'épée. Depuis l'exil à Babylone et la destruction du Second Temple en Palestine, puis enfin l'abolition du Grand Sanhédrin, les communautés juives (qehillot) de la Diaspora vivent selon la loi et les traditions juives de façon presque autonome sans avoir d'institutions politiques propres, mais bénéficiant de la protection des souverains locaux. Pour faciliter l'observance de la *halacha*, les Juifs de la Diaspora se regroupent volontairement dans des quartiers (juiveries) qui leur sont réservés, ou encore sont forcés d'y vivre ségrégués par la majorité chrétienne (ghettos).

L'interaction en société avec les non-juifs force les rabbins à en définir les règles qui apparaissent d'abord dans le *Talmud,* puis dans les responsa des rabbins médiévaux. La recherche d'accommodements avec les législations locales laisse transparaitre chez plusieurs auteurs la reconnaissance de la validité de celles-ci et de leur autonomie par rapport à la *halacha* afin de préserver la stabilité sociale. C'est le cas de Maïmonide, de Moshé Nahmanide (1194–1270), son disciple Salomon ben Aderet (1235–1310) et Yona Gerondi (1200–1263). Ils admettent tous que le pouvoir politique s'avère une activité humaine qui peut s'exercer en dehors des normes définies par la *halacha*[22]. L'institution royale de l'Ancien Israël semble être déjà reconnue comme une institution humaine. Ainsi Yahvé, par l'entremise de son prophète Samuel, acquiesce aux demandes de son peuple qui veut un roi à l'image d'autres contrées. Yahvé avertit son peuple des contraintes qu'impose l'exercice de l'autorité royale, même si elle émane d'un choix populaire[23]. Il y a là une reconnaissance du fait que la loi qui émane du roi au bénéfice de son peuple émane d'un pouvoir séparé de la Torah. C'est la compréhension qu'en ont les rabbins médiévaux, comme en témoigne Rabbenou Shmouel ben Meïr de Troyes (1085–1158) :

---

[19] *Ibid.*, 94.
[20] Robert Bellah, *Religion in Human Evolution, From the Paleolithic to the Axial Age*, 312-321.
[21] L'expression est de Bellah, *ibid.*, 315, pour signifier que cette religion n'est plus liée au culte célébré au Temple et lié à la monarchie.
[22] Voir Biale, 96-97 et surtout l'œuvre sur laquelle il s'appuie : Menachem Lorberbaum, *Politics and the Limits of Law: Secularizing the Political in Medieval Jewish Thought*, Stanford CA: Stanford University Press, 2001.
[23] I *Samuel* 8. Voir l'analyse de David Novak, 124ss.

> Tous les impôts fonciers et sur les produits des champs, toutes les ordonnances royales (*mishpatei Melakhim*) qu'ils [les rois] édictent [*le-hanhig*] régulièrement (*regeelim*) dans leurs royaumes, ont force de loi (*dina hu*). C'est parce que tous les membres du royaume volontairement (*mi-rtsonam*) acceptent les lois du roi (*huqqei ha-melekh*) et ses jugements. Par conséquent, c'est une loi valide (*din gamur hu*)[24].

Une justification semblable est donnée dans un responsum de Rabbenou Chlomo ben Aderet (Rabcha) qui justifie auprès de R. Asher ben Yehel des décisions prises par les autorités juives d'Espagne en des matières criminelles en fonction des lois civiles espagnoles, différentes à plusieurs égards des exigences de la *halacha*. S'appuyant sur le *Traité Baba Mezi'a* (30 b) du *Talmud de Babylone*, Rabcha lui rétorque :

> Je pense qu'il convient lorsque les témoins sont considérés comme dignes de confiance par les arbitres, que ceux-ci soient autorisés à imposer des amendes ou des peines corporelles selon ce qui leur apparait juste. Cela sert à protéger la société. Si nous devions toujours nous baser sur les lois recueillies dans la Torah et ne punir que les agressions et les autres actes semblables, comme la Torah stipule, la société serait détruite[25].

L'autonomie communautaire qui existait depuis l'exil va subir un traumatisme de taille avec l'émancipation alors que les juifs sont maintenant perçus comme des sujets de droit, des personnes et non plus un corps social. La pratique religieuse se transforme d'une obligation liée à son appartenance communautaire ou ethnique en un choix personnel.

L'islam

Les événements tragiques du 11 septembre 2001 et les agressions menées par l'EI ont ramené à l'avant-scène la thèse des chocs civilisationnels avancée par Samuel Huntingdon en 1993. Avec la fin de la Guerre froide, les conflits dans le monde seront définis plus en termes culturels ou civilisationnels qu'idéologiques alors que s'opposeront des groupes dont les civili-

---

[24] Rabbenou Shmouel ben Meïr, *Commentaire sur le Talmud de Babylone, Traité Baba Batra* 54b. Cité par Novak, *The Jewish Social Contract*, 124 (ma traduction de l'anglais).
[25] R. Chlomo ben Aderet, *She'elot u-teshuvot* cite par Novak, 145. Il fait référence à ce passage du *Talmud de Babylone* : « R. Yohanan a dit : 'Jérusalem a été détruite seulement parce qu'ils ont rendu des jugements qui étaient conformes à la loi mosaïque. Auraient-ils alors pu juger conformément aux lois étrangères ? — Mais réponds donc ceci : parce qu'ils fondent leurs jugements [strictement] sur la loi mosaïque, et ne s'écartent pas des exigences de celle-ci. » Ma traduction de l'anglais.

sations n'auraient rien en commun[26]. Parmi ces groupes, la civilisation musulmane occupe une place déterminante. Cette vision suppose qu'il n'y pas de rencontre possible entre islam et modernité. Ernest Renan exprimait déjà au 19ᵉ siècle cette même idée : « L'Arabe du moins, et dans un sens plus général le musulman, sont aujourd'hui plus éloignés de nous qu'ils ne l'ont jamais été. Le musulman (l'esprit sémitique est surtout représenté de nos jours par l'islam) et l'Européen sont en présence l'un de l'autre comme deux êtres d'une espèce différente, n'ayant rien de commun dans la manière de penser et de sentir[27]. »

Cette négation de l'islam n'est pas non plus l'apanage de l'Europe, puisqu'elle s'exprime aussi chez certains réformateurs hindous du 19ᵉ siècle, comme chez Devanand Sarasvati fondateur de l'Ārya-Samāj et chez Swami Vivekananda qui en dénonce le fanatisme et la violence[28]. D'après Renan, l'islam, qu'il appelle « islamisme » sans donner à ce terme la connotation qu'il a aujourd'hui, récuse la raison, la science et le progrès. Il devient un obstacle à la démocratie. Aussi écrit-il : « en politique, nous ne leur devons rien du tout. La vie politique est peut-être ce que les peuples indo-européens ont de plus indigène et de plus propre. Ces peuples sont les seuls qui aient connu la liberté, qui aient compris à la fois l'état et l'indépendance de l'individu[29]. » L'islam ne serait être autre chose que théocratique et n'exister que comme religion officielle : « l'islamisme n'est pas seulement une religion d'État, comme l'a été le catholicisme en France, sous Louis XIV, comme il l'est encore en Espagne ; c'est la religion excluant l'État ; c'est une organisation dont les États pontificaux seuls en Europe offraient le type[30]. » L'orientaliste écossais, pionnier au 19ᵉ siècle de l'étude de l'islam en Occident, William Muir partageait la même opinion : « La religion islamique, contrairement à la religion chrétienne, ne peut s'adapter aux changements qu'imposent le temps et l'espace, suivre le rythme de la marche de l'humanité, orienter et assainir la vie en société, ni élever l'humanité. La liberté, au sens propre du mot est inconnue, et ce, apparemment, parce que dans le corps politique, le spirituel et le temporel sont malheureusement confondus[31]. »

---

[26] Samuel Huntington, "The clash of civilizations?" ; *Le Choc des civilisations*.
[27] Ernest Renan, *De la part des peuples sémitiques dans l'histoire de la civilisation, discours d'ouverture du cours de langues hébraïque...*, 13.
[28] Dayananda Saraswati, (1875), "An Examination of the Doctrine of Islam," : http://www.aryasamajjamnagar.org/chapterfourteen.htm. En 2008 des musulmans se sont adressés à la cour civile de Delhi pour obtenir une injonction interdisant la publication et la diffusion de cet ouvrage à cause des propos injurieux qu'il est dit contenir envers le Prophète et le Coran : *Usman Ghani et al. vs. Sarvadeshik Arya Pratinidhi Sabha*. Vivekananda, discours prononcé au Shakespeare Club de Pasadena, Californie le 3 février, 1900 dans *Complete Works of Swami Vivekananda*, volume 4, 126.
[29] *Ibid.*, 14.
[30] *Ibid.*, 27.
[31] William Muir, *The Caliphate*, 594 (ma traduction).

Cette critique de l'islam contraste avec les récits favorables de Pierre Bayle et de Jurieu. Les deux admiraient la tolérance de l'islam envers les minorités religieuses (*dhimmî*). Le comte Henri de Bougainvilliers (1658–1722) vante la rationalité de la foi islamique, sans prêtres et sans dogmes et croyances absurdes, notamment en des miracles[32]. Ces idées sont reprises par Edward Gibbon dans son *Histoire du déclin et de la chute de l'Empire romain*, puis par Voltaire dans le *Dictionnaire philosophique*. Faut-il mentionner que ces apologies sont basées sur des connaissances plutôt rudimentaires de l'islam et sont souvent prétextes à critiquer le christianisme ou la culture occidentale ?

La séparation de l'Église et de l'État s'inscrirait donc dans le développement historique de la civilisation occidentale, mais elle demeurerait incompatible avec l'islam. Cette conception des choses a cheminé non seulement en Occident, mais aussi chez les penseurs musulmans. Les théoriciens de l'islam sunnite classique ont formulé la théorie du califat (*khilâfa*) qu'ils considèrent comme nécessaire pour assurer la succession du Prophète dans l'exercice politique du pouvoir, à l'exclusion de la fonction prophétique qui s'est éteinte avec la mort de celui-ci. Le *Sahîh Bukhârî* raconte comment est apparue l'institution, qui n'est pas mentionnée dans le Coran :

> Abu Hazim dit : « J'ai accompagné Abu Hurayra pendant cinq ans, je l'ai entendu une fois rapporter ceci du Prophète : *Les fils d'Israël étaient autrefois gouvernés par des prophètes ; chaque fois qu'un prophète mourait, un autre lui succédait... Mais après moi il n'y aura aucun prophète ; il y aura plutôt des califes, et ils seront nombreux. – Et que nous ordonnes-tu de faire alors ? Demandèrent les présents. – Respectez l'allégeance donnée au premier... et obéissez-leur ; car Dieu leur demandera compte de ce qu'il leur aura confié*[33]. »

Ainsi, le juriste chaféite Abû al-Hassan al-Mâwardî décrit le califat comme une institution nécessaire, imposée par la révélation, dans le but de protéger la religion et assurer la survivance de la communauté (*umma*) par une bonne gouvernance fondée sur les principes de la religion. Cela n'inclut pas seulement la défense du territoire, mais aussi l'administration de la justice et des châtiments prévus dans le Coran, de même que la répression de l'hérésie et la conversion des infidèles.[34] Selon Ahmad ibn Hanbal, sans calife ayant autorité sur les affaires de la communauté des croyants, c'est le désordre ou le chaos social (*fitna*), le retour à l'ignorance (*jâhilîya*)[35]. Avec certaines

---

[32] Voir Ibn Warraq, *Pourquoi je ne suis pas musulman*, 43-46.
[33] *Sahîh Bukhârî*, hadith 3455.
[34] Al-Mâwardî expose sa pensée sur le califat dans *Al-Ahkâm al-Sultâniyya w'al-Wilâyât al-Dîniyya* (Ordonnances du gouvernement). Voir Souad T. Ali, *A Religion Not a State*, 23-28.
[35] Ustadh Kamal Abu Zahra, *The Centrality of the Khilafah in Islam*.

nuances, d'autres grands jurisconsultes médiévaux concourent avec cette vision. Le théologien hanbalite ibn Taymiyya pense que tout exercice légitime d'autorité politique doit être soumis à l'autorité de la sharia. Selon cet éminent théologien et juriste, le Coran et la Sunna sont muets sur le califat, tantôt appelé imamat, et le droit de gouverner n'appartient qu'à Dieu. Aucun humain ne peut s'arroger le droit de le représenter pour diriger les hommes. La sphère de la conduite politique ne possède aucune légitimité à ses yeux :

> […] La foi en Dieu et en son envoyé est, en tout temps et en tout lieu, plus importante que la question de l'imamat ; celle-ci n'a donc jamais été la plus importante ni la plus honorable […]. [S'il en avait été ainsi], le prophète aurait dû en exposer le contenu pour la communauté des siens qui viendraient après lui, tout comme il leur a exposé le contenu des questions inhérentes à la prière, à l'aumône légale, au jeûne et au pèlerinage, et il leur a précisé ce qu'il en était de la foi en Dieu, de son unicité et du dernier jour. On sait bien, d'ailleurs, qu'il n'y a aucun exposé relatif à la question de l'imamat dans le Livre et dans la Sunna, alors qu'il y en a un pour ces principes fondamentaux de la religion[36].

En exprimant que seuls les quatre premiers califes sont authentiques, il avance qu'un seul calife pour la communauté universelle n'est plus nécessaire et que l'autorité politique peut être partagée par plusieurs gardiens de la tradition (*wali al-amr*)[37]. Ibn Taymiyya rejette la fonction politique rattachée à l'imamat puisque la souveraineté d'Allah ne peut en aucun cas souffrir de partage ou être représentée par un être humain, ce qui à ses yeux serait une forme d'idolâtrie portant atteinte au principe de l'unicité divine (*tawhîd*)[38]. Dans cette logique, Allah choisit non pas un individu, mais la communauté (*umma*) pour témoigner de sa vérité. La communauté peut déléguer à un souverain le pouvoir d'organiser la *polis,* mais du point de vue d'ibn Taymiyya avec la mort du dernier des « Califes Bien Guidés » (*rashidun*), le pouvoir religieux s'est séparé de l'ordre politique et se concentre dans les mains des ulémas[39]. Toutefois, la séparation des deux ordres n'est que formelle, car chez notre théologien, selon l'expression de Caterina Bori « la

---

[36] *Minhâj as-Sunnat in-Nabawiyyah fî naqd kalâm al-shi'a wa-l-qadariyya* (*La voie de la sunna prophétique dans la critique du discours chi'ite et qadarite*), I, 50 ; ll. 11-16 et cf. aussi 64. Cité par Bori, « Théologie politique et Islam à propos d'ibn Taymiyya ».
[37] Voir Muhammad Abdul-Haqq Ansari, *Ibn Taymiyyah expounds on Islam*, 495.
[38] Bori, 16. Ibn Taymiyya fait appel à un hadith qui n'est pas répertorié par les traditionistes reconnus (*Sunan*) pour justifier sa position : Dieu me fit choisir entre être « un serviteur envoyé » (*'abd rasul*) et un « prophète roi » (*nabi malik*) et je choisis d'être un « serviteur envoyé » (*al-Khilâfa wa-l-mulk* in : *Majmû' fatâwâ*, XXXV, 22).
[39] *Ibid.*, 16-20. Cette séparation de l'ordre religieux et de l'ordre politique s'est instaurée à partir de la fondation de la dynastie des Omeyyades, en 661 avec la victoire de 'Abû 'Abd Ar-Rahmân Mu'âwiya sur 'Alî ibn Abî Tâlib à Kûfa.

construction politique et le pouvoir temporel n'ont leur raison d'être que dans la religion[40]. » Ibn Taymiyya écrit :

> Quant à la tradition prophétique selon laquelle « Le Sultan est l'ombre de Dieu sur la terre où se réfugie tout être faible et affligé », elle est authentique. En vérité, l'ombre a besoin de quelqu'un qui s'[y] réfugie, elle lui est de bonne compagnie [46] et s'ajuste à lui en quelque sorte. Celui qui se réfugie auprès de l'ombre, c'est celui qui s'abrite en dessous de ce qui fait ombre, lequel est le maître de l'ombre. Donc le Sultan est serviteur de Dieu, il est créé, on a besoin de lui et on ne peut se passer de lui un seul instant, il dispose de la capacité physique, du pouvoir moral, de l'aptitude à protéger et à secourir et d'autres attributs qui relèvent de la souveraineté et de la domination (*al-samadiyya*) – grâce auxquels la société des humains demeure en bon état – qui le font ressembler à l'ombre de Dieu sur la terre[41].

Dans une perspective orientaliste, la distinction de ces deux ordres de pouvoir et la soumission des autorités temporelles au spirituel semblent souvent être perçues comme une caractéristique qui oppose l'Islam à l'Occident. Ironiquement, cette doctrine a d'abord été élaborée en Occident au 5e siècle, par un pape d'origine kabyle, Gélase Ier :

> Il y a deux pouvoirs, auguste Empereur, qui gouvernent principalement le monde : à savoir, l'autorité sacrée des pontifes (*auctoritas sacrata pontificum*) et le pouvoir royal (*regalis potestas*). Entre les deux, l'autorité sacerdotale l'emporte, car ses représentants doivent rendre des comptes au jugement divin de la conduite des rois sur les hommes. Vous savez aussi, cher fils, que si vous êtes autorisé honorablement à régner sur le genre humain, dans les choses divines vous vous inclinez humblement devant les autorités ecclésiastiques et attendez de leurs mains les moyens de votre salut[42].

En somme, la politique n'a de légitimité que lorsqu'elle est validée par la théologie, ce qui n'emporte guère une forme d'infaillibilité de l'imamat dans la gouvernance, idée répandue chez les chiites et certains fondamentalistes[43].

L'historien Abdel Rahman ibn Khaldûn (1332–1406) propose dans son *Introduction à l'histoire universelle* (*Muqaddima*) une lecture du pouvoir politique qui procède entièrement de la nature humaine, sans fondement ou origine divine. Pour lui, la solidarité sociale (*'asabîya*) constitue un phéno-

---

[40] *Ibid.*, 24.
[41] Ibn Taymiyya, *Majmû' fatâwâ*, XXXV, 45, l. 17 – 46, l. 9. *Ibid.*
[42] *Epistola VIII, Ad Anastasium Imperatorem*, PL 059, col. 41 (ma traduction du latin).
[43] Tariq Ramadan, *Islam and the Arab Awakening*, 106, 112.

mène naturel dans toute société[44]. L'homme ne peut survivre sans cette nécessaire coopération qui doit s'appuyer sur une certaine autorité, le pouvoir royal (*mulk*), pour se débarrasser des conflits qui naissent des intérêts personnels :

> La royauté est une institution conforme au naturel de l'homme. Nous avons déjà dit que c'est la réunion des hommes en société qui assure la vie et l'existence de l'espèce humaine. Pour se procurer des aliments et les choses de première nécessité, ils doivent s'entre'aider ; le besoin les habitue au trafic et les pousse même à enlever de force les objets dont ils ne peuvent se passer. Chacun d'eux porte la main sur la chose qu'il convoite et tâche de l'arracher à son voisin, tant la violence et l'inimitié sont des passions naturelles à tous les animaux. [...] Cette contestation amène un combat qui donne lieu à une mêlée générale, à l'effusion du sang... Cela a pour cause le sentiment qui porte à défendre son bien, sentiment que le Créateur n'a donné qu'à l'homme. Donc les hommes ne sauraient vivre sans un chef qui les empêche de s'attaquer les uns les autres. Pour contenir la multitude, il faut un modérateur, un gouverneur, c'est à dire, un roi fort, qui dispose d'une grande puissance ; cela est exigé par la nature même de l'homme[45].

L'autorité politique prend donc sa source dans la volonté de coopération des hommes ; c'est même cette *asabiyya* qui est à la base des conquêtes et des empires. Sa légitimité est strictement humaine du point de vue d'ibn Khaldûn : « Je n'admets pas le principe qui déclare que l'établissement d'un modérateur auquel tout le peuple doit se soumettre avec confiance et résignation soit ordonné par la loi divine. Le modérateur peut dériver son autorité de la puissance que la possession de l'empire lui donne, ou bien des forces dont il se fait appuyer[46]. » Le pouvoir de l'émir repose sur une forme de contrat ou pacte (*bay'a*) par lequel les membres d'une communauté reconnaissent à leur souverain le droit de gouverner et prennent l'engagement de lui obéir[47]. La loi solidifie le contrat entre les parties et assoit le pouvoir ou l'autorité politique :

> Dans tous les cas, le peuple se prête difficilement à la soumission ; ensuite il commence à désobéir ; ce qui amène des révoltes et des combats. Alors le prince se voit obligé d'adopter un code de lois que les sujets acceptent et dont ils

---
[44] Ibn Khaldûn, *Les Prolégomènes*, Première partie, 32.
[45] *Ibid.*, 368.
[46] *Ibid.*, 374.
[47] *Ibid.*, 399.

consentent à respecter les prescriptions. [...] Si ce code a été dressé par les sages, les prud'hommes et les grands de l'empire, il offre un système de lois fondées sur la raison ; s'il émane de Dieu, qui l'aura fait promulguer par un législateur divinement inspiré, il renferme une suite de règlements basés sur la religion et profitables aux hommes, non seulement dans cette vie, mais dans l'autre. Car l'homme n'a pas été créé uniquement pour ce monde ; la vie d'ici-bas n'est que vanité et illusion, puisqu'elle se termine par la mort. [...] Les hommes ont reçu divers recueils de lois révélées, servant à les diriger vers la vérité et à fixer leurs devoirs dans tout ce qui se rapporte à leurs pareils et à la religion. La royauté, institution qui dérive naturellement de la réunion des hommes en société, y trouva aussi des prescriptions pour la régler, et qui lui donnèrent un caractère religieux, afin que toutes les institutions humaines fussent placées sous le contrôle de la loi divine[48].

Dans cette perspective, le secours de la religion semble nécessaire pour éviter l'effritement de la solidarité sociale et les excès liés à la volonté de puissance des dirigeants. En effet, « On voit par-là comment une nation s'affaiblit lorsqu'elle ne subit plus l'influence du sentiment religieux et qu'elle s'appuie uniquement sur son esprit de corps (*'asabîya*). Une dynastie maintient dans l'obéissance des peuples aussi forts qu'elle, et même plus forts, pourvu qu'elle les ait vaincus après avoir doublé ses forces par l'influence de la religion[49]. » Telle est donc la justification du califat, d'un lieutenant qui, à la place du Prophète, soit capable de faire exécuter par les hommes les prescriptions qui servent leurs intérêts dans ce monde comme dans l'autre ; « le lieutenant du législateur inspiré, chargé de maintenir la religion et de s'en servir pour gouverner le monde[50]. »

Les rapports qu'entretiennent religion (*dîn*) et pouvoir politique (*sultan*) dérivent de leur nécessaire coopération : L'*'asabîya* a besoin de la religion pour ne pas dégénérer en conflit, mais la religion a besoin d'une autorité politique pour s'épanouir et la défendre. Aussi cite-t-il ce texte de l'*Authentique* : « Dieu n'a jamais envoyé de prophète qui n'eût pas dans sa nation un parti capable de le défendre. » Selon ibn Khaldûn, ce parti verra son visage transformé avec l'apparition de la monarchie (*mulk*) après la victoire militaire de Mu'âwiya sur les partisans de 'Alî ibn Abî Tâlib. L'historien comprend que les temps ont changé. On n'est plus à l'ère des quatre premiers califes, « dans les mêmes conditions que les anciens

---

[48] *Ibid.*, 371.
[49] *Ibid.*, 327.
[50] *Ibid.*, 372.

khalifes : au temps de ceux-ci, l'esprit de la souveraineté ne s'était pas encore montré ; l'influence de la religion retenait tout le monde dans le devoir, et chacun portait un moniteur dans son cœur ; aussi laissèrent ils l'autorité à celui qui convenait le mieux pour les intérêts de la religion, et ils renvoyèrent les ambitieux au contrôle de leur propre conscience[51]. » Ibn Khaldûn est historien et non théologien. Son approche le pousse à faire montre de réalisme politique et convenir que l'époque où la communauté se dotait d'un chef élu par consentement (*shûrâ*) pour la diriger à partir des principes de la religion n'existe plus. Avec la constitution d'empires, la succession des califes devient héréditaire et passe aux mains de souverains berbères (Almoravides), turcs ou mongols (Seljouks) d'origine non-musulmane. Les califes abbassides de Bagdad doivent partager avec ces nouveaux détenteurs du pouvoir politique dont la légitimité se fonde la plupart du temps sur les armes au lieu du traditionnel lien de sang avec la lignée des Quraishites (tribu du Prophète).

Ibn Khaldûn pense que le besoin de cohésion sociale conduit inévitablement à des formes de concentration du pouvoir politique auquel il faut se soumettre. Toutefois, cette admission pour des raisons de nécessité et d'opportunité ne doit pas faire oublier le rôle de la religion et l'obligation de maintenir l'institution du califat :

> La puissance souveraine, avons-nous dit, suffit, à elle seule, pour assurer au peuple les avantages de la civilisation ; mais elle agit avec plus d'effet lorsqu'elle s'appuie sur les principes de la loi divine. La cause en est qu'un législateur (inspiré) sait mieux qu'un souverain (temporel) ce qui contribue au bonheur des hommes. Dans les États musulmans, la souveraineté temporelle est subordonnée au khalifat ; dans les autres, elle est indépendante ; mais partout elle a créé, pour les besoins de son service, des charges et des emplois qu'elle distribue à ses protégés et aux grands personnages de l'empire[52].

Une tension entre le « califat parfait » des quatre premiers califes et ceux qui auront pris par la suite le pouvoir par la force semble toujours s'exprimer chez ibn Khaldûn pour qui le tribalisme et l'exercice de l'autorité politique engendrent fatalement abus, puis désordre dans la société[53].

---

[51] *Ibid.*, 402.
[52] *Ibid.*, 440.
[53] *Ibid.*, 390 : « Il en est de même de l'esprit de corps ; le législateur l'a blâmé en disant : « Les liens du sang et le nombre de vos enfants ne vous serviront de rien. » Par ces paroles, il entendait blâmer cet esprit de corps qui régnait avant l'islamisme et qui poussait les hommes à rechercher la vaine gloire et tout ce qui s'y rattache... [...] Il en est de même de la royauté ; bien que le législateur en témoigne sa désapprobation, il ne veut pas condamner l'esprit de

On l'a dit, ibn Taymiyya ne reconnait que le califat des quatre Compagnons du Prophète (*sahaba*) sans plus. L'idée d'un retour à la pureté de l'islam des anciens (*salafi*[54]), s'est exprimée chez ibn Hanbal, ibn Taymiyya, et au 18e siècle chez Mohammed ibn Abdelwahhab, le fondateur du wahhabisme. À partir du 19e siècle, le mouvement de renaissance (*salafiyya*) sunnite prend des couleurs modernistes comme chez les réformateurs célèbres, Jamal al-Dîn al-Afghâni, Muhammad Abduh (1849–1905) et Rashid Rîdâ. Le mouvement prend des teintes conservatrices et puritaines chez les Frères musulmans et Sayyid Qutb (1906–1966), chez Muhammad Nâsir ad-Dîn al-Albâni (1914–1999). Les salafistes modernistes dénoncent un islam qui s'est figé avec le temps parce qu'il s'est enfermé dans l'interprétation (*fiqh*) des quatre grandes écoles juridiques sunnites – une religion qui à l'inverse de l'Occident n'a pas réussi à s'adapter aux défis de la modernité. Mais ces modernistes pensent aussi que l'islam ne s'oppose pas en soi au progrès et à la constitution d'États modernes. Au contraire, l'islam doit servir d'inspiration et de cadre de référence à la réforme des sociétés musulmanes qui doivent trouver leur propre identité et s'émanciper du joug colonial européen. Al-Afghâni et Muhammad Abduh s'expriment dans la revue mensuelle *Al 'Urwa al Wuthqa* sur la nécessité de renouer avec l'islam des anciens (*salafi*) et de fonder un état islamique unifiant l'ensemble des musulmans (panislamisme) sur le modèle du « califat parfait », tout en faisant place à la science et à l'éducation. En 1884, al-Afghâni y écrit ceci :

> Les musulmans n'ont d'autre nationalité que celle que leur confère leur religion et […] la multiplication des princes régnants est aussi néfaste que la multiplicité des chefs dans une même tribu ou que celle des sultans chez un même peuple, quand leurs intentions sont contradictoires et que leurs buts s'opposent […]
>
> Avec le temps, la corruption gagna les âmes de ces princes, l'avidité et la vaine ambition s'emparèrent d'eux. Alors leurs passions les transformèrent : ils renoncèrent à la vraie gloire, se contentèrent des titres d'émir et de sultan […] Puis ils décidèrent de s'affilier à des étrangers qui ne professaient pas leur religion […]. Si les musulmans étaient restés seuls, avec les croyances qui sont les leurs, sous la protection de leurs ulémas agissants, ils eussent vécu en bonne intelligence et en parfaite concorde […]

---

domination qui agit dans l'intérêt de la bonne cause, ni l'emploi de la force pour obliger les hommes à respecter la religion et pour contribuer à l'avantage de la communauté. Il ne blâme que la domination que l'on exerce en vue de la vaine gloire et l'emploi du peuple pour accomplir des projets ambitieux ou pour satisfaire à ses passions. »

[54] Ceux-ci comprennent les Compagnons, mais aussi ceux qui ont été témoin des Compagnons (*Tabi'un*) et les témoins de ces derniers (*Tabi' at-Tabi'in*).

> Je ne demande pas, par ces paroles, que le pouvoir sur la totalité des musulmans appartienne à un seul individu. Cela serait, en effet, peut-être difficile. Je souhaite seulement que le Coran règne sur eux tous, que la religion soit le but de leur union...[55]

Le penseur syrien Abd al-Rahmân ibn Ahmad al-Kawâkibî (1855–1902) est influencé par les idées libérales – inspirées des Lumières – de Muhammad Abduh et al-Afghâni, mais il critique plus durement le despotisme du Sultan et Calife ottoman Abdülhamid II qui renversait les réformes des Tanzimat (régime constitutionnel, un code civil et la liberté de religion). Instigateur du panarabisme, il rêvait d'un État arabe démocratique, basé sur la consultation (*shûrâ*) et où le califat serait spirituel, distinct du pouvoir politique. Il fait appel à la solidarité des nations arabes, dans le respect des croyances de chacun : « Organisons ensemble notre vie sur terre et laissons aux religions le soin de s'occuper de celle de l'au-delà[56]. » En s'attaquant au despotisme ottoman qui réunit pouvoir temporel et spirituel en la personne du calife/sultan, al-Kawâkibî préconise un retour à l'islam des anciens (*salafi*) dans une communauté musulmane spirituellement unifiée sous l'égide d'un calife arabe quraïshite. Celui-ci guidera la communauté selon les principes de consultation (*shûrâ*), d'interprétation (*ijtihâd*) et de consensus (*ijmâ'*), grâce à la création d'un comité consultatif général islamique composé de membres élus, délégués par l'ensemble des nations musulmanes, qui auraient aussi la tâche d'élire le calife[57].

Comme al-Kawâkibî, Rashid Rîdâ cherche à sortir la religion des institutions politiques et propose une sorte d'empire panarabe à la tête duquel se trouverait un président à Damas, alors qu'un calife assurerait strictement l'autorité morale à La Mecque[58]. S'appuyant sur l'analyse d'ibn Khaldûn, Rîdâ écrit dans *Le Califat ou l'imamat suprême* que l'institution du califat fut mise en péril et encline à la corruption dès qu'elle fut usurpée par la force et que la consultation (*shûrâ*) d'un collège électoral (*ahl al-hall wa-l-'aqd*) fut abandonnée au profit d'une succession héréditaire à partir de Mu'âwiya. Cela s'est par la suite accentué lorsqu'au 9e siècle le calife abbasside Al-Mu'tasim introduisit à sa solde des militaires turcs, les Mamelouks. Il est persuadé que le vrai califat ne fut qu'au temps des quatre premiers califes, ce qui le rend fort critique à l'égard du despotisme du calife existant. Il l'avait

---

[55] *Al 'Urwa al-Wuthqa*, n° 9 du 22 mai 1884, traduit dans *Orient*, n° 22. 2e trim. 1962 : 139-147. Cité par Jean-François Legrain, *L'idée de califat universel...*, 39.
[56] *Taba'i' al-istibdad* (La nature du despotisme) cité dans Charles Saint-Prot, *Le nationalisme arabe. Alternative à l'intégrisme*, 15.
[57] Voir Legrain, 56-57.
[58] Voir Eliezer Tauber, "Three Approaches, One Idea: Religion and State in the Thought of 'Abd al-Rahman al-Kawakibi, Najib 'Azuri and Rashid Rida."

d'abord supporté pour des raisons de nécessité liées aux périls issus tant de l'intérieur (Jeunes-Turcs) que de l'extérieur (Première Guerre).

Rîdâ est préoccupé par-dessus tout par la sauvegarde de l'indépendance politique de l'islam et craint l'emprise des puissances coloniales sur des parties importantes de l'Empire ottoman disloqué. Il veut à tout prix éviter le contrôle de l'islam par des puissances étrangères non islamiques. À la suite de la chute du sultanat turc en 1923 et du califat l'année suivante, Rîdâ estime que le monde musulman a besoin d'une renaissance et s'en prend aux modèles turc et égyptien, ouverts aux valeurs sécularistes en provenance de l'Occident. Aussi décrit-il, dans une conférence au *Royal Institute of Geography* en 1930, la nécessité d'une réforme fondée sur un retour à l'héritage incomparable de l'islam des premiers temps et « non pas un renouveau basé sur l'hérésie et la promiscuité, le laxisme et la débauche... un qui dissuade de la pratique de la vertu au nom de la liberté, de la libération de la femme orientale, et de l'imitation de la civilisation occidentale[59]. » Voulant marquer son opposition à la laïcité kémaliste, Rîdâ opte finalement pour une compréhension spirituelle du califat dont la fonction principale serait d'assurer un leadership spirituel dans tout le monde musulman en adaptant la sharia au monde moderne[60].

Zia Gökalp, sociologue durkheimien et réformateur kémaliste croit aussi à une forme de califat spirituel où la religion joue un rôle important dans la préservation de l'identité culturelle. Dans le premier numéro du *Moniteur* de Constantinople daté du 9 septembre 1923, il publie un texte dans lequel il se fait le défenseur du nouveau califat spirituel comme réalisation parfaite du califat primitif :

> Lorsque le Khalifat et la souveraineté se réunissent et [sic, en ?] un personnage, quand même l'une de ces deux qualités domine l'autre. Au temps des quatre premiers Khalifes, la dévotion précédant à toute chose le Khalifat dominait la souveraineté. Mais sous les règnes des Omayades, des Abbasides et des Ottomans, le Khalifat ayant été conquis par les épées des Émirs qui avaient la force matérielle était dominé par la souveraineté.
>
> Par conséquent, à ces époques le Khalifat n'était pas indépendant. Tandis qu'en réalité, le Khalifat et la souveraineté devraient être indépendants. La récente révolution

---
[59] Tiré de Charles Kurzman ed., *Modernist Islam, 1840–1940 : A Sourcebook*, 78.
[60] Voir Mahmoud Haddad, "Arab Religious Nationalism in the Colonial Era: Rereading Rashīd Riḍā's Ideas on the Caliphate."

> turque a assuré à ces deux puissances son indépendance et sa liberté. Actuellement le droit de souveraineté des Turcs passant au peuple a gagné ainsi son indépendance et le Khalifat, séparé de la souveraineté, a une indépendance intégrale.
>
> Dorénavant, le Khalife indépendant pourra fonder l'organisation religieuse et réunir, quand il voudra, des conseils religieux internationaux, tels que le « Conseil des Muftis », le « Conseil des professeurs » et le « Conseil d'éducation religieuse »[61].

Toutefois, la volonté de Rîdâ de protéger l'islam du contrôle étranger et sa méfiance envers les pouvoirs coloniaux se sont vite transformées en un conservatisme moral décriant les valeurs occidentales – conservatisme puritain influencé par le mouvement wahhabite. Il a exercé une influence déterminante sur le courant salafiste contemporain, notamment au sein de l'Association des Frères musulmans (FM) (arabe : *al-Ikhwan al-muslimin*), fondée en Égypte par Hassan el-Bannâ en 1928. Parmi ses militants et penseurs, l'Égyptien Sayyid Qutb (1906–1966) joue un rôle déterminant dans la diffusion des principes salafistes. L'unique souveraineté qui ait une véritable légitimité dans l'univers est la souveraineté d'Allah (*al-hakimiyya*), le Dieu unique (*tawhîd*), et de sa loi (sharia) à laquelle l'homme doit se soumettre entièrement ; tout ce qui est en dehors de cela n'est que pure ignorance, retour aux temps préislamiques (*jâhilîya*). Allah ne partage sa souveraineté avec personne et la seule loi qui puisse gouverner les hommes est la sharia. L'homme doit rendre hommage à Allah dans tous les aspects de la vie, personnelle et sociopolitique, et ce culte (*al-'ubudiyya*) est rendu en obéissant à sa loi[62]. Toute forme de gouvernement humain ne doit poursuivre qu'un objectif, soit mettre en application la sharia et administrer la justice en fonction de celle-ci. L'État islamique de Qutb ressemble donc à celui des autres salafistes déjà mentionnés, c'est-à-dire qu'il doit être basé non pas sur le pouvoir arbitraire et despotique, mais doit s'exercer avec consultation (*shûrâ*).

Pour Qutb et les salafistes, le constitutionnalisme islamique ne pourra jamais s'apparenter aux démocraties occidentales où la primauté du droit et la constitution demeurent des instruments juridiques dont le fondement réside dans le contrat social des citoyens. Ici la primauté du droit se fonde sur la souveraineté d'Allah et sa loi. Je paraphrase ici le politologue Sayed Khatab : la sharia est le principe fondateur de la communauté islamique

---

[61] « L'indépendance du khalifat », *Moniteur* de Constantinople du 9 septembre 1923, cité par Legrain, 107-108.
[62] Voir Sayed Khatab, "*Hakimiyyah* and *Jahiliyyah* in the Thought of Sayyid Qutb."

(*umma*), ce n'est pas la communauté qui décide d'instituer la sharia révélée par Allah[63]. La disqualification du pouvoir politique conduit à une forme d'absolutisme théonomique dans lequel religion et État fusionnent. Les valeurs occidentales de démocratie, de neutralité de l'État et de laïcité sont dénoncées par le modèle salafiste qui, par ailleurs, veut bien accueillir la science et la technologie de l'Occident. Le *Hizb ut-Tharir* (Parti de la Libération) fondé en 1953 par le Palestinien Sheikh Muhammad Taqiuddin al-Nabhani (1909-1977) partage un point de vue similaire, comme l'indique une réponse donnée lors du congrès du groupe en 2002, à une question sur l'intégration de l'immigrant musulman au Royaume-Uni :

> Cela ne signifie pas apprendre l'anglais, porter des costumes à rayures, et de manger du *fish and chips*. S'intégrer devient synonyme de renoncer à nos valeurs essentielles ; si nous empruntons cette voie, alors nos fils amèneront leurs amants à la maison, et nos filles, leurs amantes. Ils vont nous envoyer dans des maisons pour personnes âgées. La démocratie c'est pour les infidèles, parce que selon l'Islam seul le Prophète, splendeur de sa majesté, peut légiférer. Le califat est nécessaire pour être gouverné selon ses principes et lorsqu'il sera établi pourrons-nous vivre en bons musulmans[64].

En Inde, les sunnites ont aussi manifesté leur besoin de protéger la tradition islamique qu'ils estiment menacée par la présence de l'*East India Company*. Shah Waliyullâh (1703-1762) accuse les Anglais de corrompre la société indienne et inspire à plusieurs ulémas indiens, dont Muhammad Yaqub Nanautawi (1833-1886), Rashid Ahmad Gangohi (1829-1905) et Muhammad Qasim Nanotvi (1833-1880), la fondation d'un centre universitaire d'études islamiques (*madrasa*), *Darul Ulum Deoband* toujours en activité depuis 1866. Cet établissement a essaimé dans les montagnes au nord-ouest du Pakistan : le *Darul Ulum Haqqania* créé par Abdul Haq et dirigé depuis 1988 par son fils Sami ul-Haq. Ce centre forme les talibans d'Afghanistan et du Pakistan à l'interprétation littéraliste du Coran et de la Sunna, et est réputé être une école du jihad. Leur chef, le mollah Omar y a été formé, celui qui a dirigé les destinées de l'Émirat islamique d'Afghanistan de 1996 à 2001. La destruction des bouddhas de Bâmiyân lui est attribuable. Toujours en Inde, Abul ala Maududi (1903-1979) rejette l'idée du nationalisme indien prônée par l'Indian National Congress ou encore le partition-

---

[63] *Ibid.*, 160.
[64] Cité par John R. Bowen, "Justifying Islamic Pluralism: Reflections from Indonesia and France," in *Diversity and Pluralism in Islam*, Zulfikar Hirji, ed., 178 (ma traduction de l'anglais).

nisme de l'All India Muslim League de Muhammad Ali Jinnah. Pour lui, le nationalisme se présente comme une idéologie européenne basée sur des principes qui sont le résultat de la mécréance (*kufr*)[65]. Maududi reproche à la Ligue de ne pas construire son programme politique sur des bases islamiques. Il fonde son propre parti, le *Jamaat-i-Islami* (Parti islamique) dédié à la construction d'un État islamique. Toute sa pensée se construit autour de l'idée d'*al-hakimiyya* qui a plus tard inspiré Sayyid Qutb : « Personne dans l'univers entier ne peut revendiquer la souveraineté ; que ce soit un être humain, une famille, une classe ou un groupe de personnes, ou même le genre humain dans son ensemble. Dieu seul est souverain et ses commandements constituent la loi de l'islam[66]. » Cela a de nécessaires conséquences sur les rapports entre État et religion qui ne peuvent exister séparément, un point de vue qui distinguerait l'islam des autres religions :

> La principale caractéristique de l'islam, c'est qu'il ne fait pas de distinction entre le spirituel et le profane dans la vie. Il ne se confine pas dans un unique rôle de purifier la vie spirituelle et morale de l'être humain. Il rejoint tous les aspects de la vie. Il vise à informer à la fois la vie personnelle et la société dans son ensemble... Le mode de vie islamique est donc basé sur un concept singulier de la place de l'homme dans le monde. C'est pourquoi il est nécessaire que, avant de discuter des systèmes moraux, sociaux, politiques et économiques de l'islam, nous devons avoir une idée claire de ce que ce concept de vie est[67].

Pour la majorité des salafistes, le califat qui a existé de Muʿâwiya aux derniers sultans ottomans a pris la forme du césaropapisme, d'une forme de subordination du religieux au politique. Les salafistes, à l'instar de Maududi, prônent un retour à l'idéal de la société bédouine du temps des « califes guidés », quand seule prévalait la loi divine. C'est un univers théonomique dans lequel les commandements de Dieu deviennent des ordonnances civiles, un peu à l'image de ce que Calvin implanta à Genève. Ainsi il redéfinit le califat d'une toute autre manière :

> L'autorité du califat est conférée à l'ensemble du groupe, la communauté dans son ensemble qui répond aux exigences de représentation, après avoir souscrit aux principes de *tawhîd* (unicité) et *risâlat* (prophétie).
> Dans les démocraties laïques occidentales le peuple est souverain, mais dans l'islam la souveraineté est acquise en

---

[65] Triloki Nath Madan, *Modern Myths*, 139.
[66] Sayyid Abul Ala Mawdudi, *The Islamic Way of Life*, 37.
[67] *Ibid.*, 1. Traduit de l'anglais.

Dieu seul, et tous ses sujets sont ses califes ou représentants[68].

L'administration gouvernementale est confiée à un émir élu, assisté d'un conseil consultatif (*shûrâ*) pour gouverner et « légiférer dans les limites prescrites par la charia. Les commandements de Dieu et les prescriptions de ses prophètes doivent être reçus et obéis ; et aucun corps législatif ne peut les modifier, ni édicter des lois qui leur sont contraires[69]. »

L'islamologue marocain Rachid Benzine considère que les réformistes de la seconde moitié du 19ᵉ et du début du 20ᵉ siècle ont jeté les bases de deux courants opposés de l'islam contemporain : le courant islamiste dont je viens de parler, puis l'islam critique dont il sera maintenant question[70]. L'Égyptien Cheikh Ali Abderrâziq (1888–1966) se présente comme un des premiers protagonistes de l'islam critique avec la parution en 1925 de *L'Islam et les fondements du pouvoir* (*Al-Islâm wa 'Usûl al-hukm*)[71]. Cet uléma de l'Université Al-Azhar rejette deux points de vue classiques sur le califat. Le premier, le Prophète a lui-même fondé un État, ce qui fait du califat/imamat une institution canoniquement obligatoire (*wujûb*). Après une lecture critique et contextuelle des textes coraniques et de la Sunna, Abderrâziq conclut qu'« aucun des théologiens qui ont prétendu que la proclamation de l'imam est une obligation religieuse n'a pu citer un verset du Coran à l'appui de sa thèse[72]. » Le second voudrait que le califat soit l'expression d'un consensus (*ijmâ'*) qui aurait été exprimé par les Compagnons du Prophète. Il leur remémore tous les conflits, souvent d'origine tribale, qui sont apparus immédiatement après la mort de Muhammad, et qui sont à l'origine de divers schismes en lien avec sa succession[73]. Abderrâziq voit dans le califat une invention purement humaine sans aucun fondement religieux : « nous constatons, écrit-il, que le califat ne s'est fondé que sur la force répressive, et que cette force était, sauf en de rares exceptions, une force matérielle armée. Le Calife n'avait pour entourer son siège que des lances et des épées [...] la contrainte par la force a toujours été le support du califat[74]. »

La mission de Muhammad est purement prophétique, une prédication dont le but est de réformer les cœurs et non d'organiser la cité séculière[75]. Il évacue ainsi complètement la maxime « l'islam est religion et État » (*al-islam*

---

[68] *Ibid.*, 39, 40.
[69] *Ibid.*, 45-46.
[70] Rachid Benzine, *Les nouveaux penseurs de l'islam*, 51.
[71] Une première traduction française par Louis Bercher parut dans *Revue des études islamiques* 1933/III et 1934/II. J'utilise ici la traduction plus récente d'Abdû Filâlî Ansârî, *L'Islam et les fondements du pouvoir*.
[72] *Ibid.*, 64.
[73] *Ibid.*, 149-150. L'auteur fait allusion aux guerres d'apostasie (*hurûb al-ridda*) marquant la contestation de l'autorité d'Abû Bakr comme premier calife.
[74] *Ibid.*, 75-77.
[75] *Ibid.*, 105, 119.

dîn wa dawla) : « cette institution que les musulmans ont convenu d'appeler califat est entièrement étrangère à la religion[76]. » Abderrâziq sent une coupure radicale entre la mission prophétique de Muhammad et l'institution califale inaugurée par le premier calife Abû Bakr. Voilà ce qui le distingue de l'islam classique ou des salafistes qui séparent le « califat bien guidé » du califat omeyyade[77]. De cette façon, son livre constitue une attaque frontale contre tous ceux qui rêvaient d'un État islamique pour remplacer le califat ottoman aboli par Atatürk, pour lesquels la constitution s'inspirerait du califat des « biens guidés » et veillerait à mettre en œuvre la sharia.

Abderrâziq prépare le chemin à une véritable sortie de la religion, une séparation complète de la religion et de l'État. Ses prises de position lui valent d'être déchu par ses pairs de sa position au sein du Grand Conseil des ulémas d'al-Azhar, ainsi que de son titre d'uléma. Le Grand Conseil condamne sept de ses propositions, dont :

> I. — Que le droit canon (*shari'a*) islamique est une législation purement spirituelle (*roühiya*), sans connexion avec la souveraineté politique (*hokm*), et dépourvue de pouvoir exécutif (*tanfîdh*) temporel. — [cf. livre II, § 3 ; p. 65.]
>
> IV. — Que l'important, pour le Prophète, fut son message religieux, en dehors de toute souveraineté ou de tout pouvoir exécutif. — [cf. p. 55.]
>
> V. — Que les compagnons du Prophète n'ont été nullement unanimes (*idjma'*) quant à la nécessité de proclamer un Imâm ; ni d'avoir pour la communauté un représentant qui la régisse religieusement et politiquement. — [p. 22.]
>
> VII. — Que le gouvernement, sous Abou Bekr sous les califes Rachidoûn, après lui, n'a pas été un gouvernement religieux — [p. 95, 99][78].

Il réfute ces accusations, rappelant que « Dieu ne se soucie pas de l'aspect périssable des affaires humaines ». Il renvoie à un hadith attribué à at-Tirmidhî et rapporté par l'imam Mohieddîne an-Nawawî (1233–1277) dans *Le jardin des vertueux* (*Riyâdh as-Sâlihîn*) : « Sahl Asa'idi rapporte : le messager de Dieu dit : si ce bas monde avait aux yeux de Dieu le poids de l'aile d'un moustique. Il n'aurait pas consenti au Mécréant une seule gorgée d'eau. » Certains défenseurs du califat, notamment Abd al-Razzâq as-Sanhûrî, lui ont reproché de surimposer des concepts occidentaux sur une

---

[76] *Ibid.*, 155.
[77] Voir, « Les contours d'une théorie islamique de la séparation de la religion et de l'État », *Rives nord-méditerranéennes* [en ligne], 19 | 2004, mis en ligne le 30 décembre 2008, consulté le 15 janvier 2014, http://rives.revues.org/171.
[78] Reproduit dans « Position moderniste égyptienne : Cheik Ali 'Abd al-Raziq et ses sept propositions condamnées », *Revue du Monde Musulman*, 1925 (premier trimestre), vol. LIX : 302-305.

lecture sélective du texte coranique, ne retenant que les versets de la période mekkoise et ignorant ceux de la période médinoise qui font un place plus large à l'organisation de la société. As-Sanhûrî l'accuse d'imputer à l'institution les disputes au sujet de la succession de Muhammad au lieu d'y voir des querelles portant uniquement sur l'identité du successeur[79]. As-Sanhûri cherche à réformer le califat sunnite qu'il juge être une obligation de nécessité pour agir comme mandataire de l'*umma*, conseillée par les savants chargés d'interpréter la sharia et de l'adapter à la réalité moderne.

Les théories de plusieurs ulémas et théologiens qui favorisent le maintien du califat sont très souvent de tendance salafiste ou wahhabite, prônant une interprétation littérale du Coran et de la Sunna, rejetant toute innovation (*bida'a*) qui fait dévier la religion de sa pureté originelle. Leur vision du monde est plutôt manichéenne : d'un côté le bien représenté par une société parfaite vivant selon les principes du Coran et de la Sunna, de l'autre le mal associé à l'immoralité, la corruption et le matérialisme du monde moderne. Ils ont beau présenter une vision qu'ils appellent « démocratique » puisque, disent-ils, le vrai pouvoir appartient à l'*umma* ; dans les faits, les fondamentalistes s'en sont servis pour livrer un califat revisité aux mains des savants et juristes. C'est ce qui s'est vérifié chez Sayyid Qutb, Maududi, Sayyed Nursi (1873–1960), et plus près de nous al-Yusuf Qaradâwî, Cheikh Muhammad Nasruddin al-Albâni (1914–1999). Tous les salafistes partagent l'idée de la nécessité d'un état islamique pour ériger un type de société basée sur des principes éthiques islamiques. Ils divergent toutefois sur les moyens, certains insistant sur la nécessité d'une structure comme un parti politique dédié à la restauration du califat alors que les salafistes jihadistes n'hésitent pas à utiliser la violence comme méthode d'instauration. Al-Albâni rejette la confrontation et met plutôt l'accent d'abord sur la réforme de l'individu par la purification et l'éducation et non la réforme des institutions. Il s'accommode des régimes politiques en place, plaçant dans le futur l'avènement du califat :

> Les éducateurs doivent assumer la tâche de cultiver et de former le nouveau musulman selon ce qui a été enseigné par le Livre et la Sunna. Nous ne devons pas demander aux gens de suivre des concepts hérités du passé et des idées erronées – lesquels sont jugés comme absolument faux par l'*umma*, certains ayant semé la discorde. En effet, il existe de nombreuses formes d'*ijtihad*, de points de vue et opinions sur ces questions, et en effet, une partie de cet *ijtihad* et certaines de ces opinions contredisent la Sunna. Ainsi, après avoir purifié la religion de ces éléments… nous devons éduquer et instruire une nouvelle génération basée sur cette science. […] Sans ces deux conditions préalables, « une solide instruc-

---

[79] Sanhûrî, *Le Califat*, 24, 38, 41, note 67, 45, 47.

tion » et « une bonne éducation basée sur une solide science », je suis persuadé que le projet islamique ne peut être une réussite, qu'un gouvernement ou un état islamique ne pourra voir le jour[80].

Le fondateur des Frères musulmans, al-Bannâ avait cette vision d'un réveil islamique qui conduirait progressivement à une forme de gouvernement islamique, mais il s'est rapidement tourné vers la radicalisation violente[81]. Les salafistes sont présents au Canada et au Québec. L'ex-professeur d'origine égyptienne de l'Université St. Mary's de Nouvelle-Écosse, Jamal Badawi jouit même d'une réputation internationale. Auteur de plusieurs ouvrages, il ne cache pas sa sympathie envers les Frères musulmans et milite au sein de plusieurs organismes fondés par Qaradâwî, soit le Conseil européen de la fatwa et de la recherche, et l'Union internationale des juristes musulmans. Il est aussi membre de la Société Islamique d'Amérique du Nord (ISNA), du Fiqh Council of North America, du Conseil national des musulmans canadiens (chapitre canadien du Council on American-Islamic Relations (CAIR)), ainsi que de la Muslim American Society. Badawi prêche en faveur de l'application de la sharia au Canada et de l'établissement d'un califat[82]. Il participe au site web Islamonline, opéré par al-Qaradâwî depuis Doha au Qatar. Le site est dédié à la propagation (*da'wa*) de l'islam salafiste en Occident. Parlant de la séparation de l'Église et de l'État en Occident, Badawi soumet que « les circonstances entourant l'avancement de l'Église et de son histoire dans le monde chrétien ne signifient pas que cette séparation est universelle ou qu'elle doit être imposée à l'Islam. L'Islam a son propre système et la notion ne s'applique pas[83]. »

La différence principale vient de ce que « le commun des mortels dans le monde occidental décrirait la religion comme un ensemble de croyances ou de valeurs qui traitent des aspects spirituels ou éthiques de la vie. Dans l'Islam, le mot religion signifie un mode de vie qui concerne tous les aspects de la vie – spirituelle, morale, sociale, économique ou politique –, qui font tous partie de la compréhension qu'un musulman a de la religion[84]. »

Il faudrait être bien naïf pour ignorer le prosélytisme déployé en Occident par les mouvements salafistes et se rendre aveugle aux méthodes violentes et

---

[80] Muhammad Nasruddin al-Albâni, "Purification and Education and the Need of Muslims for both," *al-Maktaba al-Islamiyya* (The Islamic Library), 2000, 30-31. Cité par Mohammad Abu Rumman, Hassan Abu Hanieh, *Jordanian Salafism*, 75 (ma traduction de l'anglais).
[81] Lorenzo Vidino, *The New Muslim Brotherhood in the West*, 22.
[82] Pour voir l'exposé de ses idées sur les relations entre État et religion voir son site web l'article "Religion and Politics,"
http://jamalbadawi.org/index.php?option=com_content&view=article&id=162%3A91-political-system-of-islam-religion-and-politics&catid=21%3Avolume-9-political-system-of-islam&Itemid=13.
[83] *Ibid.* (ma traduction de l'anglais).
[84] *Ibid.*

parfois terroristes prônées par la branche jihadiste. La journaliste et militante, Djemila Benhabib, nous met en garde dans *les soldats d'Allah à l'assaut de l'Occident* contre ce prosélytisme qui prend selon elle de véritables allures d'une conquête organisée de l'Occident, Europe et Amérique du Nord. Faisant écho à l'ouvrage du journaliste Suisse Sylvain Besson, *la conquête de l'Occident. Le projet secret des islamistes*, elle trace un portrait péremptoire des desseins machiavéliques des Frères musulmans qu'elle compare à une pieuvre[85]. D'autres auteurs tel l'Américain Ian Johnson et le Milanais Lorenzo Vidino décrivent les activités prosélytes des Frères musulmans en Occident, leurs sources de financement liées à des régimes comme la Libye de Khaddafi, ses liens avec des activistes terroristes du Hamas en Palestine, du *Jamaat al-Islamiyya* (Groupes islamiques, mouvement sunnite égyptien islamiste) et d'al-Qaïda[86].

Contrairement au judaïsme et à l'hindouisme, l'islam, à l'instar du christianisme, admet une dimension missionnaire, le *daʿwa* (invitation)[87]. Il est dit dans le Coran : « Vous êtes la meilleure communauté qui ait jamais été donnée comme exemple aux hommes[88]. » Comment alors réconcilier cela avec cette autre croyance voulant que la vie menée en accord avec les principes de la loi divine ne soit possible que dans une communauté politique majoritairement islamique (*dar al-islam* ou « domaine de la soumission à Dieu »), par opposition à une situation de minoritaire au sein du *dar al-harb*, le « domaine de la guerre » ou *dar al-kufr* le « domaine de l'incroyance » ? Si un croyant se trouve entouré de mécréants ou infidèles, doit-il émigrer, comme le Prophète lors de l'hégire ? Le Coran semble le demander :

> Ceux qui ont cru, émigré et mis leurs biens et leurs personnes au service de Dieu, ainsi que ceux qui les ont accueillis et secourus, ceux-là sont solidaires les uns des autres. Mais ceux qui ont cru sans avoir quitté leurs foyers, vous ne serez liés à eux par les mêmes liens que lorsqu'ils auront, à leur tour, émigré. S'ils sollicitent votre aide au nom de la religion, vous devez la leur donner, à moins qu'elle ne soit dirigée contre un peuple auquel un pacte vous lie. Dieu voit parfaitement ce que vous faites[89].

---

[85] Djemila Benhabib, *Les soldats d'Allah à l'assaut de l'Occident*, 191.
[86] Ian Johnson, *A Mosque in Munich* ; Lorenzo Vidino.
[87] Friedrich Max Müller, "Lecture on Missions, delivered in Westminster Abbey, December 3, 1873," in *Chips from a German Workshop*, Vol. IV, New York : Charles Scribner's Sons, 1881, 241.
[88] Sourate *La famille d'Imram*, 2:110.
[89] Sourate *Les prises de guerre* (*Al-Anfâl*) 8 : 72. Également sourate *Les femmes* (*An-Nisâ'*) 4 : 97-100 : « Les anges, venus ôter la vie à ceux qui avaient agi iniquement envers eux-mêmes, leur demanderont : 'Où en étiez-vous sur le plan de la croyance ?' – 'Nous faisions partie des opprimés de la Terre', répondront-ils. À quoi les anges répliqueront : 'La Terre de Dieu n'était-elle pas assez vaste pour vous permettre de vous expatrier ?' Ceux-là auront pour séjour l'Enfer – et quelle triste fin sera la leur ! – [98] à l'exception des impuissants parmi les

Plusieurs siècles plus tard, au 15ᵉ siècle, le juriste marocain Ahmad ibn Yahyâ al-Wansharîsî (1430–1508) était interrogé sur cette obligation alors que plusieurs musulmans avaient fui au Maghreb pendant que le Royaume de Grenade, dernier bastion d'al-Andalus, passait aux mains des chrétiens. Il répondit (*fatwa*) ceci :

> [...] l'émigration de la terre de l'incrédulité à la terre de l'Islam demeure une obligation jusqu'au Jour du Jugement, de même que l'émigration d'une terre de péché et le mensonge qui ne produit qu'oppression ou discorde (*fitna*). Le messager de Dieu ... a dit : « L'heure viendra bientôt où le bien le plus précieux d'un musulman sera un troupeau de moutons qu'il conduira vers les sommets des montagnes et les riches pâturages, fuyant les désordres et emportant avec lui sa religion ». Cela a été rapporté par al-Bukhârî, Mâlik dans la *Muwatta*, Abû Dâwud, et al-Nisaʿi[90].

Plusieurs juristes médiévaux partagent cet avis. Ainsi, al-Qurtubî ouvre la porte toutefois à un séjour en territoire de guerre puisqu'« un musulman peut y séjourner temporairement si sa sécurité le demande et s'il y a espoir qu'il triomphe sur les incroyants[91]. » Certains islamistes radicaux pensent aujourd'hui qu'il vaut mieux demeurer dans le *dar al-islam* et qu'une émigration économique vers le *dar al-kufr* met gravement en péril l'identité du musulman, l'islamicité[92]. D'autres auteurs comprennent que l'émigration de musulmans en Europe et en Amérique est une réalité irréversible qui modifiera le paysage de ces pays et exigera aussi des ajustements de la part des musulmans. La Fondation islamique de Leicester en Angleterre opère une médersa, et sous l'impulsion de Khurram Murad elle a publié plusieurs

---

hommes, les femmes et les enfants qui sont démunis de moyens et incapables de se frayer un chemin. [99] À ceux-là Dieu accordera Son pardon, car Dieu est Indulgent et Miséricordieux. [100] Quiconque s'expatrie pour servir la Cause de Dieu trouvera sur la Terre de nombreux lieux où s'installer et vivre à l'aise. Quiconque s'expatrie pour servir la Cause de Dieu et de Son Prophète, et que la mort vient surprendre, la récompense de Dieu lui est acquise, car Dieu est Clément et Miséricordieux. »

[90] *Asnâ al-matâjir fî bayân ahkâm man ghalaba ʿalâ watanihi al-Nasârâ wa-lam yuhâjir, wa-mâ yatarattabu ʿalayhi min al-ʿuqûbât wa-l'zawâjir* (*Le plus noble des commerces, un exposé de l'administration des décisions relatives à la conduite de celui qui vit dans un territoire conquis par les Chrétiens et qui n'a pas émigré, et portant sur les peines et sanctions qui lui reviennent*). Ma traduction de l'anglais tiré de Jocelyn N. Hendrickson, *The Islamic Obligation to Emigrate*, 341.

[91] Voir Khaled Abou El Fadl, "Islamic Law and Muslim Minorities: The Juristic Discourse on Muslim Minorities from the Second/Eighth to the Eleventh/Seventeenth Centuries," 149.

[92] Voir Egdunas Racius, *The Multiple Nature of the Islamic Daʿwa*, 118-119. Il fait référence à des articles parus dans le Magazine australien *Nidaʿul Islam* 18 (1997), par Mahmoud Abdel-Nasir et Amir Abdullah.

ouvrages de propagande (*da'wa*). La fondation islamique de Toronto s'active dans le même sens. Un autre mouvement, originaire du sous-continent indien, le *Tablighi Jama'at* (urdu, Association pour la prédication) inspiré du mouvement *deobandi*, fait œuvre missionnaire en Occident, principalement en Angleterre, mais aussi en France, en Allemagne, Belgique puis au Canada, surtout dans la région métropolitaine de Toronto, mais serait aussi présent à Montréal[93]. Ces mouvements conservateurs et piétistes prônent une interprétation littérale du Coran et de la Sunna et croient en la nécessité d'un réveil religieux auprès des populations musulmanes du *dar al-kufr* à l'échelle internationale pour réussir à propager le message aux non-croyants. `

Historiquement, la mission (*da'wa*) a été associée au jihad et il n'est pas rare que les mouvements dédiés à la propagation de la foi islamique « définissent le djihad comme l'une des méthodes de mise en œuvre du principe islamique *amr b'il ma'ruf wa nahiy 'anil munkar* (ordonner le bien et interdire le mal). » Khalid Masud ajoute ceci : « *Tablighi Jama'at* conçoit également sa *da'wa* dans le cadre de ce principe, qui tire sa justification d'un hadith prescrivant l'utilisation de la force pour empêcher le mal. Souvent, le djihad est considéré comme la plus haute forme de cette méthode de prévention[94]. » En février 2015, la controverse entourant l'enseignement intégriste d'Adil Charkaoui au Cégep de Rosemont – des cours qui auraient été fréquentés par deux ou trois jeunes loups partis rejoindre l'EI en Syrie – illustre à quel point les dérives intégristes peuvent conduire à la violence. Les propos du philosophe Georges Leroux apparaissent tout à fait réalistes lorsqu'il démasque ainsi l'intégrisme musulman : « l'ambition de mener ici cette guerre contre la culture « occidentale » et ses valeurs dégénérées[95]. » La guerre peut être idéologique ou se limiter à l'arène politique. Toutes les formes de fondamentalisme ne prônent pas la violence comme méthode de lutte. Il faut faire cette nuance, mais on concèdera que les dérives violentes peuvent se produire quand la haine et le mépris alimentent l'enseignement et le discours. Il faut examiner chaque cas pour faire les nuances nécessaires.

Pour terminer sur la *da'wa*, je mentionnerai brièvement la contribution originale de Tariq Ramadan. Dans *Être musulman européen*, le théologien estime que le contexte géopolitique et culturel mondial invalide en sorte la dichotomie *dar al-islam/dar al-harb* ; il existe un islam occidental dont il faut reconnaitre la réalité[96]. Ramadan s'inscrit sans doute dans le courant du réveil religieux islamique, de ceux qui cherchent un renouveau spirituel de

---

[93] Muhammad Khalid Masud ed., *Travellers in Faith: Studies of the Tablīghī Jamā'at as a Transnational Islamic Movement for Faith Renewal*.
[94] *Ibid.*, 105.
[95] « Charkaoui, Chaoui et autres – Faut-il interdire les prédicateurs musulmans ? », *Le Devoir*, 6 mars 2015.
[96] Tariq Ramadan, *Être musulman européen*.

l'intérieur. C'est, selon lui, ce qui manque souvent à l'islam politique ou l'islamisme :

> Les islamistes n'offrent pas d'alternatives économiques viables et crédibles aujourd'hui... La référence religieuse est devenue une référence réactive, et strictement protectrice (essentiellement contre les dérives permissives de l'Occident et des occidentalisés), sans capacité à offrir des alternatives éthiques sur les plans de l'éducation, de la justice sociale, de l'environnement, de la culture et de la communication[97].

Personnage controversé, Tariq Ramadan a souvent été accusé de présenter des positions ambiguës ou de tenir un double langage, selon qu'il s'adresse aux musulmans ou aux Occidentaux, particulièrement lorsqu'il émet des opinions sur l'égalité des genres, sur l'homosexualité, ou l'intégration des immigrés. C'est ce qui fait dire à des critiques comme la journaliste et militante LGBT Caroline Fourest et Djemila Benhabib, que sous la surface de ses propos réformateurs se dissimule hypocritement un fondamentaliste se rapprochant des mouvements islamistes, résultat de sa filiation biologique en tant que petit-fils du fondateur des Frères musulmans[98]. Pour ne citer ici que l'homosexualité, son point de vue n'est guère différent ce que pense le Dalaï-Lama ou le Vatican. La sociologue des religions Leila Babès reconnait que la prédication de Ramadan peut attirer les jeunes musulmans confrontés à la modernité et la globalisation, agacés par une tradition figée sous l'emprise des ulémas. Toutefois, elle demeure sceptique sur la véritable application par Ramadan de l'*ijtihâd* puisque lui-même répète sur certains sujets les positions des ulémas et accorde beaucoup de crédit à des conservateurs comme Hasan al-Bannâ et al-Qaradâwî, notamment sur les sujets que je viens de mentionner[99].

Je partage l'explication fournie par Gregory Baum pour rendre justice aux supposées contradictions dans la pensée de Ramadan ; celui-ci parle tantôt en intellectuel et théologien, tantôt il s'adresse aux musulmans avec un souci pastoral. Cela pourrait justifier parfois des prises de position qui tiennent compte du stade d'évolution dans lequel se trouvent ses ouailles pour les faire cheminer[100]. Cela contraste évidemment avec le portrait de décepteur qu'en dresse Djemila Benhabib. Elle reproche aux Frères musulmans, auxquels elle associe fréquemment Ramadan, de faire usage de la *taqiyya* (mensonge, tromperie) pour mettre en œuvre une stratégie de conquête islamiste de l'Occident. S'il est vrai que le Prophète et la Sunna autorisent la duperie comme moyen de défense en temps de guerre ou de menaces sous la

---

[97] Tariq Ramadan. « Dépasser l'islamisme », 5 août 2013, http://tariqramadan.com/blog/2013/08/05/depasser-lislamisme/.
[98] Caroline Fourest, *Frère Tariq*.
[99] Leïla Babès, « L'identité islamique européenne selon Tariq Ramadan ».
[100] Gregory Baum, *Islam et modernité : la pensée de Tariq Ramadan*.

contrainte, rien dans la pensée et la prédication de Ramadan ne semble référer à un tel contexte[101]. Sauf sans doute si on lui prête des intentions vraiment belliqueuses envers l'Occident.

Or, rien ne me convainc d'une telle thèse. Ramadan est un théologien et prédicateur ; sa pensée et sa prédication doivent à mon sens être évaluées sur cette base. Comme beaucoup d'autres leaders religieux appartenant à diverses traditions religieuses, Ramadan n'est certes pas prêt à renoncer au rôle transformateur que la foi veut produire dans tous les aspects de la vie, personnelle et sociale. Cela en fait-il un terroriste pour autant ? Les propos qui suivent n'empruntent certes pas cette direction :

> Il est urgent d'être à l'écoute des peuples qui ont besoin de sens, de dignité et de spiritualité. Cette dernière ne correspond pas du tout à une vision éthérée du rapport à la foi, à la religion ou aux règles : il s'agit ici de penser les finalités de l'agir humain et de développer les contours d'une éthique individuelle et sociale qui soit une réelle alternative à l'ordre injuste et inhumain du monde. Les besoins de sens, de liberté, de justice et de dignité sont patents et les musulmans ont besoin que l'on élabore enfin une philosophie holistique des fins et non plus qu'on s'en tienne à la gestion chaotique des moyens dans laquelle l'islam politique s'est enfermé. [...]
> Loin des pouvoirs, à distance des enjeux politiques et politiciens, il s'agit de se réconcilier avec la densité et l'amplitude de la profonde tradition de la civilisation islamique qui portait un sens, stipulait des règles à la lumière des objectifs de dignité, de liberté, de justice et de paix. Les peuples musulmans ont aujourd'hui besoin de cette réconciliation, de cette réappropriation de soi[102].

Un débat entre Tariq Ramadan et l'essayiste Abdelwahab Meddeb est particulièrement révélateur de sa méthode théologique, notamment en ce qui touche à la sharia et la nécessaire contextualisation pour en établir son applicabilité contemporaine[103]. Ramadan propose de dépasser une lecture littérale et légaliste de la sharia, d'y voir autre chose qu'un corps de règles inspirées directement par Allah, d'en faire plutôt un référent de la société civile :

---

[101] Ahlul Bayt Digital Islamic Library Project Team, *A Shi'ite Encyclopedia*, "Al-Taqiyya, Dissimulation," http://www.al-islam.org/shiite-encyclopedia-ahlul-bayt-dilp-team/al-taqiyya-dissimulation-part-1.
[102] Tariq Ramadan. « Dépasser l'islamisme ».
[103] « De la charia à l'islamophobie, de l'homosexualité au statut de la femme », 22 avril 2011, http://tariqramadan.com/blog/2011/04/22/de-la-charia-a-lislamophobie-de-lhomosexualite-au-statut-de-la-femme/.

> La charia est un terme polysémique. (…) Certains conçoivent la charia comme un code strictement normatif et divin. D'autres, comme moi, pensent que la charia est une construction humaine qui nous donne des orientations éthiques. Le débat constitutionnel devrait amener à discuter de la substance du mot charia. Au lieu d'évacuer ce référent, donnons-lui une substance critique de l'intérieur. (…)
> Il faut engager des débats sur la compréhension et la substance des concepts et des modèles politiques. La séparation des pouvoirs n'est pas en contradiction avec l'islam. Avec ou sans la mention de la charia dans la Constitution, il faut ouvrir un débat sur les principes défendus et ce débat est crucial[104].

Ramadan rappelle à ses lecteurs que dans l'ordre du droit et de la jurisprudence (*fiqh*), les ulémas ont fait depuis les Omeyyades « une distinction entre les méthodologies appliquées aux domaines du credo et de la pratique (pour lesquels les textes sont l'unique référence) et celles appliquées aux affaires sociales pour lesquelles les textes ne fixent que les orientations générales (le cadre éthique), mais au sein desquelles la rationalité individuelle et collective, la créativité intellectuelle et les contextes sociaux, politiques, culturels et économiques sont intégrés et sont partie prenante du processus jurisprudentiel[105]. » L'islamologue iranien Abdolkarim Soroush ne voit lui aussi aucune opposition entre démocratie, séparation de la religion et de l'État, et des préceptes religieux qui favorisent le développement d'une société fondée sur la dignité, la liberté, l'égalité, la justice, la solidarité sociale et la paix[106].

Il existe aussi dans le monde musulman, un courant prônant des thèses laïques parentes de celles avancées par Abderrâzik. Mohamed Charfi (1936–2008), ancien président de la Ligue tunisienne des droits de l'Homme et ancien ministre de l'Éducation répète que l'islam est une religion et non une politique, une affaire de conscience et non d'appartenance[107]. Abdallah Laroui (1933–), historien et écrivain marocain, tente de réhabiliter un islam du for intérieur par-delà une tradition où s'est imposé un dispositif théologico-législatif perçu comme immuable, d'origine divine. Il s'est produit dans la pensée musulmane un véritable rétrécissement de type hanbalite et néohanbalite au détriment de courants rationalistes ou mystiques qui privilégient la conscience individuelle : « Le sens de l'évolution est indéniable : de moins en moins d'initiative individuelle, d'autonomie de cons-

---

[104] *Ibid.*
[105] « La relation de l'autorité religieuse et de l'État dans une démocratie. Le cas musulman », http://tariqramadan.com/blog/2007/03/09/la-relation-de-lautorite-religieuse-et-de-letat/
[106] Soroush, 152-153.
[107] Mohamed Charfi, *Islam et liberté*, chap. 3 et conclusion.

cience, et de plus en plus de soumission à l'opinion d'un groupe restreint, seul habilité à dire ce qui est "droit", en parole et en acte[108]. » Il faut mettre un terme à l'instrumentalisation de la religion par le pouvoir politique pour briser ce système de confinement et entrer dans une vraie modernité. La laïcité est une condition essentielle. Laroui estime que les conditions matérielles, socio-économiques seront porteuses d'une rupture avec l'islam traditionnel ou avec le conservatisme des islamistes.

Nous entrons dans une ère postislamiste où l'investissement du religieux dans le social ne passe plus nécessairement par la promotion d'un état islamique, mais se manifeste par des pratiques individuelles ou engagements personnels dans l'espace public démocratique[109]. À certains égards, cela semble bien être le type de revendication associée à certains participants du printemps arabe en Égypte et en Tunisie. Le philosophe égyptien Fouad Zakariya s'est aussi attaqué au « mode de pensée autoritaire » qui a prévalu dans la tradition musulmane et estime la laïcité nécessaire pour mettre en échec ce mode de pensée propagée par les fondamentalistes qui rejette une conception laïque du pouvoir politique qu'ils assimilent à de l'irréligion ou de l'athéisme matérialiste. Zakariya propose une laïcité qui affirme clairement la neutralité étatique sans pour autant chercher à occulter toute manifestation religieuse :

> La laïcité signifie effectivement la séparation entre la religion et l'organisation politique de la société, mais il est faux d'étendre cette séparation à l'ensemble des « relations sociales » et des « valeurs qui les fondent ». On peut être chrétien ou musulman, partisan de la laïcité, c'est-à-dire hostile à toute orientation religieuse de l'autorité politique, et se marier dans les formes prescrites par la loi religieuse... Les uns et les autres, sans trahir leur idée de laïcité, se référer à et mettre en pratique, dans leurs comportements, des normes et valeurs religieuses. […] S'il est vrai que certains laïcistes refusent en bloc la religion, il y aussi des croyants laïcistes et des laïcistes croyants[110].

Tout en dressant le portrait d'un islam « modéré » qu'il oppose aux fondamentalistes puritains et islamistes radicaux, Khaled Abou Fadl dans *The Great Theft*, estime que l'islam peut être porteur de valeurs humanistes universelles chères à la modernité, comme la démocratie, la liberté et l'égalité. Sa lecture des événements à la Place Tahrir en 2011 le conduit à revisiter la

---

[108] Abd Allah 'Arawi, *Tradition et réforme*.
[109] Voir Malika Zeghal, « Réformismes, islamismes et libéralismes religieux ». Elle cite notamment cette définition de l'ère postislamiste d'Olivier Roy : « l'apparition d'un espace de laïcité dans les sociétés musulmanes […] le champ religieux [tendant] à se dissocier du champ politique ».
[110] Fouad Zakariya, *Laïcité ou islamisme*, 23.

place de la religion dans la société telle que perçue traditionnellement à la fois par les islamistes et par les adeptes d'un laïcisme autoritaire, imposé par la force[111]. Le printemps arabe a clairement mis en évidence les aspirations populaires en vue d'une plus grande liberté et justice sociale, une plus grande autonomie des personnes, plus d'égalité entre les hommes et les femmes. Cela dit, il y avait plus d'une voix dans ces manifestations et que certains groupes plus conservateurs n'ont pas essayé d'en tirer parti. Selon El Fadl, quel que soit l'orientation ou le parti pris, personne, y compris les Frères musulmans, n'y revendiquait l'établissement d'un État islamique avec le texte coranique comme assise constitutionnelle. Les rassemblements spontanés, coïncidant souvent avec le vendredi, jour de prière à la mosquée, affichaient un mélange de valeurs traditionnelles et libérales, les slogans « *Allâhu 'akbar* » (Dieu est le plus grand) côtoyant « *hurriya, hurriya* » (liberté ! Liberté !). El Fadl justifie cet amalgame en exposant une compréhension de la sharia qui transcende la codification de commandements dans lesquels les esprits conservateurs emprisonnent la volonté divine qui doit se refléter par la soumission des hommes à un ordre social établi dont les particularités sont déterminées par des règles tirées des textes (*ahkâm*).

À l'opposé de cette interprétation positiviste de la sharia, l'auteur communique la conception du droit naturel selon laquelle « la Bonté divine en elle-même préexiste au texte. Le concept même du bien précède le texte. De plus, le texte ne peut pas incarner la loi divine parce que la loi divine existe avant le texte divin[112]. » De ce point de vue, la sharia propose des valeurs ou des critères d'évaluation de la conduite humaine qui excèdent les codes législatifs et sont compatibles avec des valeurs universelles comme la liberté, l'égalité et la dignité de l'homme. Il y a alors un hiatus entre la loi divine et la formulation humaine de l'ordre social ; « tenter ou s'efforcer d'appliquer les valeurs divines n'exclut pas le rôle du discernement humain dans l'évaluation de la congruence éthique de cet ordre social. Pour dire les choses crûment, un ordre social qui ne serait pas directement inspiré par Dieu pourrait être tout aussi bien fondé moralement qu'un autre qui aurait la prétention d'avoir comme assise la loi divine[113]. »

Depuis le 11 septembre 2001 et le printemps arabe dix ans plus tard, les rapports entre religion et État sont repensés par plusieurs intellectuels musulmans, même chez les islamistes. Plusieurs croient que l'islam continuera de jouer un rôle important dans les sociétés majoritairement musulmanes et même ailleurs comme en Europe ou en Amérique, mais cette influence sera plus culturelle. Elle ne prendra pas forme dans un État islamique et s'accommodera des valeurs démocratiques occidentales tout en récusant une laïcité autoritaire. La désolidarisation de la religion et des institutions du pouvoir

---

[111] Khaled Abou El Fadl (2012), "Conceptualizing Shari'a in the Modern State."
[112] *Ibid.*, 813 (ma traduction).
[113] *Ibid.*

marque sans doute le procès de la démocratie moderne, mais elle peut s'opérer sans l'élimination de toute référence au patrimoine religieux. Plusieurs intellectuels musulmans le croient, que ce soit Tariq Ramadan, Fouad Zakaria ou encore Hasan Hanafi. Comme beaucoup d'autres, ceux-ci pensent que l'islam critique peut contribuer à la construction de démocraties dans les pays musulmans, cela même par-delà leurs frontières. Une civilisation de l'universel n'est peut-être que la conception occidentale de la modernité issue des Lumières : « Il faut considérer l'universel comme cet espace commun auquel parviennent plusieurs routes, plusieurs religions, et la raison, et le cœur, et les sens. Ne jamais s'approprier le centre en niant la légitimité des points de vue. Il importe de se savoir toujours en route depuis la périphérie, où tout est forcément multiple, où ma vérité a besoin de celle des autres[114]. »

On imagine malheureusement trop souvent l'islam et sa civilisation comme un monolithe exotique historiquement étranger à ce que représente l'Occident. Cette idée a été alimentée non seulement par l'orientalisme occidental, mais aussi par l'indigénisme fondamentaliste du courant salafiste qui se cramponne à une essence islamique, issue d'un âge d'or passé. À cette époque, religion, mode de vie et État étaient les mêmes (*islâm dîn wa dunyâ wa dawla*) et qu'il faut aujourd'hui restaurer et imiter. Cette quête de l'authenticité des origines oblitère les courants qui ont existé au sein même de l'islam en vue de créer un rapport de distanciation entre le religieux et le politique, comme chez ibn Khaldûn et Abderrâzik. Cette mise à distance ne date pas du 20e siècle, elle a ses racines dans des débats médiévaux opposant les partisans d'une exégèse allégorique (*tawîl*) ou mystique des textes coraniques. La laïcité a sa propre configuration historique à l'intérieur de l'islam. On doit à tout prix en tenir compte dans l'appréciation des enjeux contemporains, comme ces propos de Yadh ben Achour (1945–), juriste tunisien :

> Est-il dans « les possibles » du texte coranique de faire de l'islam une religion du for intérieur et de livrer les affaires du monde au politique ? Devant cette question, on est d'abord tenté de répondre négativement. L'islam est une religion des deux cités. […] La loi est la consécration de la foi, l'état dirige les prières et protège la religion, en même temps que la société profane dont il doit régler les affaires. Mais ce dogme ne serait-il pas le fruit d'une habitude de pensée ? À regarder de plus près l'histoire, on garde la nette impression qu'il ne s'agit que d'une lecture dominante, non pas d'une nature des choses[115].

---

[114] Tariq Ramadan, *L'autre en nous*, 44.
[115] Yadh Ben Achour, « Islam et laïcité Propos sur la recomposition d'un système de normativité », 16.

Le philosophe marocain Mohamed Abed Al-Jabri (1935–2010) a bien montré que l'articulation entre religion et politique n'est guère fixée par le message coranique puisque le mode de nomination et la nature des pouvoirs des califes ne sont pas déterminés à la mort du Messager. Al-Jabri assume l'héritage d'Abderrâzik en écrivant « L'islam n'a jamais institué aucun système précis de gouvernement[116]. » Pour ces auteurs, l'islam ne définit pas un cadre politique et constitutionnel qui subordonne l'organisation de la société à des préceptes religieux. L'islamologue Soheïb Bencheikh (1961–) ne voit alors pas d'opposition entre islam et laïcité, mais plutôt un secours :

> Pour nous déclare-t-il, la laïcité est un besoin urgent. Malheureusement, les musulmans pensent encore dans leur majorité que la séparation de la religion et de la politique diminue la capacité de l'islam [...]. Il faut absolument convaincre les gens qu'une laïcité bien définie libère l'islam, favorise son autonomie et protège de toute utilisation qui porte atteinte à son caractère noble. La laïcité est un bienfait pour l'État, afin qu'il gère la société d'une façon lucide, claire, loin de toute dogmatisation. Et c'est un bienfait pour l'islam parce qu'il se libère de cette exploitation prosaïque[117].

L'islam politique rejette ce point de vue et cherche à retrouver un islam pur des origines, l'utopie primitive de la société médinoise sous la gouverne du Prophète et de la sharia. Le triomphe du trope de la cité islamique idéale sert à condamner comme déclin les aménagements du rapport pouvoir et religion consentis à travers les âges pour asseoir un programme politique calqué sur le mythe fondateur comme eschatologie[118]. Pour l'historien Aziz al Azmeh (1947–) et l'historien marocain Abdallah Laroui, ces mouvements intégristes et indigénistes ne tiennent pas compte du fait que le modèle théocratique s'est éteint avec la mort du Prophète et qu'est alors apparue une distance épistémique entre le pouvoir politique et le domaine spirituel confié aux ulémas. Ces derniers ont été à leur tour marginalisés par des réformes constitutionnelles inspirées par le modèle occidental, notamment en Turquie et en Égypte, avec la création d'organes parlementaires, d'institutions laïques d'éducation et de haut savoir, de nouveaux systèmes judiciaires empruntant largement au droit civil européen. Finalement, le Printemps arabe a mis en scène une génération de manifestants postislamistes qui ont pris acte de l'échec de l'islam comme programme politique capable de créer un ordre social meilleur. Les revendications des manifestants et manifestantes vont plus dans le sens de plus grandes libertés individuelles, d'un meilleur partage

---

[116] Mohammed Abed Al-Jabri, *La Raison politique en Islam*, 14.
[117] « Entretien avec Abderrahmane Djelfaoui », *El Watan* (quotidien algérien de langue française), 30 mai 1994, 2.
[118] Aziz al-Azmeh, *Islam and Modernities*, 150-151.

des richesses et de la lutte à la corruption des gouvernements que dans le sens d'une pétition idéologique d'un projet social à consonance religieuse[119]. Pour Olivier Roy, il faut lire dans cela l'apparition d'une nouvelle religiosité : « Ils sont peut-être croyants, mais séparent cela de leurs revendications politiques : en ce sens le mouvement est "séculier", car il sépare religion et politique. La pratique religieuse s'est individualisée[120]. » Le monde musulman n'est pas à l'abri de la globalisation et des transformations sociales et culturelles se produisent dans ces sociétés ; elles sont à l'origine de ce Printemps arabe. Bien malin celui qui pourra imposer une lecture unique du port du foulard islamique lors des manifestations qui ont eu lieu à Tunis, Alger, Le Caire ou encore Benghazi. Il faut probablement penser à l'apparition d'une nouvelle religiosité musulmane, semblable à celle qui se manifeste en Occident, dans ce que Jürgen Habermas appelle une société « post-séculière »[121].

---

[119] Olivier Roy, "The Transformation of the Arab World."
[120] Olivier Roy, « Révolution postislamiste », *Le Monde*, 12.02.2011, http://www.lemonde.fr/idees/article/2011/02/12/revolution-post-islamiste_1478858_3232.html.
[121] Jürgen Habermas, "Equal Treatment of Cultures and the Limits of Postmodern Liberalism," 26.

Chapitre quatrième

L'ESPACE PUBLIC ET LES SIGNES RELIGIEUX

> L'imitation répond [...] dans tous les phénomènes dont elle est un facteur constitutif, à l'une des tendances fondamentales de notre être, celle qui nous pousse à fonder la singularité dans la généralité, accentuant la stabilité dans le changement. Mais si, à l'inverse, dans la stabilité on cherche le changement, c'est-à-dire la différenciation individuelle, la dissociation d'avec la généralité, alors l'imitation devient un principe négateur et entravant[1].

Aux fins du présent propos, la définition de l'expression « espace public » s'avère essentielle. Il se conçoit souvent par opposition à l'espace réservé à la personne reconnue dans son individualité, ses valeurs personnelles, et dotée d'une liberté qu'il faut protéger et respecter. Toute personne jouit donc d'un espace privé auquel les autres n'ont pas de droit d'accès, sans y être autorisés, où elle peut se réfugier et se soustraire du regard des autres.

Les frontières entre l'espace commun ou public et l'espace privé sont mouvantes et de plus en plus perméables pour diverses raisons. On songera ici à la publication de la vie privée dans les médias sociaux ou encore à l'étalage de la vie privée dans les vitrines de la télé-réalité. *YouTube* a certainement défoncé les murs de l'espace privé intime. À cela s'ajoute l'évolution de la conscience sociale et de l'opinion publique vis-à-vis de certaines pratiques jugées inacceptables, par exemple la violence conjugale, la pornographie juvénile sur internet et les sévices sexuels ou physiques infligés aux enfants.

L'espace public dans son acception la plus large décrit un lieu physique à l'usage de tous. C'est le lieu n'appartenant à personne, ce qui permet la circulation, la rencontre, la vie collective. Certains lieux s'entendent être lieux publics quoiqu'ils soient en fait d'appropriation privée, mais ouverts au public (salles de cinéma, restaurants et bars, centres commerciaux, certains hôpitaux ou écoles, etc.). Les lieux publics ne sont pas neutres et sont marqués par l'histoire politique et religieuse d'une nation. Ils font souvent partie du patrimoine, telles les églises et croix de chemin au Québec. Parfois, de nouvelles configurations apparaissent dans notre géographie urbaine ; s'y inscrivent mosquées, temples hindous ou bouddhistes, ou encore le village gay qui marque une autre sorte d'appartenance.

---

[1] G. Simmel, *La tragédie de la culture*, Paris : Rivages, 1988, 90.

Outre un lieu physique, l'espace public représente la sphère symbolique de liberté où les citoyens interagissent, discutent, entrent en opposition et délibèrent. Cette notion a été principalement articulée par le philosophe allemand Jürgen Habermas. C'est le théâtre de la raison discursive en action issue, l'« agir communicationnel » entre les acteurs d'une collectivité. Cette raison se distingue des vues kantiennes et néo-kantiennes qui campent les sources de l'éthique dans un impératif catégorique qui s'impose à la raison sous forme d'une loi universelle – « Agis de façon telle que tu traites l'humanité, aussi bien dans ta personne que dans toute autre, toujours en même temps comme fin, et jamais simplement comme moyen ». Ce n'est pas non plus l'esprit qui s'abstrait de tout déterminisme social au moyen d'un « voile d'ignorance » pour édicter les principes moraux de l'agir en dehors des intérêts, comme chez John Rawls. L'espace public est un lieu d'échange et de débat qui forge la démocratie délibérative :

> Au lieu d'imposer à tous les autres une maxime dont je veux qu'elle soit une loi universelle, je dois soumettre ma maxime à tous les autres afin d'examiner par la discussion sa prétention à l'universalité. Ainsi s'opère un glissement : le centre de gravité ne réside plus dans ce que chacun souhaite faire valoir, sans être contredit, comme étant une loi universelle, mais dans ce que tous peuvent unanimement reconnaître comme une norme universelle[2].

La décision politique ne s'épuise donc pas dans la seule volonté expresse du législateur, par exemple le parlement, mais se construit par le biais des échanges entre les divers acteurs sociaux, c'est-à-dire dans l'agir communicationnel. L'échange fonde la normativité, non plus la seule experrssion de la volonté autorisée à prendre les décisions sur la conduite des hommes en société. Habermas propose un renversement du modèle décisionniste exprimé par Thomas Hobbes dans *Léviathan* : « *Auctoritas, non veritas facit legem*[3] », c'est l'autorité et non la vérité qui fait la loi.

Dans la démocratie délibérative, le dialogue et le débat public sont partie constitutive de la rationalité inhérente aux principes, normes et lois qui doivent diriger la société : « Le règne de la sphère publique signifie, conformément à l'idée même de Publicité, un règne ou toute domination s'évanouit : *veritas non auctoritas facit legem*[4]. » L'espace public ainsi conçu constitue un frein, un pouvoir critique contre toute forme de despotisme de la part de l'autorité législative qui ne voudrait que s'auto- légitimer. Cet absolutisme de l'autorité législative s'est exprimé chez Hobbes, Jean Bodin ou Carl

---

[2] Habermas, *Morale et communication*, 88.
[3] *Léviathan*, version latine, XXVI, *Opera latina* III, éd. Molesworth, 202.
[4] Habermas, *Morale et communication*, 92.

Schmitt, mais Platon par la voix du sophiste Thrasymaque l'avait énoncé bien avant dans *La République* : « Celui qui gouverne ne peut se tromper[5]. »

L'espace public qui s'ouvre sur l'échange et la discussion reste toutefois soumis aux lois et aux exigences de l'ordre public ; il ne se présente guère comme la négation de la souveraineté parlementaire et de l'autorité coercitive de l'État. L'espace public est un espace politique au sens où les acteurs sociaux peuvent contribuer à la définition des politiques publiques, mais cet espace n'est pas en soi la sphère des décisions et de l'action étatique. Par sphère de décision, j'entends ici les lieux où on légifère (pouvoirs législatif et exécutif), et où il y a adjudication (pouvoir judiciaire). Par action étatique il faut comprendre tout lieu d'interaction entre l'État et le citoyen : les services rendus au citoyen, que ce soit l'éducation, la santé, la délivrance de permis, fiscalité, etc. Les décisions ou actions étatiques engagent l'aspect coercitif du pouvoir étatique à divers degrés, selon la nature des gestes impliqués ou des circonstances. L'autorité de l'État qui se dévoile à travers la décision d'un juge tant en matière criminelle que civile, l'arrestation du citoyen par la force policière, la privation de liberté par un officier du système carcéral, l'autorité de l'enseignant ou la surveillance exercée par l'éducatrice en Centre de la petite enfance (CPE), le contrôle exercé par un fonctionnaire dans l'octroi d'un permis ou privilège, voilà autant d'exemples de cette variabilité.

Ayant d'abord écarté la religion de la rationalité qui s'exerce dans l'agir communicationnel, Habermas estime à partir des années 1990 que la société entre dans une ère post séculière avec le retour du religieux. La parution d'*Entre naturalisme et religion* amorce sa longue réflexion sur l'apport possible de la religion dans la fabrication de la raison publique des démocraties délibératives. Cette inclusion ne consiste pas à remettre en question le caractère séculier de l'État constitutionnel ; elle ne peut mettre en échec la neutralité de l'État, la séparation de la religion et de l'État, de même que les principes d'égalité et de liberté. Selon Habermas, à la suite de John Rawls, la contribution religieuse au débat public doit renoncer à la revendication de vérité absolue des énoncés particuliers de la doctrine et de la foi pour se traduire dans un discours rationnel accessible à tous ceux qui ne partagent pas cette croyance, condition nécessaire à l'obtention du consensus social. Cela s'avère une exigence incontournable dans l'espace public formel, c'est-à-dire celui de la prise de décision, là où seuls des arguments rationnels et neutres doivent être admis[6]. La même nécessité ne devrait pouvoir se justi-

---

[5] Platon, *La République*, 26.
[6] Rawls et Habermas sont du même avis sur l'exclusion de la religion de la sphère publique formelle, mais ont des vues divergentes sur la contribution de la religion dans la sphère publique informelle. Voir l'article de Maeve Cooke, "Salvaging and secularizing the semantic contents of religion: the limitations of Habermas's postmetaphysical proposal." Voir également Patrick Loobuyck and Stefan Rummens, "Religious Arguments in the Public Sphere: Comparing Habermas with Rawls."

fier dans l'espace public informel, j'y reviendrai plus loin en prenant soin de définir les deux espaces, formel et informel.

Plusieurs reprochent à ces théories de l'espace public comme lieu de la démocratie délibérative de privilégier un seul type de communication : l'argumentation rationnelle objective et la cohérence logique, des modes de raisonnement liés au développement de la philosophie et du droit en Occident. L'obligation de traductibilité des énoncés religieux prescrite par Rawls et Habermas trahit cette sujétion. Cela aurait comme effet d'exclure des groupes traditionnellement marginalisés comme les Premières Nations, les femmes, ou encore d'autres civilisations qui ont privilégié d'autres formes d'expression[7].

La critique féministe a vigoureusement dénoncé l'exclusion du débat public des modes d'expression « esthético-affectifs » par lesquels les femmes et d'autres groupes marginalisés s'expriment. La critique féministe et philosophe américaine, Iris Marion Young, reconnait d'emblée que le modèle d'une rationalité délibérative publique a le mérite de nous entrainer au-delà des limites qu'imposent les théories classiques de la démocratie libérale basées sur le jeu des intérêts et des libertés individuels[8]. L'intérêt collectif n'est pas absent du modèle délibératif, puisqu'« au lieu de raisonner du point de vue de la maximisation de l'utilité privée, les citoyens grâce à la délibération publique révisent leurs préférences en fonction de finalités collectives et raisonnent ensemble sur la nature de ces dernières et les meilleurs moyens de les achever[9]. Toutefois, le caractère homogène et cohésif du modèle de la démocratie délibérative est exclusif, et la marginalisation qu'il induit masque souvent les luttes de pouvoir et la domination. Comme le fait valoir Iris Young, la marginalisation et la domination ont bien sûr comme sources les inégalités sociales et économiques, mais elles se traduisent aussi par l'exclusion de certains types de communication qui ne conçoivent pas nécessairement la délibération comme une joute compétitive du meilleur argument selon des règles bien établies, un comportement typiquement masculin. Parmi ces règles elle souligne le discrédit envers les démonstrations émotives souvent appuyées par une gestuelle qui signalerait un manque de contrôle, une certaine irrationalité ou incohérence dans l'argument, et de l'autre côté l'efficacité concédée aux idées générales et principes abstraits[10]. Young propose un dépassement de ce modèle au profit de ce qu'elle appelle la « démocratie communicationnelle » qui favorise l'ouverture à la différence, et delà peut s'opérer une vraie transformation des intérêts individuels

---

[7] Dahlberg, "The Habermasian public sphere: Taking difference seriously?" 112.
[8] Iris Young (1996), "Communication and the Other: Beyond Deliberative Democracy," 120-121.
[9] *Ibid.*, 121(ma traduction).
[10] *Ibid.*, 124. Se basant sur des études de terrain réalisées aux É.-U., Young démontre que ce type de discours ne favorise guère la participation égale des groupes ethniques minoritaires, ex. les Afro-américains et les Chicanos.

à travers l'interaction d'une pluralité de points de vue : « cela ne veut pas dire que nous pensons ne partager aucune affinité ; la différence ne présuppose guère l'altérité absolue. Mais cela veut dire que chaque position prend conscience qu'elle n'englobe pas le point de vue des autres personnes situées différemment, en ce sens qu'il ne peut être identifié à sa propre position[11]. » Dans les sociétés modernes, l'urbanisation et la globalisation des économies de marché créent des interdépendances entre les divers acteurs sociaux de sorte qu'aucun groupe d'appartenance ne peut vivre au quotidien en totale exclusion des autres[12].

La prise en compte de la différence doit s'écarter d'une idéation qui l'enferme dans l'altérité. Cette dernière aboutit aux oppositions « nous – eux » et aux affirmations identitaires frôlant l'exclusion sociale, la xénophobie et le racisme. Il en existe des exemples malheureux, ailleurs comme ici. Je ne cherche guère à nier la légitimité de revendications identitaires séparatistes, c'est un autre débat. Quel que soit l'option que l'on tient à cet égard, la question du vivre ensemble demeure, et les solutions avancées doivent mettre à profit tous les acteurs sociaux et non chercher à exclure ceux qui présentent une spécificité atypique de la majorité. La reconnaissance par la majorité des droits de la minorité LGBT et du mariage gay constitue un exemple patent de la fonctionnalité du modèle proposé par les différentialistes. Pourquoi devrait-il en être autrement pour d'autres spécificités comme la religion ? Clairement ce modèle n'a pas la faveur en France et il y a peut-être lieu d'y voir une certaine parenté entre la crise du foulard islamique et l'opposition marquée envers le mariage gay. La différence n'a pas la cote. Difficile de concevoir le mariage autrement qu'une institution sociale visant essentiellement à assurer la transmission de la vie et l'éducation des enfants. Le modèle différentialiste contraste avec l'approche républicaine centralisatrice qui cherche à éradiquer les particularismes, à les rendre invisibles en public dans un « espace commun dénué du religieux, où chaque personne peut se reconnaitre en tant que citoyen ou citoyenne[13]. »

Le point le plus intéressant dans le concept de « démocratie communicationnelle » de Young réside à mon point de vue dans l'inclusion du langage corporel dans l'interaction, ainsi que les récits narratifs qui exposent les expériences subjectives. C'est par ce biais que je veux resserrer la discussion autour des signes religieux dans l'espace public. Le chapitre premier aura eu le mérite, c'est ce que j'espère, de montrer que la notion de religion déborde le domaine du for intérieur, de la conscience individuelle et de la vie privée.

---

[11] *Ibid.*, 127 (ma traduction).
[12] Young (1995), "Together in Difference: Transforming the Logic of Group Political Conflict," 160.
[13] Gouvernement du Québec, *Orientations gouvernementales en matière d'encadrement des demandes d'accommodement religieux, d'affirmation des valeurs de la société québécoise ainsi que du caractère laïque des institutions de l'État*, septembre 2013, http://www.nosvaleurs.gouv.qc.ca/medias/pdf/Valeurs_document_orientation.pdf.

Elle empreint non seulement les esprits et les cœurs, mais aussi les corps et les paysages. Comme il vient d'être aussi montré, il n'est guère souhaitable ou même possible de masquer le corps dans l'agir communicationnel. Intimement lié au corps, le vêtement ne sert pas uniquement à le protéger des éléments ou le dissimuler du regard d'autrui, mais il est investi d'une charge symbolique :

> Loin de n'être qu'une manifestation superficielle de la vie sociale, le vêtement est l'expression de l'intégrité de la personnalité et de son identité sociale, et ce par la multiplicité et la variété des formes de stylisation des pratiques sociales qu'il peut mettre en œuvre. Dit d'une autre manière le vêtement, comme forme discrète de socialisation et d'appartenance sociale, permet d'être ce que nous voulons être ou ce que nous ne sommes pas ; de dévoiler ou de masquer l'intime de notre être ; de communiquer un certain nombre d'informations sociales ; voire d'établir une distance avec les autres ou nous mettre à distance de nous-mêmes[14].

Vu de cet angle, il faut reconnaitre que le port de la kippa, du turban sikh (*dastar* en panjabi) ou du foulard ou du voile islamique n'est pas un geste neutre et insignifiant. J'inclus également dans la forme vestimentaire les bijoux ou tout élément de parure corporelle qui peuvent être portés sur le vêtement, sur le corps ou à même le corps. Je veux maintenant montrer de quelle façon les caractéristiques de l'acte du vêtement se manifestent au moyen de cas précis.

Examinons d'abord le port du turban sikh. La tradition sikhe veut que ce soit le dixième guru en ligne du fondateur Nanak, Guru Gobind Singh, qui ait donné le turban aux « Cinq Bien-Aimés » (*Panj Piare*) qui reçurent de sa main le baptême (*Amrit Sanskar*) lors de la fête des moissons (*Vaisakhi*) en 1699. Ils devinrent les cinq premiers membres de l'ordre du *Khalsa* (en français signifie pur), ce qui par la suite englobera tous les baptisés sikhs. Le turban faisait partie d'une tenue vestimentaire (*bana*) qui leur était attribuée. Elle et comportait et comporte toujours cinq éléments : les cheveux longs cachés par le turban et la barbe (*kesh*), le peigne en bois dans les cheveux (*kangha*), le poignard recourbé (*kirpan*), le bracelet en fer (*kawra*), et un short tenu par un cordon (*kacchera*). Les femmes protègent leurs longs cheveux au moyen d'un foulard appelé *chunni*, mais portent un turban sous le *chunni* dans les lieux de culte. L'attribution des cinq K (*panj kakar*) par Guru Gobind Singh fait référence à un contexte militaire de défense contre les persécutions mogholes de l'empereur Aurangzeb, un sunnite conservateur, contre les non-musulmans, particulièrement les hindous et les sikhs. C'est ainsi qu'il ordonna la décapitation du neuvième guru sikh Tegh

---

[14] Fleurdorge, « Du vêtement en général et de celui de l'exclusion en particulier », 14.

Bahadur. Le turban non seulement protège la longue chevelure, mais il garde la « dixième porte » (*dasam duar*) sur le sommet de la tête, qui ouvre sur la demeure de Dieu le créateur[15]. L'essence divine est accessible à tous, sans distinction de caste ou de genre. Le fondateur Nanak rejette la discrimination envers les femmes et les basses castes telle qu'établie par l'orthodoxie brahmane dans le *Manu Smriti* : « Reconnais la Lumière du Seigneur dans tout, et ne considère pas la classe sociale ou le statut ; il n'y a pas de classes ou castes dans l'au-delà[16]. » Le dixième guru, Gobind Singh, affirme le même égalitarisme devant les Cinq Bien-Aimés : « Vous êtes maintenant d'une croyance, suivant l'unique chemin. Vous êtes au-dessus toutes les religions, toutes les croyances, toutes les castes, et toutes les classes. En vous les quatre classes (*varna*) ont été fusionnées en une seule. Vous êtes tous frères, tous égaux. Personne n'est supérieur à l'autre. Partagez la même table[17]. » Encore aujourd'hui la commensalité sans distinction de religion, caste, position sociale ou genre se pratique dans tous les lieux de culte (*gurdwara*).

Comme il arrive trop souvent, le message prophétique des figures charismatiques, comme l'égalité de tous devant le salut ou l'émancipation spirituelle prêchée par Nanak, trouve toutes sortes d'obstacles sociaux et culturels à sa réalisation. Dans les faits, l'affiliation à certains *gurdwaras* reflète l'appartenance à telle ou telle caste et la situation des femmes subit les pressions de la culture hindoue et musulmane environnante qui ne va pas dans le sens de l'égalité de genre[18]. Le *bana* a été conçu à la façon d'un marqueur identitaire pour la minorité sikhe persécutée par les Moghols musulmans, les rajas hindous et les colons britanniques. Sous le règne d'Aurangzeb les Rajputs hindous étaient les seuls non musulmans autorisés à porter le turban, des armes, la moustache et la barbe. Le turban représente la respectabilité ; il était un signe de noblesse. À cette époque, un aristocrate moghol ou un Rajput hindou se distinguaient par leur turban. Les Rajputs hindous étaient les seuls hindous autorisés à porter le turban orné, porter des armes et ont leur moustache et la barbe[19]. Gobind Singh envoie un message clair en coiffant du turban les Cinq Bien-Aimés. Les 5 K et le turban appartiennent tant

---

[15] *Siri Guru Granth Sahib* 974 ; 1036. Version anglaise par Sant Singh Khalsa, http://www.srigranth.org.
[16] *Siri Guru Granth Sahib* 349. Guru Nanak non seulement tient-il la femme en haute estime en raison de son rôle de mère (473), il s'inscrit en faux contre des pratiques discriminatoires comme le *sati* (immolation des veuves) et l'*upanayana* ou rite initiatique brahmanique par lequel un jeune mâle appartenant aux trois premières classes (*varna*) reçoit le cordon sacré et entreprend le premier stage de vie réservé à l'étude des *Védas* (*brahmacharya*).
[17] Hari Ram Gupta, *History of the Sikhs,* Vol. 1, 272.
[18] Voir à ce sujet les analyses de Nikky-Guninder Kaur Singh, *The Birth of the Khalsa* ; Opinderjit Kaur Takhar, "Egalitarian Hermeneutics from the Bani of Guru Nanak: his Attitudes towards Caste and Females."
[19] Jagdev Singh Aulakh, *Pagg ate Pagg da Sabhiyachar*, Amritsar : Nanak Singh Pustakmala, 2010. Translated from the original in Punjabi.
http://www.dsource.in/resource/sikh-turbans/historical-significane/historical-significane.html

aux femmes qu'aux hommes et ces symboles ne traduisent d'eux-mêmes aucune infériorisation ou subordination liée au statut social ou au genre. Le port du turban par les femmes, moins répandu que le *chunni*, sert parfois à marquer leur volonté d'égalité et de combat contre le sexisme[20].

Le port de la calotte juive, *kippa* en hébreu ou *yarmulke* en yiddish, n'est pas observé par tous les juifs. Son caractère obligatoire a fait l'objet de plusieurs débats parmi les rabbins chargés d'interpréter la *halacha*. Dans le judaïsme antique, la Torah montre Moïse se couvrant la face en présence de Yahvé :

> Moïse aperçut en effet un buisson d'où sortaient des flammes, mais sans que le buisson lui-même brûle. Il décida de faire un détour pour aller voir ce phénomène étonnant et découvrir pourquoi le buisson ne brûlait pas. Lorsque le Seigneur le vit faire ce détour, il l'appela du milieu du buisson : « Moïse, Moïse ! » — « Oui ? » répondit-il. « Ne t'approche pas de ce buisson, dit le Seigneur. Enlève tes sandales, car tu te trouves dans un endroit consacré. Je suis le Dieu de ton père, le Dieu d'Abraham, d'Isaac et de Jacob. » Moïse se couvrit le visage parce qu'il avait peur de regarder Dieu[21].

Est-ce la présence divine (*shekina*) qui oblige les prêtres à se couvrir la tête d'un turban pour remplir leurs fonctions sacrées dans le sanctuaire, comme le prescrit la Torah (*Shemot* 28:4) ? La *Midrash Rabba* (sur *Exode* 3) déplore l'attitude irrespectueuse d'Aaron, Nadab, Abihou et les soixante-dix anciens d'Israël, qui contemplent Yahvé sans se couvrir la tête[22]. Certains passages de la *Tanakh* (bible hébraïque) parlent de se couvrir la tête en signe de deuil. Toutefois, outre ces cas, le judaïsme ancien ne fait pas mention d'une obligation de se couvrir la tête. Le *Talmud de Babylone* rattache aussi le fait de se couvrir la tête à la *shekina* : « Joshua ben Levi a dit : On ne peut pas marcher quatre coudées avec la mine hautaine, car il est dit, la terre entière est remplie de sa gloire. R. Huna son fils ne saurait marcher quatre coudées nu-tête en disant : La Shekina est au-dessus ma tête[23]. » Ceux qui font la prière ou lisent la Torah à la synagogue ont pris l'habitude de se couvrir la tête[24]. Cette coutume était probablement réservée aux rabbins et ne s'adressait pas aux gens du peuple[25]. Les enfants allaient nu-tête alors que les femmes devaient se couvrir les cheveux[26]. D'après le rabbin Joel Mueller (1827–

---

[20] Kaur Singh, 187.
[21] *Shemot* (*Exode*) 3 : 2-6.
[22] Gotthard Deutsch, Kaufmann Kohler, "Bareheadedness," *Jewish Encyclopedia*, Vol. 2: 530-33.
[23] *Talmud de Babylone, Kiddouchin* 31a (ma traduction de l'anglais).
[24] *Talmud de Babylone, Ta'anith* 20a; *Rosh ha-Shana* 17b.
[25] *Talmud de Babylone, Kiddouchin* 8a; *Nedarim* 30b.
[26] *Ibid.*

1895), la tradition palestinienne différait de la babylonienne sur cette obligation de se couvrir la tête pendant la prière[27]. Au Moyen-âge, Maïmonide rapporte que « Les plus grands docteurs s'abstenaient même de se découvrir la tête, parce que la majesté divine[28]. » Dans la *Mishné Torah*, l'obligation pour les sages de se couvrir la tête s'étend clairement au-delà de la synagogue et du contexte strictement rituel : « Les sages doivent se conduire avec une pudeur exceptionnelle. [Un sage] ne doit pas se rabaisser, ni se découvrir la tête ou le corps. Même dans les latrines, il doit être pudique, et ne doit pas se découvrir jusqu'à ce qu'il soit assis[29]. »

S'agit-il d'une obligation ou d'une simple coutume pieuse ? Selon Meir Ydit, il n'y a pas uniformité dans les comportements à l'époque médiévale et les rabbins séfarades d'Espagne et de France ne s'y conformaient guère, même pour la récitation de la prière. La décision du IVe Concile du Latran d'imposer aux juifs, mais aussi aux musulmans, un costume distinctif afin d'enrayer les mariages mixtes, va jouer un rôle singulier dans la vocation identitaire d'un signe religieux ostensible.

À partir du 13e siècle, plusieurs villes des pays germaniques et de la France ordonnent aux juifs le port obligatoire d'un chapeau conique jaune alors que l'Italie et l'Espagne ne suivent pas. Au 16e siècle, le Pape Paul IV émet la bulle pontificale *Cum nimis absurdum*, imposant aux juifs vivant dans les territoires pontificaux de vivre en ghetto et de porter le chapeau pointu jaune. Rabbi David Halevi (Pologne, 1586–1667), surnommé le Taz, indique que le mâle juif doit se couvrir la tête en tout temps non seulement pour signifier sa piété, mais aussi pour démarquer son identité des chrétiens.[30] Ce rabbin semble suivre l'opinion du *Choulhan Aroukh* du Rabbi Joseph Caro (1488–1575), qui reprend ce que Rabbi Huna avait dit au sujet de se couvrir la tête[31]. La controverse subsiste quant à l'obligation de porter un couvre-chef puisque certains rabbins, comme Rabbi Haim Yossef David ben Isaac Zeharia Azoulay (1724–1806) ou Rabbi Solomon Luria (1510–1573) et le Gaon de Vilna (1720–1797), continuent d'y voir une mesure de piété (*midat hasidut*) sans exigence requise par la *halacha*[32]. Rabbi Luria dénonce l'hypocrisie de ceux qui attachent trop d'importance à la kippa : « Je vais maintenant révéler l'hypocrisie des Ashkénazes. Une personne peut boire du vin qui n'est pas cacher dans une taverne non juive, manger du poisson cuit dans les casseroles des Gentils [en violation de la règle *bichoul akoum*]...

---

[27] Meir Ydit, "Head, covering of the," *Encyclopaedia Judaica*, www.jewishvirtuallibrary.org/jsource/judaica/ejud_0002_0008_0_08618.html

[28] *Le guide des égarés*. Tome troisième, chap. LII, 452-453.

[29] *Mishné Torah, Sefer Madda, Deot* 6.

[30] *Turei Zahav, Orach Chayim*, 8 : 3. Cité par Lawrence Grossmann, "The Kippa comes to America, 130.

[31] *Talmud de Babylone, Kiddouchin* 31a.

[32] Gotthard Deutsch, Kaufmann Kohler, "Bareheadedness," *Jewish Encyclopedia*, Vol. 2: 530-33; Dan Rabinowitz, "Yarmulke: A Historic Cover-up?"

personne ne met en doute sa piété et les gens respectent cette personne, si elle est riche et puissante. Cependant, une personne qui ne mange ni boit que des aliments casher, mais avec la tête nue, on dira de lui qu'il renie le judaïsme[33]. »

Avec l'émancipation juive européenne, plusieurs réformateurs (*maskilim*) dans le sillon de la *Haskala* (Lumières) se font les champions de l'acculturation et prônent l'abandon du port de la kippa – c'est le cas de Samuel Holdheim (1806–1860) et de la *Reform Verein* de Frankfurt am Main – alors que des néo orthodoxes comme Rabbi Samson Raphael Hirsch (1808–1888) proposent une mise à niveau de la *halacha* avec la culture européenne.[34] C'est ainsi que ce dernier demandait à ses élèves de se découvrir la tête pendant l'étude de matières profanes et de revêtir la kippa pour l'étude de la Torah ou du *Talmud*[35]. Les orthodoxes craignent l'acculturation et la perte d'identité juive. Le port de la kippa en tout temps devient pour plusieurs d'entre eux, particulièrement chez les hassidim d'Europe de l'Est, le gage de la survivance de l'identité juive[36].

Le judaïsme réformé s'est rapidement diffusé aux É.-U. dans la première moitié du 19ᵉ siècle et l'idée circulait que le judaïsme orthodoxe ne pourrait jamais s'implanter en terre américaine. Les choses ont changé à partir de 1870 avec l'arrivée d'immigrants d'Europe de l'Est. Le rabbin lithuanien Zalman Friederman (1865–1935), installé à Boston, s'en prend au judaïsme réformé et croit que la kippa doit être portée au bain et même durant le sommeil[37]. Grossmann mentionne que l'immigration seule ne peut expliquer l'essor que connaît le port de la kippa dans les années 1950–1960 ; d'autres facteurs comme le besoin de se souvenir de la *Shoah* et la fierté provoquée par la création de l'État d'Israël y ont aussi contribué. Il faut dire que jusque dans les années 1950, il était de coutume pour les hommes de se couvrir la tête en public de sorte que la kippa se trouvait souvent dissimulée sous le chapeau[38]. Toutefois, les juifs orthodoxes allemands et des séfarades, qui furent les premiers fondateurs de communautés en Amérique, n'hésitaient guère à se découvrir dans les lieux publics.

Dans les années 1960, des individus, souvent supportés par des associations ou rabbins, mènent le combat auprès des commissions scolaires pour

---

[33] *She'elot u-Teshuvot Maharshal* (Questions et réponses de Maharsal), cité par Rabinowitz, 233 note 41. (Ma traduction de l'anglais).
[34] Greenspoon, *Fashioning Jews: Clothing, Culture, and Commerce,* 187.
[35] Grossmann, 131.
[36] *Ibid.* L'auteur mentionne ce Polonais, Rabbi Chlomo ben Yehudah Kluger, qui va jusqu'à dire que les permissions trouvées chez différents auteurs devraient s'interpréter dans le sens que le chapeau pouvait être retiré en certaines occasions, mais qu'une kippa était toujours portée sous le chapeau.
[37] *Ibid.*, 133.
[38] Greenspoon, 189.

autoriser le port de la kippa à l'école[39]. Le droit de porter la kippa en dehors d'un contexte religieux subira un test juridique en 1986 lorsque la Cour suprême des États-Unis maintient qu'un règlement de l'armée de l'air (*Air Force Regulation* [AFR] 35-10) utilisé pour interdire à un militaire en uniforme de porter la kippa pouvait se justifier en contexte militaire[40]. La majorité (5 juges contre 4) fonde sa décision sur le principe de « nécessité militaire » qui pour des raisons de discipline et d'esprit de corps autorise des écarts par rapport à ce qui est appliqué dans la société civile. De l'avis du juge Rehnquist il n'appartient pas aux tribunaux de se prononcer sur la pertinence de telle ou telle mesure choisie par les autorités militaires et la retenue judiciaire est de mise. Dès l'année suivante, en 1987, le Congrès américain adopte une loi qui permet à tout militaire de porter un signe religieux discret.

Deux aspects attirent ici l'attention. Le jugement et les arguments présentés par les procureurs semblent convenir que le juif orthodoxe est tenu de tous les temps de porter la kippa. Personne ne veut faire ressortir que cela fait depuis longtemps l'objet d'un débat au sein de la tradition. Le sénateur républicain Al D'Amato considère injuste d'exclure du service militaire un groupe de citoyens en raison de leurs croyances religieuses centenaires concernant le port de vêtements religieux[41]. L'autre aspect concerne leur caractère manifeste ou ostentatoire. Le juge Brennan, dissident, propose d'adopter un critère d'acceptabilité d'un vêtement religieux incorporé à l'uniforme qui s'inspirerait d'un critère déjà existant dans la réglementation relative aux bijoux autorisés, si propres et discrets (*neat and conservative*)[42]. Le juge Stevens estime que ce critère introduit une forme de discrimination puisqu'il permettrait de rejeter certaines parures comme trop exagérées ou inhabituelles, par exemple la coiffure sikhe ou rastafarian[43].

Cette question revêt toute son importance depuis l'entrée en vigueur en France de la *Loi n° 2004-228 du 15 mars 2004 encadrant, en application du principe de laïcité, le port de signes ou de tenues manifestant une appartenance religieuse dans les écoles, collèges et lycées publics*. L'article 1 édicte que : « Dans les écoles, les collèges et les lycées publics, le port de signes ou tenues par lesquels les élèves <u>manifestent ostensiblement</u> une appartenance religieuse est interdit (mes soulignés)[44]. » La même expression se retrouve au Québec dans le *Projet de loi n° 60 : Charte affirmant les valeurs de laïcité et de neutralité religieuse de l'État ainsi que d'égalité entre les*

---

[39] En 1966, le *Department of Education* de la ville de New York adopte comme politique d'autoriser le port de la kippa à l'école après qu'une école l'eut refusé. L'année suivante un incident semblable survient au New Jersey, mais la commission scolaire de Hillside maintient l'interdiction.
[40] *Goldman* v. *Weinberger*, 475 U.S. 503 (1986).
[41] Sullivan, "The Congressional Response to *Goldman* v. *Weinberger*," 140.
[42] *Goldman* v. *Weinberger*, 475 U.S 518.
[43] *Ibid.*, 512.
[44] *Journal officiel « Lois et Décrets »* – *JORF* n°65 du 17 mars 2004.

femmes et les hommes et encadrant les demandes d'accommodement, à l'article 5 : « Un membre du personnel d'un organisme public ne doit pas porter, dans l'exercice de ses fonctions, un objet, tels un couvre-chef, un vêtement, un bijou ou une autre parure, <u>marquant ostensiblement, par son caractère démonstratif</u>, une appartenance religieuse. »

Il ne fait aucun doute que la marque d'ostentation entraine avec elle une marge d'interprétation qui ajoute de la subjectivité à son applicabilité déjà difficile d'elle-même. Par exemple, le régime d'interdiction de la loi française et du projet québécois inclut le port d'une croix « de dimension manifestement excessive[45]. » Le projet de loi 60 est mort au feuilleton ; il sera donc impossible de connaître les règles d'application qui l'auraient accompagné. On sait par les documents et les conférences de presse qui ont servi à le présenter qu'une petite croix serait acceptée. Mais à partir de quelle taille la croix devient-elle excessive ? Les quolibets des opposants au projet n'ont pas manqué à ce sujet. Le professeur de droit public à Paris X-Nanterre, Olivier Dord, souligne très à propos que la Circulaire du ministre Fillon du 18 mai 2004 n'offre guère de balises claires sur le caractère discret que doit présenter un signe religieux[46]. La députée Nathalie Roy de la Coalition Avenir Québec n'a pas manqué de ridiculiser l'absence de clarté du terme « ostentatoire » dans le contexte du projet de loi en brandissant trois croix de différentes dimensions :

> Alors, qu'est-ce que vous faites quand vous avez un fonctionnaire de l'État qui vous arrive avec cette petite croix-ci, cette petite croix, ici ? Et Dieu sait qu'il y en a plusieurs, des fonctionnaires de l'État qui ont cette petite croix. Cette petite croix a une dimension… un pouce, un pouce et demi. Alors, qu'est-ce qu'on fait ? Ça, c'est permis ; ça, c'est ostentatoire. […]Est-ce que ça va prendre une police religieuse pour aller voir dans le cou des fonctionnaires ce qui est permis, ce qui ne l'est pas ? […] Que signifie « ostentatoire », « ostensible » ? Avons-nous une mesure ? Qui va aller voir dans les cégeps, les universités, les ministères, tous les bureaux gouvernementaux pour savoir de quelle grosseur est le bijou ou le symbole religieux[47] ?

---

[45] Ministère de l'éducation nationale, de l'enseignement supérieur et de la recherche, Circulaire N° 2004-084 du 18-5-2004 *JO* du 22-5-2004, *Respect de la laïcité. Port de signes ou de tenues manifestant une appartenance religieuse dans les écoles, collèges et lycées publics*, Bulletin Officiel [B.O.] n° 21 du 27 mai 2004, 1043. Sur la situation au Québec, voir l'article de Robert Dutrisac, « Signes religieux : la Charte se bute à un écueil », *Le Devoir*, 11 septembre 2013.
[46] Olivier Dord, « Laïcité à l'école : l'obscure clarté de la circulaire Fillon du 18 mai 2004 ».
[47] Point de presse de Mme Nathalie Roy, porte-parole du deuxième groupe d'opposition en matière de culture et de communications, Hôtel du Parlement, 10 septembre 2013, 14 h 30.

De l'avis du professeur Dord, la Circulaire ministérielle va loin lorsqu'elle interprète que « la loi interdit à un élève de se prévaloir du caractère religieux qu'il y attacherait, par exemple, pour refuser de se conformer aux règles applicables à la tenue des élèves dans l'établissement. » Là encore, un élément de subjectivité est introduit pour octroyer aux établissements le pouvoir d'apprécier les intentions secrètes d'une personne portant par exemple un bandana tout en camouflant des motifs religieux. Cela dénote encore une fois la difficulté d'appliquer un tel code, mais aussi, comme le remarque Dord, cela conduit les autorités des établissements à s'aventurer sur le dangereux terrain de définir ce qui est religieux et ce qui ne l'est pas, une entorse au principe de la neutralité de l'État en matière de religion.

Un dernier aspect non mentionné par Dord, mais qui je crois demeure essentiel dans tout ce débat et qui est abordé par l'arrêt américain *Goldman v. Weinberger*, c'est celui de la discrimination envers certaines traditions religieuses. Malgré les affirmations répétées voulant que l'interdiction du port des signes religieux s'adresse à toutes les croyances religieuses, la plupart des gens ont en général la conviction que c'est le foulard islamique qui fait problème – c'est lui qui heurte la conscience de certains, c'est lui que le législateur vise, tant en France qu'au Québec.

Commentant la *Loi n° 2010-1192 du 11 octobre 2010 interdisant la dissimulation du visage dans l'espace public*[48], Marine Le Pen pousse plus loin en proposant d'interdire tout signe religieux ostentatoire en public : « Il est évident que si l'on supprime le voile, on supprime la kippa dans l'espace public[49]. » La justification qu'elle donne de son propos éclaire notre point de vue : « Si je n'avais parlé que du voile, j'aurais été brûlée pour islamophobie... Il est évident que la kippa ne pose pas de problème dans notre pays[50]. » N'est-ce pas pour éviter ce genre d'accusation que la *Circulaire du 2 mars 2011 relative à la mise en œuvre de la loi n° 2010-1192 du 11 octobre 2010 interdisant la dissimulation du visage dans l'espace public* englobe dans les interdits « le port de cagoules, de voiles intégraux (burqa, niqab...), de masques ou de tout autre accessoire ou vêtement ayant pour effet, pris isolément ou associé avec d'autres, de dissimuler le visage. »

Qui voudrait croire que le port de cagoules ou de masques était devenu un problème social en France ? N'est-ce pas la « crise du foulard islamique »

---

http://www.assnat.qc.ca/fr/actualites-salle-presse/conferences-points-presse/ConferencePointPresse-12097.html

[48] *JORF* n° 0237 du 12 octobre 2010, 18344. Cette loi interdit dans de porter une tenue qui dissimule son visage, tant sur des voies publiques que dans des « lieux ouverts au public ou affectés à un service public ».

[49] « Marine Le Pen : 'Je mets à la porte tous les intégristes étrangers' », Propos recueillis par Propos recueillis par Luc Bronner, Abel Mestre et Caroline Monno, *Le Monde*, 21 septembre 2012.

[50] Sur TF1 au sujet de sa demande d'interdire le voile et la kippa dans la rue. Le 22 septembre 2012.

qui a déclenché le débat médiatisé sur le port des signes religieux dans l'espace public français, et non la kippa ni le *dastar* ? Lors de la rentrée scolaire de 1989, quatre adolescentes fréquentant le Collège Gabriel-Havez de Creil dans l'Oise sont renvoyées parce qu'elles refusent d'enlever leur hijab dans l'établissement. Le collège prétexte que le port du hijab contrevient au principe de laïcité de l'enseignement public. L'affaire prend vite une ampleur nationale dans les médias, et le ministre de l'Éducation, L. Jospin, demande l'avis du Conseil d'État sur la compatibilité du port de signes religieux avec la laïcité. Le Conseil se voit alors devant la délicate tâche d'arbitrer entre, d'une part l'obligation pour l'État de dispenser un programme d'enseignement qui honore les principes de neutralité et de séparation de l'Église et de l'État, et d'autre part le respect de la liberté de conscience et de religion qui interdit toute discrimination envers les croyances des élèves. Le Conseil cherche donc un équilibre entre l'exercice légitime de ces droits, ce qu'il exprime de la manière suivante :

> La liberté ainsi reconnue aux élèves comporte pour eux le droit d'exprimer et de manifester leurs croyances religieuses à l'intérieur des établissements scolaires, dans le respect du pluralisme et de la liberté d'autrui, et sans qu'il soit porté atteinte aux activités d'enseignement, au contenu des programmes et à l'obligation d'assiduité.
>
> Son exercice peut être limité, dans la mesure où il ferait obstacle à l'accomplissement des missions dévolues par le législateur au service public de l'éducation, lequel doit notamment…, contribuer au développement de sa personnalité, lui inculquer le respect de l'individu, de ses origines et de ses différences, garantir et favoriser l'égalité entre les hommes et les femmes.
>
> [...] le port par les élèves de signes par lesquels ils entendent manifester leur appartenance à une religion <u>n'est pas par lui-même incompatible avec le principe de laïcité</u>, dans la mesure où il constitue l'exercice de la liberté d'expression et de manifestation de croyances religieuses, mais que cette liberté ne saurait permettre aux élèves d'arborer des signes d'appartenance religieuse qui, par leur nature, par les conditions dans lesquelles ils seraient portés individuellement ou collectivement, ou par leur caractère ostentatoire ou revendicatif, constitueraient un acte de pression, de provocation, de prosélytisme ou de propagande, porteraient atteinte à la dignité ou à la liberté de l'élève ou d'autres membres de la communauté éducative, compromettraient leur santé ou leur sécurité, perturberaient le déroulement des activités d'enseignement et le rôle éducatif des enseignants, enfin trouble-

raient l'ordre dans l'établissement ou le fonctionnement normal du service public[51].

Dans cet avis, le Conseil d'État propose une solution juridique qui laisse aux administrateurs d'établissements et aux juges administratifs le soin d'apprécier au cas par cas le délicat équilibre à atteindre. Tout cela n'a pas l'heur de plaire tant aux administrateurs scolaires qui estiment qu'on leur renvoie le problème, qu'aux politiciens de plus en plus interpelés par une population manifestant son inquiétude face à la montée de l'islamisme. Les revendications sociales inquiètent, parfois accompagnées de manifestations violentes d'une jeunesse des banlieues parisiennes (ex. Clichy-sous-Bois-Montfermeil, Bobigny, Goussainville, Melun), issue de l'immigration maghrébine ou africaine, désœuvrée, sans emploi, victime de discrimination et de racisme.

L'avis du Conseil rejette toute forme d'interdiction générale quant au port de signes religieux, ce que la jurisprudence du Conseil maintiendra jusqu'à la loi de 2004[52]. La jurisprudence du Conseil fait alors peser sur les administrations scolaires le fardeau de prouver que le port d'un signe religieux comporte un caractère délibéré de prosélytisme ou de propagande, et nuit à la discipline interne ou au bon fonctionnement de l'enseignement, ou encore met en péril la sécurité des élèves. Plusieurs règlements d'établissement sont alors réputés invalides par le Conseil, comme dans l'affaire relative au règlement du Collège Jean-Jaurès de Montfermeil :

> [...] les filles des requérants se sont vu refuser l'accès aux salles de classe et aux cours d'éducation physique, puis ont été définitivement exclues du collège au motif que le port d'un foulard couvrant leur chevelure constituait une violation desdites dispositions ; qu'ainsi, sans qu'il soit établi ni même allégué que les conditions dans lesquelles était porté en l'espèce un foulard qualifié de signe d'appartenance religieuse aient été de nature à conférer au port de ce foulard par les intéressées le caractère d'un acte de pression, de provocation, de prosélytisme ou de propagande, à porter atteinte à la dignité, à la liberté, à la santé ou à la sécurité des élèves, ou à perturber l'ordre dans l'établissement ou le déroulement des activités d'enseignement, les décisions d'exclusion contestées ont été prises sur le seul fondement des dispositions de l'article 13 du règlement intérieur qui sont, en raison de la généralité de leurs termes, illégales, ainsi qu'il a été dit

---

[51] CE, *Avis N.346.893 du 27 novembre 1989*.
[52] Voir l'analyse détaillée d'Herman Salton, *Veiled Threats? Islam, Headscarves and Religious Freedom in America and France*, 135-146.

ci-dessus ; que, par suite, lesdites décisions sont elles-mêmes entachées d'excès de pouvoir[53].

Plusieurs analyses ont confirmé un changement de perspective de la laïcité attribuable aux réactions négatives suscitées par la position généreuse du Conseil d'État qui insiste plus sur la protection du droit à la liberté de conscience et de religion[54]. La médiatisation, l'opinion populaire et la politisation du débat ont contribué au durcissement du concept de laïcité dont la justification s'est articulée autour de deux thèmes principaux : les dangers du communautarisme et la lutte à l'intégrisme religieux qui, à travers le port du foulard, va à l'encontre de l'égalité homme femme. La Circulaire Bayrou n'associe plus le port de signes religieux à un comportement lié à un choix individuel, mais plutôt à des « manifestations spectaculaires d'appartenance religieuse ou communautaire » dont « leur signification est précisément de séparer certains élèves des règles de vie commune de l'école[55]. »

La Circulaire accole la laïcité au destin unissant la communauté des citoyens autour de l'idéal républicain : liberté, mais aussi égalité et fraternité. L'école joue un rôle important dans la construction de cet idéal c'est pourquoi « la présence, dans cette école, de signes et de comportements qui montreraient qu'ils ne pourraient pas se conformer aux mêmes obligations, ni recevoir les mêmes cours et suivre les mêmes programmes, serait une négation de cette mission[56]. » L'emploi du conditionnel est symptomatique d'un glissement important qui s'opère ici par rapport à la jurisprudence du Conseil d'État. On ne parle plus de situations de fait qui, lorsqu'elles existent, entrainent une sanction légitime de l'avis même du Conseil[57]. <u>Le port en lui-même devient automatiquement signe d'une atteinte à l'idéal républicain de laïcité, sans égard à l'intention subjective du porteur</u> : « ces signes sont, en eux-mêmes, des éléments de prosélytisme[58]. » La Circulaire Bayrou tente, non sans ambiguïté quant au résultat, d'esquiver les décisions du Conseil en distinguant entre des « signes discrets, traduisant une conviction personnelle » et des signes ostentatoires marquant une appartenance à une communauté de croyants.

Personne n'est dupe et tous comprennent qu'il s'agit de la communauté musulmane. Toutefois, jusqu'en 2004, le Conseil d'État maintiendra sa ligne

---

[53] CE 4 /1 SSR du 2 novembre 1992, 130394.
[54] Herman Salton ; Julie Brau, « Controverses autour de la loi du 15 mars 2004 : laïcité, constitutionnalité et Conventionnalité » ; Françoise Lorcerie, *La politisation du voile*.
[55] Éducation nationale, *Circulaire n° 1649 du 20 septembre 1994*, « Neutralité de l'enseignement public : port de signes ostentatoires dans les établissements scolaires ».
[56] *Ibid*.
[57] Le Conseil d'État a clairement balisé l'exercice du droit de porter un signe religieux dans son *Avis N.346.893 du 27 Novembre 1989* et n'a pas hésité à maintenir le renvoi de filles portant le hijab lorsque l'ordre et la discipline n'étaient pas respectés, voir CE 4 /1 SSR du 10 mars 1995, Requête n° 159981.
[58] Éducation nationale, *Circulaire n° 1649 du 20 septembre 1994*.

jurisprudentielle et refusera l'interprétation de la Circulaire Bayrou. Aussi juge-t-il que la décision des autorités d'un collège de renvoyer une jeune fille au motif « qu'elle n'aurait pas ôté le foulard par lequel elle entendait exprimer ses convictions religieuses était fondée, non sur le comportement de la jeune fille, mais sur le seul motif que le port de ce foulard aurait été par nature incompatible avec le principe de laïcité ; que ce motif, auquel ne peuvent être substitués les motifs invoqués par le ministre en appel, est erroné en droit[59]. »

Le glissement de sens attribué au signe qu'est le foulard islamique comporte un écueil important, mis en lumière par Rémi Schwartz, commissaire du gouvernement chargé d'exposer au Conseil d'État les questions et proposer une solution :

> Or le foulard porté par de jeunes filles peut avoir tant un sens culturel qu'un sens religieux sans être nécessairement révélateur d'une conception intégriste du monde. Mais surtout... il n'appartient pas au juge ni à l'administration d'interpréter le signe qu'est le foulard, c'est-à-dire d'entrer dans l'interprétation des religions. Ni l'administration ni le juge ne peuvent eux-mêmes donner une portée à un signe religieux et se lancer dans le périlleux exercice qu'est l'interprétation du sens des religions et de leur contenu. [...]
> Le ministre, en affirmant qu'à l'heure actuelle le port du foulard ne soit pas exclusivement un signe d'appartenance religieuse, mais une manifestation de solidarité et de soutien à des mouvements extrémistes dont les conceptions sont contraire à l'ordre public français, n'a pas totalement tort ni totalement raison. Il ne suffit pas d'évoquer des ports de signes religieux qui sont pour certains prosélytes, ostentatoires et revendicatifs, c'est-à-dire prohibés, mais encore faut-il pouvoir l'établir au cas par cas ou établissement par établissement[60].

Les remarques du Commissaire mettent le doigt sur deux dangers qui menacent l'État : donner une interprétation du contenu religieux et se présenter comme l'instance ultime capable de définir le sens objectif d'un compor-

---

[59] Affaire *A.*, CE 4/1 SSR du 20 mai 1996, 170343. Dans le même sens, affaire *U. et J.*, CE SSR du 9 octobre 1996, 172725. Dans l'affaire *W.*, CE 4/1 SSR, du 27 novembre 1996, 170209, le tribunal, tout en rappelant que le port du foulard par lui-même ne justifie pas un renvoi, ne peut justifier les absences répétées au cours d'éducation physique et considère légal le renvoi de trois jeunes filles musulmanes. Dans l'affaire *Ligue islamique du Nord*, CE 4/1 SSR du 27 novembre 1996, 170207 170208, 17 adolescentes portant le foulard sont renvoyées au motif qu'elles ont participé à des mouvements de protestation ayant gravement perturbé le fonctionnement normal de l'établissement.
[60] Rémy Schwartz, « Principe de laïcité et port de signes religieux ».

tement ou d'un signe religieux adopté par une citoyenne. Contrairement à la compréhension du Commissaire, qui note le caractère polysémique du foulard islamique capable de revêtir un sens ou culturel ou religieux, le Rapport de la Commission présidée par Bernard Stasi, Médiateur de la République (Protecteur du citoyen), le réduit à un signe uniquement religieux. Le foulard maintient les femmes dans une position d'infériorisation, mais il est aussi associé à des mouvements politico-religieux radicaux[61]. Pourtant le Rapport Debré reconnaissait une certaine polysémie au foulard islamique[62]. Pour Talal Asad[63], il ne fait aucun doute que cette Commission entend proposer un nouveau cadre légal qui figera le sens qu'un signe religieux affiche à partir de critères objectifs déterminés par la loi, un exercice de sémiotique à laquelle les tribunaux se sont toujours refusés :

> Le juge n'a pas cru pouvoir entrer dans l'interprétation du sens des signes religieux ; il s'agit là d'une limite inhérente à l'intervention du juge ; il lui a semblé impossible d'entrer dans l'interprétation donnée par une religion à tel ou tel signe. Par conséquent, il n'a pu appréhender les discriminations entre l'homme et la femme contraires à un principe fondamental de la République que pouvait revêtir le port du voile par certaines jeunes filles[64].

Pour Asad, le pouvoir étatique d'imposer un sens aux signes religieux, quelle que soit l'intention subjective de l'adepte, constitue une ingérence du politique dans le domaine religieux. Cela met en péril le principe de séparation de l'Église et de l'État de la Loi de 1905[65]. Cette approche ne surprend guère, car l'histoire de la France gallicane et des luttes anticléricales qui ont accompagné la Révolution regorge de ces intrusions du pouvoir dans les affaires religieuses jusqu'à la fin du Concordat en 1905. Il s'agit d'une spécificité française qui a imposé un modèle autoritaire de laïcité. Les circonstances historiques du Québec ont été très différentes, et malgré cela le projet de Charte de la laïcité du Parti Québécois s'en est inspiré largement, notamment en ce qui concerne le simple port de signes religieux ostentatoires qui constitue en soi une menace. Ce faisant, la même critique doit lui être adressée. Rappelant que « le signe ne signifie pas en lui-même et par lui-même »,

---

[61] Bernard Stasi, *Commission de réflexion sur l'application du principe de laïcité dans la République : rapport au Président de la République*, remis le 11 décembre 2003, http://www.ladocumentationfrancaise.fr/rapports-publics/034000725/, 57.

[62] Rapport Debré, *Rapports législatifs, XIIe législature, N°1275 – Tome I – 1re partie*, 7774. Le foulard est souvent porté en signe d'appartenance à la culture musulmane, une revendication surtout identitaire plutôt que religieuse.

[63] Talal Asad, "French Secularism and the 'Islamic Veil Affair'," 100.

[64] Bernard Stasi, *Commission de réflexion sur l'application du principe de laïcité dans la République*, 31.

[65] Asad (2006), "French Secularism and the 'Islamic Veil Affair'," 105.

mais renvoie à son contexte et demande à être interprété, la théologienne Anne Fortin de l'Université Laval se montre critique envers le projet québécois :

> Dans le débat actuel, il semblerait que les signes auraient un rapport fixe et invariable à un sens objectif et magique parce qu'ils agiraient par eux-mêmes : ils auraient la capacité de convertir, d'influencer ou d'enlever toute impartialité. Le voile signifierait ainsi en lui-même l'oppression des femmes, en dehors de la position des principales intéressées qui seraient trop aliénées pour mériter d'être écoutées sur les significations qu'elles lui accorderaient. Ces femmes seraient si dépossédées d'elles-mêmes qu'on leur dénie le statut de sujet interprète de leur réalité. Les signes religieux sont alors réduits à une fonction iconique et symbolique qui renvoie directement à un sens objectif[66].

La stratégie coloniale, forte d'une mission de civilisation a utilisé l'objectivation et l'instrumentalisation de la femme musulmane voilée pour marquer l'infériorité des sociétés musulmanes en proie au patriarcat[67]. L'orientalisme européen s'est plu à imaginer avec un mélange de fascination et répulsion l'univers exotique des harems où la femme musulmane est représentée comme « l'Autre », l'opprimée voilée, dont l'unique fonction était de satisfaire l'appétit sexuel démesuré des hommes[68]. La professeure d'anthropologie à l'université Concordia, Homa Hoodfar, démasque derrière cet enchantement exotique la volonté de décrire une société attardée, dominée par les sens – une description partiale, incapable de voir qu'à la même époque la situation des femmes en Europe n'était guère plus enviable[69]. Dans cet ordre symbolique, le foulard ou le voile islamique devient la représentation iconique non seulement de l'inégalité des genres et de l'oppression de la femme, mais il renvoie à la perception d'une société rétrograde dominée par un islam imaginaire, fixe, qui n'a jamais évolué.

Frantz Fanon a montré comment l'administration coloniale en Algérie a adopté une stratégie du « dévoilement » pour miner la force identitaire du peuple algérien :

> Les responsables de l'administration française en Algérie, préposés à la destruction de l'originalité du peuple, chargés par les pouvoirs de procéder coûte que coûte à la désagréga-

---

[66] Anne Fortin, « Signe et symbole religieux ».
[67] Voir Homa Hoodfar, "The Veil in Their Minds and on Our Heads: The Persistence of Colonial Images of Muslim Women," Sahar Amer, "Uncovering the Meaning of the Veil in Islam."
[68] Hoodfar, 8. Voir l'ouvrage de Rana Kabbani, *Imperial fictions: Europe's myths of Orient*, Bloomington, Indiana University Press, 1986.
[69] *Ibid.*

> tion des formes d'existence susceptibles d'évoquer de près ou de loin une réalité nationale, vont porter le maximum de leurs efforts sur le port du voile, conçu en l'occurrence, comme symbole du statut de la femme algérienne[70].

La manœuvre du colonisateur a fonctionné pour certaines musulmanes qui le 13 mai 1958 à Alger, Place du Gouvernement, brûlent leur voile en public. Pourtant, « certaines, décrit Franz Fanon, dévoilées depuis longtemps reprennent le voile affirmant ainsi qu'il n'est pas vrai que la femme se libère sur l'invitation de la France et du Général de Gaulle[71]. » Le port du voile pour certaines sert à manifester leur volonté de s'opposer à la stratégie assimilatrice de l'Administration coloniale et réclamer leur identité nationale. Perçu par les uns comme phénomène de soumission et d'infériorisation, il devient pour d'autres la manifestation d'une résistance. Fanon l'exprime par une formule tout à fait géniale : « C'est le blanc qui crée le nègre. Mais c'est le nègre qui crée la négritude. À l'offensive colonialiste autour du voile, le colonisé oppose le culte du voile[72]. » Cela nous ramène au caractère polysémique du voile. Rabiha Hannan a interrogé plusieurs musulmanes de Leicester en Grande-Bretagne et a conclu que les raisons invoquées par elles pour se couvrir sont multiples : un acte de piété marquant leur obéissance à un commandement divin, pour se soustraire du regard des hommes, pour s'identifier comme musulmane, ou pour des raisons esthétiques ou politico-religieuses[73]. Mais que dit le Coran au juste sur le hijab ou le voile ?

Sahar Amer a repéré cinq passages du Coran ou le mot hijab est utilisé, mais un seul, appartenant à une sourate médinoise, nous situe peut-être dans un contexte de code vestimentaire féminin :

> Ô croyants ! N'entrez dans les demeures du Prophète que si vous êtes invités à un repas. Évitez d'être là à attendre que le repas soit prêt. Quand vous êtes invités, entrez et après avoir mangé, dispersez-vous, sans vous livrer à des propos familiers. En vérité, cela offenserait le Prophète qui aurait honte de vous en faire part. Mais Dieu n'a pas honte de dire la vérité. Quand vous demandez quelque chose aux épouses du

---

[70] Frantz Fanon, *Sociologie d'une révolution*, 18.
[71] Houria Bouteldja, « De la cérémonie du dévoilement à Alger (1958) à Ni Putes Ni Soumises : l'instrumentalisation coloniale et néocoloniale de la cause des femmes », 20 juin 2007, http://lmsi.net/De-la-ceremonie-du-devoilement-a.
[72] Fanon, 29.
[73] Malika Ghamini, "The Islamic Veil – A focal point for social and political debate," in Theodore Gabriel, Rabiha Hannan, *Islam and the Veil*; Rabiha Hannan, "An Exploration of the Debates Pertaining to Head Covering and Face Veiling of Women in the British Muslim Context," 81-104.

> Prophète, faites-le derrière un voile. Vos cœurs et les leurs
> n'en seront que plus purs[74].

Mais ici aussi, le contexte renvoie plutôt au besoin de protéger au moyen d'un rideau l'intimité et la vie privée du Prophète, qui vient de marier Zaynab bint Jahsh, des regards indiscrets de noceurs qui ne veulent pas quitter sa maison, plutôt qu'à un vêtement porté par une femme[75]. Se basant sur un récit d'Anas ibn Mâlik, un compagnon du Prophète, rapporté par l'historien at-Tabarî, la sociologue marocaine explique que le recours par le Prophète au hijab ou pièce de tissu pour les séparer des invités restants est justifié par le contexte difficile du siège de Médine et de la bataille de la Tranchée en l'an 627 – une situation au cours de laquelle les compagnons de lutte envahissent sa vie privée[76].

Plus loin dans la même sourate, il est demandé aux femmes de se couvrir le corps d'un vêtement ample appelé *jilbab* :

> Ô Prophète ! Dis à tes épouses, à tes filles et aux femmes des
> croyants de ramener un pan de leurs voiles sur elles. C'est le
> meilleur moyen pour elles de se faire connaître et d'éviter
> ainsi d'être offensées. Dieu est Plein d'indulgence et de
> compassion. Si les hypocrites, les sceptiques et les alar-
> mistes de Médine ne cessent pas leurs agissements, Nous te
> lancerons contre eux ; et leur présence dans ton voisinage
> sera de courte durée[77].

Les commentateurs classiques at-Tabarî, ibn Kathîr (1301–1373), al-Qurtubî (1214–1273), Abû Bakr ibn 'Arabî (1076–1148) justifient l'existence de cette recommandation par le besoin de distinguer la femme musulmane libre de la femme esclave de la femme *dhimmî*. Ibn Kathîr rapporte ces paroles :

> As-Souddy a dit : « Parmi les pervers de Médine, il y avait
> des hommes qui sortaient la nuit une fois l'obscurité
> enveloppant la ville, pour se montrer devant les habitantes
> de Médine. Comme les sentes de cette ville sont étroites, les
> femmes de Médine sortaient pour satisfaire leur besoin, et
> étaient contraintes à le faire dans des lieux proches. Ces
> pervers les guettaient, et quand ils apercevaient des femmes
> qui portaient des jilbabs, ils savaient qu'elles sont des

---

[74] Sourate 33 : 53. Les autres mentions à 7 : 46 ; 19 : 16-17 ; 41 : 5 ; 42 : 51. Voir Amer, "Uncovering the Meaning of the Veil in Islam."
[75] Usama Hasan, "The Veil: Between Tradition and Reason, Culture and Context," in Theodore Gabriel, Rabiha Hannan, 65.
[76] Fatima Mernissi, *Le harem politique*, chapitre 5.
[77] Sourate 33 : 59-60.

femmes libres de condition et les laissaient. Quant à l'esclave qui ne portait pas le jilbab, ils l'attaquaient[78]. »

Ailleurs, dans un contexte d'exhortation à la modestie, le Coran suggère aux femmes de se couvrir pudiquement :
> Invite les croyants à baisser pudiquement une partie de leurs regards et à se préserver de toute souillure charnelle. Cela contribuera à les rendre plus purs, car Dieu est si bien Informé de tous leurs actes. Invite également les croyantes à baisser pudiquement une partie de leurs regards, à préserver leur vertu, à ne faire paraître de leurs charmes que ceux qui ne peuvent être cachés, à rabattre leurs voiles sur leurs poitrines, à ne montrer leurs atours qu'à leurs époux, leurs pères, leurs beaux-pères, leurs fils, leurs beaux-fils, leurs frères, leurs neveux, aux femmes musulmanes, leurs servantes, leurs esclaves, leurs serviteurs impuissants, ou aux garçons impubères. Dis-leur aussi de ne pas agiter les pieds pour faire deviner les autres atours de leur féminité. Ô croyants, revenez tous à Dieu, si vous voulez assurer votre salut[79] !

Ce passage ne mentionne aucune obligation de la part des femmes de se couvrir la tête ou dissimuler leur chevelure. La femme est invitée à rabattre une couverture (*khumur* – pluriel de *khimar*) pour cacher sa poitrine et ses bijoux. Toutefois, assez rapidement après la mort du Prophète, il semble que ce verset ait été interprété de manière à inclure le fait de se couvrir la tête, le cou et les cheveux[80]. Ibn Kathîr écrit à propos de ce passage : « Ce voile doit couvrir toute la poitrine pour se comporter à l'inverse des femmes à l'époque de la *Jâhilîya* où la femme passait et marchait devant les hommes en montrant une partie de sa poitrine, la mèche de sa chevelure et les boucles d'oreille. Dieu ordonne à la femme musulmane croyante d'être différente en couvrant tout cela[81]. »

Mon but n'est guère de présenter une analyse exégétique complète de l'obligation pour la femme de se couvrir en public, mais de montrer que celle-ci doit s'interpréter dans le contexte des coutumes et des situations d'une époque bien précise, celle du temps du Prophète. Par exemple, le siège de Médine se déroule dans un contexte marqué par l'absence d'intimité, le harcèlement et la violence envers les esclaves, particulièrement les femmes.

---

[78] *Tafsir Ibn Kathîr*, 33 : 59-60.
[79] Sourate 24 : 30-31.
[80] Voir l'interprétation d'at-Tabarî dans son commentaire sur le Coran, *Tafsir* 24 : 30 citée par Hasan.
[81] *Tafsir Ismaïl Ibn Kathîr, L'exégèse du Coran*, 24 :30, traduction Harkat Abdou, Beyrouth : Dar Al Kutub Al Ilmiyah, https://archive.org/details/tafsir-ibnkathir-complet-francais.

Ces situations pouvant justifier de recourir au jilbab, nikab ou au hijab ne sont plus présentes dans nos sociétés démocratiques actuelles. Usama Hasan propose une exégèse coranique et une interprétation de la sharia qui se basent sur le principe de *maqâsid al-shari'ah*, c'est-à-dire la finalité de la loi, en faisant appel à des auteurs contemporains comme Abdallah ibn Bayyah du Conseil européen de la fatwa et de la recherche et Shaykh Hamza Yusuf, cofondateur et professeur au Zaytuna College de Berkeley.

Il existe une tradition *maqâsid al-shari'ah* dans l'islam classique qui remonte à Abû Hâmid al-Ghazâlî (11ᵉ siècle dans *al-Mustasfâ min 'ilm al-usûl, Les principes essentiels de la théorie du droit musulman*) et Sayf al-Dîn al-Âmidî (13ᵉ siècle) qui résument la sharia à cinq objets essentiels. Au 14ᵉ siècle, l'imam andalou Abû Ishâq al-Shâtibî les rappelle : « La communauté des croyants.... s'entend pour dire que la loi a été ordonnée pour préserver cinq choses essentielles : la religion, la vie humaine, la descendance, le bien-être matériel et la raison[82]. » Shamsuddîn ibn Qayyim (14ᵉ siècle) pense qu'il faut toujours chercher, par-delà l'apparence des choses et des gestes, le seul véritable objet de la sharia qui consiste à soulager les maux des humains. Il n'esdt donc pass autorisé de tenter de justifier une action nuisible au moyen de la loi :

> La Sharia se fonde sur la sagesse et l'accomplissement du bien-être des gens durant cette vie et dans l'au-delà. La justice, la miséricorde, la sagesse et la bonté forment l'essence même de la loi islamique. Ainsi, toute décision qui remplace la justice par de l'injustice, de la miséricorde par son contraire, le bien commun par des méfaits, ou la sagesse par la bêtise, n'appartient pas à la sharia, même si certaines interprétations osent s'en réclamer[83].

Ainsi, alors que l'obligation de se couvrir les cheveux et le corps pouvait être vue comme une mesure visant à protéger la femme de toute forme de harcèlement à caractère sexuel, le port du voile, du *tchador* ou de l'*abaya* dans les sociétés occidentales peut facilement attirer des problèmes aux femmes qui les portent. Elles peuvent devenir victimes de stigmatisation, de harcèlement et d'isolement social. Les difficultés personnelles et le désordre social (*fitna*) s'opposent aux grands objectifs poursuivis par la loi, faisant en sorte que la recommandation du port du voile ne peut tenir dans un tel contexte.[84] Pour certains, le Coran et la Sunna invitent l'homme comme la femme à faire preuve de modestie dans l'arène publique, à désexualiser l'espace public sans pour autant isoler les femmes derrière le voile ou les

---

[82] Dans Aḥmad Raysūnī, *Imam Al-Shatibi's Theory of the Higher Objectives and Intents of Islamic Law*, 137.
[83] Cité dans Jasser Auda, *Maqasid Al-Shariah as Philosophy of Islamic Law*, 20.
[84] Usama Hasan, 76.

enfermer dans l'espace privé (*purdah*). Le prince Aga Khan III (1877–1957), imam des ismaélites, voyait ainsi les choses : « La burqa ne vous sied pas, ce qu'il vous faut c'est le voile du cœur, être modeste dans votre cœur et le remplir de modestie en tout temps[85]. »

À l'intérieur même de l'islam, plusieurs interprétations du port du voile existent et les motifs pour le porter sont multiples et variés[86]. L'État ne peut se faire l'interprète ultime pour décider de la signification religieuse du voile islamique et en faire le symbole ultime de l'islamisme, d'un islam fondamentaliste et extrémiste qui cherche à imposer ses vues, notamment en ce qui concerne la soumission des femmes. Cette approche réductionniste mésestime les femmes musulmanes en tant que sujets capables de prendre des décisions et leur donner des sens différents selon les contextes, ce qui est revendiqué par nombre de féministes musulmanes à propos du port du voile. Certaines pensent réformer l'islam de l'intérieur et lutter contre l'inégalité de genre en utilisant le foulard islamique, le Coran et la Sunna :

> Des femmes musulmanes au Canada ont utilisé le voile et la référence à l'islam pour marquer leur opposition à certaines pratiques culturelles, les mariages arrangés par exemple, ou elles ont été en mesure de compléter leur scolarité, loin du foyer familial, sans toutefois s'aliéner leurs proches.
> Plusieurs musulmanes s'approprient le voile comme outil de médiation entre leur communauté minoritaire et la société d'accueil.[87].

Je terminerai ce chapitre par des réflexions suscitées par la lecture de l'arrêt *Leyla Şahin* c. *Turquie* de la Cour européenne des droits de l'homme (CEDH)[88]. Dans cette affaire de 1998, la requérante se voit refuser l'accès à des cours et des examens de la faculté de médecine de l'université d'Istanbul au motif qu'elle porte un foulard islamique, un geste prohibé par une circulaire émanant des autorités universitaires. La circulaire interdit le foulard islamique et la barbe aux cours, stages et travaux pratiques. Un premier constat s'impose. Le tribunal reconnaît que l'interdiction établie par la circulaire en cause institue une ingérence manifeste dans le droit de la requérante de manifester librement sa religion :

---

[85] Prononcé en 1905 à Zanzibar. Cité dans Simonetta Calderini, "Female Seclusion and the Veil. Two Issues in Political and Social Discourse. The reforms of Sultan Muhammad Shah," in Gabriel, Hanan, 56.

[86] Aux références déjà mentionnées s'ajoute Sajida Alvi, Homa Hoodfar, and Sheila McDonough, *The Muslim Veil in North America: Issues and Debates*. Le chapitre 4 par S. Mc Donough, "Voices of Muslim Women" montre que les motifs pour porter le voile peuvent être multiples. Sur les motivations identitaires, lire le chapitre 3 : "Banners of Faith and Identities in Construct: The hijab in Canada" de Reema Meshal.

[87] Hoodfar, 16. Voir aussi le chapitre 1 : "More than Clothing: Veiling as an Adaptive Strategy," de Homa Hoodfar, dans Sajida Alvi, Homa Hoodfar, and Sheila McDonough.

[88] CEDH, *Leyla Şahin* c. *Turquie*, Requête n° 44774/98, Strasbourg 10 novembre 2005.

> Selon la requérante, en revêtant un foulard, elle obéit à un précepte religieux et, par ce biais, manifeste sa volonté de se conformer strictement aux obligations de la religion musulmane. Dès lors, l'on peut considérer qu'il s'agit d'un acte motivé ou inspiré par une religion ou une conviction et, sans se prononcer sur la question de savoir si cet acte, dans tous les cas, constitue l'accomplissement d'un devoir religieux, la Cour partira du principe que la réglementation litigieuse, qui soumet le port du foulard islamique à des restrictions de lieu et de forme dans les universités, a constitué une ingérence dans l'exercice par la requérante du droit de manifester sa religion[89].

Cette constatation du tribunal d'une violation du droit de manifester sa religion contraste avec une certaine conception autoritaire de la laïcité dont l'objectif de neutralité de l'État doit se traduire par l'invisibilité de la religion dans l'espace étatique. Les protagonistes de la Charte québécoise de la laïcité, dont le Ministre Drainville et la Première Ministre Marois, ont plusieurs fois tenu des propos laissant entendre que le projet ne porte pas atteinte à la liberté de religion[90]. La Commission des droits de la personne et des droits de la jeunesse du Québec a réagi vivement à l'interdiction des signes religieux ostentatoires, estimant qu'elle « porterait directement atteinte à l'exercice de la liberté de religion », et « découle non seulement d'une mauvaise conception de la liberté de religion telle qu'elle est protégée par la Charte des droits et libertés de la personne et par le droit international des droits de la personne, mais elle traduit également de manière erronée l'obligation de neutralité qui s'impose à l'État[91]. » Le rôle de l'État n'est pas d'assurer la neutralité par la suppression des phénomènes religieux, mais plutôt celui d'un « organisateur neutre et impartial de l'exercice des diverses religions, cultes et croyances, et... que ce rôle contribue à assurer l'ordre public, la paix religieuse et la tolérance dans une société démocratique[92]. » En mars 2015, la Cour suprême du Canada tient des propos très semblables à ceux de l'arrêt Şahin de la CEDH :

> Un État laïque ne s'immisce cependant pas dans les convictions et les pratiques d'un groupe religieux — et ne peut le

---

[89] *Ibid.*, paragr. 78.
[90] Voir les propos de Pauline Marois rapportés par Robert Dutrisac, « L'étapisme pour la Charte des valeurs », *Le Devoir*, 6 septembre 2013 ; Marie-Ève Shaffer, « Pauline Marois : 'Ce n'est pas une élection sur la souveraineté du Québec' », *Métro*, 4 avril 2014.
[91] CDPDJ, *Commentaires sur le document gouvernemental Parce que nos valeurs, on y croit. Orientations gouvernementales en matière d'encadrement des demandes d'accommodement religieux, d'affirmation des valeurs de la société québécoise ainsi que du caractère laïque des institutions de l'État*, octobre 2013.
[92] CEDH, *Leyla Şahin* c. *Turquie*, paragr. 107.

faire — à moins qu'elles ne soient contraires ou ne portent atteinte à des intérêts publics prépondérants. Il ne peut pas non plus donner son appui ou accorder sa préférence aux pratiques d'un groupe par rapport à celles d'un autre. La poursuite de valeurs laïques implique le respect du droit d'avoir et de professer des convictions religieuses différentes. Un État laïque respecte les différences religieuses; il ne cherche pas à les faire disparaître[93].

Toutefois, il existe dans toute société démocratique, des motifs sérieux pour lesquels les droits fondamentaux peuvent être restreints ou suspendus, notamment afin de garantir la protection des droits et libertés d'autrui, la paix sociale et le maintien de l'ordre public. Ce deuxième volet de l'arrêt *Leyla Şahin* c. *Turquie* alimentera maintenant ma réflexion. La réussite d'une société démocratique repose toujours sur le délicat équilibre qui doit exister entre les intérêts, les convictions et les droits de chacun, qu'il appartienne à la majorité ou à une minorité. L'État ne peut abdiquer son rôle d'arbitre impartial de l'exercice de la liberté de religion : « le rôle des autorités dans ce cas n'est pas de supprimer la cause des tensions en éliminant le pluralisme, mais de s'assurer que des groupes opposés l'un à l'autre se tolèrent[94]. » L'ingérence de l'État doit être justifiée par un contexte particulier dans lequel l'équilibre recherché dans l'exercice des droits fondamentaux des uns et des autres est fragilisé au point de menacer l'ordre public, perturber la paix sociale ou le bon fonctionnement des institutions. Il faut aussi que le geste posé soit incompatible avec la neutralité de l'État. Ainsi dans l'arrêt *Leyla Şahin* c. *Turquie*, le tribunal a tenu compte du contexte politique pour maintenir l'interdiction du foulard islamique à l'université. Il s'est référé à l'existence dans le pays de partis politiques de tendance islamiste qui souhaitent voir la société fondée sur les règles religieuses de l'islam et prônent le port du foulard islamique. La Cour a estimé que l'État est légitimé d'agir lorsque les valeurs de séparation de l'État et de la religion sont compromises, et que la liberté de religion et de conscience est mise en péril :

> La Cour rappelle également que, dans les décisions *Karaduman* c. *Turquie* (no 16278/90, décision de la Commission du 3 mai 1993, DR 74, p. 93) et *Dahlab*, précitée, les organes de la Convention ont considéré que, dans une société démocratique, l'État peut limiter le port du foulard islamique si cela nuit à l'objectif de protection des droits et libertés d'autrui, de l'ordre et de la sécurité publique. Dans l'affaire *Karaduman* précitée, des mesures prises dans les universités en vue d'empêcher certains

---

[93] *École secondaire Loyola* c. *Québec (Procureur général)* 2015 CSC 12.
[94] *Ibid.*, 107.

> mouvements fondamentalistes religieux d'exercer une pression sur les étudiants qui ne pratiquent pas la religion en cause ou sur ceux adhérant à une autre religion n'ont pas été considérées comme une ingérence au regard de l'article 9 de la Convention... Dans le cadre de l'affaire *Dahlab* précitée, qui concernait une enseignante chargée d'une classe de jeunes enfants, la Cour a notamment mis l'accent sur le « signe extérieur fort » que représentait le port du foulard par celle-ci et s'est interrogée sur l'effet de prosélytisme que peut avoir le port d'un tel symbole dès lors qu'il semblait être imposé aux femmes par un précepte religieux difficilement conciliable avec le principe d'égalité des sexes. Elle a également noté la difficulté de concilier le port du foulard islamique par une enseignante avec le message de tolérance, de respect d'autrui et surtout d'égalité et de non-discrimination que, dans une démocratie, tout enseignant doit transmettre à ses élèves[95].

Dans pareil contexte, il saute aux yeux que les dangers de prosélytisme et de discrimination sont réels : « Au surplus, en Turquie, où la majorité de la population est de confession musulmane, le fait de présenter le port du foulard islamique comme une obligation religieuse contraignante entraînerait une discrimination entre les pratiquants, les croyants non pratiquants et les non-croyants en fonction de leur tenue, et signifierait indubitablement que les personnes qui ne portent pas le foulard sont contre la religion ou sans religion[96]. » Il va de soi que l'atteinte à la liberté de religion et de conscience ou le danger d'atteinte doit être objective et spécifique, ce qui va bien au-delà des simples appréhensions ou anticipations non fondées, par exemple, l'islamisation du Québec. La situation turque ne peut certes guère s'appliquer au Québec puisque, comme l'ont souligné plusieurs intervenants en commission parlementaire sur le projet de loi 60, il n'existe aucune étude sérieuse démontrant la nécessité et l'urgence d'interdire le port de signes religieux :

> L'objectif de neutralité n'apparaît d'abord pas réel dans la mesure où vouloir tendre à ce que les agents de l'État affichent cette neutralité constitue un détournement de l'obligation de neutralité telle qu'elle est définie. Ensuite, dans le contexte québécois, l'objectif poursuivi peut difficilement être qualifié d'urgent au point de devoir enfreindre la Charte des droits et libertés. Quel problème cette solution vise-t-elle à régler ? Comment justifier l'urgence de l'objec-

---
[95] *Ibid.*, 111.
[96] *Ibid.*, 39.

> tif lorsqu'on ne rapporte aucun cas où le port de signes religieux par le personnel de l'État québécois aurait compromis la neutralité religieuse de l'État ? [...] <u>La volonté de prévenir d'hypothétiques situations n'est pas de nature à convaincre de la nécessité d'une interdiction qui porte atteinte aux droits et libertés de la personne</u>. À cet égard, rappelons que plus l'effet préjudiciable est grave, plus l'objectif poursuivi par la norme ou la mesure législative doit être important (mes soulignés)[97].

Malgré cela, le gouvernement Marois estime que « Le port de signes ostentatoires revêt en soi un aspect de prosélytisme passif ou silencieux qui paraît incompatible avec la neutralité de l'État, le bon fonctionnement de ses institutions et leur caractère laïque. Indépendamment du comportement de la personne, un tel signe à caractère religieux est susceptible de soulever un doute sur le fait que l'État est neutre et apparaît neutre[98]. » Le prosélytisme doit être démontré par des gestes et une attitude active déployant le zèle qui cherche à convaincre de sa vérité, à rallier des personnes à une doctrine. L'expression « prosélytisme passif » est un oxymore par lequel le gouvernement tente de justifier son intervention alors qu'aucun cas de prosélytisme de mauvais aloi ou abusif par un employé de l'État pouvant mettre en cause la neutralité étatique n'a fait l'objet de signalement[99]. Le projet de loi 60 semble éprouver toujours la même difficulté : tenir compte du fait que la liberté de religion est aussi liberté du for externe, c'est-à-dire liberté de manifester sa foi en public. Dès 1993, la Cour européenne, dans une affaire désormais célèbre, considérait que le prosélytisme est une activité dont l'exercice est protégé au titre de la liberté de croyance religieuse. La liberté religieuse, dit la Cour, comporte en principe le droit de témoigner de sa foi et de vouloir persuader autrui, sans abus, ni coercition[100].

Si le simple fait objectif pour un employé de l'État de porter un signe religieux ne peut constituer en soi un acte de prosélytisme portant atteinte à la liberté d'autrui, il faut toutefois s'interroger sérieusement sur la possibilité qu'il porte atteinte à la neutralité de l'appareil étatique dans certaines situations. Ainsi, la Commission Bouchard-Taylor croit justifiée l'interdiction aux juges, aux procureurs de la Couronne, au président de l'Assemblée nationale, aux policiers, en fait à toute personne qui dans l'exercice de ses

---

[97] CDPDJ, *Mémoire à la Commission des institutions. Projet de loi n° 60, Charte affirmant les valeurs de laïcité et de neutralité religieuse de l'État ainsi que d'égalité entre les femmes et les hommes et encadrant les demandes d'accommodement*, décembre 2013, 64-65.
[98] *Parce que nos valeurs, on y croit. Orientations gouvernementales en matière d'encadrement des demandes d'accommodement religieux, d'affirmation des valeurs de la société québécoise ainsi que du caractère laïque des institutions de l'État*, octobre 2013.
[99] CDPDJ, *Mémoire à la Commission des institutions. Projet de loi n° 60*, 65.
[100] Voir l'arrêt *Kokkinakis c. Grèce*, Requête n° 14307/88, 25 mai 1993.

fonctions incarne le pouvoir coercitif de l'État[101]. L'exercice de ces fonctions exige l'apparence d'impartialité qui est de nature à rassurer le citoyen sur le traitement équitable de sa situation. Dans l'esprit de la Commission Bouchard-Taylor, une telle exigence ne saurait s'étendre aux autres employés de l'État. Il faut reconnaître avec elle que l'interdiction ne saurait s'appliquer aux employés ou fonctionnaires qui n'ont pas de contact direct avec les citoyens. Dans le cas de certains fonctionnaires offrant des services directs aux citoyens, il semble difficile de concevoir que le port d'un signe religieux puisse créer un doute ou une inquiétude chez le citoyen au sujet de l'objectivité ou du professionnalisme du dispensateur de service. Comment la délivrance d'une carte de l'assurance maladie ou le paiement de l'impôt peuvent-ils en soi nécessiter l'exercice d'une réserve qui aille jusqu'à interdire le port d'un signe religieux ? Il faut pousser plus avant la réflexion en ce qui concerne la dispensation des soins de santé et de l'éducation auprès des enfants.

Examinons d'abord le cas de la santé. Pour dispenser les services de santé et les services sociaux, l'État fait appel à un ensemble de professionnels de la santé, dont le mode de rémunération et le lien d'emploi peuvent aller d'honoraires à l'acte payés à des professionnels autonomes jusqu'à l'employé syndiqué d'un hôpital. Même si la rémunération provient en fin de l'État, difficile de voir dans ces dispensateurs de soins des officiers exécutant une décision de l'État[102]. Même s'il existe des normes et standards gouvernementaux entourant les soins, les diagnostics cliniques et l'exécution des soins ou examens ou procédures relèvent du jugement et de la compétence des dispensateurs qui exercent leurs professions selon les règles de l'art, c'est-à-dire à partir de connaissances acquises et de pratiques généralement admises par la profession, contrairement au fonctionnaire qui exécute un pouvoir qui est directement dévolu à l'État. Ce pouvoir découle de ses propres règles ou lois, par exemple fixer le montant d'impôt dû par un contribuable ou délivrer un permis de conduire. Le médecin qui pose un diagnostic ou opère un patient ne représente guère l'autorité de l'État. Tout au plus, peut-on affirmer qu'il est autorisé à pratiquer la médecine par le Collège des médecins, mandataire de l'État pour octroyer les permis de pratique. Lorsque mon médecin me dit que j'ai un cancer, je ne sens point le poids de l'autorité gouvernementale et son diagnostic n'est pas en lien avec une quelconque loi du Québec ; la relation entre le médecin et le patient est de nature thérapeutique, basée sur la confiance et le consentement[103].

---

[101] *Fonder l'avenir. Le temps de la conciliation*, 151.
[102] Voir Association québécoise d'établissements de santé et de services sociaux, *Pour une charte qui favorise l'harmonie et le maintien de la diversité*, Mémoire présenté devant la Commission des institutions, décembre 2013, 13.
[103] Voir la position de la Fédération des médecins omnipraticiens du Québec, *Le Médecin du Québec*, volume 49, numéro 2, février 2014,

La Fédération interprofessionnelle de la santé du Québec qui regroupe des syndicats de professionnels des soins infirmiers, de même que la Fédération des médecins spécialistes du Québec et la Fédération des médecins omnipraticiens du Québec se sont opposées à l'interdiction du port de signes religieux par leurs membres au travail. La majorité des représentations faites par ces groupes mettent l'accent sur le droit des travailleurs et les sanctions qu'ils peuvent encourir, ou encore sur les problèmes de relations de travail et les frais des contestations devant les tribunaux comme souligné par l'Association québécoise d'établissements de santé et de services sociaux (AQESS). Très peu de représentations ont mis à l'avant-scène les droits des usagers du système de santé. Le Regroupement provincial des comités des usagers (RPCU) du réseau de la santé et des services sociaux a manifesté certaines craintes, se demandant si l'usager se sentira « à l'aise de se présenter dans un établissement en portant ses signes religieux[104] ? » Seule l'Alliance des communautés culturelles pour l'égalité dans la santé et les services sociaux (ACCÉSSS) a plaidé en faveur de l'usager en situation de différence[105].

Il urge que l'État reconnaisse que la migration constitue un déterminant social de la santé. Les populations migrantes sont souvent vulnérables à des maladies liées au processus d'émigration et à l'adaptation à une nouvelle vie, dans un contexte où l'accessibilité aux soins ne leur est pas toujours évidente, soit par ignorance, soit par crainte de ne pas être compris ou respectés[106]. L'ACCÉSSS souhaite que s'instaurent dans le réseau de vraies pratiques interculturelles qui établissent des « rapports entre groupes de culture et de pratiques sociales différentes, menant à de nouveaux rapports sociaux, notamment à l'émergence d'une nouvelle culture de gestion des services publics. Ainsi, l'interculturel conduit à des transformations dans nos façons de faire et d'agir. Les relations interculturelles conduisent à la mise en place d'instruments de transformations sociales menant à la redéfinition de la société[107]. » L'ACCÉSSS s'appuie sur diverses dispositions de la *Loi sur les services de santé et services sociaux* (L.R.Q. S-4.2) pour réclamer « un réseau de santé inclusif [qui] signifie une adaptation des services sociaux et de santé aux caractéristiques des communautés ethnoculturelles, notamment en matière de langue, de culture et de croyance religieuse[108]. »

Il faudra assurément plus d'études sur l'interculturalité en action dans le réseau de la santé pour arriver à un modèle d'équilibre et de fonctionnalité qui respecte les droits de tous. Prenons un instant l'exemple d'une travailleuse sociale portant le hijab. Il se peut que le port du signe religieux lui

---

[104] RPCU, « Charte des valeurs québécoises : le RPCU craint pour les droits des usagers du réseau de la santé et des services sociaux », Communiqué de presse, 5 septembre 2013.
[105] ACCÉSSS, *Mémoire sur la consultation du projet de Loi 60*, décembre 2013.
[106] *Ibid.*, 37, 53.
[107] *Ibid.*, 5.
[108] *Ibid.*, 16.

permette de pénétrer plus facilement dans certaines communautés musulmanes et ainsi faciliter l'accès aux soins de personnes plus isolées dans la société, soit en raison de leurs pratiques ou de l'ostracisme qu'elles subissent. Par ailleurs, cela pourrait en même temps en éloigner d'autres, par peur d'être jugées ou mal accueillies ; par exemple un jeune homosexuel, musulman ou pas, qui vit des problématiques d'acceptation ou une adolescente qui est active sexuellement et vit des difficultés. Le défi demeure de taille pour faire en sorte que l'inclusion de l'un n'entraine pas l'exclusion de l'autre. Le réseau doit penser à des moyens, actions ou structures qui évitent la non-participation des uns et des autres. Les solutions envisagées doivent tenir compte des principes énoncés aux articles 3, 5, 6 et 100 de la *Loi sur les services de santé et services sociaux,* à savoir : le respect de la dignité et des droits de la personne, l'accès à des services personnalisés, le choix du professionnel et de l'établissement. Des solutions qui cherchent à occulter les différences derrière une offre uniformisée de services, fondée sur les caractéristiques d'une majorité idéalisée, ne respectent pas ces principes et risquent de mener à l'exclusion[109].

Le secteur public de l'éducation mérite lui aussi une attention spéciale, principalement en raison de l'influence que les enseignants peuvent exercer sur les jeunes, particulièrement les jeunes enfants et jeunes adolescents. Des restrictions au port de signes religieux de la part d'enseignant (e) s peut alors se justifier dans le but de protéger les enfants et les différentes valeurs des parents[110]. J'ai déjà expliqué que le simple port d'un signe religieux visible ne peut être assimilé à une forme de prosélytisme. Il faut admettre que le geste peut être compris comme une influence indue sur de jeunes enfants du cycle primaire, comme le laisse clairement entendre la CEDH dans l'arrêt *Dahlab* c. *Suisse* :

> La Cour admet qu'il est bien difficile d'apprécier l'impact qu'un signe extérieur fort tel que le port du foulard peut avoir sur la liberté de conscience et de religion d'enfants en bas âge. En effet, la requérante a enseigné dans une classe d'enfants entre quatre et huit ans et donc d'élèves se trouvant dans un âge où ils se posent beaucoup de questions tout en étant plus facilement influençables que d'autres élèves se trouvant dans un âge plus avancé. Comment dès

---

[109] La Cour suprême du Canada met en garde contre les dangers d'exclusion d'une approche uniformisée : « L'exclusion de l'ensemble de la société découle d'une interprétation de la société fondée seulement sur les attributs « de l'ensemble » auxquels les personnes handicapées ne pourront jamais avoir accès. C'est l'omission de fournir des moyens raisonnables et d'apporter à la société les modifications qui feront en sorte que ses structures et les actions prises n'entraînent pas la non-participation des personnes handicapées qui engendre une discrimination à leur égard. » *Eaton* c. *Conseil scolaire du comté de Brant* [1997] 1 R.C.S. 241.
[110] Malcolm D. Evans, *Manuel sur le port des symboles religieux dans les lieux publics*, 111.

> lors pourrait-on dans ces circonstances dénier de prime abord tout effet prosélytique que peut avoir le port du foulard dès lors qu'il semble être imposé aux femmes par une prescription coranique qui, comme le constate le Tribunal fédéral, est difficilement conciliable avec le principe d'égalité des sexes? Aussi, semble-t-il difficile de concilier le port du foulard islamique avec le message de tolérance, de respect d'autrui et surtout d'égalité et de non-discrimination que dans une démocratie tout enseignant doit transmettre à ses élèves.
>
> Partant, en mettant en balance le droit de l'instituteur de manifester sa religion et la protection de l'élève à travers la sauvegarde de la paix religieuse, la Cour estime que dans les circonstances données et vu surtout le bas âge des enfants dont la requérante avait la charge en tant que représentante de l'État, les autorités genevoises n'ont pas outrepassé leur marge d'appréciation et que donc la mesure qu'elles ont prise n'était pas déraisonnable[111].

Le même raisonnement pourrait facilement s'appliquer au niveau secondaire. Toutefois, la même précaution ne saurait se justifier dans les établissements post-secondaires, le collège et l'université, car le temps est venu non plus de protéger les étudiants, mais bien de les exposer à tous les points de vue ou croyances qui existent en société. L'approche peut s'avérer différente lorsqu'il s'agit du port par l'élève d'un signe religieux visible. Les tribunaux ont reconnu la légitimité de l'interdiction dans les cas où l'ordre public, la sécurité ou le bon fonctionnement de l'établissement sont compromis. Autrement, rien ne semble justifier une ingérence de l'établissement dans les pratiques religieuses des élèves. Il est plutôt exigé de promouvoir les droits et libertés de chacun dans un climat de tolérance et de pluralisme. Il est utile de se rappeler que dans l'arrêt *Leyla Şahin* c. *Turquie,* le tribunal a maintenu l'interdiction du port du hijab et de la barbe en raison du contexte particulier de la présence de partis politiques islamistes qui risquaient de compromettre sur le campus la tolérance et le pluralisme par leur doctrine niant la séparation de l'état et de la religion. Aucune étude n'a démontré pareille situation dans le réseau de l'éducation au Québec, à quelque niveau que ce soit.

Quant au secteur privé de l'enseignement, la question demeure complexe et mériterait une étude plus détaillée. Il existe au Québec plusieurs écoles privées dont une bonne moitié affiche clairement leur affiliation à une tradition religieuse. Celles-ci accueillent plus des deux tiers des élèves fréquentant une école privée : catholique, protestante, juive, musulmane, copte,

---

[111] CEDH, *Dahlab.* c. *Suisse*, Requête n° 42393/98, 15 février 2001, 14.

orthodoxe, etc.[112]. Plusieurs de ces écoles privées rattachées à une tradition religieuse reçoivent du financement public, et 86 % de celles-ci sont de tradition catholique. La *Loi sur l'enseignement privé* (L.R.Q., c. E-9.1) leur impose certaines conditions, dont le respect du régime pédagogique, des méthodes d'évaluation, et du calendrier scolaire en vigueur dans les établissements publics. Au sein des minorités religieuses, les coptes arméniens et les juifs ont le taux de participation de leurs jeunes aux écoles privées le plus élevé, plus de la moitié, alors que les écoles musulmanes n'attirent que 3 % de leurs jeunes.

Les appels alarmistes devant le péril d'une islamisation et de l'intégrisme islamique rampant dans le milieu scolaire, comme ils sont parfois exprimés chez des auteures ferventes d'un laïcisme strict, par exemple Djemila Benhabib ou Yolande Geadah, paraissent exagérés, compte tenu de l'influence que peuvent avoir les écoles musulmanes sur la communauté et l'ensemble de la société civile[113]. L'étude empirique menée dans une école privée musulmane sous la conduite de l'anthropologue Patricia Kelly Spurles ne supporte guère de telles affirmations ou conclusions[114]. La majorité des élèves fréquentant cette école ne provient pas de familles particulièrement religieuses, mais celles-ci estiment devoir faire bénéficier leurs enfants d'un héritage qui leur permettra de s'identifier comme musulmans. Les jeunes filles pubères doivent porter le hijab qui fait partie de l'uniforme, mais la majorité ne le porte qu'à l'école et il y a beaucoup de variations dans la manière de le porter, certaines laissant une partie de la chevelure à découvert. Selon Kelly Spurles, l'administration fait montre de grande tolérance dans l'application du code vestimentaire, garçons et filles y sont traités également. Il est hors de question d'invoquer quelque règle de modestie féminine pour refuser la mixité ou excuser une jeune fille de la pratique des sports à la demande des parents, comme cela se fait souvent dans le réseau public. L'auteure note que le financement public permet sans doute une plus grande représentativité des différentes traditions islamiques dans la population écolière, alors qu'un financement exclusif par la mosquée ou une

---

[112] Ministère de l'Éducation, *Comité sur les affaires religieuses, Le fait religieux dans les écoles privées du Québec*, juin 2012.
[113] Yolande Geadah croit que les concessions faites au port à l'école du foulard islamique, icône d'un islam fondamentaliste, au nom des droits fondamentaux et des valeurs multiculturelles, va finir par ruiner la société québécoise, *Femmes voilées, intégrismes démasqués*, 12. Djemila Benhabib « accuse la FFQ (Fédération des femmes du Québec) de trahir la lutte historique des femmes d'ici pour se débarrasser de l'hégémonie de l'Église catholique. » Elle estime que le féminisme inclusif que la FFQ propose banalise le port du voile islamique et favorise la montée de l'intégrisme musulman au détriment de l'égalité des sexes, une valeur québécoise. « J'accuse la FFQ de trahir le combat des femmes », mis en ligne sur Sisyphe, le 11 mai 2009, http://sisyphe.org/spip.php?article3300.
[114] Patricia Kelly, *Integrating Islam. A Muslim School in Montreal*.

fondation pourrait facilement se traduire par une forme de sectarisme radicaliste[115].

Dès lors que la société et l'État acceptent de financer des écoles privées, reliées ou non à une tradition religieuse ou philosophique, il m'apparaît pour le moins logique que leurs croyances religieuses ou l'absence de celles-ci donnent lieu à une certaine visibilité ou invisibilité. Pourvu bien sûr que les conditions imposées par la loi soient respectées, notamment en ce qui concerne le régime pédagogique, et que la santé et la sécurité des enfants ou l'ordre public ne soient pas mis en péril.

Contrairement aux écoles privées musulmanes subventionnées, plusieurs écoles liées à la communauté juive hassidique ne respectent pas les règles imposées par la loi, notamment en mettant l'accent sur l'enseignement religieux en place du programme scolaire obligatoire[116]. Cette communauté contrevient aussi à la loi en opérant des écoles clandestines donnant un enseignement strictement religieux. Le cas le plus connu demeure celui de la communauté Lev Tahor enquêtée par la Direction de la Protection de la jeunesse, qui craignait pour la santé et appréhendait une scolarisation inadéquate des enfants[117]. De toutes les critiques formulées à l'endroit de Lev Tahor, aucune ne semble dirigée envers un code vestimentaire strictement appliqué qui impose aux jeunes filles le port de longues robes amples noires et d'un foulard noir couvrant la tête et le cou. Personne ne semble pourtant dénoncer l'oppression des femmes qui y sont assujetties pour des motifs de modestie. Cela illustre bien la monomanie et la hantise de l'islam.

Je suis en accord avec la position défendue par la Coalition Avenir Québec (CAQ) dans le débat sur le projet de loi 60 lorsqu'elle dit qu'elle « interdira le port de signes religieux visibles chez les directeurs d'écoles et les enseignants du primaire et du secondaire des réseaux publics d'éducation, parce qu'ils incarnent l'autorité auprès d'une clientèle jeune et captive[118]. » Cette prise de position n'inclut pas les services de garde subventionnés. Faut-il le faire ? En 2011, le ministère de la Famille a émis une directive interdisant toute activité ayant pour objectif l'apprentissage d'une croyance, d'un dogme ou de la pratique d'une religion spécifique[119]. Celle-ci prévoit le refus de subvention lorsque :

---

[115] *Ibid.*, 9.
[116] Lisa-Marie Gervais – Avec Philippe Orfali, « L'ultimatum de Québec bafoué. Cinq établissements enfreignent toujours la loi malgré une entente signée en 2009 », *Le Devoir*, 30 mai 2014. *La Presse*, « Six écoles illégales connues de Québec », 11 juin 2014.
[117] *La Presse*, « La DPJ veut aider les enfants de Lev Tahor », 26 novembre 2013.
[118] Coalition Avenir Québec, *Les accommodements religieux. Pour une approche responsable,* http://coalitionavenirquebec.org/wp-content/uploads/2013/08/PositionNeutralite-F-Final-26-08-2013.pdf
[119] Ministère de la Famille, *Directive – Activités ayant pour objectif l'apprentissage d'une croyance, d'un dogme ou de la pratique d'une religion spécifique dans un centre de la petite enfance ou une garderie subventionnée*, juin 2011.

- l'admission des enfants est liée à l'apprentissage d'une croyance, d'un dogme ou de la pratique d'une religion spécifique et les activités qui leur sont dédiées incluent un programme avec un objectif d'acquisition de connaissances liées à cette religion ;
- des activités sont entreprises, de façon répétée, afin d'amener l'enfant à intégrer l'apprentissage d'une croyance, d'un dogme ou de la pratique d'une religion spécifique ;

Même si le port du foulard par une éducatrice en garderie ne constitue pas en soi une activité, il peut être perçu, en tout cas par les parents, comme une prescription religieuse pouvant exercer une influence sur l'enfant comme l'a bien saisi la CEDH dans l'affaire *Dahlab* c. *Suisse*, citée plus haut. L'interdiction de porter un signe religieux dans les Centres de la petite enfance (CPE) parait donc tout à fait justifiable. Le raisonnement déployé au sujet des écoles privées s'appliquerait par ailleurs dans les garderies privées, même lorsque subventionnées.

Chapitre cinquième

LAÏCITÉ ET ÉGALITÉ DES SEXES

> La vue des femmes voilées, le visage sans maquillage, les bras et les jambes recouverts de tissu, est une expérience difficile pour beaucoup de femmes du Québec. Entre l'hypersexualisation des petites filles et la désexualisation volontaire de ces femmes musulmanes, il y a moins de contradictions qu'il n'y paraît. En s'affichant de façon provocante ou en se couvrant entièrement ou partiellement, le message est le même. Le corps féminin est soumis aux désirs et aux fantasmes de l'homme. La femme en est donc dépossédée, aliénée, au profit du mâle[1].
> Denise Bombardier

Depuis la révolution iranienne de 1979, la création de l'Émirat islamique d'Afghanistan par les talibans en 1996 et l'apparition récente de l'EI, les images de femmes et de filles voilées ou complètement couvertes par la burqa, terrorisées par les talibans et autres intégristes qui leur refusent l'accès à l'éducation et à l'emploi, ont fait la une des médias. Elles nous offrent le spectacle de femmes soumises à l'autorité masculine, aliénées par les autorités religieuses, des êtres au statut social et juridique inférieur, sans aucune autonomie. Le tchador, la burqa, le niqab ou le hijab sont tous devenus dans l'imaginaire social, sans distinction, des icônes de l'oppression religieuse des femmes.

D'un spectacle surtout médiatique, la présence de femmes portant le hijab est entrée dans le quotidien de beaucoup de Québécois avec l'immigration des vingt dernières années. Certaines personnes ressentent un inconfort en leur compagnie alors que d'autres craignent la montée de l'intégrisme musulman qui serait en train de gruger sur les acquis des luttes des femmes pour l'égalité et de faire reculer la société québécoise. En appui au projet de loi 60, le manifeste des « Janette » adressé aux femmes du Québec exprime clairement ces peurs et la volonté d'inscrire l'égalité des sexes dans la logique de la laïcité : « En ce moment, le principe de l'égalité entre les sexes me semble compromis au nom de la liberté de religion. J'aimerais vous rappeler que les hommes ont de tout temps et encore de nos jours utilisé la religion dans le but de dominer les femmes, de les mettre à leur place, c'est-à-dire en

---

[1] Denise Bombardier, « Sexe et religion », *Le Devoir*, 10 octobre 2009.

dessous d'eux[2]. » Cette logique conduit la plupart du temps à présumer que les femmes portent le foulard contre leur gré, pour se soumettre à la volonté de leur mari ou de leur tuteur. L'ex-juge de la Cour suprême, Mme L'Heureux-Dubé, parle des « diktats de la religion » et d'un « malaise profond » des femmes devant des « manifestations de coutumes venant d'ailleurs qui offusquent leur vision d'égalité qu'elles ont mis tant de temps et d'énergie à obtenir[3]. » En 2011, le Conseil du statut de la femme, après avoir rendu les grandes religions monothéistes responsables de l'oppression des femmes, fait le même type de raisonnement linéaire. Il affirme sans ambages que « la répétition et la prolifération de signes religieux au sein de l'État contribuent à renforcer le message religieux qui, en lui-même, peut être sexiste et porteur de discrimination envers les femmes[4]. » Le Conseil du statut de la femme (CSF) fait de la laïcité un principe nécessaire à l'atteinte de l'égalité entre les sexes.

Ces craintes ne s'appuient sur aucune étude empirique démontrant que de telles pratiques de la part d'une partie des femmes musulmanes menacent l'égalité homme femme au Québec. Sur le plan juridique, l'égalité des sexes est protégée par la *Charte des droits et libertés de la personne*. Les réformes successives du *Code civil* et d'autres lois voient à sa protection, notamment en matière du droit de la famille et du droit des successions, etc. En mai 2005, l'Assemblée nationale du Québec a adopté unanimement une motion présentée par Mme Fatima Houda-Pépin rejetant l'instauration de tribunaux islamiques qui appliqueraient la sharia en matière de droit familial ou successoral. L'Avis du CSF de 2011 fait référence au même rapprochement fait en France entre laïcité et égalité entre les sexes, et cite le Rapport Stasi : « Aujourd'hui, la laïcité ne peut être conçue sans lien direct avec le principe d'égalité entre les sexes[5]. » Julie Brau constate un changement d'interprétation de la part du Conseil d'État en matière de foulard islamique. D'abord préoccupé par la protection de la liberté d'expression et de religion suite à la crise du foulard en 1989, voilà que depuis l'adoption de la loi du 15 mars 2004 sur le port de signes religieux ostentatoires la défense du principe d'égalité entre les femmes et les hommes sert maintenant à légitimer l'intervention de l'État[6]. Les débats entourant l'adoption de cette loi par l'Assemblée nationale française, de même ceux relatifs à *Loi n° 2010-1192*

---

[2] « Le manifeste des Janette – Aux femmes du Québec », *Le Devoir*, 15 octobre 2013.
[3] « Projet de loi 60 – Un grand pas vers l'égalité homme femme », *Le Devoir*, 1er février 2014.
[4] Conseil du statut de la femme, *Faits saillants Avis – Affirmer la laïcité, un pas de plus vers l'égalité réelle entre les femmes et les hommes,* 28 mars 2011, http://www.csf.gouv.qc.ca/wp-content/uploads/faits-saillants-avis-affirmer-la-laicite-un-pas-de-plus-vers-legalite-reelle-entre-les-femmes-et-les-hommes.pdf.
[5] *Commission de réflexion sur l'application du principe de laïcité dans la République. Rapport au Président de la République* [en ligne], 11 décembre 2003, 50. lesrapports.ladocumentationfrancaise.fr/BRP/034000725/0000.pdf
[6] Julie Brau.

du 11 octobre 2010 interdisant la dissimulation du visage dans l'espace public[7] parlent abondamment d'infériorisation et d'enfermement des femmes symbolisés par le foulard islamique ou le voile intégral[8].

L'Avis de 2011 du Conseil du statut de la femme du Québec veut montrer comment la religion, en particulier les religions abrahamiques, a réservé un statut inférieur aux femmes, dont l'existence n'aurait de sens qu'en tant qu'épouses soumises et mères dévouées. Le Conseil rappelle le rôle joué par l'Église catholique dans l'infériorisation des femmes. Loin de moi l'idée de mettre en doute l'exactitude des multiples exemples de pressions exercées par les autorités de l'Église catholique du Québec pour nier le droit de vote aux femmes, ce qu'elles obtiendront finalement en 1940, pour leur refuser l'accès aux études supérieures ou encore les écarter du marché du travail et maintenir leur état de dépendance économique envers leurs maris. Malgré les progrès en matière d'égalité réalisés grâce à la lutte des femmes, un discours qui hiérarchise les sexes en définissant la femme comme un être voué à autrui persiste dans plusieurs traditions, notamment l'Église catholique et l'islam[9].

La religion a une part non négligeable de responsabilité envers l'injustice subie par les femmes. Cependant, le CSF, tout comme les « Janette », tombe dans une logique réductrice qui semble lier directement le progrès des femmes vers l'égalité à la sortie de la religion, à la laïcité[10]. La construction sociale de l'inégalité des sexes dépasse largement la caution de la domination masculine par l'autorité religieuse. La régulation sociale du masculin et du féminin s'est aussi faite à partir d'autres techniques, soit celles du droit ou de la science. À partir du 18e siècle, on a cherché dans la nature et dans les sciences biologiques et médicales un fondement naturel à la hiérarchie des sexes, aux rôles sexuels différenciés et à l'autorité masculine[11]. Olivar Asselin, dont les références ne sont pas particulièrement religieuses, offre un bel exemple de ce naturalisme lorsqu'il réplique aux suffragettes en février 1922 : « Quelque temps qu'elle consacre à la politique, la femme n'y apportera jamais qu'une intelligence relativement inférieure. Ce phénomène s'explique uniquement par certaines infériorités congénitales, identiques à l'infériorité de taille dont souffre la femelle du haut en bas du règne animal[12]. » Aristote n'avait-il pas conclu à l'infériorité de la femme du fait que

---

[7] *JORF* n° 0237 du 12 octobre 2010, 18344.
[8] Voir Assemblée nationale, *Compte rendu analytique officiel*, 1re séance du mercredi 4 février 2004. assemblee-nationale.fr/12/cra/2003-2004/150.asp ; *Rapport d'information n° 2262*, au nom de la mission d'information sur la pratique du port du voile intégral sur le territoire national, 26 janvier 2010, http://www.assemblee-nationale.fr/13/rap-info/i2262.asp.
[9] Conseil du statut de la femme, *Avis – Affirmer la laïcité, un pas de plus vers l'égalité réelle entre les femmes et les hommes*, 28 mars 2011, 25.
[10] *Ibid.*, 12.
[11] Voir Joan W. Scott, "Sexularism," 4.
[12] Cité par Francine Descarries, « Regards sociologiques sur le féminisme contemporain ».

dans la reproduction de l'espèce elle ne fournit que la matière, la forme, le principe actif ou l'essence de l'être humain ne résidant que dans le sperme. La femme ne sera donc jamais un être humain complet et demeurera toujours soumise à l'autorité de l'homme : « § 12. Il en est de même entre l'homme et le reste des animaux : les animaux privés valent naturellement mieux que les animaux sauvages ; et c'est pour eux un grand avantage, dans l'intérêt même de leur sûreté, d'être soumis à l'homme. D'autre part, le rapport des sexes est analogue ; l'un est supérieur à l'autre : celui-là est fait pour commander, et celui-ci, pour obéir[13]. »

Frappée d'incapacité juridique, la femme de la Grèce antique est reléguée à la gestion de la maison (*oikos*), écartée de la vie politique. Le droit romain, même s'il reconnait une certaine égalité entre les époux, frappera l'épouse d'une incapacité juridique de gérer les biens importants du patrimoine conjugal. Cela découle directement du pouvoir paternel (*patria potestas*) qui instituait l'autorité exclusive du père sur les enfants, mais aussi sur sa femme. Elles n'ont pas le droit de vote ni celui d'occuper une charge civile ou fonction publique (magistrat, juge, etc.)[14]. Certains juristes lient cette incapacité juridique à une présumée faiblesse du jugement (*propter infirmitatem consili*), comme le souligne Cicéron, ou à leur légèreté d'esprit (*propter animi levitatem*) selon Gaius[15]. L'incapacité juridique de la femme mariée la place sous la protection de son mari ; cette idée s'est transmise jusqu'au 20e siècle dans la common law, notamment par l'éminent juriste William Blackstone :

> By marriage, the husband and wife are one person in law: that is, the very being or legal existence of the woman is suspended during the marriage, or at least is incorporated and consolidated into that of the husband; under whose wing, protection, and cover, she performs everything; and is therefore called in our law-French a *feme-covert*, *foemina viro co-operta*; is said to be covert-baron, or under the protection and influence of her husband, her baron, or lord;

---

[13] Aristote, *Politique,* livre I, c. II, 1254 b. Théorie de l'esclavage naturel.
[14] Voir le *Digeste* de Justinien, *Imperatoris Ivstiniani Opera*, Dig. 50.17.2 qui rapporte Ulpien (*Ad Sabinum 1*) : « *Feminae ab omnibus officiis civilibus vel publicis remotae sunt et ideo nec iudices esse possunt nec magistratum gerere nec postulare nec pro alio intervenire nec procuratores existere.* » (Les femmes sont exclues des charges civiles ou publiques ; ainsi elles ne peuvent occuper les fonctions de juge ou de magistrat, ni ester, ou intervenir pour un tiers, ou agir à titre de procureur.) Texte latin : http://www.thelatinlibrary.com/justinian/digest50.shtml.
[15] Cicéron, *Pour Murena* (*Pro Murena*), XII, in *Œuvres complètes de Cicéron*, tome deuxième ; Gaius, *Institutes*, 1.144 voir Beryl Rawson ed., *The Family in Ancient Rome*, 85-86.

and her condition during her marriage is called her coverture[16].

La même idée était également présente dans la Coutume de Paris, appliquée en Nouvelle-France, selon laquelle le père est le véritable chef de famille et se porte responsable de tous les actes légaux de la communauté. On privilégie le patrimoine au détriment des droits individuels. Malgré certains principes d'égalité énoncés entre les deux sexes, c'est le chef de famille qui demeure responsable de tous les actes légaux affectant la communauté de biens, seul capable d'ester en raison de la puissance maritale[17].

Le Code Napoléon de 1804 fait aussi de la femme une incapable juridiquement, au même rang des mineurs ou des interdits (ex. art. 1124), et ce jusqu'en 1970. Le *Code civil du Bas-Canada* (*CcBC*, 1866) énonce clairement que le mari doit protection à l'épouse en échange de quoi elle lui devra obéissance (art. 174). L'incapacité juridique de la femme y est consacrée par l'obligation dans laquelle elle se trouve d'obtenir le concours de son mari pour ester en justice (art. 176), contracter, ou aliéner ses biens. Il faudra attendre la *loi sur la capacité juridique de la femme mariée* (S.R.Q, 1964, c. 66), présentée par Marie-Claire Kirkland-Casgrain. Elle apportera les modifications nécessaires au *CcBC* pour accorder aux femmes mariées le droit de gérer leurs avoirs, de travailler sans être obligées de demander la permission à leur mari.

Malgré l'opposition du clergé québécois aux réformes réclamées par les femmes en vue d'une plus grande égalité, celles-ci ne se sont pas laissé intimider par le discours religieux qui défend la hiérarchie familiale comme étant d'ordre divin. Grâce aux luttes qu'elles ont menées, elles ont progressivement obtenu gain de cause. Les mutations sociales imposées par l'industrialisation, les guerres mondiales, l'urbanisation et la consommation de masse déjouent l'efficacité du discours religieux destiné à préserver la famille traditionnelle, la fécondité et les rapports traditionnels entre les sexes. Au début du 20e siècle, ces changements sociaux vont mobiliser non seulement les Églises protestantes et l'Église catholique à la défense des valeurs familiales traditionnelles, mais également les législatures. Les gouvernements voudront lutter contre la prostitution et l'immoralité publique (pornographie,

---

[16] William Blackstone. *Commentaries on the Laws of England*. Vol, 1, 430. Ma traduction : « Par le mariage, le mari et la femme forment une seule personne en droit : la personnalité de la femme est suspendue pendant le mariage, ou tout au moins est constituée et consolidée dans celle du mari ; tout ce qu'elle exécute tombe sous la protection et l'aile de son mari (*under his cover*) ; cela se nomme en français dans notre droit une feme-covert, foemina viro co-operta ; elle est dite covert (couverte) de baron, ou sous la protection et l'influence de son mari, son baron ou seigneur ; et son état lors de son mariage est appelé sa coverture. »
[17] Nadia Poirier, « La justice sous le Régime français. Les femmes et la justice », ministère de la Justice du Québec, http://www.justice.gouv.qc.ca/francais/ministere/histoire/femmes.htm.

littérature obscène). La médecine et la santé publique mettront en garde les autorités publiques contre la propagation des maladies vénériennes et les impacts du vice sur le potentiel génétique de la population[18]. Que la religion ait contribué de manière significative à la culpabilité sexuelle, personne n'osera le contester. Toutefois, comme je l'ai affirmé ailleurs : « lier la libération sexuelle à la sécularisation ne respecte pas l'histoire. [...] En fait, bien avant les années 1960, les Québécois et les Québécoises ont adopté individuellement des comportements sexuels qui défiaient le discours normatif religieux[19]. » Ainsi, depuis 1870 la fécondité des Québécoises décroit progressivement, utilisant diverses méthodes, dont le coït interrompu et depuis 1930 la méthode Ogino-Knauss – d'abord désapprouvée par l'Église catholique (*Casti Connubii* de Pie XI) puis autorisée par Pie XII en 1951[20]. Les nombreuses naissances illégitimes durant l'entre-deux guerre illustrent aussi la déviance des femmes par rapport à la norme.

De tels comportements n'ont pas conduit immédiatement à la baisse de la pratique religieuse qui se manifestera dans les années 1960–1970[21]. La sécularisation de la conduite sexuelle ne peut donc trouver sa seule justification dans l'irréligion ; une pluralité de facteurs séculiers détermine les choix des individus, comme l'économie, la loi, la santé ou encore l'épanouissement personnel. Si l'on se réfère à l'exemple français, il devient clair que la séparation de l'Église et de l'État n'est pas à l'origine de l'égalité entre les sexes, ni l'occasion d'une révolution sexuelle. Joan Scott dénonce cette logique d'un lien intrinsèque entre laïcité et égalité entre les sexes, qu'elle nomme « sexularism ». Elle nous rappelle que la clause de non-établissement dans la Constitution américaine date de 1791 et les Américaines obtinrent le droit de vote en 1920. En France, la séparation de l'Église et de l'État date de 1905, mais les Françaises obtinrent le droit de vote en 1944. L'acquisition du droit de vote ne fut guère synonyme d'égalité dans d'autres domaines, notamment en ce qui regarde l'administration par les femmes de leurs biens dans la communauté maritale. Ce fut le cas pour la France et le Québec où les réformes du *Code civil* sont venues après le droit de vote, mais aussi dans les pays de la common law comme les É.-U.

À présent, nous sommes loin de l'époque où le clergé usait de son influence pour s'opposer carrément au travail des femmes, pourtant il subsiste encore des lacunes en regard de la représentation féminine dans certains métiers, de même que les iniquités salariales perdurent encore aujourd'hui au Québec. Comme Scott le fait remarquer, la production d'un modèle séculier

---

[18] Pierre Hurteau (1991), *Homosexualité, religion et droit au Québec*. Aussi, Pierre Hurteau, « L'homosexualité masculine et les discours sur le sexe en contexte montréalais de la fin du XIX siècle à la Révolution tranquille ».
[19] Hurteau (1991), 199-200.
[20] Voir Danielle Gauvreau et al, *La Fécondité des Québécoises, 1870-1970*.
[21] J. Michael Phayer a en fait la démonstration en ce qui concerne la France et la Bavière. *Sexual Liberation and Religion in Nineteeth Century Europe*.

de la différence entre les sexes n'est pas garante d'une plus grande égalité entre les sexes, ce que l'examen des données historiques confirme. Scott s'interroge aussi sur le lien de cause à effet que les laïcistes entretiennent souvent entre laïcité et libération sexuelle :

> [...] À l'occasion des récentes exhortations en faveur de la laïcité, les questions de sexe et de la sexualité se sont emmêlées dans le mauvais sens. Le discours le plus répandu soutient que la laïcité encourage la libre expression de la sexualité et qu'elle termine ainsi l'oppression des femmes [...] La laïcité est considérée comme une idée, soit intemporelle ou en évolution, qui exprime le projet universel de l'émancipation humaine, y compris femmes spécifiquement[22].

La sortie de la religion ne peut expliquer en elle-même la révolution sexuelle apparue en 1960. L'arrivée de la pilule contraceptive a certainement contribué à séparer sexualité et procréation, à laisser plus de place au plaisir et à l'expérimentation sexuels. L'utilisation de la pénicilline dans la lutte contre la syphilis et les autres maladies vénériennes a pu contribuer à une plus grande permissivité sexuelle, mais c'est davantage une révolution des mentalités qui a propulsé la révolution sexuelle et le mouvement de la contreculture. Un vent de liberté pousse la génération des baby-boomers qui a plus d'argent et plus de loisirs. Il est grand temps de se débarrasser de tout ce qui nuit à l'épanouissement personnel et l'affirmation de soi. Les mouvements pour la lutte des droits civils pour la libération des femmes et des homosexuels s'inscrivent dans cette mouvance qui n'est pas spécifiquement dirigée contre la religion, mais contre d'autres formes de contrôle social émanant souvent du politique. Une pluralité de facteurs explique donc la libération sexuelle.

Il est pour le moins hasardeux de penser que le port d'un signe religieux comme le foulard islamique rime nécessairement avec oppression sexuelle, et que son interdiction conduira à leur libération. Élisabeth Badinter fournit un bel exemple de ce raisonnement simplificateur :

> La symbolique du foulard est claire et, en 1989, beaucoup ont refusé d'ignorer la dimension de soumission pour n'y voir qu'un acte de liberté de quelques jeunes filles : la femme doit cacher ses cheveux pour ne pas susciter le désir des hommes. [...] Si elle ne le met pas, elle porte l'éventuelle responsabilité des violences sexuelles dont elle pourrait être victime, elle est considérée comme une pute potentielle. A priori, la femme est donc coupable de susciter des désirs impurs, alors que l'homme est innocenté de les éprouver.

---

[22] Scott, 1.

> [...] Il faut bien comprendre que, si on accepte cette symbolique du corps féminin conçu comme une menace diabolique, c'en est fini de l'égalité des sexes[23].

Cette pensée magique se trouve en arrière-plan de l'analyse des « Jeannette » en regard du voile islamique. Elle transfère dans ce symbole non chrétien le contrôle longtemps exercé par l'Église catholique sur le corps sexué des femmes, dont l'unique fonction était d'avoir une progéniture abondante. Ces manières de penser la sexualité des femmes musulmanes font preuve d'une ignorance marquée d'une longue tradition d'érotologie arabo-musulmane. Pour le grand théologien soufi al-Ghazâlî, l'union mystique peut demander certaines privations matérielles, mais « il n'est pas permis de renoncer à toute relation sexuelle pour la simple raison que l'on désire renoncer à la jouissance qui y est inhérente... C'est là ce que voulait sans doute dire Sahl (at-Tabarî). C'est pour cela que l'envoyé de Dieu eut une vie sexuelle[24]. » Cheikh Nefzaoui, écrivain tunisien du 15ᵉ siècle, remercie Dieu dans son œuvre *La prairie parfumée où s'ébattent les plaisirs* pour les plaisirs du sexe, goutés tant par la femme que l'homme :

> Louanges à Dieu, qui a fait que le grand plaisir pour l'homme réside dans l'huis de la femme, et que le grand plaisir de la femme réside dans l'instrument de l'homme, de telle sorte que l'huis ne se délasse, ne se réjouit, ne se met en forme, ne s'apaise, que si l'instrument qu'il désire entre en lui, et que l'instrument ne se divertit et ne se calme que s'il entre dans l'huis, le rapprochement de celui-ci avec celui-là, leur cohabitation, leur rencontre, leur réunion.... tout cela dans l'approche simultanée des deux plaisirs [25].

Le théologien et juriste andalou ibn Hazm (994–1063) écrit :

> Pour le musulman, il suffit qu'il s'abstienne des choses prohibées par Allah – dont la gloire soit proclamée – et ne commette point volontairement ces graves péchés dont il sera demandé compte au jour de la Résurrection. Mais trouver beau ce qui est beau, se laisser gagner par l'amour, c'est une chose naturelle qui n'est ni ordonnée ni interdite par la Loi[26].

---

[23] Entretien de la philosophe Élisabeth Badinter avec Blandine Grosjean paru dans *Libération*, le 23 avril 2003.
[24] Al-Ghazâlî, *Revification des sciences de la foi (Ihyâ' 'ulûm al-dîn)*, livre XXXIV, « Le livre de la pauvreté et du renoncement ».
[25] *La prairie parfumée où s'ébattent les plaisirs*, 39-40.
[26] Ibn Hazm, *Collier de la colombe [Tawq el-Hamâma]*, dans Chebel (2003), tome 1, 15.

Cette littérature s'est épanouie donne de manière très diversifiée, du commentaire savant au genre plus scabreux du *hazl* (humour). Même chez les rigoristes de l'école hanbalite, on insiste sur la réciprocité dans le plaisir, comme en témoigne le célèbre juriste ibn Qudâma al-Maqdisî (1147–1223) :

> Il est bon qu'il joue avec son épouse avant qu'ils aient un rapport, afin d'augmenter son désir et qu'elle prenne autant de plaisir que lui. On rapporte de Omar ibn Abdel Aziz, que le Prophète a dit : « Ne la pénètre pas tant qu'elle n'a pas autant de désir que toi, afin que tu ne jouisses pas avant elle. Embrasse-la, fais-lui des clins d'œil, caresse-la, et lorsque tu vois qu'elle a atteint le même niveau de désir que le tien, pénètre-la[27]. »

Le philosophe et anthropologue d'origine algérienne, Malek Chebel a consacré plusieurs ouvrages à démontrer comment l'islam entretien un rapport déculpabilisé au corps et à la sexualité. Toutefois, il a bien fait remarquer que cette attitude s'inscrit à l'intérieur d'un cadre normatif précis, celui du mariage. Cette attitude positive contraste nettement avec celle qui a longuement marqué la théologie chrétienne, particulièrement depuis Augustin d'Hippone :

> L'appétence, appelée concupiscence, n'a rien de bon puisqu'elle résulte de la faute. […] Le discours majoritaire s'installe dans le désaveu le plus complet du plaisir dont on ne tolère la présence que dans le lit conjugal et dans l'unique but de procréer. Toute activité sexuelle qui n'a pour objet que la recherche du plaisir est considérée comme contre nature. La Réforme revalorise la sexualité comme fonction naturelle à laquelle personne ne peut se soustraire et réhabilite les joies et l'importance de l'intimité sexuelle dans le couple. Mais pour les grands réformateurs, cette intimité ne peut exister que dans le mariage entre un homme et une femme[28].

Cependant, Chebel dénote dans la culture arabo-musulmane une « bipartition sexuelle » qui n'est pas à l'avantage de la femme et qu'il appelle « esprit de sérail ». Cette attitude se traduit par des sentiments de jalousie, de possessivité et d'honneur, de même que l'accent mis sur la virginité avant le mariage[29]. Aucune de celles-ci n'est coranique à proprement parler. Elles ne sont que culturelles et marquent l'emprise du mari ou du père sur ce qu'il

---

[27] Ibn Qudâma, *al-Mughnî* (L'enrichisseur), X, 232. Cité dans « Les rapports intimes », www.salafs.com.
[28] Pierre Hurteau (2010), *Homosexualités masculines et religions du monde*, 250.
[29] Malek Chebel, *L'esprit de sérail*.

considère lui appartenir et qu'il doit protéger. L'existence d'un tel contexte consolide les interprétations du hijab comme symbole de l'oppression des femmes musulmanes et de l'inégalité entre les sexes par la protection d'un espace protégé.

Les textes coraniques, principalement la sourate *La lumière* (an-*Nûr*, 24 : 31) et la sourate *Les coalisés* (*al-Azhâb*, 33 : 59), qui ont servi aux juristes et aux théologiens pour définir le voilement, ne préconisent pas cet « esprit de sérail », ni l'institution d'une spatialité basée sur la ségrégation sexuelle. La substance de ces versets se préoccupe essentiellement des parties du corps qui ne peuvent être aperçues par le regard de l'autre et ne doivent être à découvert (*'awra*), bref de la modestie. Alors que presque tous les juristes s'entendent pour limiter l'*'awra* masculine aux parties génitales, les contours de l'*'awra* féminine semblent plus étendus et ont donné naissance à diverses interprétations, jusqu'à tout le corps qui doit être soustrait du regard des hommes étrangers, sauf les mains, le visage et les pieds. Certains juristes y incluent le visage, d'autres les pieds. La description de l'*'awra* féminine dans la sourate *La lumière* (24) va plus loin que la nécessité de couvrir le sexe et inclut divers attributs ou charmes que la tradition a interprétés de manière à inclure la chevelure et les bijoux ou autres ornements ayant pour office la séduction :

> [30] Invite les croyants à baisser pudiquement une partie de leurs regards et à se préserver de toute souillure charnelle. Cela contribuera à les rendre plus purs, car Dieu est si bien Informé de tous leurs actes. [31] Invite également les croyantes à baisser pudiquement une partie de leurs regards, à préserver leur vertu, à ne faire paraître de leurs charmes que ceux qui ne peuvent être cachés, à rabattre leurs voiles sur leurs poitrines, à ne montrer leurs atours qu'à leurs époux, leurs pères, leurs beaux-pères, leurs fils, leurs beaux-fils, leurs frères, leurs neveux, aux femmes musulmanes, leurs servantes, leurs esclaves, leurs serviteurs impuissants, ou aux garçons impubères. Dis-leur aussi de ne pas agiter les pieds pour faire deviner les autres atours de leur féminité. Ô croyants, revenez tous à Dieu, si vous voulez assurer votre salut !

Ce passage dénote peut-être l'énergie séductrice féminine, mais une exégèse qui déresponsabilise la libido du regardant masculin ne tient pas la route puisqu'il doit lui aussi « baisser le regard ». L'*'awra* comporte une composante subjective et ne peut se limiter à une simple question de code vestimentaire que doivent s'imposer les femmes à cause d'une libido masculine hors de contrôle.

L'invisibilité du corps des femmes comme le voudrait les fondamentalistes salafistes et wahhabites ne constitue pas une solution en accord avec les textes fondateurs qui ont été pensés en fonction d'un contexte social que j'ai évoqué plus avant et qui protégeait les femmes d'un désordre social en fonction de leur rang social (femme libre versus esclave, femmes du Prophète). Ce contexte n'étant plus, il faut revoir l'interprétation et donner aux femmes musulmanes le pouvoir de déterminer les pourtours du précepte de modestie. Khaled Abou el Fadl a bien défini l'enjeu :

> La contribution et le témoignage des femmes sur ce qui constitue pour elles une difficulté dans le contexte d'aujourd'hui sont cruciaux. En d'autres termes, les hommes ne peuvent pas se contenter de supposer ce qui devrait être apparent dans la parure d'une femme. Il s'agit d'une question pour laquelle les personnes les plus concernées (femmes) doivent s'exprimer d'une voix claire et décisive. Il est hors de doute que diverses sources textuelles établissent les paramètres extérieurs de ce processus délibératif – par exemple la poitrine ou ce qui est au-dessus du genou devraient ne pas être apparent. [...] Plus important encore, le Coran ne demande pas ou n'exige pas que toutes les sources de *fitna* (tentation) soient éradiquées de la société. [...] le Coran ne prévoit pas que les femmes portent seules le fardeau de la pudeur. L'inconstance des hommes ne saurait infliger des difficultés et des souffrances aux femmes, et une approche qui ne reconnaît pas ce fait, à mon avis, n'est pas fidèle à l'esprit ou la lettre du Coran[30].

Malheureusement, l'intégrisme salafiste a remplacé l'esprit de liberté évoqué par Chebel Malek par un puritanisme qui emprisonne le corps des femmes. Cette attitude a des conséquences graves sur l'expression et l'épanouissement sexuel, et des hommes et des femmes. Au lendemain du Printemps Arabe, le documentaire « Sexe, salafistes et Printemps arabes » de Paul Moreira nous donne des images saisissantes du manque de liberté sexuelle en Égypte et en Tunisie, ce qui peut expliquer le taux très élevé de harcèlement sexuel, mais en même temps la volonté d'une plus grande liberté dans les rapports homme femme.

Plusieurs femmes musulmanes revendiquent le port du hijab comme choix personnel, une soumission volontaire à la volonté divine, ce qui n'a rien en commun avec une forme de sujétion à un ordre émanant de leur père ou de leur mari. Certaines le portent faisant fi du désaccord de ceux-ci. Ces gestes établissent l'agentivité (pouvoir d'agir) des femmes musulmanes tout en refusant les prétentions d'un féminisme universel qui parlerait d'une seule voix contre l'oppression des femmes, sans distinction de race, de culture ou de condition sociale.

---

[30] Khaled Abou El Fadl (2005), *The Search for Beauty in Islam*, 199 (ma traduction).

La journaliste montréalaise Rima Elkouri utilise la métaphore du « niqab intérieur » pour dénoncer un « certain féminisme "poudre aux yeux" qui se soulève contre l'inégalité hommes-femmes quand il est question de l'islam, mais qui ferme les yeux quand ça nous concerne de plus près. »[31] Elle fait référence au fait qu'une femme sur trois à subi une forme de violence sexuelle au Canada et que le quart de la population estime que le comportement des femmes en est responsable (décolleté plongeant, jupe trop courte, etc...).

La citation de Denise Bombardier en début de chapitre mentionne que le port du hijab – symbole d'une désexualisation et dépossession du corps féminin « soumis aux désirs et aux fantasmes de l'homme » – heurte les perceptions et les valeurs des Québécoises. Elle fait un rapprochement intéressant entre la « désexualisation volontaire de ces femmes musulmanes » et « l'hypersexualisation des petites filles » dans les sociétés occidentales. Les deux mécanismes participent de l'aliénation du corps des femmes « au profit du mâle ». Élisabeth Mercier a consacré une thèse à la cooccurrence de ces deux phénomènes qui, à ses yeux, participent également à la discipline et la moralisation de la sexualité féminine par un contrôle du code vestimentaire[32]. La teneur des discours sur le string ou le voile « font parfois s'équivaloir les réalités des femmes issues de l'immigration et celles des mineures. Des figures non consensuelles et excessives, produites comme deux extrêmes, deux formes d'oppression des femmes, à côté desquelles se trouvent <u>normalisés et sanctionnés de bons sujets féminins. Et c'est bien la cooccurrence des problèmes de l'hypersexualisation et du port du voile qui est particulièrement productive alors qu'elle circonscrit et dresse les limites des corps/sujets consensuels et modérés, ni trop ni trop peu sexualisés</u> (mes soulignés)[33]. » La philosophe belge Chantal Mouffe croit que cette dérive vers un consensus moral universaliste est le résultat du rationalisme propre au modèle d'une démocratie délibérative :

> On proclame que le modèle politique fondé sur le conflit est devenu obsolète, les sociétés étant, en principe, entrées dans une nouvelle étape de la modernité fondée sur l'existence d'un consensus et d'une sorte de « radicalisme centriste ». Toute résistance au consensus est qualifiée d'« archaïque » et condamnée comme malsaine. En conséquence du discrédit du discours politique et social, la morale s'impose comme nouveau métarécit et mesure de l'action collective[34].

---

[31] Rima Elkouri, « Le niqab intérieur », *La Presse*, 16 mars 2015.
[32] Élisabeth Mercier, *Ni hypersexualisées ni voilées !*
[33] *Ibid.*, 214.
[34] Chantal Mouffe, « Le politique et la dynamique des passions », 179.

Selon elle, la démocratie doit se défaire de toute pensée hégémonique et faire place au débat et à la confrontation, parfois passionnée, d'idées qui reflètent la diversité. Cela ne signifie pas pour autant la renonciation à des valeurs collectives comme l'égalité et la liberté. Les acteurs sociaux pourraient avoir une compréhension de la liberté de religion qui inclut des pratiques que les uns estiment moralement obligatoires alors que d'autres les dénoncent réprouvent ; mais jamais les pratiques ne peuvent porter atteinte aux croyances des autres ou encore créer des inégalités. Cela comprend donc nécessairement le rejet de tribunaux religieux qui pourraient cautionner des pratiques inégalitaires en matière du droit des successions, du droit matrimonial, du droit familial et du droit du travail. Le Québec, par une motion votée à l'Assemblée nationale en mai 2005 s'est vivement opposé à l'implantation de tribunaux islamiques pouvant juger de matières familiales selon la sharia, en réaction au rapport de Marion Boyd recommandant au gouvernement ontarien leur acceptation, idée rejetée par le Premier Ministre Dalton McGuinty en septembre 2005.

La Cour suprême du Canada, dans l'arrêt *Bruker* c. *Marcovitz*[35], a eu à se prononcer sur la validité de l'acte de divorce (*get*) de la religion juive par lequel l'époux (Marcovitz) libère sa femme (Bruker) du lien du mariage, et l'autorise à se remarier. Plusieurs années s'étaient écoulées depuis le divorce civil des parties, mais M. Marcovitz a mis quelque dix années à lui accorder le *get*, l'empêchant tout ce temps de se remarier en accord avec ses convictions religieuses. Tout en reconnaissant la légalité du *get*, un contrat de nature religieuse, la Cour a dû trancher entre l'intérêt public et le droit à la liberté de religion de M. Marcovitz, qui aux yeux de la cour doit subir des limitations :

> [...] la protection des droits à l'égalité et de la dignité des femmes juives dans l'exercice indépendant de leur capacité de divorcer et se remarier conformément à leurs croyances, tout comme l'avantage pour le public d'assurer le respect des obligations contractuelles valides et exécutoires, comptent parmi les inconvénients et les valeurs qui l'emportent sur la prétention de M. Marcovitz selon laquelle l'exécution de l'engagement pris au par. 12 de l'entente pourrait restreindre sa liberté de religion (paragraphe 92)[36].

Durant tout le récent débat sur les signes ostentatoires, jamais il n'a été démontré que le port du hijab ait réduit de manière tangible le droit à l'égalité des femmes, musulmanes ou autres. Le contraire est plus à craindre pour celles qui pourraient perdre un emploi en raison de leur pratique reli-

---

[35] *Bruker* c. *Marcovitz* [2007] 3 R.C.S. 607.
[36] Francesca Astengo, « Liberté de religion ou égalité entre les sexes ? La Cour suprême du Canada se prononce sur un cas de divorce ».

gieuse. Encore une fois, il n'appartient pas à l'État, précisément en raison du principe de neutralité de l'État, de déterminer qu'une pratique religieuse n'est pas valide, obligatoire, ou peut être suspendue dans certaines circonstances, sauf pour des raisons de santé ou de sécurité. La religion, et je crois avoir exprimé clairement cette idée dans le premier chapitre, n'est pas constituée d'idées relevant du for interne devant s'exercer seulement en privé ; elle inclut des pratiques et des rites qui s'incarnent dans une gestuelle du corps. La tenue vestimentaire est une extension du corps, non pas un simple revêtement.

Je trouve symptomatique de cette tendance régulatrice du corps féminin que le débat autour des signes religieux ostentatoires se soit concentré sur le foulard islamique. Peu de cas ont été faits au sujet des perruques et de vêtements qui recouvrent les bras et jambes des femmes hassidim. Pourtant, quelqu'un pourrait facilement parler d'une désexualisation du corps féminin tout aussi équivalente que chez les musulmanes. Est-ce parce que l'immigration est moins importante chez les hassidim que chez les musulmans ? Faut-il l'associer à la peur de l'islamisme ? Ne se cache-t-il pas un peu d'islamophobie là-dessous ?

L'obsession dirigée envers l'image corporelle féminine et la volonté de définir la norme m'irrite davantage. La même hantise n'est pas ressentie en ce qui regarde l'imagerie corporelle masculine. Parmi les conséquences de cela, on n'a qu'à penser à la prévalence beaucoup plus faible d'anorexie masculine. Plus près de notre sujet, personne ne s'inquiète de l'image corporelle masculine véhiculée par la contenance masculine hassidique : papillotes ou longues mèches de cheveux (*payess harosh*, « coins de la tête ») de chaque côté du visage, *beketsche* (long pardessus noir de soie ressemblant au kimono), streimel et longues chaussettes blanches. Ce code vestimentaire ne répond certes pas aux canons de l'apparence masculine des hommes au Québec et partout en Occident. Aux yeux de la majorité, cette tenue n'a rien de séduisant et elle pourrait être affublée de la même désexualisation appliquée au hijab. Devant la Commission parlementaire portant sur le projet de loi 60, la sexologue Jocelyne Robert a insisté sur les effets négatifs que le voilement islamique peut avoir « sur la représentation que se fait l'enfant de l'être féminin, du corps féminin », au stade où se forment l'identité de genre et l'estime de soi[37]. Elle ne parle guère des difficultés et blessures psychologiques que peuvent éprouver les garçons, enfants et ados, à se sentir différents dans leurs costumes des autres garçons, et à ne pas correspondre à l'image corporelle que les autres attendent d'eux.

---

[37] Jocelyne Robert, *Égalité et Laïcité : Des valeurs à affirmer et à afficher*, Mémoire présenté à la Commission des institutions dans le cadre de la consultation générale sur le projet de loi 60, *Charte affirmant les valeurs de laïcité et de neutralité religieuse de l'État ainsi que d'égalité entre les femmes et les hommes et encadrant les demandes d'accommodement*, décembre 2013, sur le site www.assnat.qc.ca.

D'après le spécialiste américain du *Talmud* Daniel Boyarin, le modèle masculin issu du judaïsme rabbinique va à contre-courant de la culture machiste environnante, tant durant l'Empire romain que par la suite en Europe : le juif pieux, réservé, non violent et studieux, aux antipodes du guerrier ou du chevalier[38]. Comme je l'ai écrit ailleurs :

> Cette vision talmudique a façonné la culture juive européenne de telle manière que les rôles des hommes et des femmes se présentent à l'opposé de ce qu'ils sont dans la culture dominante. Ici, l'homme se retire dans la sphère privée de l'*yeshiva* pour l'étude de la Torah alors que la femme investit davantage l'espace public par son travail ou son négoce afin de contribuer au support matériel de la famille. Dans l'Antiquité et au cours de l'histoire européenne, l'antisémitisme a souvent fait référence au caractère non viril pour ne pas dire efféminé des hommes juifs[39].

L'interculturalisme devrait permettre de débattre de « valeurs communes » tout en tenant compte de voix minoritaires, féministes et autres, apparues notamment dans les études postcoloniales et *queer*. Dans cette approche, l'identité collective ne peut être simplement imposée par l'État, réfléchie dans l'éthos des « bons sujets majoritaires et vertueux », selon l'expression d'Élisabeth Mercier ; elle s'enrichit de la diversité des revendications identitaires minoritaires. La religion, tout comme la race, l'identité de genre et l'orientation sexuelle sont des caractéristiques fondamentales de la personne desquelles il n'est pas possible de faire abstraction.

L'égalité suppose que nul ne devrait subir de discrimination en rapport avec ces caractéristiques, mais elle implique aussi la recherche d'un équilibre constant dans la protection de ces droits. La recherche de cet équilibre exclut toute forme de pensée hégémonique qui voudrait ramener toute la personne à une bipartition sexuelle originaire, comme semble l'exprimer le CSF : « Avant d'être religieux, noirs ou blancs, nous sommes des femmes et des hommes[40]. » En pratique, la construction de l'identité, individuelle ou collective, opère de manière à ce que nous puissions être toutes ces choses à la fois. Seulement les menaces à l'ordre public, à la santé et la sécurité devraient imposer à un individu de souffrir des limites à l'expression de sa liberté de religion ou de conscience. Le projet de loi 60 du gouvernement du Parti Québécois a malheureusement entraîné le débat dans le registre de la

---

[38] Daniel Boyarin, *Unheroic Conduct. The Rise of Heterosexuality and the Invention of the Jewish Man* ; "Homotopia: The Feminized Jewish Man and the Lives of Women in Late Antiquity."
[39] Hurteau (2010), 159-160.
[40] Conseil du statut de la femme, *Avis – Affirmer la laïcité, un pas de plus vers l'égalité réelle entre les femmes et les hommes*, 28 mars 2011, 21.

moralité au lieu de susciter un vrai débat ouvert aux différentes manières d'être Québécois.

CONCLUSION

J'ai commencé ce livre en insistant sur le fait que la place que doit occuper la religion dans l'espace public au Québec continue d'alimenter le débat public. Les solutions proposées par le projet de loi 60 du Parti Québécois ont eu le mérite de préciser certaines balises encadrant les accommodements raisonnables pour motif religieux dans le respect des droits fondamentaux de la personne, notamment la liberté de religion et l'affirmation de l'égalité entre les sexes. Ces aspects ont largement fait consensus auprès des élus de tous les partis et de la grande majorité de la population. On ne pourra certes en dire autant en ce qui regarde l'interdiction des signes religieux dans la fonction publique.

Divers sondages ont montré combien la population était fortement divisée sur cet aspect du projet de loi. La division s'est manifestée entre les membres de la majorité québécoise, mais elle a parfois pris l'allure de la majorité dressée contre les minorités et les immigrants. Je ne vais pas me prêter ici à un bilan de l'échec du projet de charte de la laïcité, mais il ne fait aucun doute que la question identitaire a constitué une ligne de fracture majeure de ce clivage. Les ténors du Parti Québécois n'ont pas dissimulé leur stratégie identitaire, comme le ministre Drainville qui affirmait lors de la présentation du projet de loi devant l'Assemblée nationale :

> Cette charte marque un jalon important de notre histoire. Elle affirme ce que nous sommes et définit le Québec dans lequel nous voulons vivre ensemble, peu importe notre origine ou notre religion. Il y a 40 ans, nous avons consacré la primauté du français comme valeur commune des Québécois. Aujourd'hui, nous affirmons les valeurs communes de laïcité, de neutralité religieuse de l'État et d'égalité entre les femmes et les hommes. Ces valeurs sont notre ciment ; c'est ce qui nous rassemble, au-delà de nos différences individuelles. La charte des valeurs sera source d'harmonie et de cohésion pour le Québec. Elle s'inscrit dans le processus de laïcisation, entamé lors de la Révolution tranquille[1].

Plusieurs n'hésitent guère à parler de la Charte des valeurs québécoises. Ceux qui s'opposent à une vision de la laïcité plus inclusive basée sur le respect des droits individuels – droit à la liberté de religion et droit à l'égalité – croient au contraire qu'une conception « ouverte » de la laïcité favorise et accommode les minorités religieuses au détriment de la majorité. La Coali-

---
[1] Bernard Drainville, http://bernarddrainville.org/drainville/2013/11/20/charte-des-valeurs-quebecoises-une-affirmation-de-ce-que-nous-sommes-et-de-ce-que-nous-voulons-etre/.

tion Laïcité Québec, à l'opposé du groupe Québec Inclusif véhicule ce message : « La laïcité permet de gérer le pluralisme social sans que la majorité, qui en fait aussi partie, renonce à ses choix légitimes et sans brimer la liberté de religion de quiconque. Loin d'être une négation du pluralisme, la laïcité en est l'essentielle condition. Elle est la seule voie d'un traitement égal et juste de toutes les convictions parce qu'elle n'en favorise ni n'en "accommode" aucune, pas plus l'athéisme que la foi religieuse[2]. » La Coalition maintient que seule une véritable invisibilité du religieux dans la sphère publique est garante de la neutralité de l'État et de la séparation de la religion et de l'État. Agir autrement en permettant le port de signes religieux dans la fonction publique ou en accordant des accommodements religieux finira par fragiliser la cohésion sociale et conduire à des conflits sociaux graves[3].

Le temps est sans doute venu où il faut aller au-delà des accusations mutuelles portant sur les attitudes d'inclusion ou d'exclusion de la part d'une majorité pour protéger son identité et sa culture propre. On ne pourra échapper aux nouveaux défis lancés par la présence sur notre territoire de personnes appartenant à des religions non chrétiennes. Celles-ci ont parfois une idée différente de la place que la croyance ou la foi occupe dans la vie d'une société. Ne vaudrait-il pas mieux cultiver le dialogue entre les parties au lieu que la majorité tente d'imposer ses vues ?

J'estime que la Coalition présente une version racornie du droit à la liberté de religion lorsqu'elle écrit : « Il est important de noter que c'est la liberté de croire qui est protégée par les Chartes et non pas la liberté d'agir selon certaines croyances. Car les lois communes limitent la liberté d'action. En conséquence, la liberté de conscience ou la liberté religieuse ne peuvent être invoquées pour accomplir un acte criminel ou contraire à la loi[4]. » Dans le premier chapitre, j'ai montré comment cette conception de la religion fait partie de l'histoire des rapports entre religion et politique dans la civilisation occidentale. J'y ai décrit comment les conflits religieux ont joué un rôle déterminant dans le passage d'une religion axée sur l'habitus, les traditions les rites et les pratiques, à une religion centrée sur les dogmes, les croyances et les définitions abstraites. Tout cela a peu à peu conduit à reléguer la religion au for interne, au domaine privé de la conscience, alors que ses manifestations sociales sont devenues de plus en plus limitées, et dans certains cas interdites.

S'il faut constater une perte de pertinence du religieux dans la vie de tous les jours et dans l'organisation et les fondements de la vie sociale et politique, ce qui se traduit par l'existence des démocraties occidentales basées

---

[2] « Déclaration des Intellectuels pour la laïcité – Pour un Québec laïque et pluraliste », *Le Devoir*, 16 mars 2010.
[3] Coalition Laïcité Québec, *Notes relatives au projet de loi sur la laïcité*, avril 2013, http://www.laicitequebec.org/textes/notes_projet_loi_laicite_CLQ_17avril2013.pdf.
[4] *Ibid.*

sur les principes de neutralité religieuse et de séparation de la religion et du politique, cela ne compromet pas l'existence et le rôle de la religion dans la vie de beaucoup de gens. De plus, la liberté de religion inclut nécessairement le droit de manifester ses convictions au for externe, un droit reconnu par la très grande majorité des instruments juridiques internationaux et nationaux. J'ai cité des instruments internationaux très explicites à ce sujet, comme la *Déclaration universelle des droits de l'homme*, le *Pacte international relatif aux droits civils et politiques*, la *Convention de sauvegarde des droits de l'homme et des libertés fondamentales* du Conseil de l'Europe. Au plan national, les textes des Chartes ne mentionnent guère l'inclusion dans la liberté de religion du droit de manifester ses convictions religieuses en public, mais la jurisprudence de la Cour suprême n'a pas manqué de le faire, ainsi le juge Dickson dans l'arrêt *Big M Drug Mart Ltd* : « Le concept de la liberté de religion se définit essentiellement comme le droit de croire ce que l'on veut en matière religieuse, le droit de professer ouvertement des croyances religieuses sans crainte d'empêchement ou de représailles et le droit de manifester ses croyances religieuses par leur mise en pratique et par le culte ou par leur enseignement et leur propagation[5]. » Ces définitions ne supportent pas l'interprétation donnée par la Coalition Laïcité Québec de la liberté de religion qui exclut « la liberté d'agir selon certaines croyances ». Comme je l'ai mis en évidence à plusieurs reprises, l'exercice du droit à la liberté de religion doit souffrir certaines limites dans une société démocratique, ce que reconnaissent les conventions et chartes des droits fondamentaux, notamment lorsqu'il s'agit de la sécurité, de la paix sociale, de la santé ou encore de la liberté d'autrui.

Dans chaque société, compte tenu de la culture et des traditions de chacune, il faut atteindre l'équilibre entre le droit d'une collectivité de vivre en paix selon ses lois, préceptes et valeurs et le droit individuel de la liberté de conscience ou de religion. Dans certains cas, cela exigera une intervention étatique pour restreindre le droit de manifester extérieurement sa conviction religieuse parce que ne pas agir compromettrait la liberté de conscience des autres. La Coalition a sans doute raison de mentionner le danger inhérent à céder aux accommodements « des groupes religieux conservateurs qui cherchent à faire prévaloir leurs principes sur les lois en vigueur. » Dans le quatrième chapitre, je me suis servi de l'arrêt *Leyla Şahin* c. *Turquie* de la Cour européenne des droits de l'homme pour illustrer les circonstances particulières dans lesquelles l'État peut être justifié d'interdire le port de signes religieux dans l'espace public. Dans ce cas, la Cour a estimé que le prosélytisme des étudiantes et étudiants universitaires qui portaient le hijab ou la barbe ne pouvait être que passif et constituait dans le contexte une menace réelle à la liberté de religion ou de conscience des autres universitaires. Il

---

[5] *R.* c. *Big M Drug Mart Ltd* [1985] 1 R.C.S. 295, paragraphe 94.

s'agit d'un bel exemple du danger de fragilisation du délicat équilibre qui doit exister dans une société démocratique entre les convictions et les droits de chacun, qu'il appartienne à la majorité ou à une minorité. L'État doit jouer son rôle d'arbitre impartial de l'exercice de la liberté de religion et du respect de la conscience de chacun. L'État doit prohiber toute action qui cherche à imposer à l'ensemble social des règles religieuses, par exemple le port du foulard islamique : « le rôle des autorités dans ce cas n'est pas de supprimer la cause des tensions en éliminant le pluralisme, mais de s'assurer que des groupes opposés l'un à l'autre se tolèrent[6]. »

Il est clair que le symbole du hijab n'a plus dans le contexte décrit par l'arrêt *Leyla Şahin* c. *Turquie* les aspects polysémiques dont j'ai parlé dans le même chapitre quatrième. La séparation de l'État et de la religion, la neutralité étatique et la liberté de religion y sont plutôt lourdement discréditées, falsifiées. Est-il nécessaire de répéter ici que les situations d'accommodements parfois décriées au Québec n'ont aucune parenté avec le contexte analysé dans cet arrêt ? Plusieurs personnes ont d'ailleurs signalé qu'il n'existait aucune problématique sérieuse pouvant motiver l'interdiction de porter des signes religieux dans la fonction publique québécoise. D'autres craignent l'influence que pourrait exercer la montée de l'intégrisme dans notre société et anticipent l'érosion de certains droits chèrement acquis, notamment en ce qui concerne l'égalité entre les sexes.

La lutte à l'intégrisme religieux peut s'avérer nécessaire dans notre société afin de se prémunir contre des menaces éventuelles à la santé de nos institutions démocratiques. Certains intégrismes religieux revêtent un aspect politique puisqu'ils veulent substituer des règles religieuses à certaines normes de conduite édictées par l'appareil civil. C'est notamment le cas dans le cas des salafistes qui veulent que la vie en société se base sur les règles édictées par la sharia. Au chapitre deuxième, j'ai insisté pour illustrer la réaction antimoderniste de l'Église catholique dans sa volonté d'imposer les valeurs catholiques et son code de conduite à l'ensemble social, rejetant ainsi au 19e siècle toute idéologie qui voudrait séparer religion et État. C'est dans cette forme de catholicisme intégral, balayant toute distinction entre le public et le privé, qu'Émile Poulat attribue les origines de l'intégrisme[7]. Il n'est donc pas typiquement musulman et c'est par analogie qu'il lui est attribué. Toutefois, il est faux de prétendre que tout intégrisme religieux débouche nécessairement sur un projet politique. Les hassidim sont la preuve du contraire par leur rejet de l'État d'Israël et du sionisme, préférant vivre en exil et protester contre toute vision politique de rédemption messianique dont la vraie dimension demeure spirituelle[8]. Certaines sectes chrétiennes affichent la même

---

[6] CEDH, *Leyla Şahin* c. *Turquie*, Requête n° 44774/98, Strasbourg 10 novembre 2005.
[7] Émile Poulat (2006).
[8] Yakov M. Rabkin, *Au nom de la Torah : une histoire de l'opposition juive au sionisme*, 18-20.

attitude, notamment les mennonites et les témoins de Jéhovah. La lutte à l'intégrisme religieux déborde la question du port de signes religieux ostentatoires et une législation qui croit pouvoir endiguer l'intégrisme religieux par l'interdiction des signes religieux est pure illusion.

En février 2014, madame Fatima Houda-Pépin a présenté à l'Assemblée nationale le Projet de loi n° 491 *Loi sur la neutralité religieuse de l'État et la lutte contre l'intégrisme religieux et modifiant la Charte des droits et libertés de la personne et la Loi sur le ministère du Conseil exécutif.* Pour les motifs que je viens d'invoquer, je ne crois pas utile d'unir ces deux objets dans un même projet de loi. Ce sont ses suggestions relatives à la lutte à l'intégrisme sur lesquelles je veux m'attarder. Des articles spécifiques interdisent dans un organisme étatique la ségrégation fondée sur l'identité sexuelle ou l'appartenance religieuse et rendent impossible le recours à une règle ou norme religieuse en contravention d'une règle de droit, par exemple une règle qui irait à l'encontre de l'égalité homme femme, du libre consentement entre futurs époux ou de l'âge de la majorité nécessaire pour se marier. D'autres dispositions concernent les mutilations génitales, la polygamie, le pouvoir du premier ministre d'enquêter sur les manifestations d'intégrisme, et la mise en œuvre de moyens pour lutter contre elles, y compris « la révocation de l'enregistrement d'un organisme de bienfaisance aux termes de la *Loi sur les impôts* (chapitre I-3) ».

Aussi intéressante que soit la contribution de madame Houda-Pépin, elle souffre des limites imposées par le droit lui-même lorsqu'il vient le temps de s'attaquer à un problème social. Il faut autre chose. Le dialogue et l'éducation deviennent nécessaires pour faire consensus sur les règles de vie collective en démocratie, dans le respect des droits de la majorité et des minorités. Cela suppose de la part de la majorité une ouverture à l'expression de points de vue et de manifestations diversifiées. L'appareil étatique ne doit pas d'ailleurs décréter unilatéralement les valeurs qui peuvent s'exprimer dans l'espace public. De la part des minorités, cela exige une sérieuse réflexion sur des interprétations qui mettent en péril les principes de la neutralité de l'État et de la séparation de la religion et de l'État, d'égalité et de liberté de religion. J'ai parlé abondamment des diverses conceptions du califat au sein de l'islam. Certaines sont carrément incompatibles avec les principes démocratiques sur lesquels notre société s'est édifiée. Les musulmans qui veulent faire partie de la société du Québec doivent se dissocier d'interprétations de la réalité califale qui cherchent à édifier une société islamique fondée sur la sharia. Ces musulmans doivent aussi s'écarter d'interprétations de l'apostasie qui vont à l'encontre du concept de liberté de religion et de conscience qui inclut nécessairement le droit de ne pas croire ou de cesser de croire, ou de changer de religion.

La Cour suprême du Canada a validé la constitutionnalité de l'article 13 de la *Loi canadienne sur les droits de la personne* (L.R.C. 1985, ch. H-6) et de l'article 319 du *Code criminel* (L.R.C. 1985, ch. C-46), deux dispositions qui interdisent les déclarations publiques et les télécommunications, internet inclus, incitant à la haine et au mépris[9]. Ainsi, le droit à la liberté de pensée, de croyance, d'opinion et d'expression peut souffrir des limitations pour garantir le droit à l'égalité et à la dignité de tous les Canadiens en empêchant l'expression de propos haineux et méprisants. La jurisprudence de cette cour établit clairement que l'objectif d'une règle restreignant la liberté d'expression est l'atteinte d'un juste équilibre entre le droit d'exprimer une opinion ou une croyance et les autres droits protégés par la Charte, tels l'égalité et le respect de chaque groupe et la dignité inhérente à tout être humain. La jurisprudence de la Cour suprême a fixé des balises permettant de limiter la liberté d'expression, mais celles-ci suffisent-elles pour juguler la montée des intégristes ? Pour la Cour, la haine et le mépris sont « des émotions exceptionnellement fortes et profondes de détestation se traduisant par des calomnies et la diffamation »[10]. L'appréciation du contexte doit permettre d'apprécier les effets discriminatoires que l'expression peut avoir, plus que la nature des mots employés, ainsi que l'exprime pour la Cour le juge Rothstein dans l'arrêt *Saskatchewan (Commission des droits de la personne)* c. *Whatcott* :

> Les dispositions législatives interdisant les propos haineux ne visent pas à décourager l'expression d'idées répugnantes ou offensantes. Par exemple, elles n'interdisent pas les propos dans lesquels on débat de l'opportunité de restreindre ou non les droits des groupes vulnérables de la société. Elles visent seulement à restreindre le recours à des propos qui les exposent à la haine dans le cadre d'un tel débat. Elles ne visent pas les idées, mais leur mode d'expression en public et l'effet que peut produire ce mode d'expression[11].

Les propos méprisants et offensants que tiennent certains imams envers les femmes et les homosexuels répugnent probablement à une majorité de Québécois. Je souligne au passage qu'ils n'ont pas le monopole des propos ou enseignements religieux humiliants envers les femmes et les homosexuels. Toutefois, ces propos représentent-ils une personne ou une catégorie de personnes avec détestation et diffamation pour un motif de discrimination illicite comme l'exige la jurisprudence ? Je ne vais pas ici analyser cette question de façon exhaustive, mais il est clair que le contexte actuel milite en faveur d'un réexamen des instruments législatifs et jurisprudentiels. Je ne citerai que le cas des enseignements salafistes de l'imam montréalais Abou Hammad Suleiman Dameus al-Hayiti contre qui une plainte avait été formulée en 2008 auprès de la Commission canadienne des droits de la personne

---

[9] Voir *R.* c. *Keegstra* [1990] 3 R.C.S. 697 ; *R.* c. *Andrews* [1990] 3 R.C.S. 870 ; *Canada (Commission des droits de la personne)* c. *Taylor* [1990] 3 R.C.S. 892 ; *Saskatchewan (Commission des droits de la personne)* c. *Whatcott* [2013] 1 R.C.S. 483.
[10] *Canada (Commission des droits de la personne)* c. *Taylor* [1990] 3 R.C.S. 928, J. Dickson.
[11] *Saskatchewan (Commission des droits de la personne)* c. *Whatcott* [2013] 1 R.C.S. 500.

(CCDP) par Marc Lebuis, éditeur du site internet Point de bascule. Celui-ci allègue que les propos contenus dans le livre *L'Islam ou l'Intégrisme ?* d'al-Hayiti et rendu public sur internet représentent un acte de propagande haineuse envers les homosexuels et les femmes au sens de l'article 13 de la *Loi canadienne sur les droits de la personne*. La Commission a rejeté sa plainte, estimant que l'application des critères définis par la Cour suprême ne pouvait mener à la conclusion que les enseignements de l'imam étaient haineux au sens de cette loi[12]. La citation précédente de l'arrêt *Whatcott* ne laisse aucun doute sur l'étendue qu'il faut donner au concept de liberté d'expression et de religion qui permet l'expression critique de politiques ou normes adoptées démocratiquement par la majorité. Autrement dit, la liberté religieuse inclut la possibilité d'exprimer publiquement son opposition à l'adultère, à l'homosexualité et au mariage entre personnes de même sexe, au changement d'identité sexuelle et au divorce. Elle peut aussi s'accommoder de certaines entorses à l'égalité des sexes pour refuser l'accession à des fonctions cléricales, prêcher les bienfaits de la femme au foyer, et condamner l'avortement. En bref, bien qu'offensantes et humiliantes, certaines visions machistes, homophobes et misogynes, demeurent protégées au sens de la loi.

S'agit-il bien de cela chez l'imam al-Hayiti ? Selon celui-ci, l'homosexualité est une perversion contraire à la nature, ce qui n'est pas très loin des vues officielles catholiques. Les propos sont toutefois plus inquiétants lorsqu'il appelle à leur disparition : « qu'Allah les maudisse et les anéantisse dans cette vie et dans l'autre[13] » et « les homosexuels qu'on trouve en train de faire la sodomie, leur peine est qu'on coupe la tête de celui qui le fait et de celui qui le subit, comme le prophète l'a ordonné (*Sahîh Ibn Majah* : (2/83) n° 2075)[14]. » Une lecture attentive de l'ouvrage de l'imam ne favorise pas une interprétation métaphorique de ces condamnations. La menace ne se limite point à un châtiment éternel dans l'au-delà, mais souhaite leur extermination par le glaive. La détestation extrême qui appelle la peine de mort ne se limite guère au sodomite, elle inclut aussi l'apostat et le mécréant ou l'infidèle :

> …. celui qui permet que les gens soient libres dans leurs convictions et libres de croire à la religion qu'ils veulent est mécréant (kâfir). Car toute personne qui croit qu'il est permis à quelqu'un de suivre une religion autre que celle du prophète, ne croit pas en Allah. Cette personne doit être ordonner (sic) de se repentir. Si elle ne se repent pas, il est obligatoire de la tuer. […] Donc celui qui croit qu'il est

---

[12] Brian Myles, « S'attaquer aux gais, aux occidentales et aux juifs n'est pas nécessairement haineux », *Le Devoir*, 17 décembre 2008.
[13] Abou Hammaad Sulaiman Al-Hayiti, *L'Islam ou l'Intégrisme?* 184.
[14] *Ibid.*, 243.

permis pour quelqu'un de suivre la religion qu'il veut ou qu'il soit libre dans ce qu'il croit, il n'est pas croyant en Allah[15].

Le rigorisme d'al-Hayiti découle d'une conception politique de l'islam dans laquelle « la parole suprême appartient à Allah, et c'est Lui Seul qui possède le pouvoir législatif et le droit de permettre ou d'interdire ou de rendre Haram ou Halal. La créature – que ce soit un individu, un groupe, un peuple ou une nation – n'a rien à partager de ce pouvoir avec Allah[16]. » La démocratie, la séparation des pouvoirs politique et religieux, la liberté de croire ou ne pas croire ; tout cela serait contraire à l'islam authentique que les salafistes prétendent avoir redécouvert. Non seulement l'iman incite à l'occasion à la désobéissance civile, appelant les femmes à porter le hijab si la loi venait à l'interdire dans les écoles ou endroits publics, c'est une vraie lutte (jihad) contre la mécréance sous toutes ses formes que l'islam doit livrer :

> On s'imaginait peut-être que le jour où les musulmans poseraient un défi à la « suprématie » laïque et occidentale ne viendrait jamais. Mais lorsque des Français et des Québécois de « souche » entrent en masse dans l'Islam et rejette (sic) du même coup ces fausses valeurs occidentales avec le Qor'an et la Sounnah comme appui, rien ne va plus ! On s'aperçoit donc de la fragilité des idoles de l'occident. Il est clair que la religion d'Allah et que la Shari'ah d'Allah doivent être suprêmes sur toute la terre et que tout autre religion, système, idéologie ou philosophie doit être humilié et rabaissé sous le jugement de l'Islam.

L'imam al-Hayiti veut se distancer d'une conception militaire du jihad et condamne les attaques de groupes terroristes comme al-Qaïda ou l'EI. Toutefois, plusieurs de ses propos s'avèrent carrément hostiles aux valeurs occidentales comme l'égalité des sexes et la dignité de la personne. Ses vues politiques sont franchement exprimées lorsqu'il paraphrase l'uléma saoudien Salih Ibn Fawzan al-Fawzan : « En ce qui concerne le dirigeant mécréant, alors c'est différent selon les cas. Si les musulmans sont forts et qu'ils ont la capacité de le combattre et de le retirer du pouvoir et de mettre à sa place un dirigeant musulman, il leur est obligatoire de le faire et cela fait partie du Jihad dans le chemin d'Allah[17]. » Son intention est de lutter pour l'établissement de la sharia et d'un califat au Québec ou en Occident. Il demeure que l'interprétation salafiste qu'il adopte de la sharia et du califat cherche à

---

[15] *Ibid.*, 248.
[16] *Ibd.*, 340.
[17] *Ibid.*, 353.

remplacer les valeurs fondamentales de notre système démocratique avec une approche et un ton qui ne cadre pas avec la recherche de la vérité au moyen d'un débat ouvert. Dans le contexte actuel de menaces et des violences envers l'Occcident de la part de personnes associées à l'EI, l'influence des enseignements de l'imam al-Hayiti et des autres salafistes sur notre société, notamment chez les jeunes, mérite d'être prise au sérieux. À cet effet, certaines réflexions contenues dans l'arrêt *Whatcott*, résumées par l'arrêtiste, devraient nous guider :

> Au moyen de messages qui exposent à la haine le groupe visé, le propos haineux cherche à dénigrer les membres du groupe aux yeux de la majorité en attaquant leur statut social et en compromettant leur acceptation au sein de la société. …) Ils peuvent avoir des incidences sur l'ensemble de la société. Les propos haineux préparent le terrain en vue de porter des attaques plus virulentes contre les groupes vulnérables, attaques qui peuvent prendre la forme de mesures discriminatoires, d'ostracisme, de ségrégation, d'expulsion, de violences et, dans les cas les plus extrêmes, de génocide[18].

Les lois, la police et les tribunaux ne seront pas les instruments les plus efficaces pour lutter contre l'obscurantisme, la discrimination et le mépris. L'État doit à tout prix lutter contre l'« esprit de sérail » mentionné dans le dernier chapitre. Pour cette raison, j'ai marqué mon accord avec l'interdiction du port de signes religieux par certaines catégories de fonctionnaires de l'État en autorité. Dans ces cas, l'apparence de neutralité est nécessaire pour atteindre l'objectif de la séparation de l'État et de la religion et assurer l'égalité de tous les citoyens devant la loi. Le contraire pourrait suggérer au justiciable, à tort ou à raison, peu importe, que le bénéfice de la loi pourrait lui échapper au profit d'une quelconque norme découlant d'une prescription religieuse. Le citoyen n'a pas à s'inquiéter du traitement qui pourrait lui être fait en raison de ses convictions religieuses ou philosophiques, de son orientation sexuelle ou de son genre. Mais j'estime que cette lutte à l'intégrisme commence dans la famille par l'éducation et les valeurs transmises par les parents. Cela passe nécessairement aussi par l'école. À l'école publique, les enfants du primaire et du secondaire, ainsi que les titulaires de l'autorité parentale ne devraient s'inquiéter des mêmes dangers de partialité. On pourra toujours épiloguer sur la nécessité de mettre les enfants en bas âge à l'abri de certaines manifestations externes de convictions religieuses qui peuvent heurter l'égalité entre les sexes, comme le port du hijab par les enseignantes du secteur public. Certaines personnes pensent que l'école se doit d'être le reflet de la société. Je ne suis pas en train de renier tout ce que

---

[18] *Saskatchewan (Commission des droits de la personne)* c. *Whatcott* [2013] 1 R.C.S. 507.

j'ai dit sur le caractère polysémique du voilement et les motivations des femmes musulmanes qui le portent. J'endosse pleinement le jugement prudentiel de l'arrêt mentionné au chapitre quatrième, *Dahlab* c. *Suisse* de la Cour européenne des droits de l'homme, sur le port du hijab interdit dans le contexte des jeunes enfants fréquentant des écoles publiques. Les enfants en bas âge ne sont tout simplement pas équipés pour débattre de la polysémie d'un symbole fort et qui pourrait, en apparence en tous les cas, sembler irréconciliable avec le principe d'égalité des sexes.

Lors du récent débat entourant la laïcité, les promoteurs d'une laïcité plus stricte en ont souvent appelé au vivre ensemble dans l'harmonie pour motiver leur approche plus restrictive des libertés individuelles. Aménager un vivre ensemble harmonieux ne suppose guère la suppression des différences ; il s'agit plutôt de favoriser l'échange et l'interaction de multiples points de vue dans la réalisation de l'art de vivre ensemble.

Nous devons réfléchir sur le chemin parcouru dans notre société en ce qui regarde la reconnaissance des mariages entre personnes de même sexe. Nous avons prouvé qu'il est possible de vivre dans le respect des différences. Le respect et l'ouverture aux différences ne constituent pas un obstacle à l'harmonie sociale, ils la nourrissent et l'enrichissent. En tant qu'historien des religions, j'ai toujours été fasciné par la façon avec laquelle certaines traditions, surtout orientales, expriment la plénitude et la munificence du divin ou de l'énergie créatrice par la multitude, alors que les traditions issues du Croissant fertile ont mis l'accent sur l'unicité. L'État doit, non seulement démontrer sa neutralité en matière religieuse, mais il doit faire preuve de neutralité axiologique et favoriser la plus grande liberté à l'égard des valeurs. L'harmonie peut se construire dans une forme de polythéisme des valeurs qui remplace l'universalité de la raison si chère au Siècle des Lumières. Le Québec a déjà fait la preuve qu'il est capable de s'ouvrir à la différence, sans peur, par la reconnaissance des conjoints de même sexe. Saura-t-il relever le défi de la diversité religieuse ?

BIBLIOGRAPHIE

ABU RUMMAN Mohammad and ABU HANIEH Hassan. *Jordanian Salafism: A Strategy for the "Islamization of Society" and an Ambiguous Relationship with the State*. Amman : Friedrich-Ebert-Stiftung, 2010.

ABU ZAHRA Ustadh Kamal. *The Centrality of the Khilafah in Islam*. Birkbeck : University of London, undated.

ACHI Raberh. « La laïcité en situation coloniale. Usages politiques croisés du principe de séparation des Églises et de l'État en Algérie ». Association Française pour l'Histoire de la Justice, *La justice en Algérie (1830-1962)*. Paris : La Documentation Française, collection « Histoire de la Justice », 2005 : 163-176.

AL-AZMEH Aziz. *Islam and Modernities*. 3rd edition, London : Verso, 2009.

AL-BANNA Gamal. « Pas de sanction pour l'apostasie... La liberté de conscience est le fondement de l'Islam ». 17 mars 2013, http://www.islamophile.org/spip/Pas-de-sanction-pour-l-apostasie.html.

AL-GHAZÂLÎ Abû Hâmid. *Revification des sciences de la foi* (*Ihyâ' 'ulûm al-dîn*), livre XXXIV. « Le livre de la pauvreté et du renoncement ». trad. Ralph Stehly, http://stehly.perso.infonie.fr/stehly2.htm.

Al-HAYITI Abou Hammaad Sulaiman. *L'Islam ou l'Intégrisme ? À la lumière du Qor'an et de la Sounnah*. 26 mars 1999, 4e édition corrigée 2008-2009, 26 mars 1999, www.salafidemontreal.com/doc/L'Islam_ou_l'Integrisme_(4eme_edition).pdf.

ALI Souad T. *A Religion Not a State, Ali 'Abd al-Raziq's Islamic Justification of Political Secularism*. Salt Lake City : The University of Utah Press, 2009.

AL-JABRI Mohammed Abed. *La Raison politique en Islam. Hier et aujourd'hui*. Trad. B. Ouasti. Paris : La Découverte, 2007.

AL-QARADÂWÎ Yûsuf. « Le danger de l'apostasie... et la lutte contre la zizanie ». 30 décembre 2002, http://www.islamophile.org/spip/Le-danger-de-l-apostasie-et-la.html.

AL-QURTUBI. *Tafsir Al Qurtubi: Classical Commentary of the Holy Quran.* Vol. 1. Trans. Aisha Abdurrahman Bewley. London : Dar al-Taqwa, 2003.

ALTMANN Alexander ed. *Jewish Medieval and Renaissance Studies.* Cambridge, MA : Harvard University Press, 1967.

ALVI Sajida Sultana. MCDONOUGH Sheila. HOODFAR Homa. *The Muslim Veil in North America: Issues and Debates.* Toronto : Women's Press, 2003.

AMER Sahar. "Uncovering the Meaning of the Veil in Islam." 2000, http://www.unc.edu/depts/europe/conferences/Veil2000/intro2a.htm.

ANSARI Muhammad Abdul-Haqq. *Ibn Taymiyyah expounds on Islam: Selected writings of Shaykh al-Islam Taqi ad-Din Ibn Taymiyyah on Islamic faith, life, and society.* Riyadh : Al-Imam Muhammad Ibn Sa'ud Islamic University, 2000.

ARISTOTE. *Politique.* Traduction de Barthélémy Saint-Hilaire. Paris : Ladrange, 1874.

ARKOUN Mohammed *La construction humaine de l'islam.* Paris : Albin Michel, 2012.

ASAD Talal. *Genealogies of Religion: Discipline and Reasons of Power in Christianity and Islam.* Princeton : The Johns Hopkins University Press, 1993.

_____. "French Secularism and the 'Islamic Veil Affair'." *The Hedgehog Review* 8, 1-2 (Spring/Summer 2006) : 93-106, http://www.iasc-culture.org/THR/archives/AfterSecularization/8.12IAsad.pdf.

ASTENGO Francesca. « Liberté de religion ou égalité entre les sexes ? La Cour suprême du Canada se prononce sur un cas de divorce ». *Revue de droit de l'Université de Sherbrooke* 39 (2008-09) : 508-529.

AUDA Jasser. *Maqasid Al-Shariah as Philosophy of Islamic Law: A Systems Approach.* London : International Institute of Islamic Thought, 2008.

AUGUSTIN D'HIPPONE, *Œuvres complètes de Saint Augustin.* Traduites sous la direction de M. Raulx. Bar-le-Duc : L. Guérin & cie, 1869, http://www.abbaye-saint-benoit.ch/saints/augustin/.

BABES Leïla. « L'identité islamique européenne selon Tariq Ramadan ». *Islam de France* 8 (2000), http://leilababes.canalblog.com/archives/2008/01/07/7480121.html.

BAUBÉROT Jean. *Laïcité 1905-2005. Entre passion et raison.* Paris : Seuil 2004.

_____. *Les laïcités dans le monde.* Paris : Presses universitaires de France (2007) 2ᵉ édition, 2009.

_____. *Histoire de la laïcité en France.* Paris : Presses universitaires de France 2010 (2000).

_____. *La laïcité falsifiée.* Paris : La Découverte, 2012.

BAUM Gregory. *Islam et modernité : la pensée de Tariq Ramadan.* Montréal : Bellarmin, 2010.

BAYLE Pierre. *Commentaire philosophique sur ces paroles de Jésus-Christ, contrain-les d'entrer, ou traité de la tolérance universelle.* Rotterdam : Fritsch et Böhm, 1713.

_____. *Nouvelles lettres de l'auteur de la critique générale de l'histoire du calvinisme de M. Maimbourg : 1re partie.* Volume I. Ville Franche : Pierre Le Blanc, 1685.

BELLAH Robert. *Religion in Human Evolution, From the Paleolithic to the Axial Age.* Cambridge MA : Belknap/Harvard University Press, 2011.

BELLON Christophe. « La loi de Séparation des Églises et de l'État. Discussion, vote et application (1905-1911) ». *Parlement [s]*, 2005/1 — n° 3 : 137-153.

BEN ACHOUR Yadh. « Islam et laïcité Propos sur la recomposition d'un système de normativité ». *Pouvoirs* 62 (septembre 1992) : 15-30.

BENHABIB Djemila, *Les soldats d'Allah à l'assaut de l'Occident.* Montréal : VLB, 2011.

BENZINE Rachid. *Les nouveaux penseurs de l'islam.* Paris : Albin Michel, 2004.

BERNARD DE CLAIRVAUX. *Abrégé du livre de la manière de bien vivre.* Marseille : Brebion, 1742.

_____. *Œuvres complètes de Saint Bernard.* Traduction par l'abbé Charpentier. Paris : Louis de Vivès, 1866, http://www.abbaye-saint-benoit.ch/saints/bernard/.

BIALE David. *Not in the Heavens, the Tradition of Jewish Secular Thought.* Princeton : Princeton University Press, 2011.

BLACKSTONE William. *Commentaries on the Laws of England.* Vol. 1. Oxford : Clarendon Press, 1765.

BODIN Jean. *Colloque de Jean Bodin.* Paris : Librairie de La société du Recueil Sirey : Librairie Ancienne et Moderne Honoré Champion, 1914.

BOETIE Étienne de la. *Mémoire touchant l'édit de janvier 1562, dans Discours de la servitude volontaire suivie du Mémoire touchant l'édit de janvier 1562 [inédit] et d'une lettre de M. le conseiller de Montaigne.* Paris : Bossard, 1922.

BORI Caterina. « Théologie politique et Islam à propos d'Ibn Taymiyya (m. 728/1328) et du sultanat mamelouk ». *Revue de l'histoire des religions* [en ligne], 1|2007, mis en ligne le 1er mars 2010, consulté le 02 juin 2012. URL : http://rhr.revues.org/5225.

BOURDIEU Pierre. *Esquisse d'une théorie de la pratique. Précédé de Trois études d'ethnologie kabyle.* Genève : Droz, 1972.

_____. *Le Sens pratique* Paris : Les Éditions de Minuit, coll. « Le sens commun », 1980.

_____. *Méditations pascaliennes.* Paris : Seuil, coll. « Liber », 1997.

BOSSET Pierre. « Les fondements juridiques et l'évolution de l'obligation d'accommodement raisonnable ». CDPJ, cat. 2.500.128, Montréal, 2007.

BOYARIN Daniel. *Unheroic Conduct. The Rise of Heterosexuality and the Invention of the Jewish Man.* Berkeley CA : University of California Press, 1997.

_____. "Homotopia: The Feminized Jewish Man and the Lives of Women in Late Antiquity." *Differences* 7/2 (1995) : 41-81.

BOYLE Robert. *Reasons Why a Protestant Should Not Turn Papist* London: H. Clark, for John Taylor at the Ship in St. Paul's Church-Yard, 1687.

BRAU Julie. « Controverses autour de la loi du 15 mars 2004 : laïcité, constitutionnalité et Conventionnalité ». http://www.droitconstitutionnel.org/congresmtp/textes1/BRAU.pdf.

BRAUDEL Fernand. *Grammaire des civilisations.* Paris : Flammarion (1963) 1993.

BREUILLARD Michèle. « La religion à l'école en Angleterre, entre enseignement obligatoire et liberté d'expression ». *Cahiers de la Recherche sur les Droits Fondamentaux* 4, Caen : Presses universitaires de Caen : 129-136.

BRILL Alan. *Judaism and Other Religions: Models of Understanding.* New York : Palgrave Macmillan, 2010.

BROWN Peter Robert Lamont. "St. Augustine's Attitude to Religious Coercion." *The Journal of Roman Studies* 54/1-2 (1964) : 107-116.

BUISSON François. *Nouveau dictionnaire de pédagogie et d'instruction primaire.* Paris : Librairie Hachette, 1911.

BUKAY David. "Peace or Jihad? Abrogation in Islam." *Middle East Quarterly* XIV/4 (2007) : 3-11.

BUKHÂRÎ. *Le Sahih d'al-Bukhary. Les hadith authentiques établis par le grand traditionniste Imam Abu Abdullah Muhammad ben Ismail Al-Bukhary.* 4 tomes, traduit par Harkat Ahmed,. Beyrouth : Al Namouzajieh, 2003.

BUTLER Jon. "Disquieted History in A Secular Age." *Varieties of Secularism on a Secular Age.* Ed. by Michael Warner, Jonathan Van Antwerpen and Craig Calhoun. Cambridge MA : Harvard University Press, 2010, 193-216.

CALVIN Jean. *Institution de la religion chrétienne.* Nouvelle édition par Frank Baumgartner, Genève : Émile Beroud, 1888.

_____. *Calvin, homme d'Église, textes choisis.* Genève : Labor et Fides, 1975.

CARLYLE Thomas ed. *Oliver Cromwells' Letters and Speeches.* New York : Harper and Bros, 1860.

CASTELLION Sébastien. *Traité des Hérétiques.* Édition nouvelle publiée par A. OLIVET, Genève : A. Julien, éditeur, 1913.

CHAFIK Mounir. *L'Islam et les défis du monde contemporain.* Beyrouth : Al-Bouraq, 1995.

CHAMPION Françoise. « Entre laïcisation et sécularisation. Des rapports Église-État dans l'Europe communautaire ». *Le Débat,* 1993/5 - n° 77 : 40-63.

CHARFI Mohamed. *Islam et liberté : Le Malentendu historique.* Paris : Albin Michel, 1999.

CHEIKH ABDERRAZIQ Ali. *L'Islam et les fondements du pouvoir.* Traduction d'Abdû Filâlî Ansârî. Paris : La Découverte, 1994.

_____. *Les laïcités européennes au miroir du cas britannique XVIe-XXIe.* Rennes : Presses universitaires de Rennes, 2006.

CHERIF Mouna Mohammed. « La conversion ou l'apostasie entre le système juridique musulman et les lois constitutionnelles dans l'Algérie indépendante ». *Cahiers d'études du religieux. Recherches interdisciplinaires,* Numéro spécial | 2011, mis en ligne le 07 février 2011, http://cerri.revues.org/809 ; DOI : 10.4000/cerri.

CHILLINGWORTH William. *Chillingworth's Religion of Protestants a safe way to salvation [abridged] with his ten tracts against popery.* Ed. by J. Patrick. London : Thomas Tegg, 1845.

CICÉRON, *Œuvres complètes de Cicéron : avec la traduction en français.* Tome premier, sous la direction de M. Nisard, Paris : J. J. Dubochet, 1843.

COMMISSION DE CONSULTATION SUR LES PRATIQUES D'ACCOMMODEMENT RELIÉES AUX DIFFÉRENCES CULTURELLES. *Fonder l'avenir. Le temps de la conciliation.* Sous la coprésidence de Charles Taylor et de Gérard Bouchard, Bibliothèque et Archives nationales du Québec, 2008.

CONDORCET Nicolas de. *Cinq mémoires sur l'instruction publique.* Présentation, notes, bibliographie et chronologie par Charles Coutel et Catherine Kintzler. Paris : Garnier-Flammarion, 1994.

CONSEIL D'ÉTAT. *Rapport public du Conseil d'État, 2004, Rapport d'Activité*. Paris : La documentation française, 2004.

COOKE Maeve. "Salvaging and secularizing the semantic contents of religion: the limitations of Habermas's postmetaphysical proposal." *International Journal for Philosophy of Religion* 60 (2006) : 187–207.

COORNHERT Dirck Volckertszoon. *Synod on the Freedom of Conscience. A Thorough Examination during the Gathering Held in the Year 1582 in the City of Freetown*. Trans. Gerrit Voogt, Amsterdam: Amsterdam University Press, 2008.

DAGLIER Üner. "Ziya Gökalp on Modernity and Islam: The Origins of an Uneasy Union in Contemporary Turkey." *Comparative Civilizations Review* 57 (Fall 2007) : 53-69.

DAHLBERG Lincoln. "The Habermasian public sphere: Taking difference seriously?" *Theory and Society* 34 (2005) : 111–136.

DAMMEN MCAULIFFE Jane. *Qur'anic Christians: An Analysis of Classical and Modern Exegesis*. Cambridge : Cambridge University Press, 1991.

DARLING FOSTER Herbert. "Calvin's Programme for a Puritan State in Geneva, 1536-1541." *The Harvard Theological Review*, 1/4 (Oct., 1908) : 391-434.

DENZINGER Heinrich. *Symboles et définitions de la foi catholique. Enchiridion Symbolorum et Definitionum*. Paris : Du Cerf, 2001.

DESCARRIES Francine, « Regards sociologiques sur le féminisme contemporain ». Communication présentée à l'occasion du colloque « 30 ans d'action, ça porte fruit! », marquant le 30e anniversaire du Conseil du statut de la femme du Québec, Montréal, le 23 mai 2003, http://classiques.uqac.ca/contemporains/descarries_francine/regards_socio_feminisme/regards_socio_feminisme.pdf

DORD Olivier. « Laïcité à l'école : l'obscure clarté de la circulaire Fillon du 18 mai 2004 ». *AJDA — L'actualité juridique Droit administratif*, 26 juillet 2004 : 1523-1529.

DURKHEIM Émile. *De la division du travail social*. 4e éd. Paris : Alcan, 1922.

EL FADL Khaled Abou. "Islamic Law and Muslim Minorities: The Juristic Discourse on Muslim Minorities from the Second/Eighth to the Eleventh/Seventeenth Centuries." *Islamic Law and Society* 1/2 (1994) : 141-187, 149.

_____. *The Place of Tolerance in Islam*. Boston : Beacon Press, 2002.

_____. *The Great Theft, Wrestling Islam from the Extremists*. New York : Harper One, 2007.

_____. "Conceptualizing Shari'a in the Modern State." *Villanova Law Review* 56/5 (2012) : 803-817, http://digitalcommons.law.villanova.edu/vlr/vol56/iss5/1.

_____. *The Search for Beauty in Islam: A Conference of the Books*. Oxford : Rowman & Littlefield Publishers, 2005.

EL-SANHURI Abd el-Razzaq. *Le Califat, son évolution vers une société des nations*. Paris : Librairie Orientale Paul Geuthner, 1926.

ENCYCLOPAEDIA OF THE QUR'ĀN. General Editor : Jane Dammen McAuliffe, Washington DC: Georgetown University, Brill, 2006, http://www.brillonline.nl/public/abrogation.

EVANS Malcolm D. *Manuel sur le port des symboles religieux dans les lieux publics*. Strasbourg : Éditions du Conseil de l'Europe, 2009.

FALQUE Emmanuel. « Le geste et la parole chez Hugues de Saint-Victor : L'institution des novices ». *Revue des sciences philosophiques et théologiques*, 95/2 (avril-juin 2011) : 383-412.

FANON Frantz, *Sociologie d'une révolution. L'an V de la révolution algérienne*. Paris : François Maspéro, 1972. Première édition, 1959.

FATOOHI Louay, *Abrogation in the Qur'an and Islamic Law*. Kuala Lumpur : Islamic Book Trust, 2013.

FLEURDORGE Denis. « Du vêtement en général et de celui de l'exclusion en particulier ». *Le sociographe* 17 (2005) :13-21.

FORTIN Anne. « Signe et symbole religieux ». *Des professeurs de la Faculté de théologie et de sciences religieuses de l'Université Laval*

proposent différentes réflexions quant au projet de Charte des valeurs québécoises,
http://www.lefil.ulaval.ca/televersements/File/reflexions_Charte_valeurs.pdf

FOUREST Caroline. *Frère Tariq : Discours, stratégie et méthode de Tariq Ramadan.* Paris : Grasset, 2004.

FRÉGOSI Franck. *L'islam dans la laïcité.* Paris : Pluriel, 2010.

_____ dir. *Lectures contemporaines du droit islamique. Europe et monde arabe.* Strasbourg : Presses universitaires de Strasbourg, 2004.

FRIEDMAN Yohanan. *Tolerance and Coercion in Islam.* Cambridge : Cambridge University Press (2003) 2006.

FUREY Constance. "Body, Society, and Subjectivity in Religious Studies." *Journal of the American Academy of Religion* 80/1 (2012) : 7-33.

GABRIEL Theodore and HANNAN Rabiha. *Islam and the Veil, Theoretical and Regional Contexts.* London : Bloomsbury, 2011.

GANE Erwin R. "Luther's View of Church and State." *Andrews University Seminary Studies* 8/2 (July 1970) : 120-143.

GARDET Louis ANAWATI Georges. *Introduction à la théologie musulmane, essai de théologie comparée.* Paris : Vrin, 1946.

GAUCHET Marcel. *Le Désenchantement du monde. Une histoire politique de la religion.* Paris : Gallimard, 1985.

_____. *La Religion dans la démocratie : parcours de la laïcité.* Paris : Gallimard, 1998.

GAUVREAU Danielle. GERVAIS Diane. GOSSAGE Peter. *La Fécondité des Québécoises, 1870-1970 : d'une exception à l'autre.* Montréal : Les Éditions du Boréal, 2007.

GEADAH Yolande. *Femmes voilées, intégrismes démasqués.* Montréal : VLB, 1996.

GERVERS Michael. BIKHAZI Ramzi Jibran. *Conversion and Continuity: Indigenous Christian Communities in Islamic Lands Eighth to Eighteenth Centuries.* Toronto : Pontifical Institute of Mediaeval Studies, 1990.

GHAMIDI Javed Ahmad, "The Islamic Law of Jihad." trans. Shehzad Saleem, *Renaissance, A Monthly Islamic Journal* 12/6, June 2002.

GIRARD Magali. *Résumé des résultats de sondages portant sur la perception des Québécois relativement aux accommodements raisonnables, à l'immigration, aux communautés culturelles et à l'identité canadienne-française.* Présenté à la Commission de consultation sur les pratiques d'accommodement reliées aux différences culturelles, mars 2008, ww.accommodements-quebec.ca/documentation/rapports/rapport-6-girard-magali.pdf.

GONDA Jan. *Les religions de l'Inde I — Védisme et hindouisme ancien.* Paris : Payot, 1979.

GREENBERG Irving. "Seeking the Religious Roots of Pluralism: The Image of God and Covenant." *Journal of Ecumenical Studies* 34/3 (Summer 1997) : 385-395.

GREENSPOON Leonard, *Fashioning Jews: Clothing, Culture, and Commerce.* West Lafayette IN : Purdue University Press, 2013.

GROC Gérard. « Textes officiels turcs sur la laïcité ». *Cahiers d'études sur la Méditerranée orientale et le monde turco-iranien* 19 (janvier-juin 1995) : 313-332.

GROSSMANN Lawrence. "The Kippa comes to America." In Steven T. Katz, Steven Bayme, *Continuity and Change: A Festschrift in Honor of Irving Greenberg's 75th Birthday.* Lanham MD: University Press of America, 2012: 129-150.

GROTIUS Hugo. *Le droit de la guerre et de la paix.* Trad. M. Pradier-Fodéré. Tome I, Paris : Guillemin et cie, 1867.

GUGGISBERG Hans. LESTRINGANT Frank et MARGOLIN Jean Claude. *La liberté de conscience (XVIe – XVIIe siècles).* Actes du Colloque de Mulhouse et Bâle 1989, Genève : Droz, 1991.

GUILBAUD Mathilde. « La loi de séparation de 1905 ou l'impossible rupture ». *Revue d'histoire du XIXe siècle* 28 (2004) : 163-173.

GUILLAUME Alfred, *The Life of Muhammad.* Oxford : Oxford University Press, 1955.

GUPTA Hari Ram, *History of the Sikhs.* Vol. 1; *The Sikh Gurus 1469-1708.* New Delhi : Munshirm Manoharlal, 1994.

HABERMAS Jürgen. *Morale et communication. Conscience morale et activité communicationnelle* Paris : Cerf, 1996.

_____. "Equal Treatment of Cultures and the Limits of Postmodern Liberalism, " *Journal of Political Philosophy* 13/1 : 1-28.

_____. *Entre naturalisme et religion. Les défis de la démocratie.* Paris : Gallimard, 2008.

HADDAD Mahmoud. "Arab Religious Nationalism in the Colonial Era: Rereading Rashīd Riḍā's Ideas on the Caliphate." *Journal of the American Oriental Society* 117/2 (Apr. – Jun., 1997) : 253-277.

HALES John. *The Works of the Ever Memorable Mr. John Hales*, Vol. I, *A Tract Concerning Schism and Schismatics.* Glasgow : Robert & Andrew Foulis, 1765.

HANIOĞLU Şükrü. *The Young Turks in Opposition* (Studies in Middle Eastern History). Oxford : Oxford University Press, 1995.

HAQQ Anwarul. *Abrogation in the Koran.* Lucknow : Methodist Publishing House, 1926.

HARTWEG Frédéric. « Autorité temporelle et droit de résistance : permanence et évolution chez Martin Luther ». Jean-Paul Cahn édit., *Luther et la Réforme, 1525-1555. Le temps de la consolidation religieuse et politique.* Paris : Éditions du Temps, 2001.

HEGG Tim. "Do the Seven, Go to Heaven? An Investigation into the History of the Noachide Laws." The Evangelical Theological Society (ETS) Annual Meeting, Washington DC, November, 2006.

HENDRICKSON Jocelyn N. *The Islamic Obligation to Emigrate: Al-Wansharīsī's Asnā al-matājir Reconsidered.* A dissertation submitted to the Faculty of the Graduate School of Emory University, 2009.

HÉRAN François. « Le rite et la croyance ». *Revue française de sociologie* 27/2 1986 : 231-263.

HERBERT OF CHERBURY. *De la vérité en tant qu'elle est distincte de la révélation, du vray-semblable, du possible et du faux.* 3e édition, 1809.

HERVIEU-LEGER Danièle. « Faut-il définir la religion ? Questions préalables à la construction d'une sociologie de la modernité religieuse ». *Archives des sciences sociales des religions* 63/1 (1987) : 11-30.

_____. *La religion pour mémoire*. Paris : Éditions du Cerf, 1993.

_____. « La lignée croyante en question ». *Espaces Temps* 74-75 (2000) : 17-30.

HEYD Michael. *"Be Sober and Reasonable." The Critique of Enthusiasm in the Seventeenth and Early Eighteenth Centuries*. Vol. 63, Brill's Studies in Intellectual History, Leiden: E. J. Brill, 1995.

HIMMICH Bensalem. *Ijtihâd : la face voilée de L'Islam*. Rabat : Marsam, 2006.

HIRJI Zulfikar ed. *Diversity and Pluralism in Islam*. London : I.B. Tauris, 2010.

HOODFAR Homa. "The Veil in Their Minds and on Our Heads: The Persistence of Colonial Images of Muslim Women." *Resources for Feminist Research /Documentation sur la recherche féministe (RFR/DRF)* 22/3-4 (Fall 1993) : 5-18.

HUME David. *Essai sur la superstition et l'enthousiasme*. Traduit par Philippe Folliot à partir de *Essay X : Of Superstition and Enthusiasm, Essays, Moral, Political and Literary*. Edinburgh : A. Kincaid, 1741 (novembre 2009),
http://philotra.pagesperso-orange.fr/essai_superstition.htm.

HUNTINGTON Samuel. "The clash of civilizations?" *Foreign Affairs* 72/3 (Summer 1993) : 22-49.

_____. *Le Choc des civilisations*. Paris : Odile Jacob, 1997.

HURBON Laënnec. REGNAULT Jean-Marc dir. « *La loi de 1905 et les colonies* ». *Archives de sciences sociales des religions* 36 (octobre – décembre 2006) : 136-91 mis en ligne le 14 février 2007. URL : http://assr.revues.org/4030.

HURTEAU Pierre. *Homosexualité, religion et droit au Québec. Une approche historique.* Thèse de doctorat, Montréal : Université Concordia, 1991.

_____. « L'homosexualité masculine et les discours sur le sexe en contexte montréalais de la fin du XIX siècle à la Révolution tranquille ». *Histoire sociale Social History* XXVI/51 (mai-May 1993) : 41-66.

_____. *Homosexualités masculines et religions du monde.* Paris : L'Harmattan, 2010.

IBN KATHÎR. *Tafsir Ismaïl Ibn Kathîr. L'exégèse du Coran.* Traduction Harkat Abdou. Beyrouth : Dar Al Kutub Al Ilmiyah, https://archive.org/details/tafsir-ibnkathir-complet-francais.

IBN KHALDÛN. *Les Prolégomènes*, Première partie, traduits en français et commentés par William MacGuckin, Baron de Slane. Paris : Librairie orientaliste Paul Geuthner, 1934.

IBN WARRAQ. *Pourquoi je ne suis pas musulman.* Lausanne : Éditions L'Âge d'Homme, 1999.

ISAMBERT François-André. *Recueil général des anciennes lois françaises.* Paris : Berlin Le Prieur, 1829.

ISRAEL Jonathan I. *Enlightenment Contested, Philosophy, Modernity, and the Emancipation of Man 1670-1752.* Oxford : Oxford University Press, 2006.

JAURÈS Jean. Sous la direction de, *Histoire socialiste (1789-1900)*, tome 1, La *Constituante*, Paris : Jules Rouff, 1901.

JEWISH ENCYCLOPEDIA. New York : Funk and Wagnalls, 1901, http://www.jewishencyclopedia.com/

JOHNSON Ian. *A Mosque in Munich.* Boston : Houghton Mifflin Harcourt, 2011.

JURIEU Pierre. *Histoire du papisme ou suite de l'apologie pour la Réformation, pour les réformateurs, et pour les Réformes.* Rotterdam : Reinier Leers, 1683.

_____. *Des droits des deux souverains en matière de religion, la conscience et le prince, contre un livre intitulé* : *Commentaire philosophique*. Rotterdam : Henri de Graeff, 1687.

KANT Emmanuel. *Réponse à la question : Qu'est-ce que les Lumières ?*, traduction Jean-François Poirier et Françoise Proust. Paris : éd. Flammarion, 1991, http://lvc.philo.free.fr/Kant-Lumieres.pdf.

KATZ Jacob. *Exclusiveness and Tolerance, Jewish-Gentile Relations in Medieval and Modern Times*. New York : Schoken, (1961) 1973.

KELLY Patricia. *Integrating Islam. A Muslim School in Montreal*. A thesis submitted to the Faculty of Graduate Studies in partial fulfilment of the requirements of the degree of Master of Arts, Montreal : McGill University Institute of Islamic Studies, 1997.

KHATAB Sayed. "Hakimiyyah and Jahiliyyah in the Thought of Sayyid Qutb." *Middle Eastern Studies* 38/3 (July 2002) : 145-170.

KOHLBERG Etan. "Some Shīʿī Views of the Antediluvian World." *Studia Islamica* 52 (1980) : 41-66.

KORSCH Dietrich. « La crise du concept de religion aux alentours de 1890 », *Revue de l'histoire des religions* 214/2 (1997) : 183-224.

KURU Ahmet T. *Secularism and State Policies toward Religion. The United States, France, and Turkey*. New York : Cambridge University Press, 2009.

KURZMAN Charles ed. *Modernist Islam, 1840-1940 : A Sourcebook*. New York : Oxford University Press, 2002.

KUYPER Abraham. *Calvinism : Six Stone-Lectures*, Amsterdam-Pretoria : Höveker and Wormser, 1898.

LA BIBLE BILINGUE HEBREU-FRANÇAIS. Bible du Rabbinat, selon le texte original de 1899. Traduction française sous la direction du Grand Rabbin Zadoc Kahn. Édition électronique : http://www.mechon-mamre.org/f/ft/ft0.htm.

LANDHEER-CIESLAK Christelle et SARIS Anne. « La réception de la norme religieuse par les juges de droit civil français et québécois. Étude concernant le choix de la religion, l'éducation et la pratique religieuse des enfants ». *Revue de droit de McGill* 48 (2003) : 671-745.

LANDHEER-CIESLAK Christelle. *La religion devant les juges français et québécois de droit civi*l. Cowansville : Éditions Y. Blais (collection Minerve), 2007.

LANOUETTE Jacqueline. « La séparation avant la séparation : « projets » et propositions de loi (1866-1891) ». *Vingtième Siècle. Revue d'histoire*, 87 (juillet-septembre 2005) : 41-55.

LAROUI Abdallah. *Islam et histoire*. Paris : Albin Michel, 1999.

_____ (Abd Allah 'Arawī). *Tradition et réforme*. Casablanca : Centre culturel arabe, 2009. Cité par Tel Quel Online : http://www.telquel-online.com/archives/391/mage_culture_391.shtml.

LAUD William. *The Works of the Most Reverend Father in God William Laud*. Vol. IV. Oxford : John Henry Parker, 1854.

LE NOBLE CORAN. Nouvelle traduction française du sens de ses versets. Traduit par Mohammed Chaidmi. Lyon : Éditions Tawhid, 2004.

LECLER Joseph. *Histoire de la tolérance au siècle de la Réforme,* Paris : Éditions Albin Michel, 1994.

LECLERCQ Jean. *La spiritualité de Pierre de Celle :(1115-1183)*. Volume 7 *Études de théologie et d'histoire de la spiritualité,* Paris : J. Vrin, 1946.

LEFEBVRE Joël. *Luther et l'autorité temporelle : 1521-1525, textes allemands originaux*. Paris : Aubier Montaigne, 1973.

LEGRAIN Jean-François. *L'idée de califat universel et de congrès islamique face à la revendication de souveraineté nationale et aux menaces d'écrasement de l'Empire ottoman. À propos du Traité sur le califat de Rachîd Ridâ.* Nouvelle édition, Lyon : Maison de l'Orient et la Méditerranée, 2006.

L'HOSPITAL Michel de. *Œuvres complètes de Michel L'Hospital*. Tome I. Paris : Boulland et cie, 1824.

LICHTENSTEIN Aharon. *Leaves of Faith: The World of Jewish Learning*. Volume 2. Newark NJ : KTAV Publishing, 2004.

LINJI, *Entretiens de Lin-tsi*. Traduit du chinois par Paul Demiéville. Paris : Fayard, 1972.

LIPSIUS Juste. *Les politiques de Iuste Lipsius : comprenans en six livres la doctrine qui concerne principalement le devoir du prince & magistrat souverain, en temps de paix & de guerre, au gouvernement de l'estat.* Genève : Jehan Le Preux, 1594.

LOOBUYCK Patrick and RUMMENS Stefan. "Religious Arguments in the Public Sphere: Comparing Habermas with Rawls." dss.library.uu.nl/publish/articles/000090/bookpart.pdf.

LORCERIE Françoise. *La politisation du voile : l'affaire en France, en Europe et dans le monde arabe.* Paris : L'Harmattan, 2005.

LUTHER Martin. *Luther, les grands écrits réformateurs.* Trad. Maurice Gravier. Paris : Aubier-Montaigne, 1944.

——————————. *Luther et l'autorité temporelle, 1521-1525.* Textes allemands originaux, traduction, introduction et notes par Joël Lefebvre. Paris : Aubier Montaigne, 1973.

——————————. *Luther Œuvres I.* Trad. de l'allemand et du latin par Matthieu Arnold, Jean Bosc, René-H. Esnault et al. Paris : Collection Bibliothèque de la Pléiade (n° 455) Gallimard, 1999.

——————————. *Œuvres choisies.* Tome 4. Genève : Labor et Fides, 1960.

MADAN Triloki Nath. *Modern Myths, Locked Minds, Secularism and Fundamentalism in India.* New Delhi : Oxford University Press, second edition, 2009.

MAGER Robert et CANTIN Serge. *Modernité et religion au Québec. Où en sommes-nous ?* Québec : Presses de l'université Laval, 2010.

MAHMOUD Nahla. "Islamic apostasy laws – a big disgrace in the 21st Century." Wed, 14 Aug 2013, http://www.secularism.org.uk/blog/2013/08/islamic-apostasy-laws--a-big-disgrace-in-the-21st-century.

MAÏMONIDE. *Le guide des égarés : traité de théologie et de philosophie par Moïse ben Maimoun dit Maïmonide.* Trad. française par S. Munk réimpression de l'édition de 1856-1866. Osnabrück : Otto Zeller, 1964.

_____. *Mishné Torah*. Édition numérique, http://www.fr.chabad.org/library/article_cdo/aid/898316/jewish/Michn-Torah-de-Mamonide.htm.

MALEK Chebel. *Encyclopédie de l'amour en Islam*. 2 tomes. Paris : Petite Bibliothèque Payot, 2003.

_____. *L'esprit de sérail, Mythes et pratiques sexuels au Maghreb*. Paris : Payot, 1988.

MARROU Henri-Irénée. « "Doctrina" et "disciplina" dans la langue des Pères de l'Église ». *ALMA Bulletin du Cange* 9 (1934) : 5-25.

MASSICARD Élise. « L'organisation des rapports entre État et religion en Turquie ». *Cahiers de la recherche sur les droits fondamentaux* (CRDF) 4 (2005) : 119-128.

MASUD Muhammad Khalid ed. *Travellers in Faith: Studies of the Tablīghī Jamā'at as a Transnational Islamic Movement for Faith Renewal*. Leiden: Brill, 2000.

MAUSS Marcel. « Les techniques du corps », *Journal de Psychologie* XXXII/3-4 (15 mars — 15 avril) 1936. Communication présentée à la Société de Psychologie le 17 mai 1934.

MAWDUDI Sayyid Abul A'la. *The Islamic Way of Life*. Ed. by Khurshid Ahmad. Riyadh: International Federation of Muslim Students, 1967.

MENDELSSOHN Moses. *Jérusalem, ou Pouvoir religieux et judaïsme*. Paris : Gallimard, Tel, 2007.

_____. *Jerusalem and other Jewish Writings*. Trans. Alfred Jospe. New York : Schoken, 1969.

_____. *Moses Mendelssohn: Selections from his Writings*. Eva Jospe trans. New York : Viking Press, 1975.

MERCIER Élisabeth. *Ni hypersexualisées ni voilées! Tensions et enjeux croisés dans les discours sur l'hypersexualisation et le port du voile islamique » au Québec*. Thèse présentée à la Faculté des études supérieures en vue de l'obtention du grade de Philosophiæ Doctor (Ph. D.) en communication, 2013.

MERNISSI Fatima. *Le harem politique : le Prophète et les femmes.* Paris : Albin Michel, 1987.

MESLIER Jean. *Testament de Jean Meslier* [avec un Abrégé de la vie de l'auteur & un Avant-propos]. Genève : Cramer, 1762.

MESSNER Francis. « Peut-on définir juridiquement la religion ? » *L'Année canonique* 31 (1988) : 321-342.

MESSNER Francis. PRELOT Pierre-Henri. WOEHRLING Jean-Marie. *Traité de droit français des religions*, Paris : LexisNexis, 2003.

MIGNE Jacques Paul. *Patrologiae Cursus Completus.* Édition numérique, http://www.documentacatholicaomnia.eu/1815-1875,_Migne,_Patrologia_Latina_01._Rerum_Conspectus_Pro_Tomis_Ordinatus,_MLT.html

MILOT Micheline. *La laïcité.* Montréal : Novalis, coll. 25 questions, 2008.

MOHAMMED Khaleel. "The Concept of Abrogation in the Qur'an." *Journal of Religion and Culture* (10) 1996, Concordia University : 63-76.

MORE Henry. *Brief Discourse of the Real Presence of the Body and Blood of Christ in the Celebration of the Holy Eucharist.* London : printed for Walter Kettilby at the Bishop's Head in St Paul's Church-Yard, 1686.

_____. *Enthusiasmus Triumphatus: Or, a Discourse of the Nature, Causes, Kinds and Cure of Enthusiasme.* London : Flesher, 1656.

MORGAN John. *Godly Learning: Puritan Attitudes Towards Reason, Learning and Education, 1560-1640.* Cambridge : Cambridge University Press, 1986.

MOUFFE Chantal. « Le politique et la dynamique des passions ». *Rue Descartes* 45-46 (2004) : 179-192, 179. DOI : 10.3917/rdes.045.0179.

MUIR William. *The Caliphate: Its Rise, Decline, and Fall.* London : Religious Tract Society, 1891.

MÜLLER Denis. *Jean Calvin, Puissance de la Loi et limite du Pouvoir.* Paris : Michalon, 2001.

MUSLIM Ibn al Hajjaj. *Sahih Moslim. L'authentique de Moslim.* Traduit par Ali Abboud. Beyrouth : Dar Al-Kotob Al-Ilmiyah, 2007.

NEFZAOUI Muhammad Ibn Umar. *La Prairie parfumée où s'ébattent les plaisirs. Trad.* René R. Khawam. Paris : éd. Phébus, 1976.

NEUSNER Jacob and CHILTON Bruce ed. *Religious Tolerance in World Religions*. Conshohocken Pa: Templeton Foundation Press, 2008.

NOVAK David. *The Jewish Social Contract: An Essay in Political Theology*. Princeton NJ : Princeton University Press, 2005.

NUSSBAUM Martha. *Liberty of Conscience*. New York : Basic Books, 2008.

OVIDE. *Les Métamorphoses d'Ovide : traduction nouvelle avec le texte latin, suivie d'une analyse de l'explication des fables, de notes géographiques, historiques, et critiques.* Traduction de Mathieu Guillaume Thérèse de Villenave. Paris : F. Gay and Ch. Guestard, 1806.

PALOMINO Rafael, "The concept of religion in the Law: European Approaches." Bratislava, 2007, eprints.ucm.es/6504/1/text.pdf.

PAYNE Thomas. *Droits de l'homme : en réponse à l'attaque de M. Burke sur la révolution françoise.* Volume 2. Hauteville : F. Buisson, 1793.

PETERS Rudolph and DE VRIES Gert J. J. "Apostasy in Islam." *Die Welt des Islams* (New Series) 17/1 (1976 – 1977) : 1-25, 5.

PFLEIDERER Otto. *The Development of Theology in Germany since Kant and its Progress in Great Britain since 1825* J. Frederick Smith trans. London : Swan Sonnenschein, 1890.

PHAYER J. Michael. *Sexual Liberation and Religion in Nineteeth Century Europe*. London : Croom Helm, 1977.

PLATON. *L'État, ou, La République de Platon*. Trad. Jean Nicolas Grou. Paris : Lefèvre, 1840.

POIREL Dominique. *Introduction au De institutione novitiorum, dans l'œuvre de Hugues de Saint-Victor*. Tome I. Bruxelles : Brepols, 1997.

PORTIER Philippe. « L'Église catholique face au modèle français de laïcité. Histoire d'un ralliement ». *Archives des Sciences Sociales des Religions* 119 (janvier/mars 2005), http://assr.revues.org/1115. DOI : 10.4000/assr.1115.

POTVIN Maryse. *Crise des accommodements raisonnables. Une fiction médiatique ?* Montréal : Athéna Éditions, 2008.

_____. « Discours sociaux et médiatiques dans le débat sur les accommodements raisonnables ». *Nos diverses cités* 7 (printemps 2010) : 83-89, www.metropolis.net.

POULAT Émile. *Scruter la loi de 1905. La République française et la religion.* Paris : Fayard, 2010.

_____. « La laïcité qui nous gouverne au nom de l'État ». *Documents Épiscopat, Bulletin du Secrétariat de la Conférence des évêques de France.* Paris : juin 2001.

_____. « Intégrisme : un terme qui vient de loin », *Croire.Questions de vie, questions de foi*, novembre 2006, http://www.croire.com/Definitions/Vie-chretienne/Integristes/Integrisme-un-terme-qui-vient-de-loin.

POULIOT Jean-François. « Liberté des cultes au Canada ». Canadian Catholic Historical Association (CCHA*). Report*, 1933-1934 : 69-79.

POWERS David. SPECTORSKY Susan. ARABI Oussama. *Islamic Legal Thought : A Compendium of Muslim Jurists.* Leiden: Brill, 2013.

QUTB Sayyid. *Milestones.* New Delhi : Islamic Book Service 2006.

RABINOWITZ Dan, "Yarmulke: A Historic Cover-up?" *Hakira* 4 (Winter 2007) : 221-238.

RABKIN Yakov M. *Au nom de la Torah : une histoire de l'opposition juive au sionisme.* Québec : Les Presses de l'Université Laval, 2004.

RACIUS Egdunas, *The Multiple Nature of the Islamic Da'wa*, Volume 3 of Publications of the Institute for Asian and African Studies, University of Helsinki, 2004.

RADICATI Alberto. *Recueil de pièces curieuses sur les matières les plus intéressantes par Albert Radicati, comte de Passeran. Discours moraux, historiques et politiques.* Rotterdam : chez la Veuve Thomas Johnson et fils, 1736.

RAHMAN Fazlur. *Major Themes of the Qur'an.* Chicago : University of Chicago Press, 2nd ed. 2009.

RAMADAN Tariq, *Islam and the Arab Awakening.* New York : Oxford University Press, 2012.

_____. *Être musulman européen : Étude des sources islamiques à la lumière du contexte européen.* Lyon : Tawhid, 1999.

_____. *L'autre en nous. Pour une philosophie du pluralisme.* Paris : Presses du Châtelet, 2009.

RAMIREZ David. "Ba'alei Teshuva" – Key Legal Responsa on Iberian Anusím (14th to 20th C.).", ebook (Houston : 2008) : http://fr.scribd.com/doc/5052621/Treatment-of-Iberian-Anusim-SCJS.

RAWSON Beryl ed. *The Family in Ancient Rome: New Perspectives* Ithaca: Cornell University Press, 1987.

RAYSUNI Ahmad. *Imam Al-Shatibi's Theory of the Higher Objectives and Intents of Islamic Law.* London : International Institute of Islamic Thought, 2005.

RENAN Ernest. *De la part des peuples sémitiques dans l'histoire de la civilisation, discours d'ouverture du cours de langues hébraïque, chaldaïque et syriaque.* Paris : Michel Lévy Frères, 1862.

RICHARD Pascal. *Le jeu de la différence : réflexions sur l'épistémologie du droit comparé.* Québec : Presses de l'Université Laval, 2007.

RIVELINE Claude. *Regard Juif sur les Non-Juifs.* Paris : Association Consistoriale Israélite de Paris, Département Torah et Société, 2008.

ROUSSEAU Louis (dir). *Le Québec après Bouchard-Taylor. Les identités religieuses de l'immigration.* Québec : Presses de l'Université du Québec, 2012.

ROY Olivier. "The Transformation of the Arab World." *Journal of Democracy* 23/3 (July 2012): 5-18.

RUBIN Uri. "The "Constitution of Medina" Some Notes." *Studia Islamica* 62 (1985) : 5-23.

RUBLACK Ulinka. *Reformation Europe.* Cambridge : Cambridge University Press, 2005.

RUTHERFORD Samuel. *A Free Disputation against Pretended Liberty of Conscience*. London : Andrew Crook, 1649.

SACHEDINA Abdulaziz. *The Islamic Roots of Democratic Pluralism*. New York : Oxford University Press, 2001.

SAEED Hassan and SAEED Abdullah. *Freedom of Religion, Apostasy and Islam*. Aldershot: Ashgate, 2004.

SÄGESSER Caroline. « Le financement public des cultes en France et en Belgique : des principes aux accommodements ». https://dipot.ulb.ac.be/dspace/bitstream/2013/101950/1/15%20SAGESSER%20POLITIQUE%20ET%20RELIGION.pdf.

SAINT-PROT Charles. *Le nationalisme arabe. Alternative à l'intégrisme*. Paris : Ellipses 1998.

SALTON Herman. *Veiled Threats? Islam, Headscarves and Religious Freedom in America and France*. A thesis submitted in fulfilment of the requirements for the degree of Doctor of Philosophy in Law, University of Auckland, 2007.

SARASWATI Dayananda. "An Examination of the Doctrine of Islam." *Satyarth Prakash*
(The Light of Truth). Varanasi : Star Press. 1875 : 672–683.

SAURIN Élie. *Réflexions sur les droits de la conscience, où l'on fait voir la différence entre les droits de la conscience éclairée et ceux de la conscience errante... et on marque les justes bornes de la tolérance civile en matière de religion*. Autrecht : Antoine Schouten, 1697.

SCHOUPPE Jean-Pierre. « La dimension collective et institutionnelle de la liberté religieuse à la lumière de quelques arrêts récents de la Cour européenne des droits de l'homme. » *Revue trimestrielle des droits de l'homme* 63 (2005) : 611.

SCHLEIERMACHER Friedrich. *De la religion : discours aux personnes cultivées d'entre ses mépriseurs*. Trad. Bernard Reymond. Paris : Van Dieren, 2004.

SCHMITT Jean-Claude. « La morale des gestes ». *Communications* 46 (1987) : 31-47.

SCHWARTZ Rémy. « Principe de laïcité et port de signes religieux ». *Actualité Juridique Droit Administratif (AJDA)*, 1995 : 644.

SCOT Jean-Paul. *Europe et laïcité*. Colloque international « La laïcité face aux défis de la mondialité », université Saint-Jean d'Angely à Nice, décembre 2011, http://clio.asso.fr/documents/Jean_Paul_SCOT_Europe_et_Laicite_contribution_colloque_Nice_dec_2012.pdf.

SCOTT Joan W. "Sexularism." Robert Schuman Center for Advanced Studies. Ursula Hirschmann Annual Lecture on Gender and Europe, 2009.

SCRIBNER Robert. "The Reformation, popular magic and the 'disenchantment of the world'." *Journal of Interdisciplinary History* 23 (1993) : 475–94.

most_____. "Reformation and desacralisation: from sacramental world to moralised universe." R. Po-Chia Hsia and R. W. Scribner, eds., *Problems in the historical anthropology of early modern Europe. Wolfenbütteler Forschungen* vol. 78. Wiesbaden, 1997 : 75–92.

most_____. "Magic and the formation of Protestant popular culture in Germany." *Religion and culture in Germany (1400–1800)*. Ed. Lyndal Roper. Leiden 2001 : 323–45.

SHEIKH AL-GHAZALI Muhammad. *A Thematic Commentary on the Quran (Kayfa Nata'amal Ma' Al-Qur'an)*. Trans. A. Shamis. Herndon VA: International Institute of Islamic Thought, 2000.

SHONKOFF, Sam Berrin. "We Shall Do and We Shall Understand: Halakhah, Habitus, and Embodied Theology in Judaism." *Journal of Religion and Culture* 23 (2012) : 15-37.

SINGH Nikky-Guninder Kaur. *The Birth of the Khalsa: A Feminist Re-Memory of Sikh Identity*. Albany : SUNY Press, 2005.

SOLOVEITCHIK Joseph. *Halakhic Man*. Translated by L. Kaplan. Philadelphia PA: Jewish Publication Society of America, 1983.

SOROUSH Abdolkarim. *Reason, Freedom, and Democracy in Islam*. Trans. Mahmoud Sadri and Ahmad Sadri. New York : Oxford University Press, 2000.

SOUALHI Yunus. "Understanding Islamic Fundamentalism: A Politico-Legal Analysis." CESNUR 2004 International Conference. *Religious movements, conflicts, and democracy : International Perspectives*, Malaysia.

SPENER Philipp Jacob. *Pia desideria.* Translated by Theodore Tappert. Minneapolis : Fortress Press, 1964.

SPINOZA Baruch. *Traité théologico-politique.* Traduit par Charles Appuhn. *Œuvres de Spinoza*, 3 vols. Paris : Garnier, 1928.

SULLIVAN Dwight H. "The Congressional Response to Goldman v. Weinberger." *Military Law Review* 121 (1988) : 125-152.

TABARI. *The History of al-Tabari* Vol. 8. Albany : State University of New York Press, 1997.

TAKHAR Opinderjit Kaur. "Egalitarian Hermeneutics from the Bani of Guru Nanak: his Attitudes towards Caste and Females." *Understanding Sikkhism. The Research Journal* 13/1-2 (January – December 2011) : 42-51.

TAUBER Eliezer. "Three Approaches, One Idea: Religion and State in the Thought of 'Abd al-Rahman al-Kawakibi, Najib 'Azuri and Rashid Rida." *British Journal of Middle Eastern Studies* 21/2 (1994) : 190-198.

TAYLOR Charles. *Modern Social Imaginaries.* Durham, NC : Duke University Press, 2004.

_____. *L'Âge séculier.* Montréal : Boréal, 2011.

TERTULLIEN. *Traité de la prescription contre les hérétique*s. Traduction F. Refoulé et P. de Labriolle. Paris : du Cerf, 1957.

THOMAS D'AQUIN. *Les œuvres complètes en français de saint Thomas d'Aquin.* Édition numérique, http://docteurangelique.free.fr, 2004.

TUMBLESON Raymond D. "Reason and Religion: The Science of Anglicanism." *Journal of the History of Ideas* 57/1 (January 1996) : 131-156.

UITZ Renáta, *La liberté de religion : dans les jurisprudences constitutionnelles et conventionnelles internationales.* Strasbourg : Conseil de l'Europe, 2008.

VIDINO Lorenzo. *The New Muslim Brotherhood in the West.* Columbia Studies in Terrorism and Irregular Warfare. New York : Columbia University Press, 2010.

VIORST Milton. ed., *The Great Documents of Western Civilization.* New York : Barnes and Noble, 1965.

VIVEKANANDA. *Complete works of Swami Vivekananda.* Volume 4. Delhi: Advaita Ashrama, Ramkrishna Mission, 1990.

VOOGT Gerrit. "Primacy of Individual Conscience or Primacy of the State? The Clash between Dirck Volckertsz Coornhert and Justus Lipsius." *The Sixteenth Century Journal* 28/4 (Winter, 1997) : 1231-1249.

VOLTAIRE. *Traité sur la tolérance*, s.n. Genève, 1763.

WALSHAM Alexandra. "Historiographical Reviews. The Reformation and the Disenchantment of the World Reassessed." *The Historical Journal* 51/2 (2008) : 497-528.

WATT Montgomery. *Islamic Creeds, A Selection.* Edinburgh: Edinburgh University Press, 1994.

WEBER Max. Max Weber. *Le savant et le politique* Paris : Plon 1959.

WHARTON Henry. *The Enthusiasm of the Church of Rome demonstrated in some observations upon the life of Ignatius Loyola.* London, 1688.

WILLIAMS Roger. *The Bloudy Tenent of Persecution.* Volume 3 of Publications of the Narragansett Club. Providence R.I. : Narragansett Club, 1867.

_____. *The Correspondence of Roger Williams : Volume 2 1654 –1682.* Glenn W. La Fantasie ed. Hanover: Brown University Press, 1988.

WITHER George. *Britain's Remembrancer.* Part I. Manchester : printed for the Spenser Society, 1880.

WITTE John Jr. "The biography and biology of liberty: Abraham Kuyper and the American experiment." *Koers* 64/2–3 (1999) : 173-195.

_____. *The Reformation of Rights: Law, Religion, and Human Rights in the Calvinist Tradition.* Cambridge-New York : Cambridge University Press, 2005.

YDIT Meir, "Head, covering of the." *Encyclopaedia Judaica,* www.jewishvirtuallibrary.org/jsource/judaica/ejud_0002_0008_0_08618.html.

YOUNG Iris Marion. "Together in Difference: Transforming the Logic of Group Political Conflict." Will Kymlicka ed. *The Rights of Minority Cultures.* New York : Oxford University Press, 1995 : 155-179.

_____. "Communication and the Other: Beyond Deliberative Democracy." Benhabib. Seyla ed. *Democracy and Difference. Contesting the Boundaries of the Political.* Princeton : Princeton University Press, 1996 : 120-135.

ZAKARIYA Fouad. *Laïcité ou islamisme : Les Arabes à l'heure du choix.* Paris : La Découverte 1991.

ZEGHAL Malika. « Réformismes, islamismes et libéralismes religieux ». *Revue des mondes musulmans et de la Méditerranée* 123 (juillet 2008).

ZEITLIN Solomon. "Mumar and Meshumad." *The Jewish Quarterly Review* 54/1 (July 1963) : 84-86.

TABLE DES MATIÈRES

ABRÉVIATIONS	5
INTRODUCTION	7
Chapitre premier	
LA LIBERTÉ DE QUELLE RELIGION ?	29
— Le bouddhisme	29
— Le judaïsme	31
— L'islam	34
— Le christianisme	37
— L'intériorisation et la privatisation de la religion	50
— Le concept de religion en droit	68
Chapitre deuxième	
LIBERTÉ DE RELIGION, SÉCULARISATION ET LAÏCITÉ	97
— Définir les termes	97
— Généalogies de la laïcité	103
— Liberté de conscience et christianisme	122
— Liberté de conscience et judaïsme	130
— Liberté de conscience et islam	140
— L'apostasie	150
Chapitre troisième	
LECTURES RELIGIEUSES DE LA LAÏCITÉ	159
— Le catholicisme	159
— Le judaïsme	165
— L'islam	167
Chapitre quatrième	
L'ESPACE PUBLIC ET LES SIGNES RELIGIEUX	197
Chapitre cinquième	
LAÏCITÉ ET ÉGALITÉ DES SEXES	233
CONCLUSION	249
BIBLIOGRAPHIE	259

Religion
aux éditions L'Harmattan

Dernières parutions

ZEN, AU-DELÀ DU MOI
Beaudouin Jean-Paul
Le Zen, tradition séculaire du bouddhisme, est fondé sur la pratique de la méditation assise appelée *zazen*. Au-delà de la posture à laquelle on réduit trop souvent cette école, Jean-Paul Beaudouin en présente les points essentiels et montre que chacun est déjà un « sage », un « éveillé », mais que nous ne percevons pas cette véritable nature, habités que nous sommes par une conception erronée de notre existence. Nous voici invités à aller au-delà de notre moi pour découvrir notre bouddhéité.
(Coll. Souffle bouddhique, 11.00 euros, 74 p.)
ISBN : 978-2-343-04247-3, ISBN EBOOK : 978-2-336-35524-5

DEVANT DIEU
Chirpaz François
Les textes ici rassemblés ont tous été rédigés pour répondre à diverses demandes de colloques, conférences ou articles de revues : Etudes, Lumière et Vie, Théophilyon, entre autres. En fil conducteur, une interrogation sur le lieu de la proximité de Dieu et de l'homme. S'attacher à comprendre cette proximité de l'homme et de son Dieu est, tout à la fois, s'interroger sur l'un comme sur l'autre. Au point central, une question non pas théorique mais existentielle.
(18.00 euros, 182 p.)
ISBN : 978-2-343-03755-4, ISBN EBOOK : 978-2-336-35379-1

JUSTICE, RELIGION, RÉCONCILIATION
Sous la direction de Yazid Ben Hounet, Sandrine Lefranc, Deborah Puccio-Den
Comment le langage religieux fournit-il un cadre pour les situations postérieures à une période de violence ? Les contributions analysent ce phénomène à travers de nombreux exemples (Algérie, Maroc, Chili, Israël-Palestine). Protégés par la spécificité de leur langue, ces acteurs la déforment au gré d'interactions avec des acteurs venus d'autres mondes, ou de leurs activités dans d'autres secteurs, au premier rang desquels l'arène politique.
(Coll. Religions en questions, série ASFR, 21.00 euros, 206 p.)
ISBN : 978-2-343-03311-2, ISBN EBOOK : 978-2-336-35634-1

POUR LIRE ET COMPRENDRE LES ÉPÎTRES DE SAINT-PAUL
Longonga Stanislas
Grand missionnaire, prédicateur acharné, pasteur dont le souci des églises est une obsession, intellectuel de culture hébraïque, grecque, latine qui fait le lien entre le monde oriental et l'Occident, l'auteur voit dans la personnalité de Paul une personnalité en résonance avec notre temps. Dans cet ouvrage il présente la vie et les écrits de Paul. Un chapitre propose un commentaire des trois textes choisis parmi les plus importants du corpus paulinien.
(Coll. Religions et Spiritualité, 16.50 euros, 160 p.)
ISBN : 978-2-343-04065-3, ISBN EBOOK : 978-2-336-35690-7

PRÊTRE (LE) SELON NIETZSCHE (Tome 1)
Ake Patrice Jean
La prêtrise connaît aujourd'hui une crise profonde. Une grande quantité de prêtres et de jeunes se préparant à la prêtrise sont en train de douter du sens même de leur ministère. L'auteur, prêtre

ivoirien, a choisi Nietzsche comme interlocuteur. Nietzsche lui offre l'occasion de connaître la généalogie du prêtre. Ce philosophe permet de comprendre pourquoi le prêtre déplaît à tant de gens, même à des croyants, et surtout pourquoi l'Église est en train de mourir aujourd'hui.
(16.50 euros, 168 p.)
ISBN : 978-2-343-01832-4, ISBN EBOOK : 978-2-336-35496-5

PRÊTRE (LE) SELON NIETZSCHE (Tome 2)
Ake Patrice Jean
Dans ce second volume, la question du célibat des prêtres, qui n'est pas un dogme mais une tradition ecclésiastique discutable, n'est pas occultée. Nietzsche vient enrichir la réflexion avec son prêtre, Zarathustra. Celui-ci nous invite à transformer le poison en remède, face à l'angoisse du prêtre devant la femme démonisée, et veut redonner au sexe une dimension transcendentale. Belle réflexion pour notre siècle.
(25.00 euros, 256 p.)
ISBN : 978-2-336-30714-5, ISBN EBOOK : 978-2-336-35499-6

130 ANS AVEC UN PATRO DE BANLIEUE – 1884-2014
Piard Claude
En 1883, un groupe de modestes concitoyens et ardents patriotes, tous membres de la loge maçonnique, fonde en Seine-et-Oise une société de gymnastique et d'instruction militaire : La Fraternelle Union. Dès l'année suivante deux vicaires de la Basilique Saint-Denys y répondent par la création d'un des tout premiers patronages paroissiaux de l'évêché de Versailles. À travers l'histoire locale, c'est à la fois une page de l'histoire du sport et du catholicisme français que vous êtes invités à tourner.
(12.00 euros, 100 p.)
ISBN : 978-2-343-04204-6, ISBN EBOOK : 978-2-336-35610-5

APPROCHES DE LA BIBLE
Un orthodoxe lit des textes
Orfeuil François
François Orfeuil, aujourd'hui responsable du groupe œcuménique de la Corrèze, tente dans cet ouvrage d'éclairer le lecteur, quelle que soit sa confession, sur une lecture qui préserverait un équilibre essentiel entre une interprétation littérale et une lecture spirituelle du texte. Il donne à l'Ancien Testament une place prépondérante et analyse son influence sur le Nouveau testament et la continuité qui existe entre les deux.
(Coll. Religions et Spiritualité, 26.00 euros, 268 p.)
ISBN : 978-2-343-03819-3, ISBN EBOOK : 978-2-336-35365-4

TROIS (LES) ÉTAPES DE LA VIE SPIRITUELLE CHEZ LES PÈRES SYRIAQUES : JEAN LE SOLITAIRE, ISAAC DE NINIVE ET JOSEPH HAZZAYA
Source, doctrine et influence
Maroki Sameer - Préface de Mariette Canévet
Le présent ouvrage s'appuie sur l'étude comparée d'une notion commune à trois Pères syriaques. Jean le Solitaire a probablement vécu au Ve siècle à Apamée en Syrie, Isaac de Ninive, moine nestorien du VIIe s., fut évêque de Ninive pendant cinq mois. D'origine persane, Joseph Hazzaya est lui aussi moine nestorien. L'enseignement de ces Pères est fondé sur trois étapes spirituelles : corporelle, psychique et spirituelle.
(Coll. Religions et Spiritualité, 36.00 euros, 352 p.)
ISBN : 978-2-343-04293-0, ISBN EBOOK : 978-2-336-35672-3

MISSION (LA) DE L'ÉGLISE DANS LA CONSTRUCTION DES ÉTATS AFRICAINS
Au service de la réconciliation, de la justice et de la paix
Sous la direction de Bakindika Jean Bonane – Préface de Mgr Paluku Sikuli Melchisédech
À l'heure où le «cri de l'homme africain» se fait encore plus vif et plus déchirant dans plusieurs pays d'Afrique où sévit la guerre, la corruption, la mauvaise gouvernance ou l'absentéisme de l'État de

droit, l'Église ne peut pas rester dans l'indifférence. Mais comment l'Église peut-elle contribuer à faire advenir plus de justice sociale et de paix au cœur des politiques parfois peu démocratiques ?
(Coll. Églises d'Afrique, 29.00 euros, 292 p.)
ISBN : 978-2-343-02644-2, ISBN EBOOK : 978-2-336-35367-8

INCULTURATION (L') À LA LUMIÈRE DE L'EXHORTATION APOSTOLIQUE –
«Ecclesia in Africa»
Yao Kouadio Marcellin - Préface d'Arij A. Roest Crollius SJ
L'homme à évangéliser est un être marqué par sa culture. Si bien que certains anthropologues s'accordent à le définir comme étant un animal culturel. L'enjeu ici est d'une part, d'inculturer l'Évangile et, d'autre part, d'évangéliser la culture ; l'Évangile devant s'enraciner dans la culture et la culture, à son tour, se purifier et grandir au contact de l'Évangile.
(Harmattan Côte d'Ivoire, 28.00 euros, 272 p.)
ISBN : 978-2-343-02942-9, ISBN EBOOK : 978-2-336-35455-2

THÉOLOGIE DE LA VIE CONSACRÉE
Questions d'inculturation
Sombel Sarr Benjamin
Cet ouvrage aborde la question de l'inculturation de la vie consacrée dans le contexte de l'Afrique actuelle. L'inculturation pose dès lors de nouvelles questions et implique de nouvelles réponses. Il ne s'agit plus de faire la part belle aux cultures traditionnelles, mais d'avoir un regard attentif sur les cultures qui naissent des grandes métropoles africaines, et qui sont néanmoins en lien complexe et profond avec la ruralité et la tradition.
(Coll. Croire et savoir en Afrique, 27.00 euros, 270 p.)
ISBN : 978-2-343-03846-9, ISBN EBOOK : 978-2-336-35559-7

COMMUNAUTÉ (LA) BOUDDHISTE TRIRATNA
Un bouddhisme occidental
Stevens Bernard
Les mouvements bouddhistes sont nombreux en Occident et en France particulièrement. Ils appartiennent aux diverses écoles tibétaines, aux écoles zen japonaises ou vietnamiennes ou encore au Theravâda. Cependant, il existe un mouvement, la communauté bouddhiste Triratna, un des plus importants dans le monde anglo-saxon mais ignoré en France. Or le Triratna est, parmi tous les mouvements bouddhistes, présent en Occident mais aussi en Inde, celui qui connaît la progression la plus spectaculaire. Quelles peuvent donc être les raisons de ce succès ? Voici sa présentation ainsi que celle de la figure charismatique de son fondateur : Sangharakshita.
(22.00 euros, 220 p.)
ISBN : 978-2-343-03770-7, ISBN EBOOK : 978-2-336-35437-8

CE CORPS LIVRÉ POUR VOUS
L'autre image du christ en croix
Villon Martin
Ce livre démontre que les images de la Crucifixion se sont érotisées au cours des siècles, jusqu'à devenir, si on les confronte à la morale qui s'en réclame, pornographique au même titre que certaines affiches de cinéma décriées par les autorités religieuses. A travers de nombreuses œuvres prises en exemple, l'auteur relève les signes de cette orientation. Cette double composante, sacrée et sexuelle, débouche sur l'autre image du Christ en croix.
(18.50 euros, 156 p., Illustré en couleur)
ISBN : 978-2-343-03469-0, ISBN EBOOK : 978-2-336-35163-6

RÉVÉLATION (LA) DE DIEU ET DE SA DISPENSATION
DANS L'ÉVANGILE DE JEAN
Florentin Bruno
L'évangile de Jean se distingue des trois autres évangiles parce qu'il n'adopte pas le même point de vue qu'eux et parce qu'il ne s'inscrit plus dans la dispensation et l'avènement du Royaume. Pour Jean, Jésus est avant tout Dieu lui-même venu ici-bas. Ce qui en découle, ce qui en est impliqué

et expliqué bouleverse la compréhension habituelle de toute la chrétienté. L'auteur a été pendant plus de dix ans enseignant dans une église.
(Coll. Religions et Spiritualité, 29.00 euros, 330 p.)
ISBN : 978-2-343-00294-1, ISBN EBOOK : 978-2-336-35226-8

DIALOGUE (LE) ISLAMO-CHRÉTIEN À L'ÉPREUVE
Père Anawati, o.p. - Dr Baraka – Une controverse au XXe siècle
Pisani Emmanuel
Cet ouvrage retrace l'histoire de la position théologique du Père Anawati, expert au Concile Vatican II sur les questions relatives à l'islam, et sur la réponse que lui a opposé le Dr. al-Baraka, enseignant de la prestigieuse Université d'al-Azhar. La traduction et la présentation des textes est une contribution notoire à l'histoire contemporaine de ce dialogue. L'auteur offre par ailleurs des clefs précieuses de discernement et de méthodologie afin d'éviter les confusions sémantiques et théologiques.
(Coll. Religions et Spiritualité, 20.00 euros, 214 p.)
ISBN : 978-2-343-03693-9, ISBN EBOOK : 978-2-336-35179-7

DICTIONNAIRE ALPHABÉTIQUE DES VERSETS DES DOUZE DERNIERS PROPHÈTES (Tome 1)
Traduction adaptée par Francis Weill
Peut-être parce qu'ils sont douze, peut-être parce qu'ils viennent après les puissantes colonnes de la prophétie biblique, ces prophètes sont souvent mal connus. C'est pourquoi l'auteur a élaboré ce dictionnaire. En consultant l'index alphabétique et les centaines d'entrées, le lecteur pourra compléter sa connaissance de l'héritage judéo-chrétien.
(Coll. Religions et Spiritualité, 59.00 euros, 784 p.)
ISBN : 978-2-343-03885-8, ISBN EBOOK : 978-2-336-35289-3

DICTIONNAIRE ALPHABÉTIQUE DES VERSETS DES DOUZE DERNIERS PROPHÈTES (Tome 2)
Traduction adaptée par Francis Weill
Peut-être parce qu'ils sont douze, peut-être parce qu'ils viennent après les puissantes colonnes de la prophétie biblique, ces prophètes sont souvent mal connus. C'est pourquoi l'auteur a élaboré ce dictionnaire. En consultant l'index alphabétique et les centaines d'entrées, le lecteur trouvera aisément ce que chacun des Douze dit de tel ou tel sujet.
(Coll. Religions et Spiritualité, 59.00 euros, 719 p.)
ISBN : 978-2-336-30706-0, ISBN EBOOK : 978-2-336-35290-9

AVENTURE (L') HUMAINE DU CHRISTIANISME
Des origines à la maturité
Giraud Robert
Ce bref essai vise à rendre accessibles les recherches et réflexions les plus récentes des historiens, des biblistes et archéologues sur les origines et les premiers siècles d'existence du christianisme. Il s'attache à faire revivre l'aventure des hommes qui, confrontés à des situations inédites se retrouvèrent à ouvrir des voies nouvelles, alors qu'ils se voulaient d'une fidélité inébranlable à la foi de leurs pères, et qui furent les acteurs du passage du yahvisme au judaïsme et du judaïsme au christianisme.
(14.00 euros, 132 p.)
ISBN : 978-2-343-00368-9, ISBN EBOOK : 978-2-296-53940-2

QUAND ILS DISENT «ÉGLISE»
Hommes et femmes pour une parole libre et partagée
Hubert Daniel
Daniel Hubert a souhaité faire entendre la voix des «gens ordinaires», ceux qui ne font pas de conférences, ne parlent pas en chaire mais dans leur chair et dans leur sang. Ces lettres ont été écrites au moment où l'on vient de célébrer les 50 ans du Concile Vatican II. Ces extraits disent quelque chose de ces moments de vie et approchent ce quelqu'un qui n'en finit pas d'être vivant malgré tout.
(13.50 euros, 130 p.)
ISBN : 978-2-343-01121-9, ISBN EBOOK : 978-2-296-53941-9

L'HARMATTAN ITALIA
Via Degli Artisti 15; 10124 Torino

L'HARMATTAN HONGRIE
Könyvesbolt ; Kossuth L. u. 14-16
1053 Budapest

L'HARMATTAN KINSHASA
185, avenue Nyangwe
Commune de Lingwala
Kinshasa, R.D. Congo
(00243) 998697603 ou (00243) 999229662

L'HARMATTAN CONGO
67, av. E. P. Lumumba
Bât. – Congo Pharmacie (Bib. Nat.)
BP2874 Brazzaville
harmattan.congo@yahoo.fr

L'HARMATTAN GUINÉE
Almamya Rue KA 028, en face
du restaurant Le Cèdre
OKB agency BP 3470 Conakry
(00224) 657 20 85 08 / 664 28 91 96
harmattanguinee@yahoo.fr

L'HARMATTAN MALI
Rue 73, Porte 536, Niamakoro,
Cité Unicef, Bamako
Tél. 00 (223) 20205724 / +(223) 76378082
poudiougopaul@yahoo.fr
pp.harmattan@gmail.com

L'HARMATTAN CAMEROUN
BP 11486
Face à la SNI, immeuble Don Bosco
Yaoundé
(00237) 99 76 61 66
harmattancam@yahoo.fr

L'HARMATTAN CÔTE D'IVOIRE
Résidence Karl / cité des arts
Abidjan-Cocody 03 BP 1588 Abidjan 03
(00225) 05 77 87 31
etien_nda@yahoo.fr

L'HARMATTAN BURKINA
Penou Achille Some
Ouagadougou
(+226) 70 26 88 27

L'HARMATTAN SÉNÉGAL
10 VDN en face Mermoz, après le pont de Fann
BP 45034 Dakar Fann
33 825 98 58 / 33 860 9858
senharmattan@gmail.com / senlibraire@gmail.com
www.harmattansenegal.com

L'HARMATTAN BÉNIN
ISOR-BENIN
01 BP 359 COTONOU-RP
Quartier Gbèdjromèdé,
Rue Agbélenco, Lot 1247 I
Tél : 00 229 21 32 53 79
christian_dablaka123@yahoo.fr

Achevé d'imprimer par Corlet Numérique - 14110 Condé-sur-Noireau
N° d'Imprimeur : 119353 - Dépôt légal : juin 2015 - *Imprimé en France*